中外金融观察思考

周琼 ◎ 著

中国金融出版社

责任编辑：李　融　李林子
责任校对：李俊英
责任印制：陈晓川

图书在版编目（CIP）数据

中外金融观察思考/周琼著 . —北京：中国金融出版社，2022. 10
ISBN 978 – 7 – 5220 – 1691 – 7

Ⅰ. ①中…　Ⅱ. ①周…　Ⅲ. ①金融业—研究—中国②金融业—
研究—国外　Ⅳ. ①F832②F831

中国版本图书馆 CIP 数据核字（2022）第 119086 号

中外金融观察思考
ZHONGWAI JINRONG GUANCHA SIKAO

出版
发行　**中国金融出版社**

社址　北京市丰台区益泽路 2 号
市场开发部　（010）66024766，63805472，63439533（传真）
网 上 书 店　www. cfph. cn
　　　　　　（010）66024766，63372837（传真）
读者服务部　（010）66070833，62568380
邮编　100071
经销　新华书店
印刷　河北松源印刷有限公司
尺寸　169 毫米 ×239 毫米
印张　24. 75
字数　380 千
版次　2022 年 10 月第 1 版
印次　2022 年 10 月第 1 次印刷
定价　95. 00 元
ISBN 978 – 7 – 5220 – 1691 – 7
如出现印装错误本社负责调换　联系电话（010）63263947

推荐语

现在关注银行业分析的人很多，关于这方面的专著、文章也是林林总总，但有的读下来总觉得和银行业的实际情况有点距离，而周琼的文章读起来则往往使内行人不觉得浅、外行人不觉得深。在银行多个业务部门和研究部门的从业经历，使她有可能将理论和实践较好地结合，并逐渐形成自己的思考习惯和写作风格。从这本书里，我们不仅可以看到她作为一个金融从业者笔耕不辍的成果，更可以看到她在金融学术研究过程中，始终努力扎根于银行实务，而在从事银行具体业务时，又坚持把工作当作学问来做的一种精神和态度。

杨凯生　中国工商银行原行长

中国银行业开启市场化改革近三十年，这是充满挑战、艰辛和成就的岁月。作为这一过程的实践者，作者不仅见证了这一波澜壮阔的历史进程，更是亲身参与了中国邮政储蓄银行从一个"只存不贷"的储汇机构发展为中国资产规模排名第五、英国《银行家》杂志"千家大银行"第13位的大银行。作者是一位勤奋的思考者，她把自己从业24年的所思、所想记录在了这本书中。不同于一般的学术专著，作者更多地从我国银行业改革发展过程中所遇到的问题出发,从理论层面进行了思考和总结,这对于理解市场经济一般规律与中国国情之间的关系,以及如何选择中国银行业的改革道路与模式有启示性意义。作者具有很深的经济金融学理论素养,思考问题的角度独特,书中观点不乏真知灼见。这本著作无论是对实践工作者还是对理论工作者来说,都非常值得一读。

庄毓敏　中国人民大学财政金融学院院长

金融不是人类社会中的独立存在,与人类社会方方面面是互为因果的关系。金融也不是一个固定不变的存在,而是与人类社会方方面面共同演化。就实务说,只有真正理解业务与社会的关系,才能平衡好业务的社会效益、客户诉求和金融企业自身的安全与利益。就管理说,各种制度安排,不仅要遵循金融业务本身的风险逻辑,更要关注社会文化、风气、习俗等对制度安排带来的影响。当我们学习、借鉴别国经验时,除了业务本身的模式、制度安排外,更需要关注这些模式和制度安排背后的历史、文化等背景和逻辑,这样才能有效地学习与借鉴。理论研究同样如此,不能简单对比业务模式和制度安排的异同而评判优劣。具体的金融业务模式和制度安排,没有最优最差之别,只有是否最适合当下的差异。周琼的观察思考,是处在当下业务真实环境中举目看世界、周游世界回看自身真实业务环境的思想之花,真实不虚,无论是金融实务人员还是研究人员,都值得一读再读。

刘晓春　上海新金融研究院副院长、浙商银行原行长在金融领域，周琼博士有广泛的学术兴趣和丰富的实践经验，好学不倦，求真务实。这些年来她写了许多文章，分享对重要金融问题的思考。我读过其中的一些文章，获益良多，因此我愿意将这本书推荐给关心中国金融问题的读者。

黄益平　北京大学国家发展研究院副院长、

北京大学数字金融研究中心主任

作为邮储银行创业级业务骨干，周琼对普惠金融、小微信贷、资管业务的思考经常令人耳目一新。更令人印象深刻的是，她讲究考据，对专业文献和资料的熟悉程度为我生平罕见。在银行研究部门工作期间，周琼的兴趣明显更广泛也更宏观，从现代银行的经营管理模式，到各国金融发展模式，她的思考日渐成熟，也更系统化。这本《中外金融观察思考》是她这些年笔耕的成果，每篇都值得品味。尤其是对全球大银行变迁以及不同金融市场模式的整理和思考，对于当下的中国金融行业更有点睛的效果。

香帅（唐涯）　金融学者

序　言

　　改革开放以来，中国金融行业经历了深刻的变化，金融机构和市场体系不断丰富、完善，银行业数量与规模也持续扩张。根据中国人民银行的数据，截至 2022 年第二季度末，我国金融业机构总资产达 407.42 万亿元，其中，银行业机构总资产为 367.68 万亿元，占据绝对主导。在英国《银行家》杂志公布的 2022 年全球 1000 家银行排名中，中国四家大型银行已连续五年包揽前四位，其中中国工商银行已经连续 10 年蝉联榜首。

　　总体上看，我国金融市场变革与发展可以说是"中国奇迹"的一个缩影。这样的成就是如何取得的？与其他国家相比，我国的金融改革与发展路径有无特殊之处？在经济结构持续调整变化过程中，我国金融行业面临怎样的挑战？下一步改革和发展的方向如何？诸多问题，值得我们在总结过往成功经验的同时，进行更全面、深入的思考。这本由中国金融出版社出版的周琼博士所著的经济金融文集——《中外金融观察思考》，或许可以给我们很多的启迪。

　　周琼博士有着 24 年的金融从业经历，参与和见证了中国波澜壮阔的银行业改革大潮，成长为大型商业银行总行的部门领导。作为一线的实践者，作者的工作履历先后涉及小微企业贷款业务、同业业务、资产管理业务等多个领域，并参与其所在银行的股改上市、战略规划制定等重要工作，始终处于我国金融改革和发展的前沿。这些经历培育了作者较一般人更加广阔的视野，也为这本集聚了她深度思考结晶的著作提供了充足的养分。细读周琼博士的这本著作，总觉受益匪浅，主要的感受可以概括为三个"实"字。

一是关注现实。《中外金融观察思考》记录了作者对诸多重大现实问题的思考，从宏观如不同金融发展模式的比较，到中观层面关注中外银行业，以及在微观层面的小微企业贷款业务和理财业务等，均是作者对重大现实问题的实践与深度思考的结晶，为读者更好地理解中国金融改革与发展的现实，提供了丰富的线索。

二是研究扎实。《中外金融观察思考》收录的文章既包括研究性的论文，也包括财经评论文章、随笔、读书笔记，可读性较强。平实的文字背后，有着作者深厚的学术素养做支撑，并形成了一以贯之的逻辑框架。正因为如此，在角度各异、主体不同的众多文章中，我们可以看到，作者的分析思路和主要结论始终都是逻辑自洽的，并未因为纷繁复杂的现象以及眼花缭乱的各种"新颖词汇"而偏离金融研究的初心和本源。

三是结论务实。纸上得来终觉浅，绝知此事要躬行。知行合一，将研究的成果在实践中予以落地、实施，是现实导向研究最为重要的部分。而这，正是《中外金融观察思考》最为显著的特点之一。周琼博士长期在大型商业银行工作，亲历了银行业改革发展的点点滴滴，因此能够打通理论与实践，对其中的重大问题把握准确，分析透彻。在此基础上所作出的结论、提出的建议，也极具可操作性，无论是对银行机构还是从业者，都有极高的参考价值。

文章合为时而著。自古以来，为时而著、经世致用就是中国读书人的使命。在过去几十年中，我国金融业虽然取得了巨大成就，但未来的改革发展依然任重道远。回顾过去，我们需要总结经验；环顾世界，我们仍需学习先进成果；展望未来，我们还需未雨绸缪。《中外金融观察思考》正是为时而著，是一部关于金融改革和金融发展的"沉思录"。鉴往知今，可启未来。相信这本著作一定会为读者带来收获。

曾　刚　上海金融与发展实验室主任

自 序

本书是我从事银行业务和研究工作 24 年，持续学习和思考的一点成果。

孔子说："古之学者为己，今之学者为人。"这句话有不同的解释。我理解，孔子可能是批评学习只为名利、夸夸其谈，并没有真正信奉和实践自己所学的人。我认为，"为己"和"为人"是可以统一的。作为一名金融从业者，我的学习和研究首先是为了提高自己的学识、能力，去解决工作中面临的问题。有时是对更广阔的经济金融问题、具体的银行经营管理问题产生研究兴趣，去查找资料、请教专家，提出自己的看法。如果能对他人有启发、对社会有一点点作用，是分享自己一得之见产生的"正外部性"。

罗伯特·希勒在《金融与好的社会》中指出，"金融并非'为了赚钱而赚钱'，金融的存在是为了帮助实现其他的目标，即社会的目标"。我想，金融从业者的研究，也应该不止于如何做好业务、提高金融服务效率，还应该思考如何优化中国的金融供给，使金融业"帮助我们塑造一个更和谐、更繁荣和更平等的社会"（罗伯特·希勒语）。

我的从业经历

本书的出版，我最要感谢的是我的工作单位——中国邮政储蓄银行，给我提供多岗位锻炼机会，让我在工作中学习成长。1998 年我从北京大学经济学系本科毕业参加工作时，单位名称是国家邮政局邮政储汇局，2007年在此基础上成立了中国邮政储蓄银行。邮储银行从一个"只存不贷"的储汇机构发展为中国资产规模排名第五的商业银行，在2022年英国《银行家》杂志"千家大银行"中排名第13位。我在邮储银行6个部门工作过，前18年在业务部门，近6年在研究部门。2022年3月，我调至投资银行部，再次回到业务部门。

入邮政储汇局时，我在储蓄处工作。银行成立后，我调入信贷业务部工作。2007年6月至2013年3月，我任信贷业务部副总经理，协助部门总经理从无到有建立邮储银行信贷体系，负责小微企业贷款、个人消费贷款等零售信贷业务的经营管理工作，兼任总行信贷审批中心副主任。

2013年3月至2015年11月，我先后任金融同业部副总经理（主持工作）、资产管理部总经理。2015年11月至2022年2月，任战略发展部总经理，负责行内战略规划制定、研究、博士后工作站管理、创新管理等工作。2016年9月，邮储银行在香港上市，我担任上市工作组的业务组组长。2021年，战略发展部组织编写了邮储银行的"十四五"规划。

在银行多个业务部门和研究部门的工作经历，让我既能深入了解专业细节，也能对银行经营全局有所把握。当然，术业有专攻，而且银行经营模式在不断发展变化，即使以前从事过的业务现在也不能算专家了，新从事的业务更面临新的挑战。比如小微企业贷款，我2007年刚开始从事时，邮储银行接受德国技术合作公司技术援助，主要依据现场调查，通过帮助客户编制简易财务报表的方式给予授信，现在已发展为科技赋能、线上线下有机融合、利用大数据和各种模型辅助授信决策和风险预警。

我的研究经历

无论从事什么业务，在百年未有之大变局下，在乌卡时代，都需要不断研究、学习、思考、实践。"研究创造价值"，最终靠实践实现价值。

2013—2015年，我负责理财业务，这是一项处在风口浪尖，高度受关注的业务。为了研究业务如何转型发展，我研究国内外银行资产管理业务情况，"副产品"是写了一些文章。其中，我于2015年5月发表在《中国银行业》杂志上的《从国际经验看银行理财业务转型的挑战》一文被评为"《中国银行业》杂志 2015 年度最受欢迎十篇好文"。

2015 年底,我调至战略发展部后,关注和研究的领域更多了。我的研究成果连年获得中国银行业协会颁发的"中国银行业发展研究优秀成果"奖项。

我从负责金融同业部开始,就在部门内力争打造学习型组织,每年开展写读书笔记和投票评奖的活动,为此也重拾写读书笔记的习惯。

2017 年,我开设了微信公众号,发布自己的财经研究文章和读书笔记,后来受邀在财新博客、新浪开设了专栏。一些文章发表在《中国金融》《中国银行业》《银行家》《财经》《金融时报》等报刊上。

本书的主要内容

本书汇总了我近年发表在报刊上和个人微信公众号中仍有一定现实意义的文章,少数文章基本保持原样,大部分进行了数据更新和一定修改。

我的文章中,将中外进行对比研究是一个突出特点,所以将本书取名为"中外金融观察思考"。美国政治学家和社会学家李普塞特说:"只懂得一个国家的人,他实际上什么国家都不懂。"我对其他国家的金融史很感兴趣。原来我看美国的书籍材料较多,后来也看了一些德国、日本等国家的书籍材料。没有哪个国家的模式是完美的。每个国家国情不同,难以照抄照搬他国经验。即使是一个点的经验,实际上背后可能都有一系列文化、制度、经济社会深层次原因(例如,德国的住房储蓄银行模式,背后是德国讲求秩序的民族性和长期较为稳定的经济金融状况)。不同的经济发展阶段,需要的金融支持模式也不相同。我们需要以国际的、历史的视角,了解借鉴其他国家的经验教训,以更好地探索中国经济金融未来的发展道路。

第一篇"不同金融发展模式比较研究",是我研究和思考的一个重要问题,金融发展模式是个宏观的层面,后面很多篇文章在某些微观层面上比较了各国的差异。第二篇围绕银行业,从千家大银行榜单演变来看全球较长时期的银行变迁,既有中美银行业比较,也有对银行公司治理、组织架构的思考。第三篇围绕普惠金融和消费贷款,第四篇围绕资本市场和资产管理，这是我曾从事过的业务，也长期是金融热点问题。第五篇"各国经济金融研究"，主要是对美国、日本、德国、加拿大等国家经济金融的学习研究，还有财政部和央行关系、房价变迁等小专题文章。第六篇"金融历史和文化"，结合我所读的一些书籍，联系现实讨论。各篇中文章的学术性，从前往后，有所减弱，趣味性增强。

2015年12月，邮储银行引入十大战略投资者。战略发展部负责牵头与战略投资者的合作管理。我参加了摩根大通、加拿大养老基金投资公司、淡马锡、国际金融公司、瑞银集团、星展银行等战略投资者提供的培训，进一步拓展了国际视野。有些学习内容和延伸研究，收录在本书中。例如《对总分行制和事业部制的思考》一文，我一直对这个问题感兴趣，在赴美国摩根大通学习后，加深了对国外银行事业部制的了解，写成此文。《从各国对债务催收的限制到个人破产法的思考》《美国和加拿大银行董事会结构的观察和思考》则缘于赴加拿大养老基金投资公司培训。

《从4000年利率史看利率高低和走势》《经济金融专业还是一个好选择吗？》等文章，在被多个平台转发，阅读量较高。有朋友反馈，将后文发给填高考志愿的孩子参考。

致谢

感谢我的家人。我的父母是我人生第一任老师。父母和公婆多年的帮助，使我能有更多时间投入工作和学习；老公和孩子也很支持我的事业。你们是我的坚强后盾和港湾。

感谢我的领导和同事。我很庆幸能在邮储银行工作，这里有我钦佩的领导、喜欢的同事，让我享受工作的快乐和成就。特别感谢我的第一位直接领导姚红（现任邮储银行副行长），信贷业务部的朱大鹏总经理，曾分管我所在部门的张学文副行长和徐学明副行长，邮储银行上两任行长吕家进、郭新双，现任行长刘建军，以及中国邮政集团公司董事长刘爱力和邮储银行前任董事长张金良，对我的指导帮助。

感谢我的博士生导师中国人民大学财政金融学院庄毓敏教授，师从庄毓敏教授对我的研究能力提升帮助很大。

　　战略发展部韩军伟博士是我多篇文章的合作者，战略发展部黎振宇、贾景潇等同事协助提供了部分材料和数据，特此致谢。

　　感谢编辑李融和李林子老师，认真修改了我的文字错误和不规范之处，提出了大量修改建议。

　　形势发展日新月异，常觉今是而昨非。由于水平所限，本书肯定存在不少错漏，欢迎读者批评指正。

周琼

2022 年 8 月

目 录

第一篇

不同金融发展模式比较研究

不同金融发展模式比较研究[*]

【摘要】本文以 2020 年世界前七大经济体（美国、中国、日本、德国、英国、法国、印度）为研究对象，分析了不同的金融发展模式，以及在不同金融发展模式下，金融与实体经济的关系，直接和间接融资发展，过度金融化的影响等相关问题，提出了对我国金融发展转型的思考和建议。

全文分为四个部分。第一部分介绍七大经济体金融业与经济发展概况，分析了七国的金融业发展情况和金融支持实体经济情况。第二部分对七大经济体金融发展模式和效果进行比较，包括英国和美国的"盎格鲁—撒克逊模式"、德国和法国的"莱茵模式"、日本的"东亚模式"、中国的"中国模式"和印度的"印度模式"。第三部分从宏观和微观层面分析了适度和过度金融化的影响。第四部分从金融发展模式、发展资本市场、结构性去杠杆、银行产权和经营效率、金融创新和金融科技等五个方面，提出了对我国金融发展转型的思考和建议。

研究我国应如何调整优化金融体系结构，金融业应该如何转型发展，需要建立在分析各种金融发展模式利弊的基础上。金融发展模式涵盖金融监管方式、金融体系结构、金融市场参与者结构等，具体包括：是金融抑制、金融约束还是金融深化、金融自由化，是银行主导型还是市场主导型，是混业还是分业，金融机构的股权结构以及对外开放程度等。金融发展模式的比较研究，属于比较金融学的内容。白钦先（2001）在国内对比较金

---

* 本文作者周琼、韩军伟。部分内容以《不同金融发展模式比较》为题发表于《中国金融》2018 年第 11 期，以《银行业支持实体经济发展的国际比较和借鉴》为题发表于《中国银行业》2019 年第 2 期，并获"中国银行业发展研究优秀成果评选（2019）"二等奖。此版有较大修改更新。

融学做了开创性研究。

习近平总书记在第五次全国金融工作会议上指出，"金融制度是经济社会发展中重要的基础性制度"。在不同的国家治理模式和历史路径下，各国形成了不同的金融发展模式。金融发展模式优劣的判定标准，金融业本身的规模和效益尚在其次，更重要的是看其对社会经济全局的影响，一是金融对经济发展速度和质量的作用，金融服务实体经济、引导资源配置的能力；二是金融体系的稳定程度，发生系统性金融风险、金融危机的频率和复苏的速度；三是金融对社会公正的影响，是否能保护金融市场参与者各方合法权益，是否能形成合理的财富、收入分配格局。

2018年12月，中央经济工作会议提出，要提高金融体系服务实体经济能力，形成金融和实体经济良性循环，以金融体系结构调整优化为重点深化金融体制改革。2019年2月，在中央政治局第十三次集体学习上，习近平总书记提出要深化金融供给侧结构性改革，增强金融服务实体经济能力。《中华人民共和国国民经济和社会发展第十四个五年规划和2035年远景目标纲要》（以下简称"十四五"规划）围绕深化金融供给侧结构性改革，提出要健全具有高度适应性、竞争力、普惠性的现代金融体系，构建金融有效支持实体经济的体制机制，优化金融体系结构。

如何处理好金融和实体经济的关系，对一国经济发展至关重要，在理论界和实务界都有着长期的研究讨论。金融业具有便利支付、动员储蓄、配置资金和提供信息、管理风险、解决激励等功能。不发达的金融体系不能满足经济发展需要，而过度金融化又可能造成经济"脱实向虚"，甚至引发金融风险。受历史、文化、经济金融发展政策的影响，各国形成了不同的经济和金融发展模式。研究其他国家金融和实体经济发展关系，总结其他国家两者关系发展的经验与教训，将为我国金融业进一步提高支持服务实体经济的能力提供有益借鉴。

一、七大经济体金融业与经济发展概况

本部分分析了全球前七大经济体（美国、中国、日本、德国、英国、法国、印度）金融业与经济发展概况，主要从金融资产规模与结构、宏观

杠杆率、金融业增加值占国内生产总值（GDP）比重等指标比较金融业发展情况，以 GDP 增长率、制造业增加值占 GDP 比重变化衡量金融支持实体经济情况，以基尼系数度量社会的收入差距状况。

（一）主要经济体金融资产占比

金融稳定理事会（FSB）在 2012—2017 年的《全球影子银行监测报告》（*Global Shadow Banking Monitoring Report*）中，将 29 个发达和新兴市场经济体（其 GDP 约占全球 GDP 的 80%）各类金融机构资产占 GDP 比重做了对比。这个报告 2018 年开始更名为"全球非银行金融中介监测报告"（*Global Monitoring Report on Non – Bank Financial Intermediation*）。

2020 年末，主要发达经济体银行业资产占全部金融资产的比重由高到低依次是中国香港、新加坡、法国、西班牙、德国、日本、英国、意大利、韩国、澳大利亚、比利时、瑞士、加拿大、美国，新兴市场经济体该指标由高到低依次是土耳其、印度尼西亚、中国、沙特阿拉伯、俄罗斯、印度、巴西、智利、阿根廷、南非、墨西哥。这大致可以反映直接融资主导和间接融资主导的差异。但也有很多特殊情况，如中国香港、新加坡，作为国际金融中心，银行业和金融市场都很发达，不仅服务于本地企业。

2020 年末，发达经济体银行占金融资产比重平均不到 40%，而新兴市场经济体近 60%。在 29 个经济体中，银行仍然是金融体系中最大单一部门的有 21 个。银行资产占金融资产的 38.5%，投资基金（除货币市场基金和对冲基金外）占 12.4%，养老基金占 9.1%，保险公司占 8.6%。

（二）七国金融资产规模占 GDP 比重

金融资产规模占 GDP 比重是衡量经济金融化程度的重要指标。为简单起见，本文以股票市值、债券余额与银行业资产规模之和占 GDP 比重作为经济金融化的衡量指标。

2020 年末，各国此指标从高到低为英国、法国、日本、美国、中国、德国、印度。美国略高于中国，中国股市加债市规模占比低于美国 233.1 个百分点，银行业规模占比高于美国 221.0 个百分点。与 2008 年相比，法国此指标提高最多，其次是英国、中国，表明金融资产膨胀最多，日本、美国、印度增幅居中，德国仅增长 18.6 个百分点（见表

2、表3)。

各国银行业资产规模与GDP之比,从高到低为英国、法国、中国、德国、日本、美国、印度(见表2)。

各国股票市值与GDP之比,从高到低为美国、法国、英国、日本、印度、中国、德国(见表2)。

各国债券余额与GDP之比,从高到低为日本、英国、美国、法国、中国、德国、印度(见表2)。

各国影子银行规模与GDP之比,从高到低为英国、美国、法国、日本、德国、中国、印度(见表2)。

各国证券投资基金与GDP之比,从高到低为美国、法国、英国、德国、日本、中国、印度(见表2)。

2020年,各国的债务融资(银行业资产与债市规模之和,有重复,债券是银行重要投资配置)都远超过股权融资。各国债务融资规模和股权融资规模之比,从高到低依次为德国、法国、英国、日本、中国、美国、印度。与2008年相比,2020年末七国普遍此指标下降,意味着股市市值上升的速度更快,有国际金融危机后全球股市普遍上涨的因素,也反映出股权融资占比提高是金融发展的趋势。

中国和德国、法国都是以间接融资为主的国家,银行业资产超过股票和债券规模之和[1]。印度经历了近10年的牛市后,其股市规模与德国相当,是七国中股票市值与银行业资产规模最接近的国家。美国是以直接融资为主的国家,股市和债市规模之和是银行业资产的4.2倍。日本一直被视作以间接融资为主的国家,但其直接融资也很发达,股市与债市规模之和达到了银行业资产的1.7倍,其债市占比高主要是因为国债余额占了债市的74%(见表1)。英国一直被视作以直接融资为主的国家,但银行业也非常发达,其银行业资产占比特别高,有部分原因是集中了跨国银行总部。

---

① 德国银行业资产规模与GDP之比,在国际金融危机之前为300%左右,国际金融危机后银行缩表,占比下降。

表1　　　　　　　　　　**2020 年七国金融资产规模和 GDP**

单位：万亿美元

国家	股票市值	债券余额	银行业资产	影子银行规模	证券投资基金	GDP
美国	45.29	47.24	21.88	39.66	29.35	20.94
中国	12.21	18.56	47.92	13.59	2.66	14.72
日本	6.70	14.68	12.22	6.25	2.39	5.05
德国	2.28	4.29	11.00	4.15	2.90	3.80
英国	4.05	7.17	13.71	10.43	2.10	2.71
法国	5.44	5.53	10.40	3.22	2.54	2.63
印度	2.55	1.12	1.91	0.98	0.40	2.62

数据来源：1. 股票市值数据除英国数据来自世界证券交易所联合会外，其他均来自世界银行。
2. 债市规模数据来自国际清算银行（BIS）。3. 银行业资产规模，美国数据来自联邦存款保险公司（FDIC）；中国数据来自银保监会、日本数据来自日本央行；英国、法国、德国数据来自 The State of the Banking Sector in Europe；印度数据来自印度储备银行。资产规模均使用年末汇率换算。4. 影子银行规模数据来自 Global Monitoring Report on Non – Bank Financial Intermediation，取广义影子银行（OFIs）。5. 证券投资基金数据来自美国投资公司协会（ICI）。6. GDP 数据来自世界银行。

注：印度银行业资产为 2018 年数据。

表2　　　　　　　　　　**2020 年七国金融资产规模占 GDP 比重**

单位：%

国家	股票市值	债券余额	银行业资产	影子银行规模	证券投资基金
美国	216.4	225.7	104.5	189.5	140.2
中国	82.9	126.1	325.5	92.3	18.1
日本	132.7	290.7	242.0	123.7	47.3
德国	60.0	112.8	289.4	109.2	76.3
英国	149.4	264.6	505.9	384.9	77.5
法国	209.4	212.8	399.9	123.8	97.7
印度	97.3	42.9	72.9	36.0	15.3

数据来源：同表1。

表3　　　　　2020 年和 2008 年七国金融资产规模占 GDP 比重变化

单位：%，个百分点

国家	（股市＋债市＋银行业）/GDP			（股市＋债市）/GDP			（债市＋银行业）/股市	
	2020 年	2008 年	变化	2020 年	2008 年	变化	2020 年	2008 年
美国	546.6	378.6	168.0	442.1	284.6	157.5	1.5	3.8
中国	534.6	285.6	249.0	209.0	87.1	121.9	5.4	6.4
日本	665.3	482.9	182.4	423.3	305.0	118.3	4.0	6.8
德国	462.2	443.6	18.6	172.8	151.5	21.3	6.7	14.0
英国	920.0	629.5	290.5	414.1	207.3	206.8	5.2	8.7
法国	822.1	502.4	319.7	422.2	177.9	244.3	2.9	9.0
印度	213.1	134.7	78.4	140.2	59.5	80.7	1.2	3.2

数据来源：同第 7 页表 1。

　　需要说明的是，本文中只分析了 2008—2020 年这一个阶段的变化，不同的历史时期，情况有很大差异。从 1997 年开始，安德鲁·施莱弗（Andrew Shleifer）等人的系列论文，使英美法系更适应资本市场发展（大陆法系国家更偏银行主导融资模式）的观点被普遍接受。夏春（2020）援引芝加哥大学 Raghuram Rajan 和 Luigi Zingales 的研究，通过挖掘 24 个国家的经济和金融历史数据发现，大部分国家在 1913 年的金融发展水平（储蓄占 GDP 比重、股票市场规模占 GDP 比重、上市公司数量占人口比重、股票公开发行融资占固定资本形成总额比重）要高于 1980 年，甚至 1999 年，这四个指标的低点出现在第二次世界大战结束时。1913 年，以股票市场规模占 GDP 比重衡量排名第一的是古巴，是并列第二名的埃及和英国的一倍以上，排名接下来依次是比利时、法国、奥地利。除英国外，其他国家均属于民法系。当时，美国这一比重不到古巴的五分之一。在第二次世界大战后，美国资本市场的快速发展主要是因为其取得了战争的胜利，美元成为世界货币，金融市场也吸引了全球的资金流入，而并不主要因为美国是英美法系国家，甚至在 20 世纪 80—90 年代，德国法系国家的股市占 GDP 的平均比重要高于普通法系国家。如果以一个历史阶段的情况推断出普遍性的结论可能会以偏概全。

（三）七国宏观杠杆率

中国宏观杠杆率的来源有三个：国际清算银行（BIS）、中国社科院国家资产负债表研究中心和中国人民银行。三个来源的企业杠杆率数据最为接近；对于居民杠杆率，BIS 和社科院只统计金融机构的住户贷款，人民银行的数据还包括其他居民债务；对于政府杠杆率，BIS 使用 IMF－WEO 数据库中的政府债务余额，社科院使用财政预算中的中央财政/地方政府债务余额（见表4）。为便于国际比较，下文均按 BIS 口径。

表 4 不同数据来源的中国宏观杠杆率对比

单位：%

时间	2020 年			2019 年		
项目	人民银行版	社科院版	BIS 版	人民银行版	社科院版	BIS 版
居民	72.5	62.2	61.7	65.1	56.1	55.5
政府	45.7	45.6	67.3	38.6	38.5	57.4
企业	161.2	162.3	160.6	152.1	151.9	150.1
合计	279.4	270.1	289.6	255.9	246.5	263.0

数据来源：Wind，中国人民银行，社科院，BIS。

据 BIS 数据，从 2008 年国际金融危机到 2020 年，全球各经济体宏观杠杆率总体显著上升，新兴市场经济体加杠杆幅度大于发达经济体，新兴市场经济体非金融企业和居民部门加杠杆幅度都远大于发达经济体，但发达经济体政府加杠杆幅度大于新兴市场经济体。

2020 年末，各国宏观杠杆率（即非金融部门总体杠杆率，非金融企业、居民和政府债务占 GDP 的比例）从高到低依次为日本、法国、英国、美国、中国、德国、印度。2008—2020 年，各国宏观杠杆率提高幅度从大到小依次为中国、法国、日本、英国、美国、印度、德国。中国宏观杠杆率从 139% 上升至 289.6%，是提高最多的；德国从 198.7% 上升至 206%，是提高最少的。2008 年，中国是七国中宏观杠杆率最低的，印度次低，而到 2020 年末，印度最低，中国超过了德国。德国的宏观杠杆率在 2010 年末达到 214.7% 的最高峰，其他国家都在 2020 年因为新冠肺炎疫情影响采取了宽松的财政政策和货币政策，宏观杠杆率创历史新高（见表5）。

表5 七国非金融部门杠杆率

单位：%

国家	总体			非金融企业			居民			政府		
	2020年	2008年	变化	2020年	2008年	变化	2020年	2008年	变化	2020年	2008年	变化
美国	296.1	240.2	55.9	84.7	72.5	12.2	80	96.3	-16.3	131.3	71.4	59.9
中国	289.6	139	150.6	160.6	93.9	66.7	61.7	17.9	43.8	67.3	27.1	40.2
日本	420.2	312.6	107.6	115.7	104.1	11.6	66.6	60.3	6.3	237.9	148.2	89.7
德国	206	198.7	7.3	72.5	70.1	2.4	57.8	59.8	-2	75.7	68.7	7
英国	303.5	239.3	64.2	78.2	91.1	-12.9	88.5	94.6	-6.1	136.8	53.6	83.2
法国	372.7	236.9	135.8	170.6	116.3	54.3	68.8	48.6	20.2	133.3	72.6	60.7
印度	181.3	170.7	10.6	57.5	62.5	-5	37.7	41.2	-3.5	86.1	72.1	14
发达经济体	320.3	238.7	81.6	103.8	86.2	17.6	81	76.3	4.7	135.5	76.2	59.3
新兴经济体	240.5	110	130.5	119.9	57.3	62.6	53.9	21.8	32.1	66.4	30.9	35.5

数据来源：BIS。

注：截至2020年6月30日数据版本。BIS每次发布新数据对历史数据有调整。总体和分项之和不完全相等，原始数据如此。

2020年末，从非金融企业杠杆率来看，以间接融资为主的中国、法国、日本该指标都较高，法国最高达170.6%，中国（160.6%）仅次于法国。以直接融资为主的英国、美国该指标较低，但同样以间接融资为主的德国该指标仅为72.5%，印度为57.5%。与2008年相比，中国和法国2020年该指标提高是最多的（见表5）。七国中非金融企业杠杆率最高的国家，2003年前曾经是日本（日本的非金融企业杠杆率在1993年末达到147.6%的最高峰，然后下降至2015年9月末93.1%的最低点，此后有所回升），然后是法国，中国在2013年3月末超过法国，直到2020年6月末因为新冠肺炎疫情中的加杠杆操作，法国再次超过中国（见图1）。

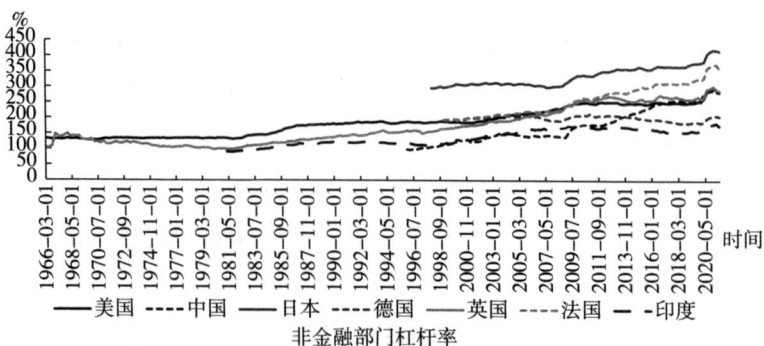

非金融部门杠杆率

图1 七国杠杆率变化

%
180
160
140
120
100
80
60
40
20
0

1970-12-31 1972-12-31 1974-12-31 1976-12-31 1978-12-31 1980-12-31 1982-12-31 1984-12-31 1986-12-31 1988-12-31 1990-12-31 1992-12-31 1994-12-31 1996-12-31 1998-12-31 2000-12-31 2002-12-31 2004-12-31 2006-12-31 2008-12-31 2010-12-31 2012-12-31 2014-12-31 2016-12-31 2018-12-31 2020-12-31
时间

—— 美国　----中国　—— 日本　---- 德国　—— 英国　---- 法国　-- 印度

非金融企业杠杆率

%
120
100
80
60
40
20
0

1964-12-01 1967-05-01 1969-10-01 1972-03-01 1974-08-01 1977-01-01 1979-06-01 1981-11-01 1984-04-01 1986-09-01 1989-02-01 1991-07-01 1994-01-02 1996-06-01 1998-11-02 2001-04-02 2003-09-02 2006-02-02 2008-07-02 2011-01-03 2013-06-03 2015-11-03 2018-04-03 2020-09-03
时间

—— 美国　----中国　—— 日本　---- 德国　—— 英国　---- 法国　-- 印度

居民杠杆率

%
250
200
150
100
50
0

1947-12-01 1951-01-01 1954-02-01 1957-03-01 1960-04-01 1963-05-01 1966-06-01 1969-07-01 1972-08-01 1975-09-01 1978-10-01 1981-11-01 1985-01-02 1988-02-02 1991-03-02 1994-04-02 1997-05-02 2000-06-02 2003-07-02 2006-08-02 2009-09-02 2012-10-02 2015-11-02 2019-01-03
时间

—— 美国　----中国　—— 日本　---- 德国　—— 英国　---- 法国　-- 印度

政府杠杆率

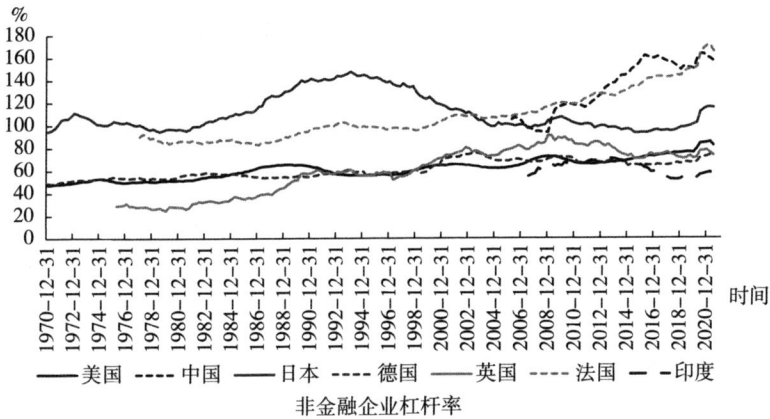

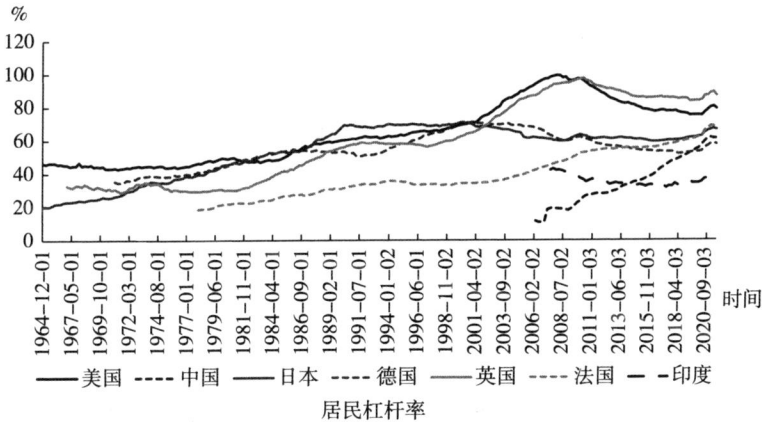

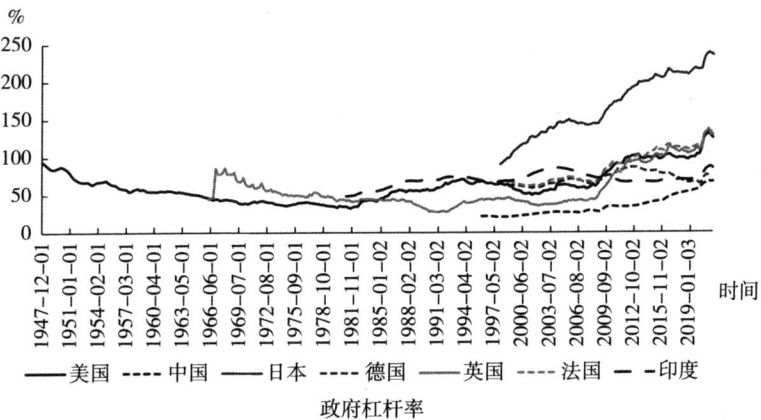

图1　七国杠杆率变化（续）

（数据来源：BIS）

11

从居民杠杆率来看，2020 年中国高于德国、印度（也高于新加坡、奥地利、意大利等发达国家），较 2008 年增加最多，增加 43.8 个百分点。法国增加 20.2 个百分点，而美国、英国、德国、印度在国际金融危机后都经历了居民去杠杆，美国下降幅度最大，从 2008 年 3 月末的最高点 98.6% 下降至 2019 年 3 月末的最低点 74.4%，然后又有所上升，日本 2008 年后较为平稳略有升降波动，2020 年上升了 4.1 个百分点，是 2008 年后提升幅度最大的一年（见表 5、图 1）。

从政府杠杆率来看，中国仍为七国中最低的（一部分政府杠杆以非金融企业杠杆的形式表现出来），其次是德国。德国政府杠杆率较 2008 年增幅最小（德国在国际金融危机后加杠杆，政府杠杆率在 2012 年 6 月末达到 86.3% 的高点后下降，直到 2020 年因新冠肺炎疫情才明显上升），日本、英国、法国、美国政府杠杆率均显著提高（见表 5）。美国的政府杠杆率在第二次世界大战后和 20 世纪 90 年代经历了两次下降，国际金融危机以来以政府加杠杆对冲居民去杠杆，2020 年因为新冠肺炎疫情政府更大幅度加杠杆（见图 1）。日本的宏观杠杆率虽然是最高的，但其非金融企业杠杆率和居民杠杆率并不算高，政府杠杆率最高。日本通过政府加杠杆，摆脱 20 世纪 90 年代泡沫经济破灭后企业的资产负债表衰退（辜朝明，2009）。日本国债利率极低，因此债务形势并不严峻。

（四）七国金融业和制造业增加值占 GDP 比重

2020 年，各国金融业增加值占 GDP 比重（以下简称占比）由高到低依次为中国、美国、英国、印度、日本、德国、法国。各国制造业增加值占比由高到低依次为中国、日本、德国、印度、美国、法国、英国（见表 6）。

表 6　　　　　金融业和制造业增加值分别占 GDP 比重

单位：%，个百分点

国家	金融业			制造业		
	2020 年	2008 年	变化	2020 年	2008 年	变化
美国	8.20	6.20	2.00	10.80	12.30	−1.50
中国	8.27	5.75	2.52	26.18	32.70	−6.52
日本	4.30	4.86	−0.56	19.75	21.43	−1.68
德国	3.87	3.80	0.07	19.66	22.20	−2.54
英国	6.01	7.92	−1.91	8.39	10.66	−2.27
法国	3.32	3.21	0.11	9.39	10.88	−1.49
印度	6.00	5.48	0.52	17.10	15.99	1.11

数据来源：Wind，经济合作与发展组织（OECD），印度统计局。

科林·克拉克在 1940 年发现了随着经济发展，产业结构呈现第一、第二产业占比下降，第三产业占比上升的规律。各国产业结构的不同，既因所处阶段不同，也因选择的发展道路不同。

1. 制造业

从发展中国家来看，中国在 1952—2020 年经济结构发生了巨大变化，从一个农业国变成一个工业化国家。根据国家统计局数据，我国第一产业占比从 50.9% 下降至 7.7%，第二产业占比从 17.6% 上升至 37.8%，第三产业占比从 28.7% 上升至 54.5%。制造业占比虽从 2006 年最高峰的32.90% 下降至 2020 年的 26.18%，但目前仍为占比最高的门类。自 2010 年以来，中国制造业增加值一直位居世界第一。

印度独立后，制造业发展历经三个阶段：一是国家主导工业化阶段（1947—1990 年），初步建立工业基础；二是改革年代工业曲折发展阶段（1991—2014 年），工业化领域的改革难以推进，只得发展服务业，服务业占比从 1990 年的 40.9% 上升至 2003 年的 51.2%，且以软件服务业和电影业为主，成为仅次于美国的第二大软件大国，同期工业占比从 27.6% 下降至 26.6%[①]；三是重新重视制造业阶段（2014 年至今），印度总理莫迪上台后提出"印度制造"计划，宣布要将印度打造成全球制造业中心，取得一定效果，2015 年和 2016 年印度制造业增加值增速达 10.48% 和 10.2%，但2017—2019 年又回落至 5.6%、8.23%、－0.69%，2020 年更因新冠肺炎疫情负增长 9.98%。2020 年印度制造业占比为 17.10%，与 2008 年相比仅提高 1.11 个百分点。

发达国家都经历过第二产业占比先上升而后下降的阶段，大体可分为两类。一类如德国和日本，一直重视制造业，制造业占比至今还能维持在20% 左右，另一类如美国、法国、英国，制造业占比目前为 10% 左右。这一方面是随经济发展第三产业占比提高的经济规律所致，另一方面是这些国家曾经一度认为"去工业化"是产业升级的表现，不够重视制造业，过于鼓励发展第三产业，在发现产业空心化的后果后，试图"再工业化"的

---

① 毛克疾."印度制造"的双重困境：印度工业化的曲折道路 [J]. 文化纵横，2019（3）：18－28＋142.

难度很大。

美国制造业增加值占比从 1953 年的 28.3% 下降至 1981 年的 20% 以下，2020 年为 10.8%。1895—2009 年，美国制造业总产值排名世界第一，2010 年被中国超过（见图 2）。虽然早在 2009 年，奥巴马就提出了"制造业再回归"的口号（2009 年制造业占比为 12%），在特朗普任期内，通过减税等措施吸引制造业回流也是其施政重点，但从美国制造业占比来看，波动中还略有下降，相关政策的效果并不明显。

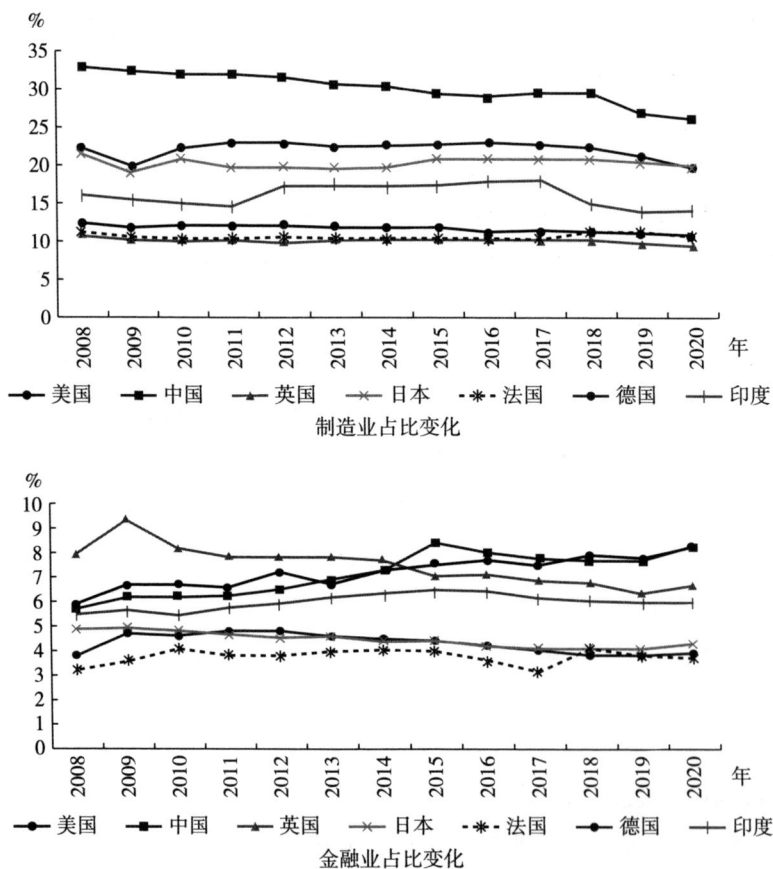

图 2　2008—2020 年制造业和金融业占 GDP 比重变化

（数据来源：Wind，OECD，印度统计局）

14

日本制造业增加值占比从 1970 年的最高峰 36.0% 下降至 2019 年的 20.31%。日本制造业增加值最高点是 1997 年的 125 万亿日元，受国际金融危机影响，最低点是 2009 年的 94 万亿日元，2019 年恢复到 114 万亿日元。日本制造业总量下降主要受劳动人口减少和工作时长减少的影响，实际日本的劳产率提升较多。日本制造业仍有很强的竞争力。

2. 金融业

中国金融业增加值占比 2015 年后超过英美受到广泛关注，这被认为是中国经济脱实向虚、金融业利润过高的反映。如果将制造业视作"实"的代表，中国、德国、日本相对比较"实"，英国、法国、美国、印度相对较"虚"，但中国是七国中金融业和制造业占比最高的，这和中国金融体系结构中以银行为主的特点，以及实体经济严重依赖信贷扩张有关。负债高企自然导致利息负担重，但信贷的支撑也是中国高速发展的关键因素之一，高杠杆率是我国"时空压缩"式经济社会发展的表现。从行业增加值的计算来看，它由劳动者报酬、生产税净额（企业向政府纳税减去获得的政府补贴）、固定资产折旧和营业盈余（利润）组成。金融业增加值主要是反映金融机构（银行、保险、证券公司）的税利情况，而金融市场投资者的利得并不反映在其中，因此同等金融资产规模，银行主导型的金融体系会比市场主导型的金融体系此指标更高。中国人民银行调查统计司课题组对我国金融业增加值规模较大的原因和效果做了分析。[①]

中国金融业占比从 2005 年的 4% 攀升至 2015 年的 8.17%，2016—2018 年下降至 7.68%，2019—2020 年再度攀升，2020 年达历史最高点 8.27%。主要原因在于 2008 年的"四万亿"计划后非金融部门加杠杆提速、2015 年牛市使证券业增加值扩张，以及应对新冠肺炎疫情出台的刺激政策等特殊因素。印度金融业占比从 2008 年的 5.48% 提高至 2020 年的 6%，已高于日本、法国、德国（见图 2）。

美国在 1947—2020 年间，大体经历金融业占比先上升，在国际金融危机中下降后又恢复上升的过程。20 世纪 40 年代美国金融业占比仅约为 2%，

---

① 中国人民银行调查统计司课题组. 我国金融业增加值规模较大的原因和效果 [N]. 金融时报，2019 – 02 – 22.

2001 年达到最高点 7.7%，2008 年因国际金融危机降至 6.2%，2017 年恢复至 7.5%，2020 年提高至 8.2%。日本在 1955—2016 年的金融业占比最低点是 1960 年的 3.53%，最高点是 1989 年的 6.36%，2019 年为 4.06%，与 20 世纪 50—60 年代的水平相似。1991—2016 年，德国金融业占比的最低点是 2008 年的 3.8%，最高点是 1999 年的 5.5%，2009 年为 4.7%，此后大体呈下降趋势；英国金融业占比的最低点是 2001 年的 5.59%，最高点是 2009 年的 9.35%，此后大体呈下降趋势；法国金融业占比最低点是 2008 年的 3.21%，最高点是 1993 年的 4.28%，2008 年后波动。2020 年，德国、英国、法国的金融业占比分别为 3.87%、6.01%、3.32%。2014 年之前，英国是七国中金融业占比最高的国家（见图 2）。

3. 实际 GDP 增长率

历史上，五个发达国家基本都经历了经济快速发展时期，然后增长速度放缓，并随着经济周期变化增速有较大波动。例如，日本在第二次世界大战后创造"经济奇迹"，20 世纪 60 年代 GDP 平均增速在 10% 以上，1968 年 GDP 超过西德位居世界第二，直到 2009 年被中国超过变为第三。此处重点分析 1980—2020 年各国 GDP 增速。2020 年，受新冠肺炎疫情影响，七国中只有中国的 GDP 正增长。

中国和印度两个发展中国家经济增速明显高于其他五个发达经济体，尤其是 20 世纪 90 年代以后。除了 20 世纪 80 年代末，由于整顿经济秩序带来了经济增速下降，中国在其他年份均保持了较快增长，1980—2010 年 GDP 平均增速为 10%，2007 年之后经济增速波动下行，逐渐开启高质量发展。印度作为全球的人口大国、重要的新兴市场国家之一，1980 年以来经济增长波动虽然较大，整体围绕 6% 左右波动，2014—2016 年 GDP 增速超过中国，2017—2020 年 GDP 增速又低于中国，2021 年从疫情中恢复，GDP 增速高达 8.95%，为七国中最高。

20 世纪 80 年代以来，美国经济保持较快增长，尤其是 1995 年以来，在信息技术革命和经济全球化浪潮下，美国经济保持 4% 左右的增长速度。2008 年国际金融危机之后，在一系列政策的推动下，美国经济增速反弹至 2% 左右。日本经济在经历了 20 世纪 80 年代中期的稳定增长之后，随着泡沫经济的膨胀和破灭，从 20 世纪 90 年代初期陷入了长期低迷，2000—2019

年日本 GDP 平均增速仅为 0.19%。安倍晋三担任首相之后，推出了刺激政策规模巨大的"安倍经济学"，对稳定和恢复日本经济起到一定效果，但由于老龄化严重等问题，日本 GDP 增速仍维持在较低水平。

随着科尔领导的联盟党于 1982 年重新执政，德国经济回归市场经济基本原则，经济增速不断提高，1990 年达到 5.3%。随着两德统一，受重建东德经济秩序等影响，德国在 20 世纪 90 年代初至 21 世纪初，经历了严重的经济衰退。经过多年的改革阵痛，德国经济终见起色，尤其是 2006 年后，德国经济增长的根基和活力扩大，经济增速明显加快，经济增长率达 3.7%，2008 年国际金融危机后经济增速也较快反弹，2016 年、2017 年德国的 GDP 增速分别为 2.23%、2.68%，是五个发达国家中最高的。法国在 1980—1984 年的年均经济增长率为 1.6%，工业生产呈负增长态势。从 1985 年开始，法国经济增速开始回升，1988 年达 4.74%。2008 年国际金融危机之前，法国经济增长率保持在 2.5% 左右。国际金融危机后，由于法国制造业占比低、产业空心化，其经济仍处于缓慢复苏阶段。英国经济增长率从 1980 年的 -2.0 提高至 1988 年的 5.7%，1990 年和 1991 年的经济增长率因为第三次石油危机降至 0.7% 和 -1.1%。石油危机以后至 2008 年国际金融危机之前保持 3% 左右的增长，国际金融危机之后，2010—2019 年英国经济增速约为 2%（见图 3）。

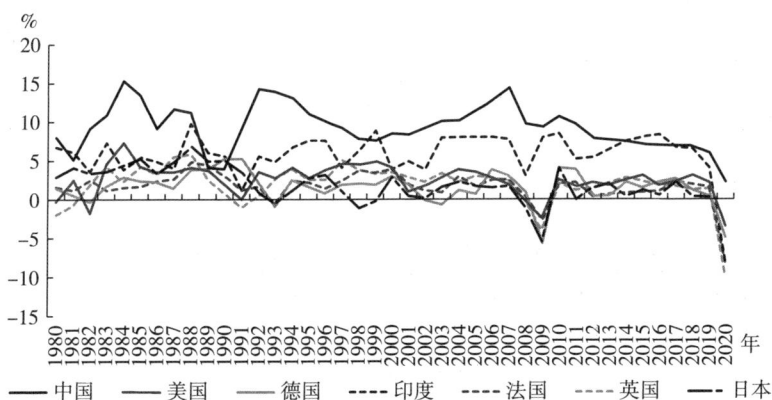

图 3　1980—2020 年七国 GDP 增长率

（数据来源：世界银行）

表7 1970—2020 年七国 GDP 占全球比重

单位：%

时间	美国	中国	日本	德国	英国	法国	印度
1970 年	35.9	3.1	7.1	7.2	4.4	5.0	2.1
1980 年	25.3	1.7	9.8	8.4	5.0	6.2	1.6
1990 年	26.2	1.6	13.8	7.8	4.8	5.6	1.4
2000 年	30.5	3.6	14.8	5.8	4.9	4.0	1.4
2010 年	22.7	9.2	8.7	5.1	3.8	4.0	2.5
2020 年	24.7	17.4	5.9	4.5	3.2	3.1	3.1

数据来源：世界银行，Wind。

4. 基尼系数

按照世界银行最新可得数据，从基尼系数绝对值来看，从高到低依次为美国、中国、印度、英国、日本、法国和德国。从基尼系数变化来看，2018 年前后和 2008 年相比，中国、日本、法国基层系数略有下降，其他四国上升（见表8）。

表8 七国基尼系数

单位:%，个百分点

国家	基尼系数			成人人均财富基尼系数		
	2018 年前后	2008 年	变化	2020 年	2010 年	变化
美国	41.5	40.8	0.7	85.0	80.9	4.1
中国	38.2	43.0	−4.8	70.4	69.0	1.4
日本	32.9	34.8	−1.9	64.4	60.7	3.7
德国	31.7	30.9	0.8	77.9	68.4	9.5
法国	32.4	33.0	−0.6	70.0	75.8	−5.8
英国	35.1	34.1	1.0	71.7	71.7	0.0
印度	35.7	35.4	0.3	82.3	77.8	4.5

数据来源：基尼系数数据来自世界银行，人均财富基尼系数数据来自 Wind。

注：2018 年前后栏，美国、中国为 2019 年数据，日本为 2013 年数据，德国、法国为 2018 年数据，英国为 2017 年数据，印度为 2011 年数据。2008 年栏，印度为 2009 年数据。

世界银行统计发布的基尼系数受数据口径（包括收入、消费或财富，各国不一）和分组数量差异的影响，人均财富基尼系数可能算法更为一致，两者数据颇有差异，也不完全符合一般人对各国收入差距的感受（按世界银行数据，德国的基尼系数是七国中最低的，即德国收入更为均等，但德国的人均财富基尼系数仅次于美国、印度）。但是，两个指标都反映出中国的贫富差距已然较大。

党的十九大报告再次强调实现全体人民共同富裕的目标。2021年8月，习近平总书记在中央财经委员会第十次会议上强调，共同富裕是社会主义的本质要求，是中国式现代化的重要特征。

二、七大经济体金融发展模式和效果比较

金融发展模式既是经济发展和国家治理模式的一部分，也对经济发展模式产生影响，二者互相作用。从各国发展模式来看，"盎格鲁—撒克逊模式"源于英国，发展于美国，特点是自由竞争的市场经济，强调效率，资本市场在融资中起主导作用。德国、法国的发展模式被称为"莱茵模式"，特点是在国家制定的秩序框架下实现竞争，强调社会公平和秩序。日本和中国有时都被归为"东亚模式"，特点是政府主导下的市场经济，强调赶超式发展，重视动员资金实现经济赶超目标。中国走出了一条中国特色社会主义发展道路，其发展模式也被称为"中国模式"。"中国模式"和"东亚模式"的相似性、特殊性如何，也引起广泛探讨。当然，各个国家的发展模式也随社会经济发展而在变化之中。比如，美国为应对"大萧条"和英国在第二次世界大战后，实行凯恩斯式国家资本主义，20世纪80年代转向"新自由主义"（胡乐明等，2009）。"东亚模式"也从初期更为强调政府主导逐步发展为更强调市场作用。印度的"印度模式"经历了从1947年独立到20世纪60年代的尼赫鲁模式、20世纪80年代的"混合模式"和20世纪90年代以来的"市场经济模式"三个阶段（刘艳红，2016），发展轨迹和"东亚模式"也有相似之处。相应地，各国也形成了不同的金融发展模式。

（一）美国

美国在1933年《格拉斯—斯蒂格尔法案》施行之后商业银行和投资银行不可混业经营，实行分业经营，到1999年《金融服务现代化法案》施行后重新混业经营。20世纪80年代后，美国逐步实现利率市场化、金融高度

自由化，放松监管，推崇"轻触式监管"，金融创新引领全球，以直接融资为主导，资本市场活跃。高度市场化的融资体系和过度金融创新使美国经济产生"从0到1"式的创新活跃，但不稳定，经济金融危机时有发生，甚至成为出现银行业危机次数最多的国家之一（凯罗米里斯和哈伯，2014）。危机发生后有大量企业破产兼并，经历阵痛，但市场出清恢复快。经济金融危机促进了市场的出清，资本市场的优胜劣汰促进了美国科技创新、新经济的活跃和领先，但也在一定程度上造成经济脱实向虚、贫富差距扩大等后果。国际金融危机前，美国的银行综合化经营趋势突出；国际金融危机期间，坚守主业的富国银行、稳健经营的摩根大通成为赢家，经营激进、业务过于庞杂、与次贷市场相关复杂、结构化业务多的花旗集团亏损严重，国际金融危机后花旗集团收缩调整，回归"负责任的金融"。2008年国际金融危机引发了以2010年出台的《多德—弗兰克法案》为代表的对美国金融发展模式的反省和监管思路调整。《多德—弗兰克法案》出台前后一直伴随着争议，左派认为监管力度不足，右派认为政府干预太过①。2018年5月，特朗普签署《促进经济增长、放松监管要求、保护消费者权益法案》（*Economic Growth，Regulatory Relief，and Consumer Protection Act*），对《多德—弗兰克法案》进行了修订，主要是减轻小型银行金融监管负担，放松部分中型银行金融监管要求②。

美国银行业经营的特点：一是既重视表内存贷款业务，又通过投资银行和资产管理业务深度参与资本市场，个人和企业客户多样化的金融需求得到满足，银行也获得较高的利差收入和非息收入。1989年，美国银行业贷款占资产的比重达到63.4%的最高点，2012年降至53.3%，2020年为49.7%（我国银行业贷款占资产的比重从2003年的57.5%下降至2016年的47.1%，2020年上升至55.2%）。③美国银行业非息收入占比在2003年达到41.8%的峰值，国际金融危机后有所下降，2020年为34.7%（我国同

---

① 例如，格林斯潘在其2013年出版的《动荡的世界：风险、人性与未来的前景》中，表达了对《多德—弗兰克法案》的严重不认同，认为"该法案可能导致自1971年美国失败的工资和价格管制措施以来最严重的由监管引发的市场扭曲"。

② 陈昊，鲁政委. 美国对《多德—弗兰克法案》的修订［R］. 兴业研究，2018.

③ 数据来源：联邦存款保险公司和中国人民银行。

期为 21.0%）。美国大中型银行非息收入占比更高，2020 年美国四大银行（摩根大通、美国银行、花旗集团、富国银行）非息收入占比平均为 47.5%（我国四大银行同期平均为 23.5%）。大型银行非息收入中，和资本市场相关的收入占比高。例如，摩根大通银行资产管理费及佣金、做市和自营交易、投资银行三项收入占非息收入的 70%。2012 年美国银行业资产管理规模（AUM）/总资产达 97.6%，2020 年中国银行业理财余额/总资产仅为 7.9%。二是由于大企业主要通过资本市场融资，因此银行对个人贷款和中小企业贷款更为重视。1989 年，美国银行业的个人贷款余额超过了公司贷款，次贷危机后，居民部门经历了去杠杆过程，2015 年公司贷款又超过了个人贷款。我国个人贷款占银行总资产的比重从 2005 年的 6% 提高至 2020 年的 20%，公司贷款占比则从 49% 下降至 36%。美国依靠个人负债、个人消费来拉动经济的模式的好处是让消费者掌握对产品和服务的“选票”，但居民杠杆率过高，消费者在加息、房价下跌时异常脆弱，是形成次贷危机的重要原因。三是在市场化原则下履行社会责任。政府在制定涉及要求银行业支持实体经济的相关法规时，如《社区再投资法》《小企业法》，注意平衡保证银行安全审慎经营与鼓励银行履行社会责任之间的关系，银行根据自己的战略定位和资源禀赋决定各项业务发展力度。

美国有世界上最发达的资本市场，在规模、创新、制度设计等方面都引领全球。从 1792 年的《梧桐树协议》到 1933 年的《联邦证券法》等一系列立法，美国资本市场从自发走向规范、法治化发展，对筹集资本、优化资源配置，推动美国成为第一大经济体发挥了巨大的作用。2009 年 3 月，自金融危机后触底反弹以来，美国资本市场经历了十年牛市，2020 年末美国股票市值约占全球的 43.5%[①]。

（二）中国

中国金融体系是银行主导型的，且中央和地方国有控股和参股银行占有大部分市场份额，可以更好地贯彻国家政策意图，支持经济发展。改革开放以来，我国商业银行资产规模的快速增长和服务能力的提升，支持了中国经济跨越式、时空压缩式的发展，实现了赶超战略，支持了企业发挥

---

① 数据来源：世界银行。

规模经济优势，"从 1 到 N"迅速扩张，解决了过去的短缺问题，使中国成为世界第一制造大国，不足之处是在很多行业出现产能过剩，依赖出口消化，核心技术的自主创新能力还需要提升。

为应对国际金融危机，我国推出"四万亿"投资计划，导致 2009 年银行业金融机构资产规模上升了 26%，2010—2016 年，银行业金融机构资产规模增速都在 10% 以上，2017—2019 年为个位数，2020 年为 10.7%。金融监管也经历调整：从"大资管元年"2012 年和"互联网金融元年"2013 年后，对各类金融机构的资产管理业务、互联网金融放松管制，利率市场化、金融市场化提速。这虽然满足了各类主体多样化的投融资需求，但出现了各种金融乱象，杠杆率提高过快，积聚了风险，单位信贷投放对经济增长的拉动作用下降。2015 年末召开的中央经济工作会议提出"三去一降一补"，2016 年末召开的中央经济工作会议强调要把防范金融风险放到更加重要的位置。2017 年，开展"三三四十"检查，严监管、重处罚成为金融监管基调。2018 年，资管新规系列文件出台，重塑金融生态。利率市场化改革持续深化，2021 年人民银行工作会议提出，健全市场化利率形成和传导机制，深化贷款市场报价利率改革，带动存款利率市场化。

中国在 1990 年才设立证券交易所，近年来越发重视资本市场的作用。从党的十七大报告就提出"优化资本市场结构，多渠道提高直接融资比重"，十九大报告再次强调要"提高直接融资比重，促进多层次资本市场健康发展"，2018 年中央经济工作会议首次提出"资本市场在金融运行中具有牵一发而动全身的作用"。"十四五"规划提出，完善资本市场基础制度，健全多层次资本市场体系，大力发展机构投资者，提高直接融资特别是股权融资比重。但从社会融资结构来看，2020 年末，非金融企业境内股票仅占社会融资规模存量的 2.9%。从 2020 年股票市值与 GDP 之比来看，我国仅高于德国、印度，在大型经济体中股票市场发展处于较低水平。债券余额与 GDP 之比低于除德国之外的 4 个发达国家，还有很大发展空间。

从小微企业贷款和消费信贷两个领域对比来看：2020 年末，中国单户 1000 万元以下普惠型小微企业贷款余额为 15.1 万亿元，美国银行业单户 100 万美元以下的工商企业贷款和单户 50 万美元以下的农业贷款余额为

9039 亿美元（折合人民币 5.89 万亿元），中国是美国的 2.6 倍。2020 年末，中国居民贷款余额为 63.19 万亿元，美国居民贷款余额为 14.56 万亿美元（折合 94.92 万亿元人民币），美国约为中国的 1.5 倍。美国居民债务中，最大的是住房按揭贷款，余额为 10.04 万亿美元（折合 65.48 万亿元人民币），我国个人住房贷款余额为 34.44 万亿元，美国约为中国的 1.9 倍。美国信用卡贷款余额为 8200 亿美元（折合 5.34 万亿元人民币），我国银行卡（含信用卡和借贷合一卡）应偿信贷余额为 7.91 万亿元，我国信用卡透支余额已是美国的 1.48 倍。虽然在中国的信用卡透支余额中，很大一部分在免息还款期内还款，付透支利息的比例低于美国，但这也反映出中国的消费观念，从和德国更相似的"先存钱，后消费"，逐渐转为和美国更相似的"先消费，后还款"，特别是年轻一代。

（三）日本

日本的金融模式虽效仿欧美，但独具特色。日本在第二次世界大战前以直接融资为主，之后为迅速实现经济恢复和发展，限制资本市场，压低利率为企业提供资金，扶持以银行为主的间接金融体系，1955—1972 年，日本形成了银行与企业建立长期交易关系的主银行制度，主银行为企业提供最大的融资额，同时提供债券承销等综合金融服务，是企业最大的股东之一，向企业派遣董事或审计员等重要人员，在企业出现危机时承担救助责任。日本的主银行制度为满足企业对资金的旺盛需求提供了可靠保证，是日本第二次世界大战后经济奇迹的重要支柱，在经济高速增长时期，银企关系进入良性循环。日本当时的主银行制度有利于企业开展投入大、周期长的创新，银行在投入期给予其较低利率等支持，企业创新成功后银行也能分享作为创新剩余的风险溢价（刘莉云等，2018）。

20 世纪 90 年代初，日本"泡沫经济"破灭后，很多企业经营困难，银行还继续投入资金救助，密切的银企关系使危机在两者之间相互传染。制造业、服务业等五个行业中"僵尸企业"所占比例，在 2001 年、2008 年分别达到 25.5%、26.8% 两个高点，2009 年下降至 12.8%。落后产能占用金融资源，影响产业升级和全要素生产率的提高（张季风等，2017）。20 世纪 90 年代后，日本进行了多次金融改革，倡导发挥市场作用，将金融体系由政府导向型调整为市场主导型，主银行制度呈现衰落之势，但仍然存在。

日本大企业逐渐通过资本市场融资，日本大企业在1970—1974年外部融资来源中，股票、债券融资和银行贷款分别占10.2%、5.9%和83.9%，1986—1993年分别占32.5%、46.6%、20.9%（吴盼文等，2016）。

2020年，在前七大经济体中，日本银行业资产规模与GDP之比仅高于美国、印度，债券余额与GDP之比最高，股票市值与GDP之比居中。

（四）德国

德国是高度银行主导型金融体系。其银行分为全能银行和专门银行，全能银行中有私人银行、公共银行、合作银行三大类，称为德国的银行业"三支柱"，公共银行包括州立银行和地方政府公营储蓄银行。德国有混业经营的传统，20世纪90年代后，德国在落实欧盟/欧共体各类金融一体化法律文件的同时，加快推动本国金融市场和银行业的自由化。

在国际金融危机前，相比其他欧洲主要国家，德国银行业发展较慢，创新不活跃，经营绩效不佳。在国际金融危机和欧债危机中，深度参与国际资本市场的德国大型银行、州立银行受冲击较大，资产规模大幅下降，盈利表现更是不佳。但固守地方性、传统存贷业务的地区银行、储蓄银行和信贷合作社保持了资产规模和信贷投放的稳定增长（胡琨，2016）。德国有和日本类似的主银行制度，银企关系密切，能够为企业提供稳定的资金支持，有利于其发挥工匠精神，在现有领域中持续改进，也不乏创新，但和美国相比，仍缺乏颠覆性的创新。

德国顶住了发达国家一度兴起的"去工业化"浪潮，坚持高端与专业化发展，保持了世界制造强国的地位，其制造业占比近20年来保持在20%左右。德国采取"温和的金融压抑"，金融业本身回报率不高，降低了金融行业的吸引力，避免了资本和人才过度涌入金融业，而支持实体经济的功能得到充分发挥（李玉蓉，2015），中小企业能相对便利地获得融资，形成大量"隐形的冠军"。德国是较好地避免了过度金融化、经济脱实向虚问题、兼顾社会公平与效率的国家。

国际金融危机后至2019年，德国各部门的宏观杠杆率都有所下降。德国大银行主动收缩导致德国银行业资产规模从2008年末的11万亿美元降至2019年末的8.3万亿美元。2020年为了应对新冠肺炎疫情冲击，德国出台一揽子援助计划，银行业资产规模大幅反弹至11万亿美元。德国最大的银行德意志银行 2015—2017 年税后都是净亏损，2018 年才转为盈利，2019 年再次亏损后于 2020 年再次转为盈利。德意志银行 2020 年末资产为 1.33 万亿欧元，比 2008 年末（2.20 万亿欧元）下降了 39.5%。第二大银行德国商业银行资产规模也从 2008 年的 6252 亿欧元降至 2020 年末的 5436 亿欧元，下降了 13.1%。

德国的银企关系密切，有利于企业稳定地获得融资，但使得一些规模较大的企业缺乏上市、公开经营情况的动力（殷桐生，2016），股票市场一直不够发达。德国股票市值虽然由 2008 年的 1.1 万亿美元提升至 2020 年的 2.28 万亿美元，但占 GDP 比重仍是主要国家中最低的。然而德国的经济增长在欧盟国家中最为强劲，这主要得益于德国制造业强大的核心竞争力，走高质量发展之路，实现不依赖债务扩张的内涵式增长。

（五）英国

英国将金融服务业作为支柱产业，吸引了大量的跨国银行和外国公司在英国上市、经营，是直接融资、间接融资全面发达的国家。2020 年，英国银行业资产、影子银行规模与 GDP 之比，均为主要国家中最高的，股票市值与 GDP 之比低于美国和法国（2009—2013 年，英国的股票市值与 GDP 之比高于美国，为主要国家中最高的）。英国银行业总资产规模仅次于中国和美国，但是英国的金融市场、金融机构主要为全球提供金融服务，从中获取金融服务收入，而不是以服务本国实体经济为第一要务。2020 年，英国金融服务业出口额达 785 亿美元，仅次于美国（1443 亿美元）。

英国是工业革命的发源地，曾经是"世界工厂"，但是在 19 世纪末 20 世纪初第二次工业革命期间和 20 世纪 60 年代后，工业部门发展滞后，制造业设备投资、培训与研发投入不足，产出下降，这也导致英国经济增速和 GDP、人均 GDP 排名位次下降，"去工业化"的不良后果最为明显。1880 年，英国在世界制造业产出中占有 22.9% 的份额[①]，位列世界第一，1900 年、1950 年、1970 年分别降至 18.5%、8.4% 和 4%[②]。

---

① 保罗·肯尼迪. 大国的兴衰［M］. 王保存，王章辉，余昌楷，译. 北京：中信出版社，2013.

② 王展祥. 发达国家去工业化比较及其对当前中国的启示：以英国和美国为例［J］. 当代财经，2015（11）.

英国制造业衰落的原因是多方面的，既有发达国家工人高工资导致制造业比较优势下降，20世纪60—90年代，英国的高利率和汇率高估，使出口没有竞争力，打击了制造业［迈克尔·凯特森（Michael Kitson）和乔纳森·米奇（Jonathan Michie），2014］等客观原因，也有当时在服务业占比提升是产业结构升级表现的理论指引下，没有采取有力的扶持制造业的政策失误。由于英镑是国际货币，英国在美国金融中心兴起前是最大的全球金融中心，在美国兴起后仍与其并驾齐驱。在英国智库Z/Yen集团的全球金融中心排名中，伦敦基本保持第2名（第1名是纽约）。发达的金融业可能也是导致英国对实业兴趣下降的原因之一。1986年，英国《新政治家》杂志中的一篇文章批判伦敦金融城"是一个没有爱国之心的赌场，因为在英国工业的坟墓上跳舞而付给自己悖逆常理的高薪"①。

（六）法国

法国的银行业一直较为发达，大银行资产规模在全球居于前列。1900—1912年，全球资产规模最大的银行是法国里昂信贷银行（1913年被德意志银行超过）。法国巴黎银行曾在《银行家》2010年度千家大银行中资产规模居全球第一。在2021年度千家大银行中，法国巴黎银行和法国农业信贷银行资产规模居于第7位、第10位（一级资本分别为第13位、第12位）。在千家大银行的前20名中，法国有2家，是欧洲最多的。法国银行业自2008年至今从未出现亏损（2008年英国和德国是欧洲银行业亏损最多的国家），盈利规模大且最为稳定，被称为欧洲银行业的"发动机"。

第二次世界大战后，为了恢复经济，法国政府在1946年将里昂信贷银行、法国兴业银行、巴黎国民银行等主要银行实行了国有化，以直接控制信贷机构。但由于过多的政府干预，国有银行和国有企业效率低下，很多亏损严重。1986年，希拉克政府上台后开始将国有商业银行逐步私有化。1999年，除规模较小的存款与信托金库外，法国所有的大中小金融机构都已私有化（白春乐，2009）。

银企关系的一个重要内容为是否允许二者互相参股。美国原则上禁止

---

① 罗恩·彻诺．摩根财团：美国一代银行王朝和现代金融业的崛起（1838—1990）［M］．金立群，校译．南京：江苏文艺出版社，2014．

银行和工商企业互相参股、控制，而日本、德国则允许。尽管法国一直被认为是银行主导型国家，但其银企关系又有别于银企关系密切的日本、德国。自 1945 年以来，法国银行一直被禁止持有企业股权。虽然 1984 年取消了这条禁令，但银行仍较少参与企业投资、在公司董事会中拥有席位，对企业的控制和监督非常有限。在 20 世纪 80 年代之前，法国的银行处于主宰地位，对企业来说，金融市场不太重要。但是自从 20 世纪 80 年代金融自由化后，法国的金融市场发展较快。从 2020 年数据也可看出，目前法国的股票市值、债券余额占 GDP 比重均低于美国、英国，但高于中国、德国，呈现出从间接融资主导向直接、间接融资并重发展的态势。白钦先等（2005）将法国金融模式总结为由非典型的银行主导型向市场主导型演进。

（七）印度

印度在 1969—1980 年对银行实行国有化，建立了以国有银行为主体，多种机构并存的银行体系，为印度的初步工业化、消除贫困、抑制通货膨胀等起到了重要作用。但由于政府的过多干预，印度银行业存在严重的金融抑制现象。在政府政策的指导下，国有银行机构不断扩张。1991 年，印度国有银行分支机构占全国商业银行分支机构的 90%，大量分支机构增加了银行的运营成本。国有银行按国家要求支持的农业、小企业等"优先部门"的不良率高企。1991 年上台的拉奥政府提出了"自由化、私有化、国际化"的经济改革目标，对银行采取了放松管制、增强竞争、加强公司治理、关闭亏损严重的支行、减员增效等措施。《1994 年银行管理法案（修正版）》规定，对国有银行、私营银行一视同仁，鼓励银行公平竞争。各项措施取得较好成效，1996—2001 年，印度银行的年利润增长率为 39%（谢代刚，2011）。

印度的主要优势在于"人口红利"（人口众多且年轻）。自 2014 年任总理以来，莫迪大刀阔斧地推出了"印度制造""数字印度""智慧城市""废钞令"等一系列经济社会发展举措，虽然各项政策褒贬不一、效果也有差异，总体来看，印度 GDP 增长速度较快，2013 年印度 GDP 排在巴西、俄罗斯、意大利之后，居世界第 10 位，2019 年居第 5 位，2020 年居第 7 位。

与经济的亮眼成绩相反，印度的银行业在 2014 财年、2015 财年（截至 3 月末）盈利良好，但在 2016 财年、2017 财年利润大幅缩水（2017 财年盈利 3500 亿卢比），2018 财年变为净亏损 4630 亿卢比（71 亿美元）。这主要是因为 2005 年前后，国有银行在基建等领域的公司信贷大幅增加，因管理漏洞和经济波动，积累了不良贷款，银行以重组等方式掩盖，而印度中央银行从 2016 年开始加强了对资产质量的检查和拨备计提要求，2018 年作出了更严格的规定，不允许以重组掩盖。2017 财年印度银行业不良率为 9.5%，2018 财年升至 11.8%，成为全球主要国家中银行业不良率最高的国家。2017 财年印度银行业计提拨备 2.03 万亿卢比，2018 财年计提拨备达 3.17 万亿卢比。

印度国有银行不良贷款率高企导致经营业绩不佳。2018 财年，印度 21 家国有银行（占印度银行业资产的 70%）中有 19 家亏损，其中不良率最高的印度工业发展银行（IDBI）不良率高达 27.95%。印度私营银行不良率总体低于国有银行，印度工业信贷投资银行（ICICI）不良率最高，为 8.84%，也有一些私营银行不良率很低。2020 财年，印度银行业经营状况有所好转。最大的银行印度国家银行（国有银行）税前利润为 39.34 亿美元，资产收益率（ROA）、净资产收益率（ROE）分别为 0.5%、8.7%，不良率为 4.98%。第二至第四大银行均为民营银行，第二大银行 HDFC 银行经营业绩最好，税前利润为 58.22 亿美元，税前 ROA、ROE 分别高达 1.8%、15.3%，不良率仅为 1.32%。第三大银行 ICICI 银行、第四大银行 AXIS 银行税前利润分别为 35.41 亿美元和 13.27 亿美元，税前 ROA 分别为 1.3% 和 0.7%，ROE 分别为 13.3% 和 6.7%[1]。2021 财年，随着印度经济从疫情中恢复，印度银行业净利润创历史新高，不良率降至 7.3%。

1999 年至今，印度政府已几次成立工作组研究和推进国有银行改革，提出的方案包括私有化、合并等，但最终还是决定对国有银行进行有条件注资和系统性改革，提高国有银行公司治理水平等。最新的改革举措是 2017 年，印度财政部会同各国有银行共同为建设"负责任且积极响应的国有银行"制定了改革日程（丛阳等，2018）。印度政府 2017 年宣布未来两个财年向国有银行注资 1.53 万亿卢比，实际注资 1.94 万亿卢比。

印度经济的高成长使其股市经历了十多年的牛市。印度孟买 SENSEX 指

---

① 英国《银行家》杂志 2021 年 7 月千家大银行数据表。

数从 2008 年最低的 7697 点波动上涨，2021 年和 2022 年初都曾达到 6 万点以上。股票市值占 GDP 比重则从 2008 年末的 54.5% 上升至 2020 年末的 97.3%，超过中国和德国。

三、对金融化和过度金融化的相关研究

对于"金融化"（financialization）的影响，即金融发展与宏观经济或实体经济增长、微观主体福利之间的关系，有较多研究。其中"过度金融化"（over financializaation），即随着金融化程度的提高，金融化不能进一步促进经济增长，反而阻碍经济发展的现象（刘锡良等，2018），近年更受关注（不一定用这个词，但实际研究的是这个问题）。对过度金融化的研究，国外有较长的历史，国内关于过度金融化的研究在 2015 年之前主要是针对美国等国家，2015 年之后，关于中国过度金融化的研究增多。2015 年末召开的中央经济工作会议提出的去杠杆，也属于抑制过度金融化范畴。2017 年第五次全国金融工作会议和十九大提出的防止发生系统性金融风险，很大程度上也是防范过度金融化带来的风险。与此同时，中小微企业和民营企业"融资难、融资贵"问题，经常引发关注，各种"高利贷"仍有生存空间，这又反映出我国金融供给似乎还存在不足。

通过第一部分的国际比较可以看出，从绝对值来看，我国银行业资产规模相当于美国、日本、德国之和，股票、债券市场规模仅次于美国；从相对值来看，我国金融业增加值占比在主要国家中最高，宏观杠杆率也大幅超过新兴市场国家平均值，小微企业贷款余额、信用卡透支余额都超过美国居世界第一，我国金融供给总量并不存在不足，甚至存在过度金融化的风险。但对实体经济的金融支持仍存在不足之处，需要"以金融体系结构调整优化为重点，优化融资结构和金融机构体系、市场体系、产品体系，为实体经济发展提供更高质量、更有效率的金融服务"①。

（一）宏观：金融发展和经济增长之间的关系

阿坎德·让 - 路易（Arcand Jean - Louis）等（2012），张成思等

---

① 习近平. 深化金融供给侧结构性改革 增强金融服务实体经济能力［EB/OL］.（2019 - 02 - 23）. http：//www. gov. cn/xinwen/2019 - 02/23/content _5367954. htm.

（2020）对金融化和过度金融化的理论发展做了很好的梳理。

　　早期一些经济学家认为金融发展是经济发展的副产品，如琼·罗宾逊（1952）认为"企业引领，金融跟随"（Where enterprise leads, finance follows）。白芝浩（1873）和熊彼特（1911）认为运转良好的金融体系在推动经济增长方面发挥重要作用。

　　戈德史密斯（1969）的研究表明金融体系规模和长期经济增长之间存在正相关关系。20世纪90年代至今有更多关于金融发展和经济增长之间关系的研究。例如，德格雷戈里奥（De Gregorio）和圭多蒂（Guidotti）（1995）研究发现高收入国家的金融深化和产出增长之间在20世纪60年代是正相关，70年代之后出现负相关，它们可能已达到金融深化不再能对提高投资效率有贡献的阶段。卡明斯基（Kaminsky）和莱因哈特（Reinhart）（1999）研究了金融自由化、信贷快速增长、外资流入、本币高估带来的银行危机和货币危机。卢梭（Rousseau）和瓦赫特尔（Wachtel）（2002）发现在通货膨胀率达两位数的国家，金融对经济增长无效。拉詹（Rajan）（2005）研究了金融发展带来风险，认为庞大而复杂的金融体系可能带来"灾难性熔断"的后果。托宾（1984）认为金融部门对社会产生的回报低于它自身获得的回报，在人才分配上也使过多有才智的人员进入金融行业而不是实体经济。

　　洛艾扎（Loayza）和兰西尔（Rancière）（2006）等梳理了金融深化有助于经济增长及信贷增长过快通常是金融危机的先导指标这两方面的研究文献，并通过实证研究发现，长期来看金融发展和经济增长是正相关，但短期也可能是负相关。因为金融发展带来市场和服务的深化，有利于储蓄流向生产性投资，风险也更加分散，但这个过程并非一帆风顺，也会造成金融脆弱性，表现为系统性的银行危机、繁荣与萧条的交替、金融的不稳定。

　　2008年国际金融危机后，更多的研究集中于一个国家的金融体系可能相对于实体经济来说过于庞大，产生负面的社会效应。这方面的论文较有影响力的一篇是 Arcand Jean-Louis 等在2012年发表的IMF工作论文《金融是否过度？》（Too Much Finance?），作者通过对100多个国家和地区1960—2010年数据的实证研究，发现金融深化和经济增长之间呈现出倒U

形的关系，中等水平的金融深化和经济增长正相关，金融深化水平太高之后，更多的金融投入产生更少的增长，大致的临界值是私营部门（指企业部门）的债务超过 GDP 的 80% ~ 100%。金融深化过度可能增加经济的波动性，以及产生资源错配，其正反面影响也取决于金融是用于生产还是投机性领域。

兰西尔（Rancière）、托内尔（Tornell）和韦斯特曼（Westermann）(2008)用 1960—2000 年 83 个国家和地区的数据表明，经历过金融危机的国家平均而言比金融更稳定的国家有更高的经济增速，即金融自由化、金融深化会导致较大的金融波动，甚至引发经济危机，但即使偶发的经济金融危机引起一段时间内经济增长率下降，但平均来说长期增长率还是更高。在金融自由化过程中，国家明示或暗示承担系统性风险（以国家财政资金救助金融部门），有助于金融部门发放更多贷款，缓解经济薄弱部门所面临的金融瓶颈。薄弱部门原来只能靠自有资金投资，现在有更多信贷资金，这样就带来更多的投资和经济增长。笔者认为，这一实证研究结论比简单认为金融深化到一定程度就和经济增长负相关等研究结论更为深入，也更符合实际情况。

美国被公认为存在过度金融化的问题，但美国实体经济的创新活跃、处于全球价值链最高端，过度金融化可能对此有所贡献——各种创意创业都能相对容易地获得股权、债权融资，虽然有的不成功，但有的能成长起来。此外，美国虽然不时发生经济金融危机，但危机促进了市场出清，每次从危机中复苏都迎来更好的发展。

（二）微观：财务杠杆对企业的影响

1958 年，莫迪利安尼和米勒提出最初版本的 MM 理论（在不考虑所得税的影响等假设下，企业价值和资本结构无关，即与股权和债权比例无关），成为 20 世纪 60 年代初主流的财务理论。但波士顿咨询公司（BCG）从实际案例中得出结论，重视企业财务杠杆的使用。1967 年，BCG 给惠好纸业公司做咨询，帮其决定是要多元化投资还是继续买更多的林地的问题，BCG 发现惠好纸业的竞争对手都在买更多的林地，因为林地的产出和林地升值的回报超过了投资成本和为此负债的财务成本。BCG 建议，要平衡运营风险和财务风险。在运营风险不大时，可以承受更大的财务风险，即负债经营的回报能较稳定地高于负债成本时，可以有更高的负债。惠好纸业公司听从了 BCG 的建议，更积极地借款投资于林地，取得了更大的成功，至今仍是全球最大的私有商品针叶林的拥有者、领先的木材制品公司。BCG创始人布鲁斯·亨德森 1972 年提出，对多数公司来说，杠杆是个好东西，"比你的竞争对手使用更多的债务，否则出局"。BCG 提出可持续增长公式，将利率、杠杆率、分红政策、业务的回报率联系起来计算出公司的增长率。BCG 还发现，当时日本公司比美国公司的杠杆率更高是其增长更快的一个重要原因（Walter Kiechel Ⅲ，2010）。

适度的杠杆能加快企业的扩张，但杠杆率过高会加大企业面对市场波动的脆弱性，而且个体效率的最优不等于整体、系统性的最优。如果太多信贷资金进入一个本应获得适度信贷支持的企业、行业，就可能造成该企业、行业的过度负债或扩张太快、产能过剩，出现"合成谬误"。

（三）微观：消费信贷对消费者福利的影响

消费信贷的理论基础，在微观上，主要是莫迪利安尼的生命周期理论，即消费取决于人们在整个生命周期内所获得的收入和财产，人们为了达到在整个生命周期内消费的最佳配置，实现一生消费效用最大化，会在收入较低的年轻时期将收入中的很大一部分用于消费，不足时需要借贷，到中年时期还清年轻时的负债，还要把一部分收入储蓄起来用于养老。

消费信贷对消费者福利的影响，取决于贷款消费的回报率是否超出贷款成本。

"消费"实际上是投资，在贷款的回报率超过利息支出时，消费信贷有可能使一个人变得更富。最常见的就是贷款买房作为投资，房价上升，会变得更富。买其他能够保值增值的投资品同理。还有一种就是投资自己，用于交学费，获得学历或学习某种技能，提高自身的素质。

在合理的消费信贷额度下，特别是贷款用于购买自用的房屋、汽车等耐用品，消费信贷主要是起到跨期平滑消费的作用，虽不增加收入，但提高了整个生命周期的效用。

消费信贷过度，以消费信贷来弥补有限的挣钱能力和无限的消费能力之间的鸿沟，超出还款能力，可能使一个人变得更穷甚至破产。金融机构、商家可能合谋导致了这个问题。美国研究者对信用卡中存在的问题做过较多研究。Mann（2005）认为发卡机构设计、营销产品和拟定合同条款时都存在故意利用典型消费者心理认知缺点的问题（如以较低的引入期利率和无年费吸引消费者，让他们不注意正常利率和违约条款），缺乏判断力的未成年人更容易被误导，早早陷入透支消费、负债的行为模式。杰科特（Jekot）（2005）指出，信用教育中，仅有财务知识的教育是不够的，更重要的是深刻的基本理财观/价值观的教育，有的欲望只能延期满足，有了这一理念，才能抗拒金融机构给予的种种诱惑（各种美妙的广告、礼品、折扣、提高信用额度）的影响。Manning（2000）在《信用卡国度》中指出，大学生信用卡使学生太容易就获得财务自由，在缺乏自制能力和互相影响攀比下，财务自由常常演变为财务枷锁。

除了这两种情况，消费信贷的作用，从宏观上看，主要是刺激了当期消费。投资、消费、出口是拉动经济增长的"三驾马车"。如果人们扩大消费，生产者就能够扩大生产，雇用更多的劳动者，失业率降低，更多的人有消费能力，经济进入扩张的良性循环。经济向好，借款人的收入也能水涨船高。因此，国家通常会适当鼓励消费信贷，特别是在经济下行期，而在经济过热的时候，会通过提高利率、控制规模等方式抑制消费信贷。消费信贷发展过度，居民杠杆率过高，会引起债务危机，如韩国发生过信用卡危机，美国的次贷危机成因复杂，但向次级借款人发放的住房贷款过度是重要原因。

四、对金融发展转型的思考和建议

（一）关于金融发展模式

金融发展模式的形成，有市场自发因素，也受国家引导影响。每种金融发展模式在效率、稳定和公平方面以及短期和长期作用方面各有其利弊，也都在根据形势变化作出调整。例如，美国的金融模式更注重效率导向，德国的金融模式更注重稳定和公平导向。有的国家金融业主要是支持本国实体经济，典型如德国，甚至可以说金融机构、金融市场发展得不太充分，但却避免了"金融诅咒"（胡海峰等，2018），即过度金融化造成经济"脱实向虚"等问题，社会也没有短期挣快钱的浮躁心态，而能以工匠精神使

"德国制造"成为高品质的代名词。而英国则注重打造国际金融中心地位，将金融作为支柱产业，虽然从金融业中获得了回报，但对实体经济的支持上甚至可能还有一定的负作用。美国作为全球头号强国，金融业十分强大，掌控着国际金融市场的定价权、资源分配的话语权，同时实体经济也创新活跃，从互联网到生物、医药、航天等各领域均走在创新前沿，即使是传统制造业有所衰落，但实际上美国在很多领域也掌握着产业链上游的研发设计、品牌营销等高利润环节，其发达的金融业也起到了有力的支撑作用。美国的问题是走向过度金融化，在次贷危机后，对华尔街的各种批判、对美国金融发展模式的反省也很多。拉娜·弗洛哈尔在所著的《制造者与索取者——金融的崛起与美国实体经济的衰落》① 中，批判美国的过度金融化，认为不仅金融业有时为了赚钱对实体经济造成伤害，而且连实体企业都金融化了，金融市场的财富创造成了目的本身，而不再是达到共享经济繁荣的一种手段，主次已经完全颠倒。大宗商品和衍生品市场都突出表现出脱离实体经济自我循环的特点②。虽然投机者是润滑市场的必需，但绝大多数交易都发生在投机者之间，这就是过度。中国其实在一定程度上也出现了类似的问题。

经济的金融化是一个随经济发展和金融深化不可避免的现象。工商企业、实物资产都在金融化，制造业也大规模"服务化"，"实"和"虚"的界线越来越模糊（李扬，2017）。如何防止过度金融化的问题，金融如何才能使经济行稳致远，需要在整个经济发展模式中有整体性的思路，各项政策配套配合。德国的金融发展模式与其在宏观经济管理、财政政策、房地产市场管理、职业教育、公司治理等各方面的思路、政策相互配合，共同营造了一个有利于实体经济发展的环境，提高了实体经济的回报率，从根本上解决"脱实向虚"的问题，很值得我国研究借鉴。我国需要把握好金融约束与金融自由化的节奏和力度。

---

① 按书中的定义，"制造者"是指创造实体经济增长的人、公司和创意，"索取者"是指利用功能紊乱的市场制度为自己，而不是整个社会创造财富的人，"包括许多（当然不是全部）金融家和金融机构，还有私营和公共部门中被误导的领导人，即许多首席执行官、政客和那些似乎不了解经济的金融化是如何侵蚀我们的经济增长、社会稳定甚至是民主制度的监管者"。

② 例如，2000 年，实体套期保值者占石油期货市场的 63%，其余为投机者；到了 2008 年，两者的百分比分别变成了 29% 和 71%。

美国近年掀起一股"反国家资本主义"思潮,认为以中国为代表的新兴经济体的"国家资本主义"发展模式对美国利益构成严重威胁。

我们应该如何看待美国对中国"国家资本主义"的指责?这一问题非常复杂,涉及意识形态、发展道路的不同。印度作为一个资本主义国家,国有银行占银行资产的 70%,但是未见美国指责印度,因为印度尚不构成对美国的竞争威胁。

德国的州立银行遭遇投诉的案例,或可有一定借鉴作用。德国的州立银行,按曾经的制度设计,由银行的组建者(联邦州)为银行承担无限责任,称为"担保责任",银行反过来具有为其担保者提供金融服务的义务,称为"维持责任"。州立银行因为享有州政府无限责任担保,在和德国私营银行、欧洲其他私营银行竞争中,具有融资成本更低、几乎可以不考虑风险拓展业务等优势。代表德国私营银行利益的德国银行业联邦协会和欧洲银行业协会,向欧洲委员会投诉州立银行扭曲竞争。2001 年欧盟裁定,在不争论国家和地方政府权力机关对公共银行所有权的条件下,德国应在 2005 年前修改国有银行现存的负债结构(托马斯·多令,2003)。2005 年,德国取消了州立银行的"担保责任"和"维持责任"(胡琨,2016)。但德国是因为在欧盟内,需要遵循欧盟的竞争规则,而其他国家间的争端,并没有一个有约束力的裁决机构。

客观分析这一问题,如果我们过去的金融发展模式没有问题且使我们强大,那我们就可以基本坚持这一道路,但要研究怎么解决美国认为的不公平的问题。如果我们的模式造成了效率和风险问题,那我们需要改革改变。实际上中国过去的金融发展模式利弊兼有,特别是借助国家信用迅速加杠杆,在帮助经济快速发展的同时,也积累了风险问题。国家信用是"双刃剑",有利于降低交易成本、迅速扩大融资规模,但也会造成加杠杆过度,风险过度集聚于国家,造成系统性风险。不仅中国如此,其他国家也不同程度存在这种问题。例如,美国如果没有"两房"(房利美、房贷美),投资者便不会将房贷资产证券化(RMBS)视为准国家信用而大胆投资,RMBS 也不会发展这么快。格林斯潘说:"如果'两房'不存在,房地产泡沫可能仍会出现,但很可能不会造成 2008 年那样严重的破坏。"

我国经济由高速增长阶段转向高质量发展阶段,更需要政府提升治理能力，围绕使市场在资源配置中起决定性作用深化金融体制改革。银行业必须支持实体经济，但实体经济也需要转变过度依赖负债和规模扩张的发展方式。企业和银行都要从外延式扩张转向内涵式发展，各方共同探索发展路径。对于我国金融发展模式带来的问题，我国一方面稳步去杠杆，另一方面严监管、整治金融乱象，也在调整之中。

中央出台了一系列文件加强规范地方政府举债，如财政部 2018 年 3 月下发了《关于规范金融企业对地方政府和国有企业投融资行为有关问题的通知》（财金〔2018〕23 号），国企的软预算约束和隐性政府担保也有所打破，国企的债券陆续出现违约。需要解决导致国企和地方政府过度加杠杆背后制度性的原因，需要进行财政体制改革，解决地方政府的事权和财权匹配问题，改变对地方官员的激励考核制度，以及深化国企改革。这些改革的深化是解决资源配置扭曲、金融发展出现偏差的基础。2019 年 2 月，习近平总书记提出要深化金融供给侧结构性改革。金融业自身的改革和金融业服务的市场主体的改革相辅相成。

（二）关于发展资本市场

白钦先（2013）将间接金融与直接金融的不均衡发展称为金融倾斜，将政府顺应及维持在商品经济和货币信用、经济发展水平等影响下自然形成的金融倾斜的局面称为"自然金融倾斜发展战略"，将政府通过自觉的法律约束或政策行动积极推进或抑制直接金融或间接金融的发展称为"人为金融倾斜发展战略"。

各国形成的市场主导型和银行主导型金融模式，有历史、文化、经济、政治多方面的原因。各国的金融模式是银行主导型还是市场主导型并非一成不变。例如，美国建国伊始出于对大银行权力的恐惧，限制银行跨州经营，给了没有地域限制的资本市场更大的发展机遇，第二次世界大战后吸引了全球资本参与美国金融市场。而日本从第二次世界大战前的直接融资主导，在第二次世界大战后扶持间接融资，变为间接融资主导。

我国从 2007 年党的十七大提出"多渠道提高直接融资比重"以来，一直在大力促进直接融资比重提高，但社会融资存量中非金融企业境内股票的占比 2016 年 1 月为 3.3%，2016 年末到达 3.7% 的历史高点，2021 年末为 3.0%，甚至还略有下降。

我国杠杆率过高、银行体系风险集中，而股票、债券两类直接融资占比还有发展空间。资本市场能起到分散风险的作用，股票市场更能增加资本、降低杠杆率。银行体系更容易满足重资产、传统资本密集型企业的融资需求，股权融资更适合不确定性较大的创新企业、知识经济。不管是我国经济发展的内在要求，还是减轻美国对我们"国家资本主义"的指责，都需要发展资本市场。

但直接融资并非是只有好处没有副作用的灵丹妙药，资本市场发达的国家在获得好处的同时也存在一些问题。而有的国家，典型如德国，直接融资不发达，但走出了不同于美国的实体经济产业升级、高质量发展之路。

一是直接融资可能造成金融体系更不稳定。李扬（2017）指出，和贷款不同，股票、债券等由于其自身有特殊的定价方式、其自身就是交易对象、强烈受到自身供求关系的影响，它们的价格就可能严重背离其依赖的实体资产价值，从而形成泡沫。而且股市资金也并非就是有耐心的长期资本，可能更追逐短期收益，追涨杀跌，大进大出。股票、债券由于有众多分散的投资者，不可能像银企信贷关系一样结成深厚的相互依赖关系（有时贷款行可能不得不以时间换空间帮企业渡过难关）。因此，并非外部投资者投入资本多了、杠杆率低了就更安全稳健，也可能市场波动性更大。

二是投资者利益需要保护，但也并非唯一至高利益。弗洛哈尔（2016）等很多人批判美国的"股东资本主义"（Shareholder Capitalism），上市公司过度重视股东利益而忽视了其他利益相关者的利益（上市公司一味通过压低成本、回购股票和提高股息来提升股价，减少了用于研发、扩大生产、提高雇员工资的投入），推崇欧洲很多国家奉行的"利益相关者资本主义"（Stakeholder Capitalism），即认为公司需要平衡股东、债权人、员工、客户、社会大众等利益相关者利益。Asker 等（2011）通过对美国 2001—2007 年的实证研究发现，非上市公司向研发、工厂和技术升级、员工培训等促进经济增长的领域中的投资约为同级别上市公司的两倍。主要原因是上市公司的委托—代理问题比非上市公司更严重。中国也存在类似现象，如非上市公司华为研发投入高于多数同类上市公司。美国的"股东至上"可能过度了，但中国是对保护投资者利益做得不够（例如，上市企业吝于分红，也未必都是将资金用于研发和生产、创造更高的回报率），而且经常不从股权回报角度考虑问题、追求外延扩张，导致资金使用效率低下、资源浪费。我国应该更加重视保护投资者利益，也要避免美国的极端化，平衡利益相关者利益。

三是股权融资实际上是比债权融资成本更高的融资方式，因为投资人承担更大的风险。股权融资成就了一批获得巨大成功的企业和投资者，但也有很多估值过高的企业后来泡沫破灭，或者企业被时代所淘汰，股价大幅下跌，洗劫了投资者的财富，也就是由投资者分散承担了社会进步中不确定性的成本。

发展股票市场不能是运动式发展，人造"国家牛市"，而是需要建立明晰的市场规则，包括通过注册制、信息披露、强制退市、集体诉讼等制度，保护投资者利益。要让企业和投资者有稳定的预期，减少不必要的国家干预。股市的健康发展根本上靠企业能为股东创造价值。在目前产能普遍过剩、新的盈利增长点有限、实体经济回报率下滑时，也不可能指望股市点石成金。

从发达国家情况来看，大企业依赖资本市场融资，居民的投资理财需求也需要由资本市场满足，商业银行通过投行、资管业务深度参与资本市场是服务实体经济的必要方式，需要在资管新规的规范下积极发展理财业务。银行参与资本市场时，与传统业务之间既要建立严格的防火墙，也需要协同联动，更好地满足客户对综合金融服务的需求。

间接融资中，出资者将资金存入金融中介机构，并不知道最终投向。直接融资中，投资者清晰知道资金的最终投向。资产管理行业在风险承担的实质上属于直接融资，但投资形式上接近间接融资，投资者以购买集合投资产品的形式将资金交给资产管理机构，对最终投向的了解取决于资产管理机构的信息披露。所以资产管理机构保证信息披露的充分、遵守适销性原则，按照诚实信用、勤勉尽责原则切实履行受托管理职责十分重要。

2018年4月中国人民银行等四部委发布的《关于规范金融机构资产管理业务的指导意见》，一个重要目的就是打破刚性兑付，防控影子银行风险。众多研究者判断这将导致影子银行发展减速。但是，在已经利率市场化的英国、美国等，其影子银行规模占比也超过我国。影子银行、资产管理业的发展，有投融资客户和金融机构的内在需求，很难被抑制。按照资管新规转型之后，中国式影子银行（以封闭式预期收益率型理财产品和非标投资为特点）将更接近美国式影子银行（以开放式净值型证券投资基金产品和证券投资为特点）。银行在理财产品方面的优势减弱，资管行业会有较大调整，对金融市场、实体经济融资需求也会产生影响，短期内银行对通过资管业务增加客户黏性、降低资本占用、提高中间业务收入的作用需要降低预期。不过，从国外经验来看，资管业务仍会是银行应对"脱媒"，发挥品牌、网络优势服务客户的重要核心业务之一。美国式影子银行既有优点也有风险，也不能消除期限错配等风险（本来这就是金融的核心功能之一），其风险在 2008 年国际金融危机中反映得非常明显。2017 年，FSB 发布《应对资产管理活动业务结构脆弱性的政策建议》（*Proposed Policy Recommendation to Address Structural Vulnerabilities from Asset Management Activities*），研究了基金的流动性错配、基金杠杆、管理人操作风险和证券借贷风险及对策。我们也需要关注研究新的资管产品模式下的风险。

（三）关于结构性去杠杆

虽然实际情况非常复杂，研究也有不同的结论，但杠杆率高通常是金融风险的总源头。一定时期市场上的优质项目数量是有限的，银行要不断扩大投资的项目规模，所投项目的边际收益必然递减，如明斯基所分析的，从对冲性融资（收益能够完全覆盖本息），走向投机性融资（收益不能完全覆盖本息），最终到庞氏融资（收益完全不能覆盖本息）。然而，杠杆率多高会导致风险爆发又受多方面因素影响。比如，日本的宏观杠杆率之高在全球首屈一指，但由于其以政府债务为主且长期低利率，并没有爆发金融危机的迹象。

2015 年末，中央经济工作会议提出"去杠杆"；2018 年 4 月，中央财经委员会第一次会议继续明确"地方政府和企业特别是国有企业要尽快把杠杆降下来，努力实现宏观杠杆率稳定和逐步下降"；"十四五"规划要求"保持宏观杠杆率以稳为主、稳中有降"。我国宏观杠杆率 2016 年、2017 年提高速度放缓，2018 年末较 2017 年末下降 1.9 个百分点，2020 年因为新冠肺炎疫情提高 26.6 个百分点，2021 年再次下降。

正如默文·金指出的，金融机构存在"囚徒困境"，"即便银行充分意识到业务的风险程度，它们也仍然愿意采取从众的行为"。摩根大通的董事长杰米·戴蒙在2008年指出，"在某些业务中，增长就意味着你要接受不良客户，要么承担过度风险，要么运用太多的杠杆"。商业银行为了当期的利润，有时即使意识到未来的风险也要发展，助力"加杠杆"易而"去杠杆"难，更考验智慧。

去杠杆是提高金融业效率、防范金融风险的重要措施。银行要按照中央提出的"结构性去杠杆"思路，分部门、分债务类型加以应对，调整信贷投向，有保有压，考虑经济周期、成长性，识别值得支持的行业和企业，退出"僵尸企业"，加大对先进制造业、现代服务业、新型基础设施建设等有前景的行业、企业的投入。除了地方政府和国有企业要降杠杆，也需要控制居民加杠杆的速度。在发展消费信贷业务时，要严格控制债务收入比，防范共债风险。在新的国际形势下，我国需要降低出口依赖，更多依赖内需，但拉动内需，不能以透支内需为代价。提升居民消费能力要靠提高工资和社会保障，而不是过度依靠借贷，还需要适当提倡节制、节俭的传统文化。

虽然去杠杆的过程和一定程度的金融约束可能不利于金融业利润的增长，但实体经济的健康是金融发展的本源，从长期来看，防范化解系统性金融风险，才有利于整体经济和金融业的健康发展。

（四）关于银行产权和经营效率

1. 银行业股权情况

美国商业银行股权分散，高度市场化，基本都是各种投资基金持股。例如，2021年末，前十大股东持股合计，美国银行为40%（第一大股东伯克希尔·哈撒韦公司持股12.5%），富国银行为37%（第一大股东领航基金持股8.38%），摩根大通为32%（第一大股东领航基金持股8.83%），且三者的前十大股东中有五家是一样的。投资基金自主调整投资组合。例如，巴菲特的伯克希尔·哈撒韦公司从2014年末至2019年末都是富国银行第一大股东，2020年、2021年抛售了富国银行股票，2017年开始增持美国银行股票，2017年末至2021年末都是美国银行第一大股东。

即使是在出现金融危机时，银行或破产，或出售给其他银行（有时也在政府金融监管机构撮合下），美国政府注资也是通过优先股方式，一般不持有普通股。2008年国际金融危机中，美国政府通过投资优先股的方式向花旗集团、美国银行、富国银行、摩根大通等9家银行累计注资1684亿美元，帮助银行提高资本和解决流动性问题。国会授权美国财政部 7000 亿美元资金用于资产担保和购买问题资产，帮助危机银行消化有毒资产。危机后，财政部逐步出售了银行的优先股。

欧洲的商业银行也是以投资基金持股为主，国家因为金融危机注资而持有一些银行股权，并非常态，而且股权结构非常国际化。例如，英国第一大银行汇丰银行 2021 年末前两大股东是中国平安资管和贝莱德，第三大银行劳埃德银行 2021 年末前两大股东是贝莱德、Harris Associates L. P.，都是外国的机构投资者。法国第一大银行法国巴黎银行，因为 2008 年末收购比利时富通银行，代表比利时政府投资的投资公司 SFPI 成为法国巴黎银行第一大股东，持股比例为 11.6%。2021 年末 SPFI 持股降至 7.8%，欧洲机构投资者、非欧洲机构投资者分别持有法国巴黎银行 43.4%、31.4% 的股份，员工持股 4.3%，其他个人投资者持股 4.2%。2008 年，德国商业银行的第一大股东是意大利忠利（Generali）保险集团，持股 8%，其他机构投资者持股 78.9%，个人投资者持股 13.1%。2009 年，德国联邦政府因为国际金融危机救助入股德国商业银行，德国政府从 2009 年到 2012 年对德国商业银行的持股都是 25% 加 1 股，后逐步下降。2021 年 7 月末，德国政府持股略高于 15%，Cerberus 资本、贝莱德和 Capital Group 各持有 5% 以上，挪威银行持股超过 3%，其他机构投资者持股 42%，个人投资者持股 23%。

日本情况较为特殊，大型商业银行多为金融集团的控股子公司，由所在金融集团 100% 控股，金融集团股权多由信托银行（Trustee Bank）持有。以日本前三大银行为例，2021 年 3 月末，三菱东京银行股权 100% 由三菱日联金融集团持有，该集团前十大股东包括 8 个信托计划、2 家外资银行；三井住友银行股权 100% 由三井住友金融集团持有，该集团前十大股东包括 5 个信托计划、1 家保险机构、1 家外资银行和 2 家证券公司；瑞穗银行股权 100% 由瑞穗金融集团持有，该集团前十大股东包括 8 个信托计划和 2 家外资银行。

印度的商业银行中，国有银行（称为公共部门金融机构）约占银行业资产的 70%。国有银行股权集中度较高。2021 年 3 月末，印度国家银行的政府股权占比为 57%，前五大股东持股比例达 72%，前十大股东持股比例约为 80%，前十大股东除政府外包括 7 家基金公司、1 家外资银行和 1 家保险机构。民营银行股权相对分散，2021 年 3 月末，规模较大的民营银行，ICICI 银行前十大股东中，最大股东持股比例为 21.35%，前十大股东持股比例合计为 50.6%；AXIS 银行前十大股东中，最大股东持股比例仅为7.99%，前十大股东持股比例合计为 29.28%；Kotak Mahindra 银行前十大股东中，最大持股比例为 25.78%，前十大股东持股比例合计为 54.54%。

中国的商业银行中，国有控股和参股银行占有大部分市场份额，而且股权集中度较高。2020 年末，从在 A 股上市的 41 家商业银行来看，一是国有股份占主导地位。41 家银行中，第一大股东为国家机构或国有法人的有25 家。前十大股东中的国有股份在六大行和股份制银行中的占比均值超过50%，在城商行为 25% 左右，农商行略低，在 10% 左右。二是股权集中度高。除农商行和个别城商行外，其他银行前十大股东的持股比例均在 45%以上，第一大股东持股比例在 10% 以上，工商银行、农业银行、中国银行、建设银行前五大股东的持股比例合计高达 90% 以上。目前也出现基金、理财产品逐渐成为重要投资者的趋势。例如，2021 年末大家人寿两个投资组合持有民生银行 16.79% 的股份。工商银行的前十大普通股股东中，也有平安人寿、中国人寿和太平人寿的保险产品等。[①]

2. 银行产权结构的影响

银行产权结构不仅影响自身的经营效率，更影响全社会的资源配置效率，因此引起了广泛的研究和争论，各国实践中也在调整。W. A. 鲁图尔·刘易斯（W. A rthur Lewis）（1950）、Gerschenkron（1962）、Shleifer（1998）等学者支持公有产权的银行，特别是在 20 世纪 60 年代成为流行的看法，认为公有产权的银行可以使政府更好地控制经济，使银行在社会目标与经济目标间取得平衡，而不仅关注利润最大化，纠正"市场失灵"，促进经济发展。在这种思想指导下，曾经很多发达国家和发展中国家为了实现赶超或快速恢复经济，国家持有较高银行股份，对银行有较大的控制影响。20 世纪 80—90 年代，由于国有银行经营绩效较低和"新自由主义"思想的影响，许多国家对国有银行进行了私有化或股份制改革，有的国家还保持了一些国有股份，有的国家则完全退出对银行的持股。据刘万明（2007）统

---

① 本书数据来自相关银行年报、上市银行信息披露等。

计，前十大银行中政府所拥有或控制的股权比例，1970 年平均为 60%，1995 年为 42%，1999 年为 21%，2003 年为 17%。据拉波尔塔（La Porta）、洛佩德西拉内（Lopez – de – Silanes）和 Shleifer（2000）统计，1995 年各国（地区）前十大银行中政府所拥有或控制的股权比例，英国和美国都是零、法国为 17%、德国为 36%、俄罗斯为 33%。①②

银行的股东属性、股权结构与银行本身经营绩效、国家经济增长的关系，并没有定论，认为国有股权、股权集中有负面影响的研究多一些，也是此后各国银行私有化改革的基础，但也有一些相反的研究和实例。

（1）银行产权对银行本身经营绩效影响：从国内比较看，实证研究选取不同时期、不同样本有相反的结论。如黄菁（2013）对 2006—2011 年中国 12 家银行的分析发现，国有法人股对银行效率有着显著正面影响，而李莉（2014）对 2009—2012 年中国 16 家银行的分析发现，第一大股东性质为国有股与经营绩效负相关。德国是另一个国有银行和私营银行长期并存的例子。豪马和图姆（2009）发现，国际金融危机前，1998—2006 年，德国私营银行的平均运营业绩均好于国有银行，国有银行的账面 ROA 平均比私营银行低 36%，而 ROE 比私营银行低 27%。然而，由于年度收益的波动较大，国有银行与私营银行之间的差异在通常的置信水平上不显著。国际金融危机中，国有银行的损失比私有银行高 132%。国有银行占德国银行业的资产总额比重为 42%，在国际金融危机中，国有银行资产减记的额度在德国银行系统中的占比高达 64%。豪马和图姆（2009）对国有银行经营效率低于私营银行的解释是，私营银行监事会（大致相当于英美国家董事会加部分经营管理层）人员从履历来看，经验能力显著高于国有银行，导致国有银行监事会能力不足的部分原因是一些由政府委任的监事会成员的职业生涯主要是在政府或管理部门度过，因而其金融从业经验有限。不过，此文对国际金融危机中国有银行和私营银行的比较限于 2008 年，而且为研究目的将德国银行业按国有和私营进行区分，实际上，在国际金融危机中，德国的大型银行、州立银行因为对金融衍生品和国外债券投资较多而遭受

---

① 数据来源：陆桂琴. 国外国有银行私有化改革研究［J］. 理论探讨，2007（11）.
② 数据来源：刘万明. 全球银行业产权结构私有化变革探因［J］. 四川大学学报（哲学社会科学版），2007（3）.

损失，地方性的储蓄银行和信贷合作社表现好，虽然国有的州立银行表现不好，但私营的大型银行（以德意志银行为代表）也表现很差（胡琨，2016）。德国的银行在国际金融危机中的表现差异，实际上不是一个股权结构导致的效率问题，而是一个经营定位和业务策略的问题。

美国四大行的股东、股权结构相近，主要是投资基金等专业机构投资者持股，但经营风格和业绩颇有差别。我国国有银行和股份制银行同一类别中经营风格和经营绩效也差异较大。2020 年，18 家国有银行和股份制银行平均 ROA 为 0.81%，平均 ROE 为 10.38%，四大国有银行平均 ROA 为 0.91%（略高于平均），平均 ROE 为 10.85%（略高于平均），ROA 前三名为招商银行、宁波银行、建设银行，ROE 前三名为招商银行、宁波银行、南京银行。这反映出银行的管理层能力、银行战略定位比产权情况可能更为重要。

从国际比较来看，银行经营绩效受经济发展所处阶段、经济周期影响更大，银行产权可能也并非最主要因素。全球前 20 大银行中，20 世纪初主要是英国的银行，70 年代主要是美国的银行，90 年代主要是日本的银行，国际金融危机以来中国的银行位次上升明显。

美联储前主席本·伯南克在国际金融危机时期考虑是否由国家注资救助银行时认为，"政府没有高效经营银行的专业能力，私人投资者不太可能愿意把钱放在政府控制的银行。政治因素肯定会影响国有化银行的运作过程，比如，这些银行可能被迫为政府扶持的团体发放信贷，而不考虑这些团体的真实信誉如何，这样一来，很可能引发更多的亏损，到时候需要更多的救助"。[①] 这是比较典型的代表美国的观点。但是中国的主要银行从"技术性破产"到无论规模还是盈利都居全球千家大银行前列，一直都是国有控股的，只是从国家完全持股转变成国家控股的上市银行。这和中国经济的快速增长、国有银行公司治理的改善，都密切相关。

（2）银行产权与国家经济增长的关系：La Porta、Lopez – de – Silanes 和 Shleifer（2000）对 1960—1995 年 92 个国家和地区的研究发现，政府对银行所有权的控制程度越高，以人均 GDP 为代表的经济增长率越低。虽然这里

---

① 本·伯南克. 行动的勇气：金融危机及其余波回忆录［M］. 蒋宗强，译. 北京：中信出版社，2016.

包括了中国，但 1960—1995 年包括了中国经济停滞下降的特殊时期。改革开放以后中国的高速增长，正是在以国有银行为主体的银行体系支撑下取得的。国有银行从股改上市前主要满足国家要求、向政府扶持的领域倾斜信贷资源，到上市后在市场化经营和国家战略导向、社会责任中寻求平衡和交集。类似的情况还有印度，从印度银行业近来的情况看，国有银行支持政府优先发展部门，以致不良率高企，政府注资，这与 21 世纪之初中国的情况颇为相似。虽然银行付出了代价，但从整体来看，印度经济还是蓬勃发展的，政府也能够通过注资帮助银行解决一部分坏账问题。即使有的国家因国有银行经营不善而私有化，但还需要研究国有银行体系是否曾经对一段时间的经济发展起到一定积极作用。

银行是跨期经营的行业，经营绩效要放在一个长周期来看，有可能在经济上行期激励更充分的民营银行表现更好，下行期相对保守的国有银行可能反而胜出。国家通过所有权或金融监管法规等方式影响银行定价和信贷投向（典型的做法是压低居民存款利率，以为企业提供低成本资金，这不仅是发展中国家金融抑制政策的普遍做法，发达国家在利率市场化之前也采取这种政策），如果能促进经济发展、实现工业化，从经济整体来看，还是有积极作用的。但如果长期扭曲市场、造成严重低效率，也会带来风险问题。所以经济发展达到一定水平后，都会走向利率市场化、金融自由化的改革。

赵建（2018）等研究者认为，中国金融体系的问题，根源是金融资产产权的不明晰，债权人和主要债务人均为国有，透支国家信用，指望国家兜底。但其实预期银行出风险时国家兜底并非中国独有情况，也并非银行国有造成的问题。马克思说，银行制度是"资本主义生产方式的最精巧和最发达的产物"。银行是高杠杆、为社会融通资金的特殊企业，具有内生的脆弱性，政府给了银行特许经营的牌照，需要银行信贷支持国家经济发展，相应地也隐性（如给银行注资，国家不仅对国有银行注资，在金融危机时对非国有银行也可能注资），或显性（如通过存款保险制度）地给予银行信用担保。上述德国州立银行和州政府承担"担保责任"和"维持责任"的例子将这种关系从法律上明示。在更多的情况下，国家的担保是隐性的，公众对银行体系的信心最终来源于国家信用，这是各国普遍现象。

英国央行前行长默文·金在 2008 年国际金融危机后写的《金融炼金术的终结》一书中指出，货币和银行业的"金融炼金术"是将短期安全的存款转化为长期有风险的投资，把不可流动的实体资产转变成可流动的金融资产，人们常把它们看作一种力量的来源，实际上它们是体制中的薄弱环节，一旦转化出了问题、人们对其丧失信心，危机就会出现。"大而不能倒"的银行，都享有"隐性的纳税人担保"。凯罗米里斯和哈伯（2014）指出，"银行的脆弱性和银行信贷的稀缺性反映了一个国家的根本政治制度结构。基于财产权制度的银行体系是政治交易的结果，这一事实意味着没有完全的所谓'私有'银行体系，因此最为恰当的描述是，现代银行业是政府和银行家之间的伙伴关系，这一伙伴关系由政治体系中决定权力分配的制度所左右"。

为改善金融服务、降低银行垄断利润（这一点建立在认为中国银行业存在垄断、利润过高的基础上），很多人主张进一步放开银行准入、鼓励银行竞争。但我国的银行业竞争也并非不激烈，更没有因为同是国有银行就不互相竞争了。从反映行业竞争程度的银行业集中度指标来看，我国已经处于国际较低水平。由于银行的特殊性，并非简单加大竞争压力就会使其提高经营效率和资源配置效率，还有可能导致其提高风险偏好、寻找新的收益来源，如追逐更高风险和收益的客户，更多参与衍生品、大宗商品交易等，有时反而提高了全社会的系统性风险。在我国银行业资产占比和宏观杠杆率已经偏高的情况下，增加银行的作用存疑。张杰（2017）认为放松银行准入导致银行牌照价值下降，再高的资本要求也无法弥补因牌照价值缺失而带来的制度缺陷，当银行抛开与牌照价值紧密相关的长期净值而竞相追逐短期收益最大化时，整个银行体系的不稳定乃至金融危机的爆发便不可避免。因此，中国应该继续在一定程度上严格银行准入。

金融机构过于依靠政府信用背书，捆绑地方政府和国有企业的问题，也并非国有银行如此，很多股份制银行、民营银行有类似的偏好，这是隐性政府担保下银行的理性选择，并非是改变银行的所有权结构就会改变的。只是地方政府类融资和国有企业融资一般利率较低，对一些资金成本相对较高的银行来说，愿意承担更高的风险寻找能支付更高利率的客户、项目（如小微企业和房地产）。

总之，笔者认为，中国的国有银行改革非常成功，股改上市后公司治理水平大有提高，基本遵循商业化、市场化原则运作，克服了很多国家国有银行的低效问题，既促进了经济增长，也享受了经济增长带来的资产和利润提升，同时积极运用科技手段，降本增效。当然还有改善和提高空间，混合所有制改革也需要继续推进，包括员工持股，能起到一定积极作用，但并非决定性作用。目前的银行体系所有权、集中度结构等并不是造成中国经济问题的主要根源，需要继续坚持国有银行的市场化改革方向、商业化经营原则。

（五）关于支持实体经济和小微企业

近期我国对金融机构服务实体经济要求的核心是银行加大对民营企业和小微企业的支持力度。从借鉴其他国家相关经验教训的角度，有如下建议：

一是银行应在坚持市场化经营方向的前提下承担社会责任。商业银行应承担社会责任，支持国家战略，服务实体经济，践行绿色金融、普惠金融。而这些作用的真正有效发挥，需要在遵循市场化原则的前提下。金融是资源配置的工具，对社会的最大价值在于优化资源配置，而不按市场化原则，会扭曲市场、降低效率、引发套利，形成全社会性的低效率，进而积累形成系统性金融风险。资源配置的优化，需要靠充分的信息披露、有效的价格信号、灵活的进入退出机制。中国近年对商业银行特别是大型商业银行服务小微企业过于强调降低利率，虽然是应对经济下行压力的措施，也给商业银行以定向降准等弥补，但存在扭曲市场定价体系的问题。

从银企关系的不同模式看，德国、日本的主办行制度，银行和企业结成过于紧密的关系有利有弊，我国需要谨慎借鉴。实际上随着金融市场的发展，它们的主办行制度也在衰落，在我国也基本不具备推行主办行制度的市场环境。有竞争力的企业，在银企关系中处于强势地位，银行很难成为其"主银行"垄断其金融服务，没有发展前景的"僵尸企业"，银行需要退出。主要是对有发展前景的新兴、中小企业和遇到暂时性困难的企业，银行要能够识别、加以扶植，"雪中送炭"，建立长期关系。美国银行对企业的支持更加市场化、有弹性，有利于经济转型期企业的优胜劣汰，将金融资源配置到新经济、创新企业，更值得我国借鉴。

二是发挥各类机构优势，多层次助力小微和民营企业。我国小微企业贷款余额已居世界第一，为何小微企业融资还难？一方面是因为经济下行压力，另一方面也有制度设计不够完善和执行有偏差的问题。例如，美国、日本、德国的小企业贷款都可长达 10 年甚至 20 年以上，而中国大都以短期流动资金贷款为主，使小企业不断需要续贷、当期还款压力大（但中国小企业平均生存年限短，国外经验难以简单移植）。我国一些地方性的政策性担保公司存在代偿能力不足、代偿时效性弱等问题，影响了银行合作的积极性，需要政府及时注入资金。

在服务小微企业中，一种广泛流传的看法是大银行更适合服务大企业，小银行才适合服务小微企业。姜建清（2011）就曾指出这是片面、有误的观点，"大型银行由于在信息与业务的集中和处理能力上更胜一筹，加之有强大的信息技术平台做支撑，更具备大规模为小微企业提供金融服务的实力"。① 从上述美国、日本、德国等发达国家经验看，大中小型银行都在服务小微企业中发挥各自的作用，大银行由于网络庞大和资金雄厚，能更好地打通产业链、分散风险和运用科技手段，甚至在服务小微中起着主要的作用。小银行机制灵活、风险容忍度较高，地方性金融机构熟悉当地客户情况。据银保监会数据，2021 年末，我国银行业金融机构普惠型小微企业贷款余额中，大型银行占 34%、股份制银行占 18%、城商行占 14%、农村金融机构占 32%。各类金融机构应发挥自身优势助力小微和民营企业。

创新和企业家精神是经济发展的根本。我国企业特别是小微企业融资难的根本原因还在于其自身缺乏核心竞争力，也缺乏自身资本投入积累。奥德兹和莱曼（2016）指出"尽管所有的发达国家都有大量中小企业，但是德国的中小企业存在质的区别，它们蕴含更高水平的质量、生产力和创新活动，使至少部分公司的产品能够在全球利基市场占据主导地位，为大公司提供特殊投入，进而推动了它们的制造业生产力和竞争优势"。这才是我国小微企业需要学习、国家需要创造条件促进的方向，而不是过于依赖扩大信贷供给去解决小微企业发展的问题。

（六）关于金融创新和金融科技

金融创新的目的包括增加对客户的吸引力和降低金融机构的成本、分

---

① 姜建清. 大象也能做小微 [J]. 新世纪, 2011 (44).

散风险等。但对于降低成本（特别是资本节约）和分散风险，金融机构的利益和全社会利益并不完全一致。有的创新看似分散了风险，但只是将风险从金融机构分散、转移出去，从全社会来讲风险并没有消除，而且因为每个主体都认为自己承担的风险减小，更有加杠杆的空间，导致杠杆加得更多，从而加大了全社会的风险。美国的资产证券化、信用违约掉期（CDS）都是如此。华尔街有句话"智者开头，愚者结尾"，其实就是杠杆加到最后的"合成谬误"。

经济生活的金融化、复杂化使一些复杂金融产品有其存在的必要性，但复杂的金融产品有些也并非真正为了满足客户利益，而是为了提高金融机构的利润。弗洛哈尔认为"复杂性往往是公众利益的敌人，往往是为套利作出的准备"。产品、交易还是应该缩短链条，尽量简单、透明。商业银行要突出主业，回归本源，以科技手段更好地提供传统金融服务，使服务更便捷、客户体验更佳、审批和风控更高效。审慎发展复杂金融产品，避免借复杂掩盖风险和套利。

金融科技能力已经成为商业银行的核心竞争力。美国领先银行近年来显著加大科技投入，如摩根大通银行在2020年末共有员工25万多人，其中科技人员近5万人，与2012年相比，在员工总数减少了6500人的情况下，科技人员增加了近3万人。2020年，摩根大通年科技投入约120亿美元。我国的银行也高度重视科技的应用，正在用金融科技重塑业务模式，大力推动智慧银行转型，有的银行明确了"金融科技银行"的定位。面对移动互联时代的竞争，银行一方面需要提升自身科技能力，与各种机构开放合作，打造开放银行，另一方面更需要人机结合，发挥自身在风险管理、客户服务方面的专业优势。

在科技进步、跨界竞争加剧、客户金融需求变化、监管趋严的背景下，银行需要按照银保监会有利于提升服务实体经济效率、有利于降低金融风险、有利于保护投资者和债权人合法权益的创新原则，根据自身的战略规划和风险承受能力，开展与自身风险管理水平相适应的金融创新，既要坚持合规，避免"不当创新"，也要发挥创新作为"引领发展的第一动力"的作用，完善创新机制，以创新驱动发展，推动体制机制创新、产品和服务模式创新。

参考文献

[1] 安德烈·卡尔涅耶夫．彭晓宇编译．东亚模式与中国模式［J］．国外理论动态，2013（5）：104－107.

[2] 白春乐．法国国有商业银行私有化进程及启示［J］．西安邮电学院学报，2009（3）．

[3] 白钦先，常海中．法国金融制度：由非典型的银行主导型向市场主导型演进［J］．金融论坛，2005（6）．

[4] 丛阳，吕婕．印度推动国有银行改革　意在提高经营效率和盈利能力［J］．中国银行业，2018（8）：95－98.

[5] 陈斌开，林毅夫．金融抑制、产业结构与收入分配［J］．世界经济，2012（1）：3－23.

[6] 陈昊，鲁政委．美国对《多德—弗兰克法案》的修订［R］．兴业研究，2018.

[7] 陈志恒，马学礼．美国"反国家资本主义"思潮：缘起、政策实践及战略意图［J］．国外社会科学，2015（9）：77－85.

[8] 崔远淼．"印度模式"演进路径、特征及对中国的启示［J］．中共浙江省委党校学报，2007（3）：87－92.

[9] 董平．八十年代末九十年代初法国经济发展趋势［J］．世界经济文汇，1987（5）：48－51.

[10] 董治．德国中小企业融资体系研究［D］．中国社会科学院研究生院博士学位论文，2017.

[11] 哈罗德·豪马，赛尔·图姆．靳飞译．次贷危机与监事会能力：基于德国私有银行与国有银行的比较分析［J］．金融市场研究，2014（12）：50－64.

[12] 胡海峰，王爱萍．金融诅咒现象的表现、效应及对中国的启示［J］．教学与研究，2018（4）：53－62.

[13] 胡乐明，刘志明，张建刚．国家资本主义与"中国模式"［J］．经济研究，2009（11）：31－37.

[14] 胡琨．国际金融危机背景下德国银行体系刍议：功能结构主义的视角［J］．欧洲研究，2016（6）：100－116.

[15] 黄菁．产权结构对商业银行效率的影响研究［D］．南京师范大学硕士学位论文，2013.

[16] 李莉．上市商业银行资本结构对经营绩效的影响研究［D］．西南大学硕士论文，2014．

[17] 李欣怡．浅析美国盎格鲁—撒克逊模式的缺陷及其对当代中国经济发展的启示［J］．科技经济导刊，2018（3）：160－161．

[18] 李扬．"金融服务实体经济"辨［J］．经济研究，2017（6）：4－16．

[19] 刘莉云，潘家栋，韩沈超．企业创新的金融驱动：基于日本主银行制度的案例分析［J］．时代金融，2018（6）：34－35．

[20] 刘锡良，文书洋．中国存在过度金融化吗［J］．社会科学研究，2018（5）：28－36．

[21] 刘艳红．印度经济发展模式的历史演进：从尼赫鲁模式到市场经济模式［J］．滇西科技师范学院学报，2016（3）．

[22] 宁胜男．莫迪政府"印度制造"：效果评析与前景展望［J］．印度洋经济体研究，2017（6）．

[23] 浦文昌．美国德国法国日本是如何解决中小企业融资难问题的．澎湃新闻，2019－04－21．

[24] 祁斌，查向阳．直接融资和间接融资的国际比较［J］．新金融评论，2013（6）．

[25] 仇娟东，何风隽，艾永梅．金融抑制、金融约束、金融自由化与金融深化的互动关系探讨［J］．现代财经，2011（6）：35－39．

[26] 托马斯·多令著．张新存译．欧盟补贴诉讼重压下的德国公共银行［J］．经济资料译丛，2004（2）：52－58．

[27] 夏春．普通法更有利于金融市场发展吗？［EB/OL］．财经智识，（2020－06－19）．https：//mp．weixin．qq．com/s/miDTIt5mbCTSBEo1cFMlkg．

[28] 王家强，邵科．危机十年美欧银行业国际化收缩：事实、逻辑与启示［J］．中国银行业，2018（8）：62－64．

[29] 温信祥．日本中小企业信用担保体系及其启示［J］．武汉金融，2013（1）：40－43．

[30] 谢代刚．印度银行业改革及其启示［J］．南亚研究季刊，2011（2）：56－61．

[31] 余翠华，解超，崔姗姗．新时期下商业银行股权优化的思考与建议［J］．中国银行业，2018（9）：67－69．

[32] 张杰．牌照价值、资本要求与银行体系［J］．金融论坛，2017（2）：3－12．

[33] 周琼．美国大学生信用卡的实践、争论与监管［J］．银行卡与受理市场，2007（3）：24－29．

［34］周琼．不同金融发展模式比较［J］．中国金融，2018（6）：83 – 85.

［35］周琼．银行资管业转型路径辨析［J］．财经，2017（8）：48 – 51.

［36］周琼，韩军伟．发达国家 GDP 行业占比变化的启示［J］．财经，2018（13）.

［37］张成思，贾翔夫，唐火青．金融化学说研究新进展［J］．经济学动态，2020（12）：125 – 139.

［38］张季风，田正．日本"泡沫经济"崩溃后僵尸企业处理探究——以产业再生机构为中心［J］．东北亚论坛，2017（4）：108 – 128.

［39］张兴荣，王哲．日本三大金融集团转型的实践经验［J］．银行家，2018（2）：94 – 97 + 7.

［40］张燕生．80 年代以来美国经济的政策和结构调整［J］．宏观经济研究，2001（1）：58 – 61.

［41］赵建．利率市场化：历史的终结与最后的银行人［OL］．西泽研究院，2018 – 04 – 24.

［42］白钦先，刘刚，杨秀萍，郭翠荣编著．各国金融体制比较［M］．北京：中国金融出版社，2013.

［43］查尔斯·凯罗米里斯，史蒂芬·哈伯．人为制造的脆弱性：银行业危机和信贷稀缺的政治根源［M］．廖岷，杨东宁，周叶菁，译．北京：中信出版集团，2015.

［44］戴维·奥德兹，埃里克莱曼．德国的七个秘密　全球动荡时代德国的经济韧性［M］．颜超凡，译．北京：中信出版集团，2018.

［45］辜朝明．大衰退［M］．喻海翔，译．北京：东方出版社，2016.

［46］拉娜·弗洛哈尔．制造者与索取者：金融的崛起与美国实体经济的衰落［M］．尹芳芊，译．北京：新华出版社，2017.

［47］李玉蓉．德国金融监管研究［M］//李稻葵，罗兰·贝格．中国经济的未来之路　德国模式的中国借鉴．北京：中国友谊出版公司，2015：143 – 175.

［48］明斯基．稳定不稳定的经济［M］．石宝峰，张慧卉，译．北京：清华大学出版社，2015.

［49］默文·金．金融炼金术的终结：货币、银行与全球经济的未来［M］．束宇，译．北京：中信出版集团，2016.

［50］吴盼文主编．日本金融制度［M］．北京：中国金融出版社，2016.

［51］殷桐生．德国经济通论［M］．北京：社会科学文献出版社，2017.

［52］Asker John, Joan Farre – Mensa and Alexander Ljungqvist. Comparing the investment behavior of public and private firms. September, 2011. http：//www. nber. org/papers/w17394.

〔53〕Arcand Jean – Louis, Enrico Berkes and Ugo Panizza. Too Much Finance? IMF Working Paper/12/161. June 2012.

〔54〕Kitson Michael and Jonathan Michie. The Deindustrial Revolution: The Rise And Fall of UK manufacturing, 1870 – 2010. Centre for Business Research, University of Cambridge. Working Paper No. 459. June 2014.

〔55〕Ranciére, R. , Tornell, A. , and Westermann, Systemic Crises and Growth, Quarterly Journal of Economics 123 (1): 359 – 406, F. (2008).

〔56〕Walter Kiechel Ⅲ. The Lords of Strategy: The Secret Intellectual History of the New Corporate World. Harvard Business Review Press; First Edition (2010. 3).

第二篇

中外银行业

从全球千家大银行榜单演变史看银行业发展[*]

【摘要】 自 1970 年英国《银行家》杂志推出全球大银行排行榜以来，该榜单的演变，是全球银行业发展变化的集中体现。本文回顾了千家大银行排行榜的历史变化，重点分析了 2008 年国际金融危机后和近五年情况，并从中得出六方面启示。宏观方面，分析了银行强弱和国家实力的关系，"看衰银行论"出现的原因和问题，加强金融监管的积极作用；商业银行经营管理方面，得出了商业银行成败的关键是战略管理和风险管理，混业经营是银行发展的方向，国际化是少数银行可以重点推进的战略等结论。

本文结合千家大银行的数据和实例，以国际的、历史的视角总结分析银行业发展与经济的关系、银行经营成败的经验教训，对"十四五"期间我国推进金融供给侧结构性改革、确定政策导向，以及商业银行高质量发展、制定发展战略，都有一定启示借鉴作用。

一、千家大银行的总体情况

1970 年，《银行家》开始发布 300 家全球大银行排行榜，以上年末资产规模确定排名。1980 年扩展至 500 家，1990 年扩展至 1000 家，并改为以上年末一级资本确定排名，反映出 1988 年《巴塞尔协议 I》发布后，银行业更加重视资本。

---

* 本文发表于《中国银行业》2021 年第 8 期。发表时有删节，此为完整版。本文被评为《中国银行业》杂志 2021 年度"十大好文"。

（一）资产情况

1. 1970—2021 年大银行资产扩张远超 GDP 增长

全球资产规模最大的银行，1970 年是美国银行，资产为 256 亿美元；2021 年是中国工商银行，资产为 5.11 万亿美元。2021 年工商银行资产是 1970 年美国银行的近 200 倍，2021 年美国银行资产是其 1970 年的 110 倍，而 2020 年全球 GDP 以现价计仅为 1970 年的 29 倍。

2. 近年千家大银行总资产与全球 GDP 之比先降后升①

2008—2019 年，千家大银行总资产增长的波动高于 GDP，平均增速低于 GDP 增速，千家大银行总资产与全球 GDP 之比从 2007 年的 159% 下降至 2019 年的 146%。

2009 年，受国际金融危机影响，千家大银行去杠杆化，总资产规模和全球 GDP 均为负增长。而这次新冠肺炎疫情冲击下银行业的表现和国际金融危机时截然不同。2020 年，全球 GDP 负增长（-3.3%）。为了缓解疫情对经济的冲击，各国采取了宽松的货币信贷政策，千家大银行总资产增速高达 16.0%（贷款增速 11.42%，存款增速 17.11%），千家大银行总资产与全球 GDP 之比升至 175%，超过国际金融危机前（见图1）。

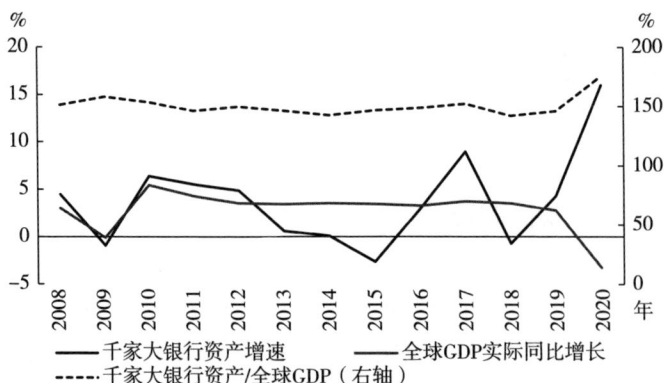

图1 千家大银行资产和全球 GDP

注：为方便与 GDP 比较，图中千家大银行数据为实际年份数。

（数据来源：英国《银行家》，IMF）

---

① 为方便与 GDP 比较，本部分千家大银行数据为实际年份数。其他部分所示年份均为数据发布年份，数据为上年数。

（二）资本情况

2008 年后资本基础大为夯实。在 2008 年国际金融危机后，由于监管机构对银行资本标准的提高、政府注资救助问题银行和银行主动增加资本金，尽管千家大银行的总资产、税前利润在个别年份出现了负增长，但一级资本却逐年保持增长。2009—2021 年，千家大银行总资产只有 2021 年的增速超过 10%，但一级资本增速有 5 年超过 10%。

2021 年千家大银行的总资产（148.6 万亿美元）是国际金融危机前 2007 年（74.2 万亿美元）的 2 倍，但一级资本（99130 亿美元）是 2007 年（33650 亿美元）的近 3 倍（见图 2、图 3）。一级资本/总资产从 2007 年的 4.53% 上升至 2020 年的 6.87%，2021 年微降至 6.67%（2021 年一级资本增长 12.7%，但资产增长 16.0%）（见表 1）。

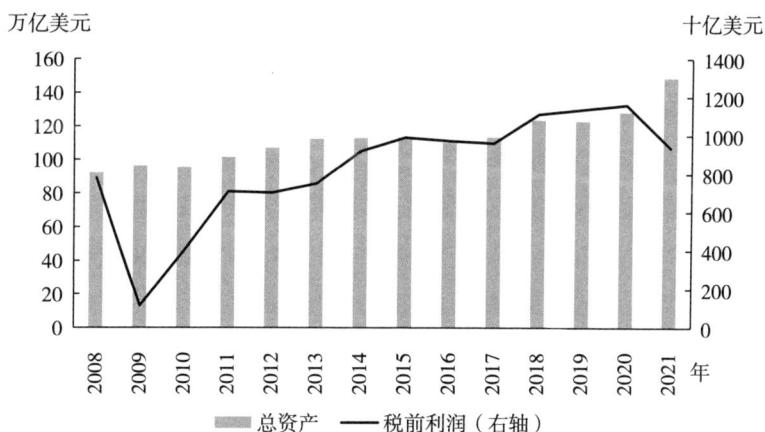

图 2 千家大银行总资产和税前利润

注：年份为发布年份，数据为上年末数。

（数据来源：英国《银行家》）

由于资本基础的夯实和财务状况的改善，2020 年，全球银行业虽受到新冠肺炎疫情的冲击，但整体表现远好于国际金融危机时，并有力支持了实体经济。数字化水平的提升，也使银行在疫情期间可以通过线上方式不中断提供服务。

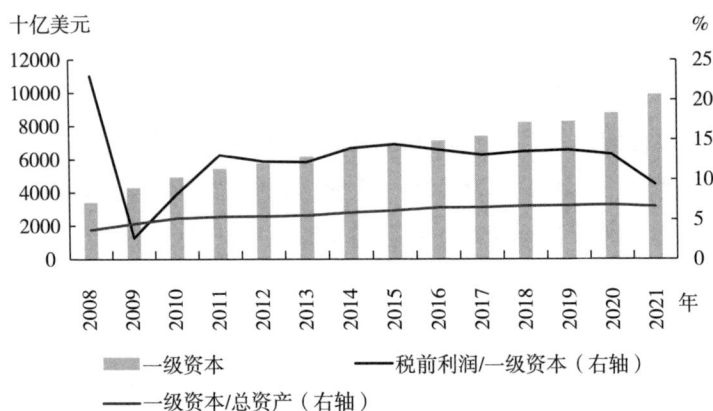

图 3　千家大银行一级资本

注：年份为发布年份，数据为上年末数。

（数据来源：英国《银行家》）

表 1　　千家大银行资产、税前利润和一级资本（2009—2021 年）

时间	总资产（万亿美元）	总资产增速（%）	税前利润（10 亿美元）	税前利润增速（%）	一级资本（10 亿美元）	一级资本增速（%）
2009 年	96.4	4.4	115	**−85.3**	4276	**25.8**
2010 年	95.5	−0.9	401	**248.7**	4915	14.9
2011 年	101.6	6.4	709	76.8	5434	10.6
2012 年	107.2	5.5	703	−0.8	5746	5.7
2013 年	112.4	4.9	750	6.7	6163	7.3
2014 年	113.1	0.6	920	22.7	6624	7.5
2015 年	113.2	0.1	992	7.8	6908	4.3
2016 年	110.2	**−2.7**	974	−1.8	7101	2.8
2017 年	113.5	3.0	962	−1.2	7374	3.8
2018 年	123.7	9.0	1112	15.6	8245	11.8
2019 年	122.8	−0.7	1136	2.2	8292	**0.6**
2020 年	128.1	4.3	1159	2.0	8796	6.1
2021 年	148.6	**16.0**	936	−19.2	9913	12.7

数据来源①：英国《银行家》。

注：加粗为 13 年间增速最高点和最低点。

---

①　如无特别说明，本文表格数据均来自英国《银行家》。

（三）盈利能力

银行盈利能力变化和经济增速密切相关。2002—2007 年，全球经济发展态势良好，千家大银行的盈利能力一路上行，2006—2008 年，平均 ROC（税前利润／一级资本）高达 20% 以上，ROA（税前利润／资产）在 1% 以上，2009 年因为国际金融危机 ROC 降至 2.69%，2011—2020 年逐渐恢复，在 12%～14% 之间。

2021 年，千家大银行税前利润同比下降 19.2%，明显反映出新冠肺炎疫情对银行的冲击。601 家银行税前利润同比下降，其中 38 家亏损。千家大银行的平均 ROC 下降至 9.44%（2020 年是 13.18%），ROA 也下降至 0.51%（2020 年是 0.72%），为 2009 年以来的最低水平。

不过，税前利润的减少很大程度受计提拨备的影响。2021 年，千家大银行的拨备同比增长 26%（3520 亿美元），其中美国银行增长最多，达 106%，亚太区银行同比增长 25%，欧洲银行仅增长 17%。

二、千家大银行的区域国家分布变化

（一）各区域银行情况

1. 各区域上榜银行数量和主要指标占比

千家大银行对银行的区域分类，不同时期有所变化，因此分两张表显示（见表 2、表 3）。全球经济实力对比在近年来呈现"东升西降"之势，这在上榜银行的区域分布变化上也有明显体现。1990 年，美国、欧洲、中国的上榜银行分别为 222 家、444 家、8 家，2021 年变为 178 家、262 家、144 家。

表 2　　　　千家大银行各区域银行数量（1990—2010 年）

单位：家

国家／区域	1990 年	2000 年	2009 年	2010 年
欧洲	444	388	365	319
美国	222	199	159	169
日本	112	116	97	100
中东	58	77	88	90
拉美	40	50	49	44

续表

国家/区域	1990 年	2000 年	2009 年	2010 年
亚洲（除日本外）	104	150	193	221
金砖国家	33	43	130	146
巴西	18	18	13	10
俄罗斯	0	4	33	21
印度	7	12	32	31
中国	8	9	52	84

表3　　　　千家大银行各区域银行数量（2019—2021 年）

单位：家

区域	2019 年	2020 年	2021 年
亚太	387	372	385
西欧	219	220	223
北美	183	198	193
中东	81	68	64
中东欧	39	44	39
非洲	33	36	35
南美	33	33	35
中美洲	16	18	16
加勒比海	7	7	7
中亚	2	4	3

2006 年，美国、欧洲、亚洲的上榜银行税前利润占比分别为 27%、43%、20%，2019 年该占比变为 27%、21%、42%。2021 年，美国、欧元区、中国、日本上榜银行税前利润占比分别为 18.5%、6.5%、37.2%、4.3%。

观察近 5 年各区域上榜银行利润占比，亚太区在 2021 年达到最高点 55.09%，北美、西欧分别达到最低点 23.87%、10.30%，主要还是受新冠肺炎疫情影响。北美银行占比最高点是 2019 年的 26.98%，西欧银行是 2018 年的 20.25%。

不过，美国的银行在 2021 年排行榜中盈利下降的主要原因是其大幅计提拨备，预计 2022 年排行榜中盈利将有明显回升①。

_____

① 受新冠肺炎疫情下大幅计提拨备影响，摩根大通、美国银行、花旗集团、富国银行 2020 年税前利润分别同比下降 20.51%、42.01%、42.96%、97.60%，但 2021 年分别同比增长 66.3%、78.87%、101.5%、1050.34%。

表4　　千家大银行主要国家和区域上榜银行占比（2017—2021 年）

单位：%

国家/区域	一级资本占比			资产占比			税前利润占比		
	2017 年	2020 年	2021 年	2017 年	2020 年	2021 年	2017 年	2020 年	2021 年
中国	23.3	28.2	29.8	22.3	24.6	25.3	30.5	28.5	37.2
美国	19.0	16.6	16.0	13.7	13.6	13.5	22.3	21.9	18.5
欧元区	15.9	15.9	16.3	20.5	17.5	21.2	7.1	11.1	6.5
日本	8.3	7.9	7.2	11.0	9.4	10.1	5.3	3.5	4.3
英国	5.2	4.6	4.4	6.3	5.3	5.9	1.8	3.3	1.9
总计	71.7	73.2	73.7	73.8	70.4	76.0	67.0	68.3	68.4

表5　　千家大银行各区域上榜银行利润占比（2017—2021 年）

单位：%

时间	亚太	北美	西欧	中东	拉美和加勒比海	中东欧	非洲
2017 年	46.03	26.21	12.91	4.28	**7.07**	**1.86**	1.65
2018 年	43.38	24.28	**20.25**	3.90	4.51	1.88	1.80
2019 年	**41.74**	**26.98**	18.59	**4.72**	3.63	2.68	1.67
2020 年	43.51	26.43	16.37	4.56	4.21	**3.09**	**1.82**
2021 年	**55.09**	**23.87**	**10.30**	3.78	**2.98**	2.63	**1.36**

注：加粗为五年间占比最高点和最低点。

2. 各区域上榜银行的盈利能力情况

榜单大体上呈现不发达地区银行盈利能力（ROA、ROE）高于发达地区的特点。非洲、拉丁美洲、中东欧等经济不发达地区金融供给不足，银行盈利能力较强。发达国家金融供给充裕，甚至近年进入负利率零利率区间，导致银行利差低、盈利能力弱。

银行盈利能力受本国所处经济周期、银行经营管理水平等多种因素影响，与经济发达程度之间也非线性关系。例如，经济最不发达的非洲，2018年上榜银行 ROA 高于中东欧和拉美地区上榜银行，2019 年介于这两个区域的上榜银行之间，2020 年、2021 年低于这两个区域的上榜银行。发达国家间也颇有差异，北美的银行利差和 ROA、ROE 较高，长期高于中国和亚太（不含中国、日本）的上榜银行，2021 年因为新冠肺炎疫情低于中国的银行，而西欧、日本银行的 ROA、ROE 已是全球最低水平（见表6）。本文第四部分还将进一步分析原因。

表6　　千家大银行各国家/区域上榜银行盈利能力（2018—2021年）

单位：%

国家/地区	ROA				ROE			
	2018年	2019年	2020年	2021年	2018年	2019年	2020年	2021年
中东欧	1.48	1.78	1.79	1.2	12.56	15.31	14.3	10.3
拉丁美洲	1.93	1.37	1.6	0.93	20.94	14.7	17.08	10.49
非洲	2.12	1.56	1.57	0.88	21.08	16.36	16.09	9.39
中东	1.52	1.45	1.43	0.87	11.97	11.72	11.28	7.32
中国	1.11	0.89	0.87	0.78	15.29	11.63	10.73	9.64
北美	1.33	1.16	1.11	0.7	13.32	11.74	11.29	7.33
亚太（除中国、日本外）	0.82	0.68	0.79	0.62	10.03	9.33	9.06	7.37
日本	0.41	0.22	0.22	0.2	7.32	4.03	4.37	3.97
西欧	0.56	0.43	0.38	0.16	8.62	6.71	5.91	2.75

注：本表以2021年各国家/区域上榜银行ROA从高到低排列。

每个国家内各家大银行，有的普遍经营状况较好，如中国和美国，有的经营状况差异很大，如德国和印度。德国最大的两家银行德意志银行和德国商业银行，2020年ROA分别仅为0.05%和−0.56%，第三、第四大银行DZ银行和德国联合抵押银行ROA分别为0.16%和0.20%，虽然也不高，但优于前两大银行。2020年主要国家前四大银行盈利水平如表7所示。

表7　　　　　　　　2020年主要国家前四大银行盈利水平

单位：%

国家	平均税前ROA	最高税前ROA	最低税前ROA
美国	1.04	1.15	0.93
中国	0.89	0.97	0.80
印度	1.07	1.77	0.49
法国	0.24	0.30	0.12
英国	0.12	0.20	−0.05
日本	0.21	0.24	0.19
德国	−0.04	0.20	−0.56

（二）大银行的国家分布变化

1. 前十大银行的国家分布（见表8）

1970年排行榜刚推出时，美国的银行占据7席，2家英国的银行、1家意大利的银行。

表8　　　　　　千家大银行前十大银行（1970—2021年）

排名	1970年	1980年	1990年	2000年	2010年	2021年
1	美国银行	法国农业信贷银行	住友银行	花旗集团	美国银行	中国工商银行
2	第一国民银行	美国银行	第一劝业银行	美国银行	摩根大通	中国建设银行
3	大通曼哈顿银行	花旗银行	富士银行	汇丰控股	花旗集团	中国农业银行
4	巴克莱银行	巴黎国民银行	法国农业信贷银行	东京三菱银行	苏格兰皇家银行	中国银行
5	制造商汉诺威	德意志银行	三和银行	大通曼哈顿银行	汇丰控股	摩根大通
6	JP摩根	里昂信贷银行	三菱银行	第一劝业银行	富国银行	美国银行
7	国民西敏寺银行	法国兴业银行	巴克莱银行	法国农业信贷银行	中国工商银行	花旗集团
8	西部银行公司	德累斯顿银行	国民西敏寺银行	樱花银行	法国巴黎银行	汇丰控股
9	意大利国民劳动银行	巴克莱银行	德意志银行	富士银行	西班牙国际银行	富国银行
10	纽约化学银行	第一劝业银行	日本兴业银行	中国工商银行	巴克莱银行	三菱日联金融集团

1980年，前十大银行中欧洲7家、美国2家、日本1家。其中有4家法国的银行，当时法国大银行多为国有性质，资本充足率和盈利水平低，法国银行的霸榜时间很短。

1990年，前十大银行中日本6家、英国2家，法国和德国各1家。1985年到20世纪90年代初，日本银行业崛起。1988年，日本有109家银行上榜，总资产占33%，仅次于欧洲41%的资产份额。20世纪90年代初日本泡沫经济破裂，2007年上榜银行资产占比缩减至10%，2021年仍为10%。

2000年，前十大银行中美国3家、日本4家，英国、法国和中国各1家，但日本的银行盈利能力已远逊于美国。

2010年，前十大银行中美国4家、英国3家，中国、法国、西班牙各1家。

2020 年和 2021 年，前十大银行中中国和美国各 4 家，英国和日本各 1 家。

2. 前二十大银行的国家分布

前二十大银行中，中国的优势更显著。2019 年后中国上榜银行数量超过美国稳居第一，2021 年，除四大行之外，交通银行、招商银行、邮储银行、浦发银行、兴业银行也进入前 20 名。美国除了摩根大通、美国银行、花旗集团、富国银行外，高盛进入前 20 名。德意志银行 2019 年之后跌出 20 名（见表 9）。

表 9　　　千家大银行前 20 名中各国银行的数量（1970—2021 年）

单位：家

时间	中国	美国	日本	法国	英国	西班牙	德国
1970 年	0	8	4	1	3	0	1
1980 年	0	3	6	4	2	0	4
1990 年	0	1	9	3	3	0	1
2000 年	1	5	7	2	2	0	1
2010 年	3	5	1	4	4	1	1
2014 年	5	5	2	3	3	1	1
2015 年	5	6	2	2	3	1	1
2019 年	6	5	4	3	1	1	0
2020 年	7	5	4	2	1	1	0
2021 年	9	5	2	2	1	1	0

（三）中国上榜银行各项占比均逐步提升

1990 年、2000 年、2010 年、2020 年、2021 年，中国上榜银行分别为 8 家、9 家、84 家、143 家、144 家。

中国上榜银行一级资本合计在 2008 年超过德国，2009 年超过英国，2010 年超过日本，2014 年超过美国。2001 年、2011 年、2021 年，中国上榜银行一级资本占比分别为 5%、11%、30%。2021 年，千家大银行一级资本增加 1.12 万亿美元（增长 12.7%），其中中国上榜银行合计增加了 4650 亿美元（增长 18.6%）①。

_____

① 《银行家》杂志将各国货币以年末汇率折算成美元。中国上榜银行以美元计资本增长 18.6%，其中有 2020 年人民币对美元升值 6.58% 的因素。

2009 年，由于欧美银行受国际金融危机影响利润大减，中国上榜银行税前利润创纪录地占到了千家大银行的 73.5%。2010 年，欧美银行业盈利能力恢复，中国上榜银行利润占比也降至正常水平（25.4%）。2020 年，中国上榜银行税前利润占比为 28.5%。2021 年，由于中国经济率先从新冠肺炎疫情冲击中复苏，银行业受疫情影响相对较小，中国上榜银行税前利润占比提升至 37.2%，预计 2022 年榜单中占比会有所下降（见表 10）。

表 10   中国上榜银行在千家大银行中的占比（2000—2021 年）

时间	一级资本占比	资产规模占比	税前利润占比
2000 年	4.1%	3.7%	0.8%
2008 年	7.9%	4.4%	9.9%
2009 年	8.1%	—	73.5%
2010 年	8.9%	9.0%	25.4%
2015 年	21.0%	19.3%	32.2%
2016 年	22.9%	21.4%	31.6%
2020 年	28.2%	24.6%	28.5%
2021 年	29.8%	25.3%	37.2%

三、部分银行的变迁

1. 前十名的中美大银行

1970 年，全球银行业排名第 1、第 2、第 3 的分别是美国银行、第一国民银行（花旗集团的前身）、大通曼哈顿银行（摩根大通的前身）。2000 年，第 1 名、第 2 名、第 3 名分别是花旗集团、摩根大通和美国银行。2013 年，工商银行首次成为排行榜第 1 名并保持至今。2018—2021 年，中国四大银行（工商银行、建设银行、农业银行、中国银行）连续 4 年居排行榜前四名。2021 年，美国四大银行（摩根大通、美国银行、花旗集团、富国银行）分别排第 5 名、第 6 名、第 7 名、第 9 名。

2002 年，花旗集团一级资本、总资产、税前利润三项均排名第一，税前利润占千家大银行的 6.1%，是工商银行的 30 倍；2018—2020 年，工商银行税前利润占千家大银行的近5%，是花旗的2.3倍；2021年，工商银行税前利润占千家大银行税前利润的6.4%，是花旗的4.3倍。

2. 最赚钱的银行

2009年，美国的银行因国际金融危机盈利大幅下跌，盈利前十大行来自中国、西班牙、英国、意大利、加拿大五个国家。2009年，中国四大行全部进入税前利润前十大行之列。2021年，中国四大行首次税前利润也居于前四名，招商银行、交通银行均进入税前利润前十大行。近年来，盈利前十名基本都是中美两国的银行，有1~2家其他国家的银行。2021年税前利润前十名只有中美两国的银行（中国6家，美国4家）（见表11）。

表11　　　　　　　　税前利润前十大银行（2009—2021年）

排名	2009年	2017年	2019年	2020年	2021年
1	中国工商银行	中国工商银行	中国工商银行	中国工商银行	中国工商银行
2	中国建设银行	中国建设银行	中国建设银行	中国建设银行	中国建设银行
3	西班牙国际银行	摩根大通	摩根大通	摩根大通	中国农业银行
4	中国银行	中国农业银行	中国农业银行	中国农业银行	中国银行
5	西班牙毕尔巴鄂比斯开银行	富国银行	美国银行	中国银行	摩根大通
6	汇丰控股	中国银行	中国银行	美国银行	美国银行
7	巴克莱银行	美国银行	富国银行	富国银行	招商银行
8	中国农业银行	花旗集团	花旗集团	花旗集团	摩根士丹利
9	意大利裕信银行	交通银行	汇丰控股	俄罗斯联邦储蓄银行	花旗集团
10	加拿大皇家银行	法国巴黎银行	西班牙国际银行	招商银行	交通银行

3. 银行的亏损与扭亏为盈

2021年榜单的前四大亏损银行中，西班牙的BFA Tenedora de Acciones已于2020年9月被西班牙凯克萨银行（CaixaBank）收购。德国商业银行在2021年2月宣布重整计划，裁员1万人（占员工的1/5），关闭790个网点中的340个，以削减成本，同时提升数字化服务能力。意大利裕信银行的盈利状况不稳定，在2009年排行榜中，它在最赚钱银行排行榜上排名第9，2017年成为亏损第一大户，2018年成为扭亏为盈第一名，2021年又成为第三大亏损银行（拨备计提多是一个重要原因）。西班牙国际银行因为新冠肺炎疫情，2020 年出现亏损（见表 12）。

表 12　　千家大银行前四大亏损银行（2017—2021 年）

单位：亿美元

2021 年			2019 年		
排名	银行	税前损失	排名	银行	税前损失
125	BFA Tenedora de Acciones（西班牙）	−64.52	408	印度工业发展银行	−32.80
65	德国商业银行	−32.06	293	北德意志州银行	−23.64
28	意大利裕信银行	−30.09	262	旁遮普国家银行（印度）	−22.21
17	西班牙国际银行	−25.63	514	阿拉哈巴德银行（印度）	−13.20
2018 年			2017 年		
619	Otkritie Financial Corp Bank（俄罗斯）	−75.16	45	意大利裕信银行	−108.84
135	托斯卡纳西雅那银行（意大利）	−50.90	157	西班牙人民银行	−51.46
230	旁遮普国家银行	−30.51	30	苏格兰皇家银行	−50.40
374	印度工业发展银行	−19.21	208	托斯卡纳西雅那银行	−33.96

德意志银行成为 2021 年扭亏为盈第一名。印度的国有银行在经历近 5 年的亏损后，有所好转（见表 13）。

表 13　　千家大银行前四大扭亏为盈银行（2017—2021 年）

单位：亿美元

2021 年			2019 年		
银行	税前利润	上年税前亏损	银行	税前利润	上年税前亏损
德意志银行	12.60	−29.60	Otkritie Financial Corp Bank（俄罗斯）	6.60	−75.16
印度工业发展银行	3.38	−11.80	印度国家银行	7.55	−18.83
印度银行	4.46	−6.22	乌克兰商业银行	4.59	−8.51
巴罗达银行（印度）	8.67	−1.59	Uuipol Banca（意大利）	0.41	−12.00
2018 年			2017 年		
银行	税前利润	上年税前亏损	银行	税前利润	上年税前亏损
意大利裕信银行	78.23	−108.84	欧银耳嘎斯银行（希腊）	1.92	−21.95

续表

2018 年			2017 年		
银行	税前利润	上年税前亏损	银行	税前利润	上年税前亏损
苏格兰皇家银行	30.26	-50.40	巴西投资银行	16.92	-6.93
BANCO BPM（意大利）	30.21	-24.18	阿尔法银行（希腊）	0.14	-23.68
瑞士信贷集团	18.30	-22.22	渣打银行	4.09	-15.23

四、千家大银行的启示

（一）宏观方面

启示一：从排名演变看银行强弱和国家经济实力的关系

从千家大银行排行榜中排名前列的银行及其所属国家来看，20 世纪 80 年代欧洲和 20 世纪 80—90 年代初日本的银行有过一段时间的辉煌，但是美国的银行霸榜时间更持久，近十年来排行榜逐渐成为中美两国的比拼。

经济是金融的基础，一国银行的强大往往是该国经济实力强大的反映。而银行的不良率高企或亏损严重、资产缩水，如果是个别银行，可能是战略方向问题或经营管理不善，如果是银行普遍性问题，肯定是经济金融问题的体现。典型如 20 世纪 90 年代初日本泡沫经济破裂后银行也由盛而衰，2010 年欧债危机严重影响欧洲银行业。印度在 2005 年前后，国有银行的公司信贷大幅增加，后遇经济波动，积累了不良贷款，银行以续贷重组等方式掩盖，而印度央行 2016 年加强了对资产质量的检查和拨备计提要求，因此印度多家银行进入不良率最高、亏损最严重的银行之列。

但国家经济实力和银行规模效益二者也不完全成正比，还和该国融资结构是以直接融资为主还是以间接融资为主、宏观杠杆率以及银行业的集中度、经营管理水平、国际化程度等多种因素相关。

2020 年世界 GDP 前十名国家的银行在 2021 年排行榜中情况如表 14 所示。

表14   2020 年 GDP 前十名国家上榜银行数量

单位：家

GDP 排名	国家	上榜银行数量	前 20 名中数量	第一大银行（排名）
1	美国	178	5	摩根大通（5）
2	中国	144	9	中国工商银行（1）
3	日本	87	2	三菱日联金融集团（10）
4	德国	23	0	德意志银行（34）
5	英国	25	1	汇丰控股（8）
6	印度	23	0	印度国家银行（56）
7	法国	6	2	法国农业信贷银行（12）
8	意大利	23	0	意大利裕信银行（28）
9	加拿大	12	0	加拿大皇家银行（39）
10	韩国	11	0	国民银行金融集团（60）

从融资结构来看，一般将中国、日本、德国、法国归为以间接融资为主的国家，英国、美国归为以直接融资为主的国家。20 世纪 80 年代金融自由化后，法国、日本资本市场发达起来，呈现出从间接融资主导向直接、间接融资并重发展的态势。

从宏观杠杆率来看，2020 年末世界 GDP 前七名国家非金融部门宏观杠杆率分别为：美国 296.1%、中国 289.5%、日本 420.2%、德国 206%、英国 303.5%、印度 181.3%、法国 372.7%，非金融部门负债大部分形成了金融部门资产。德国宏观杠杆率低于发达经济体（320.3%），甚至低于新兴市场国家（240.5%）的平均水平，这是德国经济发达而银行业在千家大银行中规模不大的原因之一。

从国际化程度来看，欧洲大银行大都国际化程度很高，不限于服务本土客户，2019 年千家大银行国外子行盈利前十大银行中，欧洲银行占据 7 席（见表15）。英国和法国银行业资产和 GDP 之比远高于包括中国在内的其他国家也是这个原因。进入前 20 名的 4 家欧洲银行中，汇丰控股和西班牙国际银行都以服务国外市场为主（2020 年，汇丰控股、西班牙国际银行非母国业务收入占比分别是 77.23%、76.42%），法国巴黎银行虽以本土业务为主，国外业务收入也不低（2020 年非母国业务收入占比，法国巴黎银行是 27.82%）。

表 15　　　　　　千家大银行国外子行盈利前十大银行（2019 年）

银行	国家	进入千家大银行的 FOS 数（家）	FOS 税前利润（百万美元）	控股母公司税前利润（百万美元）	占比
汇丰控股	英国	18	25048	19890	125.9%
西班牙国际银行	西班牙	12	12199	16323	74.7%
BBVA 银行	西班牙	6	7558	9708	77.9%
法国巴黎银行	法国	10	7054	11733	60.1%
中国银行	中国	2	5266	33525	15.7%
花旗集团	美国	8	4456	23437	19.0%
ING 集团	荷兰	5	4194	7760	54.0%
意大利裕信银行	意大利	10	4192	4145	101.1%
多伦多道明银行	加拿大	1	3784	11081	34.1%
渣打银行	英国	11	3393	2548	133.2%

注：FOS 为外国控股子公司（foreign - owned subsidiaries），占比为 FOS 税前利润与控股母公司税前利润之比。

中美两国的对比。中国金融供给高度依赖银行，美国企业则更多通过资本市场融资。2009 年，中国银行业资产规模首次超过美国。2020 年末，中国商业银行资产规模约是美国的 2 倍，美国股市总市值是中国的近 4 倍。在千家大银行排行榜上，中国上榜银行的一级资本、资产规模接近美国的 2 倍，这和两国的商业银行资产规模也基本匹配。

值得关注的是，中国企业创造收入利润的能力不如美国。2020 年美国《财富》杂志全球 500 强企业（按 2019 年营业收入排名，包括银行在内），美国、中国、日本、德国企业的数量占比分别是 24.2%、24.8%、10.6%、5.4%，营业收入占比分别是 29.45%、24.91%、9.38%、5.85%，利润占比分别是 40.98%、21.43%、4.29%、3.54%。[1]

马克思认为，利息是平均利润的一部分，是剩余价值的特殊转化形式，

---

[1]　宁南山. 对 2020 年世界五百强数据分析看美国对中国的六个核心优势［EB/OL］.（2020 - 08 - 22）. https：//mp. weixin. qq. com/s/5TaQBie SKHtbmSqr - 1alyA.

所以平均利润率是利率的最高限①。各国企业利润率的差异是各区域银行盈利能力差异的原因之一。不发达国家由于商品和服务市场供给不充分，尚处于卖方市场，因此资本的边际回报率较高，而发达国家大部分商品和服务通常已处于供给过剩的买方市场，资本的边际回报率降低。美国除了国际金融危机和新冠肺炎疫情的特殊时期外，银行业利差、盈利能力高于我国，一部分是由于美国非息收入占比高和零售贷款占比高②的收入结构和资产结构，另一部分是由于美国的企业创新能力强，占据全球产业链的制高点，盈利能力比较强，因此银行也能够从服务企业中获得较高的收入。而西欧国家和日本，由于经济增长乏力，企业在全球竞争力下降，加之人口老龄化等原因，银行在低利率环境下艰难经营，盈利能力较弱。

中国银行的市值与美国仍有差距。2007 年 7 月，因为国际金融危机美国大银行市值下跌，工商银行首次超越花旗银行居于全球银行市值第 1 位。2013 年，富国银行市值超过工商银行。2016 年，富国银行由于"虚假账户门"市值下跌，摩根大通超过富国银行成为全球银行市值第 1 位。2021 年 8 月末，全球银行市值排名前 10 名的为摩根大通、美国银行、工商银行、招商银行、富国银行、建设银行、农业银行、加拿大皇家银行、花旗集团、印度 HDFC（住房开发金融公司）银行。虽然 2020 年末工商银行的资产规模是摩根大通的 1.5 倍，但市值却仅为摩根大通的一半多。

中国银行业的成就与挑战。中国银行业助力了中国经济时空压缩式的跨越发展，自身也取得了巨大的进步，在近十几年发生了翻天覆地的变化，在千家大银行排行榜上从占比微乎其微到稳居高位。2005 年国有大行上市之前，不良率高企，一度被外媒称为"技术上已经破产"。2005—2010 年，中国四大国有银行陆续完成改制上市。2003—2013 年，中国商业银行的利润年均复合增速高达 49%，这十年被称为中国银行业的"黄金十年"③。

---

① 石晶莹. 再论马克思利息理论与凯恩斯利息理论的不同点［J］. 当代经济研究，2007（2）：13 – 16.

② 美国的银行个人贷款余额 1989 年超过公司贷款，2015 年公司贷款余额重新超过个人贷款，但二者相差不大；而中国个人贷款余额 2010 年末为企事业单位贷款余额的 29%，2020 年末上升至 57%，个人贷款平均利率高于公司贷款。

③ 邵平. 十年繁荣之后［J］. 财经，2015（28）.

2021 年 3 月，银保监会郭树清主席指出，我国四家大型商业银行经营效率已接近国际先进水平，在劳动生产率、成本收入比、盈利能力、科技创新等方面实现赶超。[①]

与此同时，中国银行业仍然面临诸多矛盾和挑战。一个悖论就是银行暴利论和银行股的投资价值不被看好同时存在。

一方面，对比千家大银行和财富五百强的排行榜可以发现，中国银行业在国际上的排名超过了中国实体企业，2020 年中国上市银行利润占上市公司利润的 42%。对中国银行业"暴利"、挤压实体经济利润的指责不绝于耳。

另一方面，投资者不看好银行的投资价值，对银行的未来发展、风险暴露抱有疑虑，银行股普遍破净（市净率小于 1），是 A 股市净率最低的行业（见图 4）。

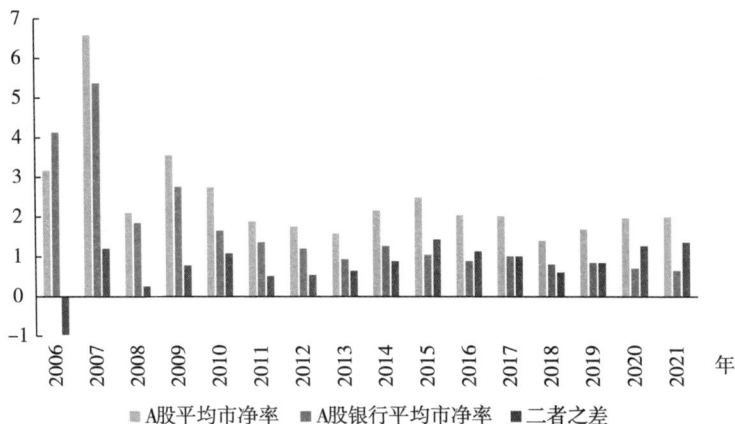

图 4　A 股市净率和 A 股银行市净率

2006 年，A 股银行业平均市净率（PB）曾高于 A 股平均市净率，此后就始终低于 A 股平均市净率。A 股银行业市净率从 2007 年末的 5.37，降至 2013 年以来的 1 左右，2021 年 8 月降至 0.65。如果银行业真是暴利行业，应该被投资者所看好，估值较高才对，而实际恰恰相反。这很能证明银行

---

① 银保监会国新办新闻发布会答问实录［EB/OL］. (2021 - 03 - 02). http：//www. cbirc. gov. cn/cn/view/pages/ItemDetail. html？docId = 968693&itemId = 915.

并不存在超额利润。

事实上，中国银行业利润规模大主要源于其资产规模大，相当于美国、德国、日本银行业资产规模之和，ROA、ROE 在国际上处于较为合理的水平。银行资产规模大主要源于中国依赖银行信贷支撑的投资驱动经济发展模式。这一模式造就了中国经济的奇迹，也带来了宏观杠杆率较高的问题。

银行股估值低是全球普遍性现象，从全球 Wind 行业类估值（包括亚太、美洲、欧非中东主要股票市场）看，2011—2020 年，全球银行业平均估值（PB）是 24 个行业中最低的（为 0.87）[1]。但西欧国家和日本的银行估值低反映了其较低的资本回报水平，美国银行业估值相对较高，和其ROE 基本匹配，而中国的银行业 ROE 在各行业中处于中上水平，估值和ROE 并不匹配。中国银行股估值较低的一个重要原因是投资者认为银行还有潜在的不良贷款风险（资产质量折价）。

未来，中国银行业需要在服务国民经济的高质量发展中，继续探索自身高质量发展的道路，逐步化解潜在风险。

启示二：从商业银行的商业模式特点看"看衰银行论"

随着资金的充裕、科技的发展，经济的金融化程度加深，银行服务对象从过去少数富人、大企业延伸至几乎所有人、小微企业。金融越来越"普惠"，这不仅是国家和金融监管部门的要求，也是银行拓展新市场新客群，寻找新的利润增长点的内在要求，是金融业发展的必然趋势。"钱失去了神秘性，而银行业也失去了一点魔术味道。"[2]

比尔·盖茨在 1994 年将银行比作恐龙，认为银行客户将在未来流失到其他高科技金融服务提供商。这一观点广为传播，此后各种看衰银行的言论更是不绝于耳。但 BIS 统计显示，1996—2006 年全球银行业资产年均增长达 11.6%，而同期全球债券市场规模的年均增长为 9%，股票为 10%。[3]2008 年国际金融危机使银行利润大跌，国际金融危机后，银行重拾增长。近年来，银行业更加不被看好。

---

① 韩军伟. 从全球大银行估值看估值影响因素和提升路径 [J]. 银行家, 2021 (9)：85−91 +6.

② 罗恩·彻诺. 摩根财团 [M]. 金立群, 校译. 南京：江苏文艺出版社, 2014：778.

③ 王家强, 谢玉鹏. 亚洲新兴市场银行业的崛起：现状、挑战与实现路径：兼评 2007 年全球1000 家大银行排行榜 [J]. 国际金融研究, 2007 (9)：4−10.

　　"看衰银行论"的根源是在全球经济增速下降、杠杆率攀升、金融科技冲击和资本市场发展的背景下，银行商业模式特点的优势下降、劣势被放大。

　　一是银行经营风险、跨期交易的特点。银行以货币（一般等价物）为经营对象，表面是经营货币，实质是经营风险。银行以跨期交易配置社会资金资源，起到期限转换、信用转换、流动性转换的作用，承受贷款本息可能无法收回的风险。银行通过经营风险获得利润，风险暴露有滞后性。在经济繁荣、高增长期，投资者更看好银行，而经济潜在增速下降、潜在风险上升时，投资者就会看衰银行。

　　二是银行需要资本、商业模式较"重"的特点。银行规模做大后有风险分散、分摊管理成本和信誉、信息优势，有一定规模经济优势，但资产业务（贷款、投资）由于需要资本，规模经济并不太显著。为了避免银行"大而不能倒"，承担过高风险、最后让纳税人埋单的问题，监管对系统重要性银行还施加额外资本要求。相比互联网公司，银行的商业模式总体比较"重"，缺乏"想象空间"，而互联网公司产品和服务的边际成本低、赢家通吃效应明显，更受资本市场追捧。

　　为了改变商业银行商业模式较"重"的缺点，银行在努力变"轻"，主要有两个方向：一个是提高不占用资本的中间业务收入比重，另一个是提高风险资本占用少的零售信贷比重。这两个方向对提高银行资本回报率和估值有积极作用。

　　从非息收入占比来看（非息收入包括手续费及佣金收入和其他非利息收益），美国商业银行非息收入 2003 年达到了 43.8% 的峰值。2008 年国际金融危机后美国银行业回归主业，非息收入占比有所下降，2020 年为 34.7%。中国商业银行非息收入占比在 2016 年达到 23.8% 的历史高点，因为减费让利等导向，此后逐年下降，2020 年为 21.04%。2020 年，中国大中型银行中交通银行和招商银行非息收入占比最高，分别为 37.72%、36.3%，摩根大通和美国银行非息收入占比分别为 54.4% 和 49.4%。参考美国数据，中国银行业提高非息收入占比还有 10 多个百分点的空间，下一步提高非息收入占比可能主要来源于资产管理、投资银行等与资本市场相关的业务。

从零售信贷和零售板块收入占比来看，美国经历过个人贷款在贷款中占比提高（1989 年商业银行个人贷款余额超过公司贷款）以及随居民财富增加而投资理财需求增加，因此零售板块收入占比提高的阶段。但国际金融危机后居民去杠杆（据 BIS 数据，美国居民杠杆率从最高峰 2008 年 3 月末的 98.6% 下降至 2020 年末的 80%），公司贷款余额 2015 年超过了个人贷款，零售板块收入占比也略有下降。2006 年，美国四大行零售板块平均收入占比为 56.41%，2020 年为 42.3%。2020 年，中国四大行零售板块平均收入占比为 41.7%，和美国已较为接近。中国仍处在零售板块收入占比上升的阶段，零售板块收入占比较高的招商银行、平安银行、邮储银行估值较高。从美国的经验教训来看，居民过度加杠杆会带来风险，2021 年 9 月末中国居民杠杆率达 61.6%，已然不低，虽然还有一定空间，但也需要控制速度。未来居民财富管理业务的发展能提高中间业务收入，但个人存款增速放缓也将使利息收入增速放缓，零售板块收入占比继续提升的空间有限。

然而，对商业银行也不必过于悲观。

第一，银行服务在经济体系中是必不可少的。商业银行仍在经济中发挥重要作用，从资源配置到交易服务。布莱特·金说，"金融服务无处不在，就是不在银行网点"（Banking Everywhere, Never at a Bank）。就算不需要实体的银行，也需要虚拟的银行提供金融服务。曾经有人以为 P2P 能避免银行作为"中间商赚差价"，但 P2P 的失败恰恰再次证明，商业银行是除了资本市场外连接投融资双方行之有效的商业模式。

第二，由于大银行的稳定性和在低估值下较高的股息率，银行仍有一定投资价值。企业的平均寿命有缩短之势。据统计，标普 500 指数公司平均存活年限：1958 年为 61 年，1980 年为 25 年，2011 年为 18 年。相比而言，大型商业银行更加稳定。欧美大型银行大都有几十年甚至百年基业。例如，美国的四大银行，除了富国银行进入四大行之列时间较晚（但富国银行也是在 1852 年就成立的老牌银行），前三大银行（包括其前身银行）都是在 1970 年第一次榜单发布时就排名前三。1970 年排行榜前 10 名中的大通曼哈顿、制造商汉诺威、JP 摩根、纽约化学银行，经过兼并收购形成了今天的摩根大通。中国的四大行虽然相比发达国家大型银行历史较短，且因中小商业银行增多,在中国的市场份额总体趋于下降,但基本也保持了行业领先地位。德意志银行、花旗集团、意大利裕信银行等大银行,虽然经历起伏,但只要不破产,通过战略调整转型,有原来的品牌信誉、网络和客户关系在,还能恢复元气。大银行的破产,一般是金融危机中才会发生的,影响经济金融稳定的大事。出现问题的大银行,多数通过国家注资或其他银行收购的方式得到了救助,很少有清算破产的。

启示三:从新冠肺炎疫情中银行表现看加强金融监管的积极作用

2020 年新冠肺炎疫情以来,虽然金融市场出现过大幅动荡,各国银行纷纷报出业绩下滑甚至部分银行亏损,也一度引发社会对是否会发生银行危机、金融危机的担忧,但是时至今日,这种担忧并未成为现实。

从根本上看,这是因为新冠肺炎疫情是公共卫生危机,属于外生冲击,而金融危机是内生冲击,二者对宏观经济的影响不同①。但 2008 年国际金融危机后,金融监管机构吸取危机教训,加强金融监管,特别是为了提高金融体系的稳定性与韧性,建立宏观审慎监管,以资本监管为核心,强化流动性监管和资本缓冲,抑制过度创新,使银行经营更加稳健,对抵御此次新冠肺炎疫情带给银行的经营风险,起到了积极良好的作用。本文第一部分千家大银行在国际金融危机后资本增长的数据表明,按照各国金融监管部门要求(落实 2010 年《巴塞尔协议Ⅲ》等相关国际金融监管要求),银行逐渐提升资本充足率。

不过,提升资本充足率虽然使银行经营更稳健,但也使银行的资本回报率进一步降低,估值破净增加了银行筹集资本的困难。

(二)商业银行经营管理方面

启示四:商业银行成败的关键是战略管理和风险管理

大银行在排行榜上的沉浮,其成功经验和失败教训值得研究借鉴。大银行的变迁,反映出银行管理最重要的是战略管理和风险管理。激进扩张的战略可能获得一时的成功,却埋下失败的种子,特别是在宏观经济金融环境出现不利变动时更为脆弱。银行有清晰的战略、稳健的风险管理,短

---

① 中国工商银行金融市场部课题组. 公共卫生危机与金融危机的比较研究及商业银行应对策略 [J]. 现代金融导刊,2021 (3):28–34.

期看也许效果并不显著，甚至因为相对保守，在经济繁荣期可能短期业绩不如激进的银行，但长期效果会逐渐显现，经济金融危机更是检验银行风险管理水平的试金石，仅举三例说明。

花旗集团：20 世纪 90 年代至 21 世纪初，花旗是全球最成功的银行，以全球化、创新型、综合化而知名。1998 年花旗银行和旅行者集团合并为花旗集团，成为世界上资产规模最大、利润最多、全球连锁性最高、业务门类最齐全及最著名的金融服务集团。但花旗集团在 2008 年国际金融危机中四处暴雷，净亏损 277 亿美元，2009 年 3 月，市值比最高峰缩水 98%，在美国政府注资和担保下，才避免了破产。此后花旗集团围绕全球化、城市化、数字化进行转型取得一定成功，保持了美国四大行之一的地位。

苏格兰皇家银行（RBS）：在 2000 年以前，RBS 还是一个在千家大银行排名中处于 200 名以后的地区性银行。2000 年，RBS 收购国民西敏寺银行，之后数年间进行了 20 余起并购，最大的一起是 2007 年 RBS 和富通银行、西班牙国际银行组成的财团，成功并购荷兰银行。2008 年，RBS 在千家大银行排名中跃居一级资本第 3 位、资产规模第 1 位。但 RBS 超常规并购扩张消耗大量资本，在 2008 年国际金融危机中遭受重创，接受英国政府注资，此后大规模重组、收缩退出一些市场。RBS 在 2021 年排行榜上已降至一级资本第 43 位、资产规模第 36 位。

德意志银行：1913 年德意志银行取代法国里昂信贷银行成为全球资产规模最大的银行。经历起伏，1999 年德意志银行重新成为全球资产规模最大的银行，2008 年资产规模排名第 2，仅次于 RBS。但由于过度依赖投行业务、违规被处以大额罚金、衍生品敞口过大、杠杆率过高等原因，德意志银行在 2015—2018 年出现亏损，从 2019 年开始掉至排行榜 20 名开外，2021 年一级资本排 34 名，资产排 21 名。但德意志银行近年来的业务转型卓有成效，在 2021 年排行榜中，德意志银行与上年相比扭亏为盈幅度排名第 1，从 2019 年税前亏损 29.6 亿美元转为盈利 12.6 亿美元。

不同的时期，最成功的银行、投资者偏好的银行业务模式不同。在 2008 年国际金融危机前，花旗集团综合化、国际化程度高，是金融创新的引领者，"一站式金融服务超市"的理念深入人心，是最受投资者追捧、市值最大的银行。国际金融危机暴露出花旗经营较为激进、风险管理存在短板。富国银行因其经营哲学相对保守、复杂金融衍生品介入少、零售业务占比高，被厌恶复杂、高风险业务的投资者所看好，2012 年开始成为美国银行业市值第一名，直到 2016 年其因"虚假账户门"造成市值下跌，摩根大通转而成为银行业市值冠军并保持至今。并没有一种战略和策略能在所有时期胜出，投资者的偏好也在随大势切换。

银行选择了战略方向后，既要保持定力，也需要适时调整。银行选择坚守国内市场还是更国际化、重点发展零售还是批发业务，不同的战略方向都有可能成功或失败。成败不仅取决于银行自身的经营管理水平的高低，也受市场环境影响。银行要在选择的战略方向上持续培育核心竞争力，而不能浅尝辄止、摇摆不定。但如果发现战略不能适应外部环境的变化，也需要适时调整。

启示五：混业经营是银行发展的方向

发达国家基本上都实行了金融混业经营。美国在 1933 年《格拉斯—斯蒂格尔法案》之后实行分业经营，1999 年《金融服务现代化法案》施行后重新混业经营。虽然 2008 年国际金融危机后，美国的沃尔克法则、英国的栅栏原则等监管规则在一定程度上限制了混业经营，但也没有完全恢复分业经营。王兆星（2013）认为发达国家这种结构性改革是一种金融分业混业的中间路线：将各类风险不同、对金融稳定和实体经济影响不同的各类金融行为以"隔离线"的方式区分开来，处于不同区域的金融业务接受不同程度的监管①。实际上仍属于在金融集团混业下加强风险隔离。

2021 年榜单前 20 名中，高盛是投资银行，其余基本都是综合性的银行集团。摩根大通、花旗集团、美国银行、巴克莱银行还位列全球前十大投行之列。

中国的大型银行，还需要深度参与资本市场，进一步推进综合经营。

一是提升全球竞争力的要求。国际金融市场，现在实际上由欧美跨国银行占据主导权。中国的商业银行要站在全球的金融制高点，维护中国金融安全，要深刻理解金融市场运作，更好地服务于投融资两端的公司和个

---

① 王兆星. 结构性改革：金融分业混业的中间路线：国际金融监管改革系列谈之九 [J]. 中国金融，2013（20）：20–23.

人客户，都必须深度参与和服务资本市场。

二是分散经营风险的要求。大型商业银行既需要有战略重点和特色，也需要业务较为均衡地发展，互相促进带动，分散经营风险。例如，2008年国际金融危机中，大型投行的风险问题比商业银行更为严重，独立投行模式基本终结。但2020年，得益于并购、发债等交易的增多和股市向好，欧美大银行的投行业务收入利润大幅增长。高盛、摩根士丹利的税前利润分别增长16%、28%。德意志银行的投行板块是其四大板块中表现最好的，占其核心银行业务收入的38%。摩根大通同样如此。摩根大通是零售、公司、投行等各项业务都强，发展较为均衡的银行。2020年，在摩根大通的四大业务板块收入占比中，消费者与社区银行占41.7%（收入同比减少7.0%）、商业银行占7.6%（收入同比增长0.5%）、企业与投资银行占40.1%（收入同比增长25.5%）、资产与财富管理占11.6%（收入同比增长4.8%）；板块利润占比中，消费者与社区银行占28.2%，商业银行占8.8%，企业与投资银行占58.7%，资产与财富管理占10.3%。后两个板块都与资本市场有密切关系。

三是增加非息收入的要求。随着中长期利率、利差的下行，银行的利息收入增长势必放缓，欧美及日本的大型银行很大程度上是通过综合化经营来增加非息收入，减轻利率下行带来的盈利压力。

启示六：国际化是少数银行可以重点推进的战略

大银行开展国际化经营，在其他国家设立控股子银行，可以将自身的经营管理经验复制到其他国家，获得全球市场联动优势。银行国际化的主要目的不尽相同，有的是出于分散地域风险，在本土之外获得利润增长点，有的是为了服务本国企业"走出去"。有些银行是真正全球化的银行，将资源集中于全球最有增长潜力的市场，如汇丰控股、花旗集团；有些银行集中于和母国地域相邻、文化接近的国家，如欧洲的大银行多在欧盟其他国家开展业务，多伦多道明银行的美国子行在2021年上榜的美国银行中排名第11。

银行的国际化也面临很大的国家风险，从政策风险到信用风险、市场风险。多数国家对外资银行有或明示或隐性的限制，开设分支机构和新业务会面临更多的困难，甚至反洗钱等监管处罚也会更重。由于文化差异和管理难度较大，不少国外子行经营业绩不及预期，甚至会分散资源，拖累母行业绩。

上文列出了 2019 年千家大银行的境外子行盈利前十的银行（见表 15），中国境内只有中国银行一家在列，且其境外子行 52.66 亿美元税前利润中有 49.79 亿美元来自中国香港。表 16 列出了 2021 年排行榜前 20 强银行中能查到的非母国业务收入占比及资产占比。中国境内只有中国银行一家资产和收入占比超过 20%，其中境外机构收入占比为 23.4%，而这其中 20.4% 来自香港、澳门、台湾。

表 16　千家大银行前 20 强非母国业务收入占比及资产占比（2020 年）

单位：%

银行	收入占比	资产占比
中国工商银行	14.40	12.10
中国建设银行	2.82	3.84
中国农业银行	6.80	4.44
中国银行	23.42	24.74
摩根大通	23.92	24.96
美国银行	11.64	11.68
花旗集团	51.01	41
汇丰控股	77.23	—
富国银行	—	2
三菱日联金融集团	—	37.44
交通银行	5.60	10.42
法国巴黎银行	27.82	18.96
招商银行	0.97	2.63
三井住友金融集团	26.00	—
西班牙国际银行	76.42	78.54
上海浦东发展银行	6.89	4.69
高盛集团	38.00	22.80

数据来源：除花旗集团和富国银行资产占比来自美联储外，其他均来自各行 2020 年年报。

注：1. 法国农业信贷银行、中国邮政储蓄银行、兴业银行 2020 年年报无国外收入及资产占比数据。

　　2. 中国的银行数据均包含中国香港、中国澳门、中国台湾。

从 20 世纪 90 年代至 2008 年国际金融危机发生前，欧美发达国家的大银行国际化蓬勃发展，国际金融危机后，总体趋势是收缩海外非重点市场、回归本土和深耕重点市场。日本的银行在本土市场成长空间有限的压力下，抓住国际金融危机后欧美大行海外业务收缩的机遇向海外拓展。

美国：因为美国的国内市场足够大，美国的商业银行中，高度国际化的并不多，四大行中花旗集团、摩根大通国际化程度较高，美国银行、富国银行都是坚守国内市场。花旗集团和摩根大通也在国际金融危机后一定程度上收缩海外市场。据美联储的统计，2006 年末，花旗集团海外资产占比为 47%（2004 年曾高达 57%）、摩根大通为 45%、美国银行为 9%、富国银行为零。2020 年末，花旗集团、摩根大通、美国银行集团海外资产占比分别降至 41%、23%、5%，富国银行为 2%。其余的银行，只有纽约梅隆银行、道富银行这两家以资产管理服务为特色（主要是托管业务）的银行和北方信托的海外资产占比在 30% 以上（分别为 32%、33%、33%）。美国的大型投行也非常国际化，但和欧洲不同的是，其业务收入中来自美国本土的还是占比最大。2020 年，高盛的收入中，来自美国的收入占 62%，来自欧洲、中东和非洲的收入占 24%，来自亚洲的收入占 14%；摩根士丹利的收入中，来自美国的收入占 73%，来自欧洲、中东、非洲的收入占 13%，来自亚洲的收入占 14%。美国少数国际化的大型商业银行和投资银行在国际市场上具有举足轻重的影响力，多数金融机构专注国内市场。

欧洲：最为国际化的银行首推汇丰控股，2020 年其只有 35% 的分部收入来源于欧洲，而且利润贡献是负的，亚洲分部贡献了 146% 的利润。西班牙国际银行、BBVA 银行等，也是本土市场较小、国际化成功，坚持了国际化战略的银行。德意志银行 2007 年只有 27% 的收入来源于德国，经过收缩退出部分国家后，2020 年其有 43% 的分部收入来源于德国。

日本：由于国内利差过低，经济增长缓慢，发展空间有限，日本的银行加大向海外拓展力度。2016 年，日本的银行在全球银行业国际授信中的份额达 16%，约为 2009 年的两倍[①]。日本三大金融集团 2020 财年业务条线收入中海外业务平均贡献度已达 33.6%。

① 张兴荣，王哲. 日本三大金融集团转型的实践经验 [J]. 银行家，2018（1）：94 - 97.

印度：印度国有银行也一度向海外扩张，但整体来看国际化程度还不高，且根据改革安排未来还将下降。2016 财年，最大的两家国有银行印度国家银行和巴罗达银行海外业务收入占比分别为 4.73% 和 10.37%。由于近年印度国内存贷款业务增长乏力、不良攀升，2017 年印度政府提出国有银行改革措施，其中要求国有银行关闭无法生存的分行，在同一国家或地区有其他国有银行的，考虑合并经营。① 2020 财年，印度国家银行和巴罗达银行海外业务收入占比分别降至 3.25% 和 5.34%。

银行的国际化经营有助于银行树立全球视野、锻炼国际化人才，也有助于国家在世界金融舞台上发挥更大作用，但国际化布局需要高起点、高投入，面临高风险。和欧洲国家、日本不同，和美国相似，我国国内市场大，除了大型银行有必要全球化经营，一般来说，中型银行需要审慎推进国际化，多数小型银行更应深耕本地市场，分层差异化经营。但少数中小银行也可以在特定业务或特定市场上建立国际化优势，如伴随"一带一路"和人民币国际化"走出去"，发挥地缘优势开拓东南亚国家市场等。

参考文献

［1］丛阳，吕婕. 印度推动国有银行改革　意在提高经营效率和盈利能力 ［J］. 中国银行业，2018（8）：65－67.

［2］韩军伟. 全球大银行的估值影响因素和提升路径 ［J］. 银行家，2021（9）：85－91＋6.

［3］王家强，谢玉鹏. 亚洲新兴市场银行业的崛起：现状、挑战与实现路径：兼评 2007 年全球 1000 家大银行排行榜 ［J］. 国际金融研究，2007（9）：4－10.

［4］王兆星. 结构性改革：金融分业混业的中间路线：国际金融监管改革系列谈之九 ［J］. 中国金融，2013（20）：20－23.

［5］张兴荣，王哲. 日本三大金融集团转型的实践经验 ［J］. 银行家，2018（2）：94－97＋7.

---

① 丛阳，吕婕. 印度推动国有银行改革　意在提高经营效率和盈利能力 ［J］. 中国银行业，2018（8）：65－67.

［6］中国工商银行金融市场部课题组．公共卫生危机与金融危机的比较研究及商业银行应对策略［J］．现代金融导刊，2021（3）：28－34.

［7］Brian Caplen. 50 years of ranking 1000 banks. https：//thefinanser. com/2020/03/50－years－of－ranking－1000－banks. html.

客观认识中国银行业的利润水平[*]

近年来，上市公司年报发布后，银行的利润规模总是引起关注，比如上市银行净利润占上市公司利润近一半、国有六大行净利润总额破万亿元等，都成为热门话题。有人据此指责银行业"暴利"、加重实体经济负担等。如何看待银行业的利润水平？

2011—2018 年 GDP 增速和银行业主要数据如表 1 所示。

表1   GDP 增速和银行业主要数据

单位：%

时间	GDP 增速	银行业金融机构资产增速	金融机构人民币贷款增速	银行净利润增速	银行ROA	银行ROE	银行非息收入占比	银行成本收入比	银行净息差	银行不良率
2011 年	9.5	18.31	14.35	36.34	1.30	20.40	19.30	33.40	2.70	1.00
2012 年	7.9	17.71	14.96	18.96	1.28	19.85	19.83	33.10	2.75	0.95
2013 年	7.8	12.78	14.14	14.48	1.27	19.17	21.15	32.90	2.68	1.00
2014 年	7.3	13.59	13.60	9.65	1.23	17.59	21.47	31.62	2.70	1.25
2015 年	6.9	15.47	15.03	2.43	1.10	14.98	23.73	30.59	2.54	1.67
2016 年	6.7	16.52	13.46	3.54	0.98	13.38	23.80	31.11	2.22	1.74
2017 年	6.8	8.63	12.69	5.99	0.92	12.56	22.65	31.58	2.10	1.74
2018 年	6.6	6.36	13.46	4.72	0.90	11.73	22.11	30.84	2.18	1.83

数据来源：Wind，银保监会，人民银行。

一、总体状况

中国银行业 ROE 在各行业中处于中上水平，但 ROA 处于低水平。根据

---

* 本文发表于《金融时报》2019 年 4 月 29 日。

Wind 申万二级行业资本利润率（ROE），近年来银行业 ROE 处于各行业中上水平。例如，2017 年 ROE 最高的 4 个行业依次是白色家电（20.65%）、饮料制造（17.22%）、食品加工（14.63%）、电子制造（14.55%），银行（12.67%，指上市银行，略高于银保监会公布的银行业整体 12.56% 的水平）排名第 12，还略低于钢铁（12.96%，2016 年仅为 4.22%，是 2017 年同比 ROE 提升最多的行业），然而并没有人认为这些行业"暴利"。2017 年，房地产开发的 ROE 是 13.35%，排第 9 名。2018 年前三季度，ROE 最高的 4 个行业依次是白色家电、水泥制造、饮料制造、食品加工（有 3 个和 2017 年重合），银行业仍是第 12 名，房地产开发降至 30 名。有的行业 ROE 水平较为稳定，有的行业波动较大。2016 年，全国国有企业 ROA 平均为 2.6%，银行业仅为 0.98%。我国上市公司中 ROA 最高的能超过 50%，而大中型银行中 ROA 最高的也仅为 1% 多，这主要是由于银行本身是高杠杆型企业。

中国银行业净利润增速从 2015 年起已低于 GDP 增速。2003—2013 年为中国银行业"黄金十年"，资产规模和净利润均高速增长。2014 年开始银行业净利润增长降至个位数，2017 年开始资产规模也进入个位数增长阶段。2017 年，中国银行业金融机构资产增速（8.63%）已低于英国《银行家》千家大银行平均资产增速（8.96%）。从 2015 年开始，银行业净利润增速已明显低于 GDP 增速。银行业 ROA、ROE 水平也持续下降。非息收入占比从不足 20% 上升至 2016 年 23.8% 的峰值，2017 年、2018 年均有所下降。这既有宏观经济下行的影响，也表明金融监管部门引导银行业减费让利、支持实体经济收到成效。

二、国际比较

中国银行业 ROA、ROE 在国际上并不算高。世界银行数据显示，2013 年以前，中国银行业 ROA 低于世界银行业平均水平，2014 年开始高于世界平均水平。英国《银行家》数据显示，2016 年、2017 年千家大银行税前 ROA（为剔除所得税对盈利能力的影响，《银行家》公布各银行税前利润）平均为 0.85%、0.90%，我国银行业税后 ROA（银保监会公布数据为税后）

为 0.98%、0.92%。2016 年、2017 年千家大银行税前 ROE 平均为 13.04%、13.50%，我国银行业税后 ROE 为 13.38%、12.56%。

发展中国家由于金融供给不足，银行业息差和 ROA、ROE 通常较高；发达国家中，欧洲国家和日本较低，美国、加拿大、澳大利亚等相对较高。例如，墨西哥银行业 2017 年净息差达 6.43%，ROA、ROE 分别为 1.59%、15.21%。印度尼西亚银行业 2016 年、2017 年净息差分别为 5.63%、5.32%，2016 年 ROA 达 2.34%。发达国家中，欧洲国家和日本的银行业盈利能力不佳，主要由其低经济增长、低利率的经营环境造成，并不是经济金融状态良好的反映。欧盟银行业 2017 年净息差为 1%，ROA 仅为 0.42%，ROE 为 5.79%。日本银行业 2015 年净息差仅为 0.82%，2016 财年 ROA 仅为 0.3%，ROE 为 5.59%。德国金管局（BaFin）在其 2017 年年报中写道，由于低利率带来的收入压力，银行业机构开始向公众收取更多的服务费用，引起了习惯于免费服务的公众的批评不满。德国金管局总裁菲利克斯·胡费尔德（FelixHufeld）指出，公众的态度可以理解，但是如果人们想要健康的银行，在银行旧有的收入来源枯竭时，顾客就不得不接受银行为增加新的收入来源而收取的服务费用。

2007 年以前，美国银行业的利润总量和 ROA 都高于中国，受次贷危机影响，2008 年中国银行业的利润总量和 ROA 首次高于美国。由于美国经济从危机中复苏、中国经济增速下行，2015—2018 年，中国银行业 ROA 再次略低于美国（2017 年为 0.96%，2018 年为 1.23%）。美国银行业的净息差一直高于中国，2018 年为 3.02%，中国为 2.18%。

当然，每个国家内各家银行的经营状况差异很大。例如，2018 财年（截至 2018 年 3 月末），印度最大的银行印度国家银行净亏损，ROA、ROE 分别为 -0.34%、-5.98%，第二大银行 HDFC 银行的 ROA、ROE 则分别高达 2.58%、25.21%，前者不良率高达 10.85%，后者则仅为 1.32%（2018 财年印度银行业平均不良率为 11.8%）。德国最大的两家银行德意志银行和德国商业银行，2017 年税前 ROE 仅分别为 2.13% 和 1.90%，第三大银行 DZ 银行和第四大银行德国联合抵押银行税前 ROE 则分别为 9.03% 和 9.60%，这在银行难以盈利的低利率环境下表现也算不错。印度尼西亚银行业总体盈利能力较强，其中印度尼西亚人民银行专注小微贷款，保持了十多年的利润总额第一，2017 年净息差达 7.93%，ROA 达 3.69%、ROE 为 20.03%。

三、原因分析

中国银行业利润金额高主要缘于资产规模巨大。由于国际金融危机，2009 年美国银行业资产规模比上年降低了 5.5%，而由于"四万亿"计划，2009 年中国银行业资产规模比上年增长 26%，首次超过美国。中国 GDP 排名全球第 2，2018 年银行业资产规模超过美国、日本、德国（GDP 排名第 1、第 3、第 4）银行业资产规模之和。银行业资产规模如此巨大，利润总额焉能不高？中国银行业的高利润，还源于其较低的成本收入比。2017 年，中国银行业金融机构资产规模是美国银行业的 2.3 倍，利润是其 2.2 倍。美国银行业和中国银行业相比，具有高投入、高产出的特点。2018 年，美国四大行平均成本收入比为 59.9%，中国四大行平均成本收入比为 27.4%，美国四大行营业收入是中国四大行的 1.01 倍，利润却只相当于中国四大行的 74.2%，主要是人员薪酬和科技投入、运营成本等高于中国。中国银行业近十多年来不断降本增效，经营效率相对较高，科技运用在全球都属于领先水平，这也是利润较高的内因。

中国银行业的 PB 是上市公司中最低的。2006 年末，A 股银行业市净率（PB）曾高于 A 股平均市净率，此后就始终低于 A 股平均市净率。A 股银行业市净率从 2017 年末的 5.37 降至 2013 年以来的 1 左右，2018 年末仅为 0.81，2019 年第一季度末为 0.88，是所有行业中市净率最低的，市盈率也最低。如果银行业真是暴利行业，应该被投资者所看好、追捧才对，而实际恰恰相反。这对资本补充压力不断加大的中国银行业来说非常不利。2008—2012 年，受国际金融危机影响，美国金融业市净率低于 1，2013 年至 2018 年末，金融业市净率都高于 1，2017 年末为 1.36，2018 年末降为 1.11，2019 年第一季度末更降至 0.99，市净率在各行业中排名倒数第二，仅高于能源行业。在一个债务不断膨胀的世界，大多数国家的银行业似乎都不太被投资者看好。

中国银行业集中度在世界处于较低水平。我国和美国的银行业集中度趋势相反。我国银行业金融机构法人机构数由 2009 年的 3857 家增加至 2018 年的 4588 家，由于激烈的市场竞争，中国四大行占银行业资产的比重（CR4），从 2007 年的 50.5% 下降至 2018 年的 36.3%。美国则是从限制跨州设立银行分支机构，到放宽限制、银行业不断兼并重组，银行业金融机构从 20 世纪 80 年代的 1.7 万家下降至 2018 年的 5406 家，美国 CR4 从 2007 年的 45.5% 提高至 2018 年的 49.0%。法国、日本银行体系高度集中，2017 年末 CR4 为 90.5%、78.4%，德国、英国、印度银行业相对分散，CR4 分别为 35.4%、45.7% 和 46.0%。以 CR4 反映的银行业集中度显示，中国已低于除德国外的其他主要国家。当然，中国银行业资产规模太大，集中度偏低也有合理性，但至少说明中国是因为银行业垄断造成盈利高的观点并不成立。

中国银行业庞大的资产规模和净利润主要源于中国高度依赖信贷扩张的增长模式。改革开放以来，中国经济建设取得历史性成就，经历了跨越式、时空压缩式的发展。这既得益于改革开放激发、释放出的活力，全要素生产率的提高，也依赖于大量资金的投入。中国的金融体系是银行主导型的，银行在将储蓄转化为投资的过程中发挥了最主要的作用，支持实体经济贡献巨大。但中国的杠杆率上升快、银行资产规模扩张快，也积聚了风险。2008 年，中国的非金融部门杠杆率比各国平均和美国、德国、日本都低，2018 年已比各国平均和美国、德国都高，仅低于日本。对债务人来说，债务负担重自然利息支出多，也就是银行利息收入多，一旦债务人出现偿债能力问题，就形成银行的不良贷款和损失。2012 年，国际货币基金组织 Arcand 等撰写的工作论文《金融化是否过度？》，通过对 100 多个国家和地区 1960—2010 年数据的实证研究发现，金融深化和经济增长之间呈现出倒 U 形的关系，中等水平的金融深化和经济增长正相关，金融深化水平太高之后，更多的金融投入产生更少的增长。我国杠杆率偏高，需要稳妥去杠杆。银行业必须支持实体经济，但实体经济也需要转变过度依赖负债和规模扩张的发展方式。

四、正视挑战

银行面临经济转型对资产质量的压力，息差下降、非息收入难以提升、资本补充的压力，科技进步和消费者行为模式变化等诸多挑战。资产质量方面，2011 年 9 月末，我国银行业不良贷款余额和不良率（0.9%）达到 20 世纪 90 年代以来的最低点，此后大体呈"双升"态势。据银保监会数据，2018 年末，我国商业银行不良率达 1.83%，比上年末提高 0.09 个百分点，这还是在银行核销了 9880 亿元不良贷款（较上年多核销 2590 亿元）之后的数据。商业银行公司贷款的不良率平均在 2% 以上。个人贷款特别是住房贷款的不良率较低。人民银行数据显示，2010 年末至 2018 年末，个人贷款占全部贷款的比重从 24% 上升至 35%，拉低了总体的不良率。但近年居民杠杆率快速提升，个人贷款，特别是信用卡和信用消费贷款的不良率也在上升。住房贷款的低不良率很大程度上依赖于居民收入的稳定增长和房价的稳定。2018 年末，若计入未到期债券，债市违约率已达 1.26%，比上年上升 73 个基点[①]。而银行保险业所投债券占债市的 80% 以上。银行的非信贷资产也面临着不良上升的态势。由于对银行业服务收费的限制，结算等收入增长空间有限；由于资管新规后理财业务的转型，近年理财增速可能会放缓，非息收入难以提升。加上表外资产回表，资本补充压力更大。

此时若仍将矛头集中于银行业"过高"的利润，提出进一步降低银行利润的举措，可能并不有助于解决中国经济的根本问题，反而会降低银行业可持续发展、支持实体经济的能力。

---

① 黄斌. 2018 债市违约风云录 [EB/OL]. 21 世纪经济报道，http：//www. 21jingji. com/2019/
1 –4/xNMDEzODBfM7Q2N7QxNQ. html.

中美银行业资产负债收入结构比较分析[*]

【摘要】本文主要对比研究了20世纪70年代以来美国银行业和2005年以来我国银行业资产、负债、收入结构的变化，发现近年来我国银行业的资产结构、负债结构和收入结构，与美国分业监管时期、利率市场化改革阶段比较相似，但因为经济金融发展特点和监管环境的不同也有很多差异。本文结合美国银行业资产、负债、收入结构变化，判断我国银行业未来可能的发展趋势，提出了对我国商业银行发展的几点建议，包括资产业务回归本源，着力优化存款结构，稳妥推进综合化经营等。

从1978年改革开放到2020年，中国银行业从发展特征上可大致分为三个阶段。1978—2003年是我国现代银行体系建立与初步发展期，主要的国有银行和股份制银行相继成立，资产规模快速增长，但积累了大量不良资产，经济效益不佳。2003—2013年是商业银行发展的"黄金十年"，资产规模继续快速扩张，不良贷款得到剥离化解，利润猛增，利率市场化深入推进①。2014年至今进入转型发展、提质增效期，银行业资产、利润增速放缓。随着经济进入"新常态"，由高速增长阶段转向高质量发展阶段，2014年银行业利润由过去的两位数增长降至个位数增长，2017年资产规模也降至个位数增长，2020年由于新冠肺炎疫情下的"宽信贷"政策，银行业资产增长10.7%。商业银行的资产负债表、收入结构在此过程中随之发生了较为明显的变化。

美国银行业在其上百年的发展历程中，经历了多轮经济周期和监管环境的变化，尤其是20世纪70年代以来，随着利率市场化改革的完成、分

---

* 本文发表于《银行家》2019年第3期，数据全部更新至2020年。本文作者韩军伟、周琼。
① 邵平. 十年繁荣之后 [J]. 财经，2015（28）.

业经营向混业经营的转变，美国商业银行被动或者主动地调整了资产和负债结构，积累了丰富的经验和教训。研究 20 世纪 70 年代以来美国银行业资产负债结构的变化，能够为我国银行业未来发展提供一定的借鉴意义。

本文主要以美国联邦存款保险公司（FDIC）、美联储数据和 Wind 数据库为基础①，根据中美两国银行业发展特点和数据可得性，选取 20 世纪 70 年代以来美国银行业和 2005 年以来我国银行业数据，分析中美银行业资产、负债和收入结构的变化，得到未来我国商业银行发展的几点启示。

一、总体情况

（一）机构数

我国银行业机构数和复杂度不断上升。2006—2008 年，因农村信用社统一法人工作导致我国农村信用社数量下降，自 2009 年开始，随着农商行、企业集团财务公司等不断发展，我国银行业法人机构数成上升态势，到 2020 年达到 4593 家（见图 1）。从结构上看，金融机构复杂度不断上升，非银机构数量不断增加。2008—2020 年，银行增加了 1403 家，其中农商行增加了 1517 家，农村合作银行减少了 136 家。2008—2017 年，企业集团财务公司增加了 163 家，信托公司增加了 14 家，金融租赁公司增加了 54 家；2020 年，消费金融公司较 2010 年增加了 23 家，达到 27 家。

美国银行业机构数量不断下降。自 1933 年《格拉斯—斯蒂格尔法案》通过后，美国对银行业实施严格的分业管制，20 世纪 80 年代，美国银行业金融机构约有 1.7 万家，其中商业银行约有 1.5 万家。20 世纪 80 年代以后，随着利率市场化的完成，中小银行的息差快速收窄导致利润大幅降低，银行业资金开始流向非银行业，加之 20 世纪 80 年代后期至 90 年代

---

① 对照《金融业企业划型标准规定》和人民银行的统计口径，本研究使用 Wind 数据库中的其他存款性公司的资产负债表代替我国银行业金融机构的资产负债表，并以此为基础进行分析。由于 FDIC 关于银行业的统计数据始于 1984 年，商业银行的统计数据始于 1934 年，为了研究需要，美国银行业主要数据使用 FDIC 对商业银行的统计数据，部分细项数据使用 FDIC 对银行业金融机构的统计数据和美联储统计数据。

初期的储贷危机，导致美国出现了自"大萧条"以来的第一次银行倒闭潮。1999 年，美国通过了《金融服务现代化法案》，金融业进入了混业经营时代，金融机构不断并购，2008 年国际金融危机引发了自"大萧条"以来的第二次银行倒闭潮。基于以上因素，美国的银行业数量自 20 世纪 80 年代以来不断下降，2020 年末，美国银行业金融机构为 5002 家，仅为 20 世纪 80 年代的1/3 左右。其中，商业银行 4377 家，非银行金融机构 625 家（见图 1）。

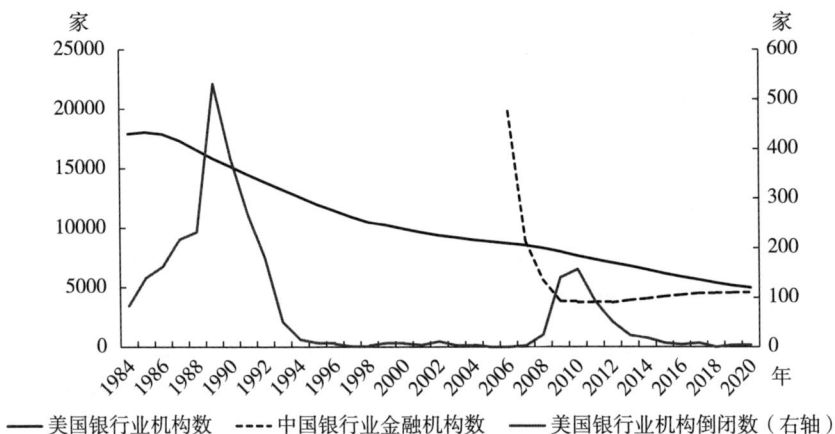

图 1　中美银行业金融机构数比较

注：FDIC 的美国银行业机构数据始于 1984 年。

（数据来源：FDIC，Wind）

（二）规模及盈利

我国银行业资产规模超过美国。2005—2020 年，我国银行业资产规模不断扩大，2009 年达到 11.86 万亿美元，超过美国，2020 年我国银行业资产规模约为 48 万亿美元，为美国银行业资产规模的 2.3 倍。从增速上看，我国银行业总资产实现了高速增长，2005—2020 年年均增速为 17.0%，2009 年达到历史最高点。① 2009 年后，我国银行业资产增速逐步放缓，2017 年受去杠杆和严监管的影响，资产增速降至 8.6%，2018 年进一步下

---

① 2009 年银行业资产增速高达 26%，主要是"四万亿"投资计划加速了银行的扩张，特别是表内贷款维持超高增速，2009 年第二季度达到 34.4% 的历史高点。

滑至 6.4%。2020 年，面对新冠肺炎疫情冲击，银行业加大服务实体经济力度，资产规模增速为 10.7%（见图 2）。

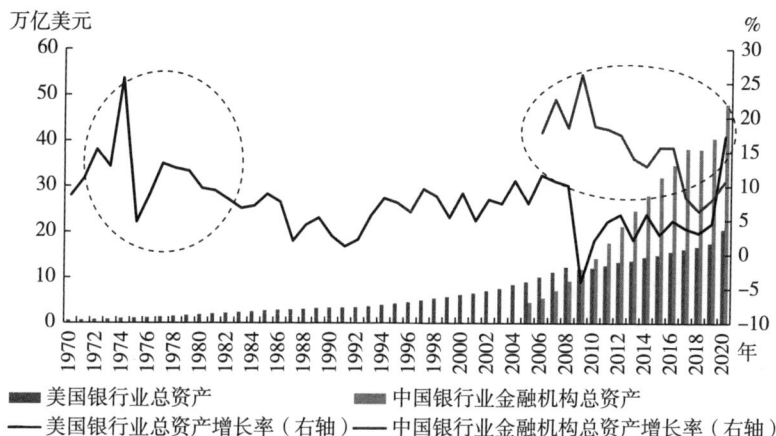

图 2 中美银行业资产规模及增长比较

（数据来源：FDIC，Wind）

与机构数变化情况接近，从 20 世纪 80 年代以来，美国银行业资产增速除受 1987 年股灾、储贷危机及 2008 年国际金融危机影响出现过三次严重下滑外，其余年份资产增长表现出分阶段特征：20 世纪 70 年代年均增速 13%，20 世纪 80 年代至 2008 年国际金融危机前年均增速 7%，2009—2020 年年均增速约为 5.1%。2020 年末，美国银行业资产规模为 20.5 万亿美元（见图 2）。

从更长的时间维度来看，2005—2018 年我国银行业资产增长情况与美国利率市场化开始时期较为相似。美国利率市场化始于 1970 年 6 月，其间美国银行业资产增速达到了第二次世界大战结束之后的最高点，随后开始逐渐降低，到 1986 年利率市场化完成之后实现了增速换挡。从美国的经验来看，在利率市场化完成之后，我国银行业资产可能将保持相对较低的增速。从银行业资产增速与 GDP 增速的相关性来看，2006—2020 年，我国银行业资产增速与 GDP 增速相关系数为 0.60（在 0.05 的水平下显著），高于美国的 0.45（不显著）。随着我国经济进入高质量发展阶段和推进"去杠杆"，银行业资产增速会出现下滑。

　　我国银行业利润率仅在国际金融危机和 2020 年新冠肺炎疫情时高于美国。2003—2020 年，我国银行业净利润以年均 28% 的速度高速增长，尤其是在 2008 年和 2009 年国际金融危机时期，我国银行业仍分别保持了 31% 和 15% 的利润增速。2008 年，受国际金融危机影响，美国银行业利润大幅下滑，我国银行业受国内刺激政策的影响，净利润规模开始大幅超过美国，净利润/年均总资产比率①也高于美国。2014 年以来，随着我国经济下行趋势的延伸，我国银行业净利润/年均总资产比率及利润增速双降，而美国经济持续复苏，银行业盈利能力大幅改善，2015—2019 年，我国银行业净利润/年均总资产比率再次低于美国。2020 年，我国银行业净利润 2.3 万亿元（约合 3549 亿美元），美国银行业实现净利润 1365 亿美元，我国银行业净利润总额约为美国的 2.6 倍；净利润/年均总资产为 0.74%，比美国银行业的 0.67% 高 0.07 个百分点，为 2015 年以来首次超过美国（见图 3）。美国 2020 年净利润下降的主要原因是其在新冠肺炎疫情下大幅增加拨备，2021 年由于释放拨备，利润恢复性增长。

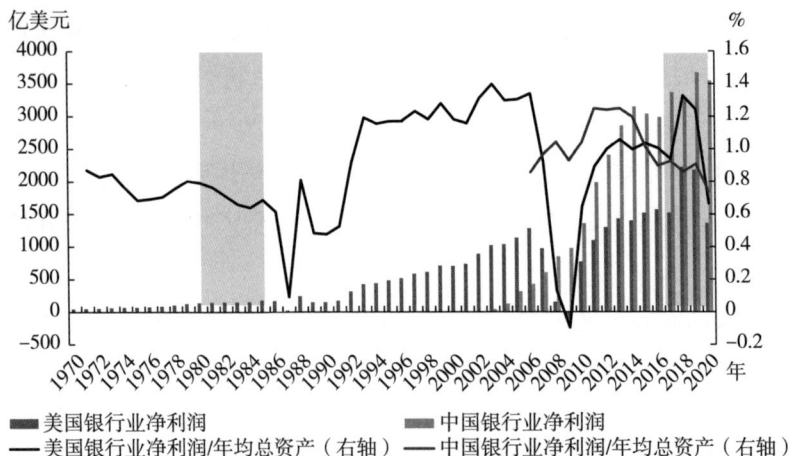

图 3　中美银行业盈利能力比较

注：2003—2006 年我国银行业利润为税前利润，2007 年之后为税后利润。

（数据来源：FDIC，Wind）

---

　　①　由于 FDIC 的统计中无 ROA 数据，本文使用净利润/年均总资产衡量银行业的盈利能力。

美国银行业具有良好的盈利修复能力。尽管1987年股灾和储贷危机连续出现，使净利润/年均总资产出现了两次快速下滑，但很快便恢复到危机前的水平。受国际金融危机影响，2009年美国银行业亏损达116亿美元。但美国银行业在国际金融危机以后强势复苏，次年就实现净利润774亿美元。总体来看，美国银行业经历了利率市场化、监管改革和多次危机的洗礼，综合经营能力和盈利修复能力强。

比较中美银行业净利润/年均总资产比率变化发现，在利率市场化深入推进和完成时期，净利润/年均总资产比率均出现了下滑。直到20世纪90年代开始放松分业管制，非息收入持续增长，美国银行业净利润/年均总资产比率才开始大幅提升。1999年混业经营以后，美国银行业净利润/年均总资产比率又得到了进一步提高。由此可见，宏观经济周期和政策环境的变化，对商业银行的盈利能力有显著影响。推进综合化经营，提高非息收入，有利于商业银行提高盈利和抵御风险能力。

二、资产结构

两国银行业资产结构大体表现出以下几个特点。

一是中美银行业资产结构均以非金融企业和居民贷款为主，且占比相当。美国银行业资产中，非金融企业和居民贷款占比较为稳定，1970—2019年保持在50%～60%，2020年为48.7%，略低于50%；2005—2020年，我国银行业非金融企业和居民贷款占资产的比重也保持在50%～60%。我国银行业资产中贷款占比，从2005年55.2%的高点下降至2016年48.6%的低点。2017年以来，在监管要求银行业"回归本源"的环境下，随着表外资产的回表，贷款占比上升至2020年的58.1%，比美国高近10个百分点（见图4）。

二是美国银行业资产结构变化呈现阶段性特征。第一阶段为20世纪70年代至80年代中期，该时期处于严格的分业监管阶段，并且处于利率市场化的进程中，贷款、有价证券、现金及同业存放等资产的结构基本稳定。第二阶段为20世纪80年代中期至2008年国际金融危机爆发。随着取消贷款利率上限，贷款利率能够更加及时地随市场利率变动（1971—1980年，

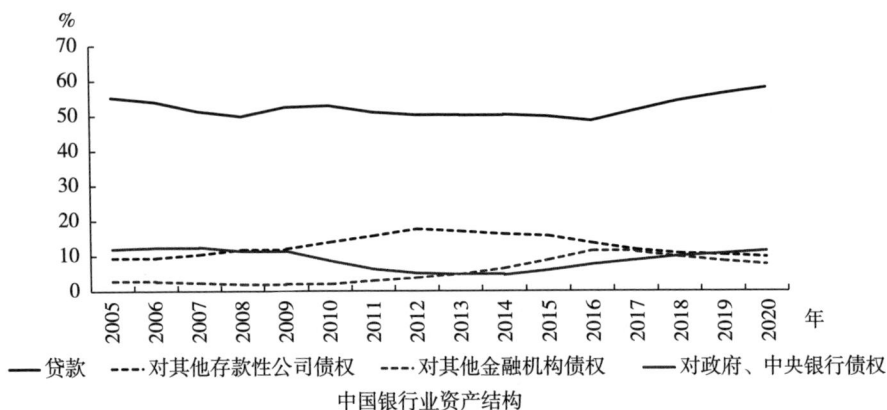

中国银行业资产结构

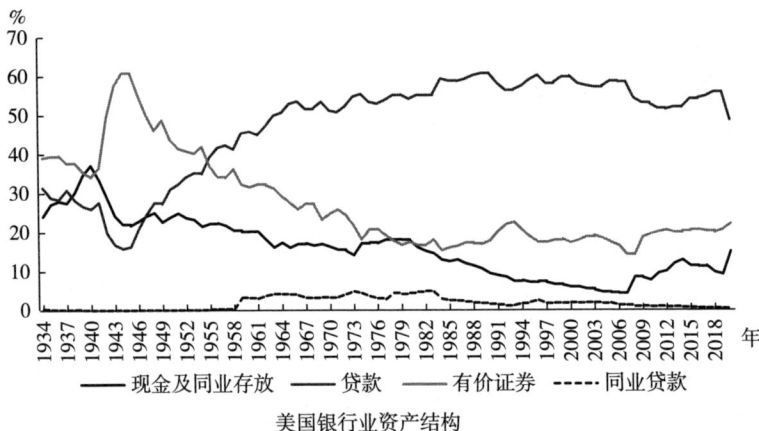

美国银行业资产结构

图4　中美银行业资产结构比较

（数据来源：FDIC，Wind）

FDIC 银行平均贷款利率从 7.37% 上升至 13.12%）①。贷款利率的上升，使贷款占比有了较大提高，1984 年比 1983 年提高了 3.8 个百分点，1989 年达到 60.8% 的最高点，净息差也随之提高，由 1984 年第一季度的 2.84% 提高至 1994 年第三季度的 4.22%，达近 30 年来最高。随着 1999 年开始混业经营，美国银行业资产中，贷款和有价证券占比虽有波动，但基本保持稳定，现金及同业存放的占比不断下降。第三阶段为国际金融危机以后，美国银

---

① 肖欣荣，伍永刚. 美国利率市场化改革对银行业的影响 [J]. 国际金融研究，2011（1）.

行业开展了大规模的去杠杆活动，贷款占比不断下降，有价证券、现金及同业存放的比重不断提高，净息差不断下降，由 2010 年第二季度的 3.76% 降至 2015 年第一季度的 3.02%。受经济复苏的带动，2015 年贷款占比开始回升，净息差也开始不断提高，2018 年为 3.48%。近年来，随着低利率环境的延续，净息差逐渐下降，到 2020 年为 2.68%。从净息差变化来看，美国银行业净息差一直高于我国，且在利率市场化之后我国净息差大体处于波动下降态势（见图 4、图 5）。

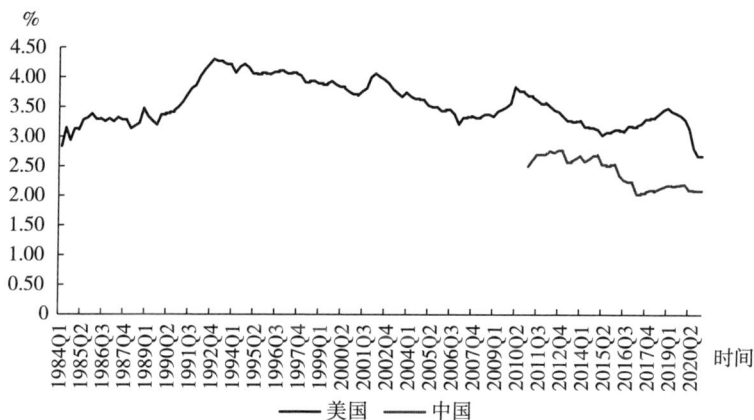

图 5 中美银行业净息差比较

（数据来源：FDIC，Wind）

三是我国银行业同业资产占比经历快速上升后下降，美国同业贷款占比较低。随着金融机构同业业务的活跃，我国银行业金融机构的同业债权和对其他金融企业债权占比由 2005 年的 12.2% 升至 2016 年的 25.2%[①]，为 2005 年以来最高点。2014 年我国开始规范同业业务，2017 年组织开展"三三四十"专项治理活动，受此影响，2017 年末此指标有所下降，为 23.1%，2020 年进一步降至 17.3%。美国银行业分业监管时期的同业贷款占比高于混业监管时期，但一直较低，1970—2006 年均未超过 5%。2020 年，美国银行业同业贷款已降至 0.3%，较 2006 年下降 1.0 个百分点。美国同业业务

---

① 占比提高的部分原因在于 2015 年人民银行对贷款统计口径的变化，增加了拆放给非银行业金融机构的款项，当年新增的 12.28 万亿元贷款中包括 0.85 万亿元非银行业金融机构贷款。

占比较低的原因部分在于以资产证券化的标准化投资一定程度上代替了同业业务。美国资产证券化产品是影子银行的主要代表，有价证券是美国商业银行除贷款之外的重要资产，其占比一直在20%左右，2007年和2008年占比较低（约为14%），但国际金融危机以后占比又提升至了20%以上，2020年达到22.2%（见图4）。

两国个人贷款（以下简称个贷）和公司贷款（以下简称公贷）结构表现出以下几个特点。

一是从个贷和公贷①占总资产比重来看，2008—2017年，美国公贷占比不断提高，我国公贷占比不断下降。从1987年开始，美国个贷占总资产的比重快速提高，1989年超过公贷，2005年达到最高点32.4%（当年公贷占比为23.9%）。国际金融危机后，美国的居民部门经历了去杠杆，个贷占比不断下降，2018年为24.1%；美国公贷占比开始缓慢提高，2015年超过个贷占比，2018年达到25.1%。2020年，受新冠肺炎疫情影响，美国公贷占比降至22.7%（见图6）。

与美国相比，从结构上看，我国非金融类贷款以公贷为主，2020年占总资产比重为38.5%，高出个贷近20个百分点。从趋势上看，我国个贷从2005年占总资产的6%提高至2020年的19.6%，公贷占比则从49%下降至38.5%。

二是从个贷结构上来看，我国银行业个人住房贷款占个贷的比重已超过美国（中美均不含资产证券化的房贷）。利率市场化完成以后，美国个人住房贷款占个贷的比重开始快速上升，从1987年的34%提高至1988年的61%，到2007年一直保持在60%左右。原因在于优质大型企业提高直接融资比重，银行转而去寻找新的贷款需求，房贷作为风险较小的业务，成为商业银行的新业务增长点，但出现了放松贷款条件、过度向低信用评分客户发放房贷的问题。从2007年开始，房贷占比有所下滑，2020年为52.0%。

在过去的十几年中，我国银行业个人住房贷款业务取得了很大的发展，2008年占个贷的比重为52.2%，2009年达到58.2%的高点，2020年降至

---

① 根据美联储统计口径，美国1~4户住宅抵押贷款归为住宅抵押贷款，建设与土地开发贷款、非农非住宅贷款、农场贷款和多户住宅贷款归为商业房地产贷款。因此，本文中美国个贷包括1~4户家庭住房抵押贷款、房屋净值贷款、信用卡贷款和消费贷款，公贷包括工商业贷款和商业房地产贷款。

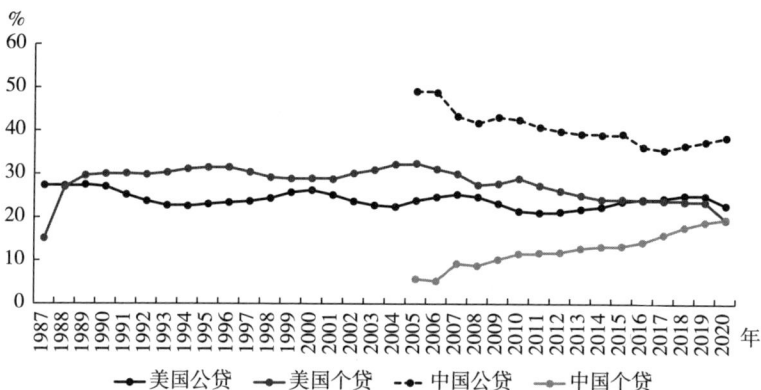

图6 中美个人和公司贷款占资产比重比较

（数据来源：FDIC，Wind）

55.3%。此外，我国信用卡贷款占比快速提升。20世纪70年代以来，随着信息技术的发展和维萨、万事达等银行卡组织的出现，信用卡业务得到快速发展，美国信用卡贷款占个贷的比重从1970年的5%提高至20世纪90年代的13%左右，1999年后稍有下降，保持在10%。2010年初因会计准则的相关规定发生变化，导致信用卡透支类的资产证券化业务明显下降①，2010年信用卡贷款在个贷中的占比上升至18.2%，2020年为19.3%。近年来，我国信用卡贷款占个贷的比重从2008年的2.8%快速提升至2018年的14.5%，比美国低6.4个百分点，2020年降至13.5%，比美国低近6个百分点（见图7）。

从不良贷款率来看，除20世纪80年代至90年代中期美国银行业危机和2008年国际金融危机之外，美国银行业不良贷款率一直较低，一般不高于1%（FDIC数据），30天以上逾期贷款率一般不高于3%（美联储数据），而且每次危机之后不良贷款率均能够持续降低。2003年以后，经过几次不良资产剥离，我国商业银行不良贷款率出现较大幅度下降，从2003年的17.9%降至2011年9月末0.9%的最低点，近年来缓慢上升，2020年末达1.84%，高于美国银行业0.58%的水平（见图8）。

① 贺敬芝．监管改革对美国银行业经营影响分析［J］．银行家，2018（2）．

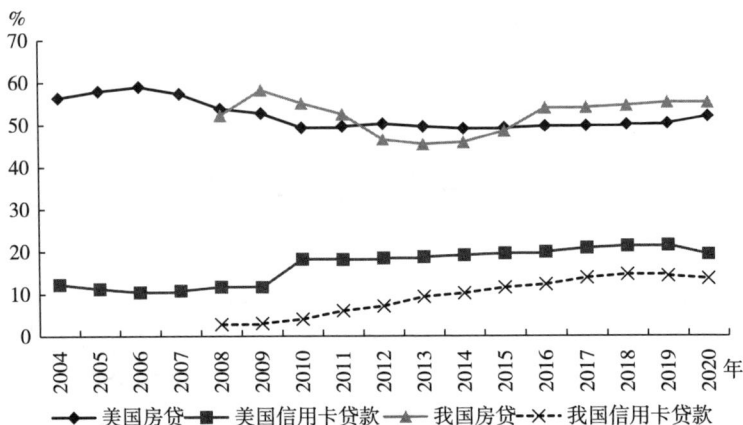

图7 中美个人住房贷款和信用卡贷款占个贷比重比较

（数据来源：FDIC，Wind）

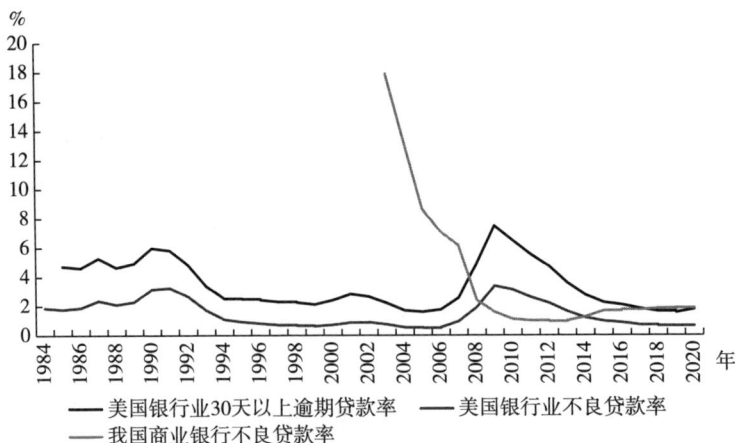

图8 中美银行业不良贷款率比较

（数据来源：美国银行业不良贷款率数据来自 FDIC，美国银行业 30 天以上
逾期贷款率来自美联储，我国商业银行不良贷款率数据来自 Wind）

三、负债结构

两国银行业负债结构大体表现出以下几个特点。

一是中美银行业负债结构均以存款为主。从现状来看，2020 年，美国银行业负债中，个人及企业存款所占的比例为 90.6%，为 1970 年以来最高；借入资金占比为 5.0%，次级债务占比为 0.4%。我国银行业负债以居民和企业存款为主，2005—2020 年均超过 60%。2020 年，在我国其他存款性公司负债中，对非金融机构及住户负债占比为 62.3%，对央行负债占比为 4.1%，同业负债占比为 3.6%，对其他金融企业负债占比为 6.6%，发行债券占比为 9.8%。

二是美国银行业个人和企业存款占比变化体现出了阶段性特征。第一个阶段为 20 世纪 70 年代，在利率市场化初期，个人和企业存款占总负债的比重不断下降，由 1970 年的 74.7% 降至 1974 年的 61.8%。第二个阶段为 20 世纪 80 年代至 90 年代，随着利率市场化的推进，逐步提高和取消利率上限，使银行存款相对于现金和资本市场的吸引力有所提高，促进了商业银行吸收存款，个人和企业存款占总负债的比重由 1980 年的 64.0% 缓慢提高至 1992 年的 74.4%。第三个阶段为 20 世纪 90 年代至 2008 年国际金融危机爆发，随着废除分业经营管制，金融创新带来了多样化的个人和企业投资渠道，导致储蓄意愿下降，个人和企业存款占总负债的比重由 1992 年的 74.4% 降至 2008 年的 64.9%。第四个阶段为国际金融危机后至今，个人和企业存款占总负债的比重不断提高至 2020 年的 90.6%。一方面，投资类机构资产的大幅缩水，导致居民更愿持有低风险的存款资产；另一方面，国际金融危机促使美国商业银行回归传统业务，重返以存款作为主要资金来源的传统经营模式。

三是美国银行业活期存款占比先下降后回升，储蓄存款持续提高，定期存款明显下降。20 世纪 70 年代初美国开始利率市场化，美国银行业活期存款占比开始下降，由 1970 年的 51% 降至 1980 年的 36%。随着 20 世纪 80 年代利率市场化的完成，商业银行的低成本存款不断向高成本存款转换，活期存款占比明显下降，到 2007 年已降至 9%。国际金融危机以后，美国商业银行定期存款占比大幅下降，由 2009 年的 29% 降至 2020 年的 9%，活期存款占比有所提高，由 2009 年的 10% 升至 2020 年的 24%，储蓄存款占比由 2009 年的 61% 升至 2020 年的 67%（见图 9）。自 2013 年 5 月以来，美国商业银行活期存款利息很低（约为 0.01%），储蓄存款利率均值稳定在 0.1% 左右，部分银行储蓄存款利率超过 2%，所以其活期存款占比很低、储蓄存款占比较高。此外，美国居民投资需求都以非存款满足，所以定期存款占比较低。

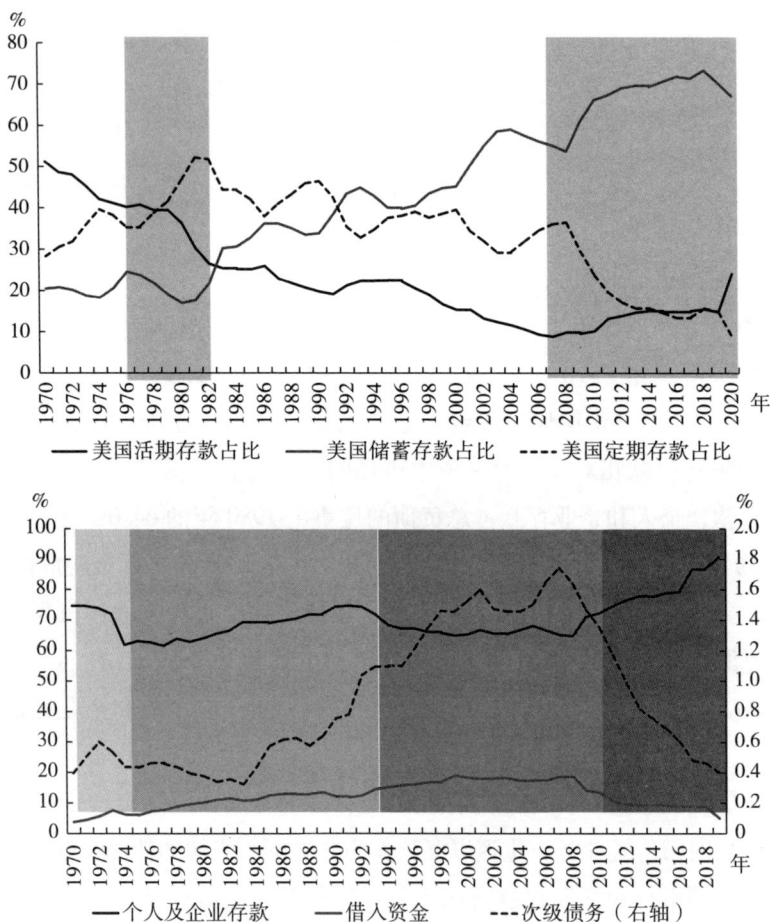

图 9　美国银行业负债及存款结构变化

（数据来源：FDIC）

　　四是我国银行业居民和企业存款占比逐年下降，金融机构之间的关联性提高。2005—2020 年，我国居民和企业存款占银行总负债的比重由75.3% 降至 62.3% 。综合市场观点①，这可能一是与利率市场化、互联网金

---

　　① 列举部分市场观点：李奇霖（2017）认为，企业融资需求收缩，房地产市场降温，资管产品的收益率与银行存款利率的差距又重新拉大。中国社科院李扬（2018）认为，居民储蓄和企业存款增长速度下降是因为收入增长速度下降。李虹含（2018）认为，银行间利率水平差异过大，导致存款"搬家"现象更为频繁，此外房地产市场也是居民存款大搬家的一个主要方向。

融的发展相关，二是与银行业监管改革有关，三是与实体经济不景气有关。与此同时，出于减少资本占用、规避审慎监管规定、突破分业监管等需要，银行与同业、信托、保险、证券等机构的联系越来越密切，同业负债和对其他金融企业负债占总负债的比重由 2005 年的 6.7% 升至 2015 年的 14.4%，占比提高的部分原因也在于 2015 年人民银行对存款统计口径的变化，增加了非银行业金融机构存放款项，当年新增 21.84 万亿元存款中，非银行业金融机构存款达 12.76 万亿元。随着同业业务的规范和治理，银行业同业负债和对其他金融企业负债占比降至 2020 年的 10.2%，仍比 2005 年提高了 3.5 个百分点（见图 10）。与美国个人和企业存款占比变化相比，我国银行业居民和企业存款占比变化还处于美国第一阶段向第二阶段过渡的时期。随着利率市场化的完成，在严监管的环境下，未来几年居民和企业存款占比或有提升。

五是我国居民存款增速和占比波动下降，对公存款占比增大。2008 年以后，我国居民存款增速呈放缓趋势，2017 年增速最低为 7.6%，较 2008 年下降了 19 个百分点。但 2018—2020 年居民存款增速均超过 10%，这主要是受资管新规影响，理财增速下降。我国居民存款占存款的比重从 2005 年的 49.9% 下降至 2017 年的 39.2%，后又回升至 2020 年的 43.6%；对公存款的占比从 2005 年的 45.5% 提高至 2017 年的 51.8%，又略有下降，2020 年为 47.2%（见图 10）。

居民存款增速放缓，原因可能有三：一是房产分流。根据《2018 中国城市家庭财富健康报告》，我国家庭房产占家庭资产的比重为 77.7%，而美国仅为 34.6%。二是其他金融资产分流。银行理财产品、股票和基金逐渐成为居民配置金融资产的新渠道。2020 年末，我国银行理财余额达 25.86 万亿元，相当于表内资产的 8.3%。而 2012 年末，美国银行业的 AUM 相当于表内资产的 97.6%（美国财政部金融研究办公室数据），即美国 AUM 规模与银行业表内资产规模基本接近。三是偿还债务。近年来，我国居民杠杆率快速提高。根据 BIS 的统计，2020 年末，我国居民杠杆率达 61.7%，比 2008 年提高了 43.8 个百分点。居民杠杆的提高挤压了居民存款的增长空间，居民存款转化为房地产企业债务的部分，会通过房地产企业以存款的形式流入银行，转化为企业存款。

图例：
—◆— 对非金融机构及住户负债　—■— 对其他存款性公司负债（右轴）
—▲— 对其他金融性公司负债（右轴）　--×-- 债券发行（右轴）

图例：
居民存款总额　　　　　　　　　居民存款增速（右轴）
居民存款占存款比重（右轴）　　企业存款占存款比重（右轴）

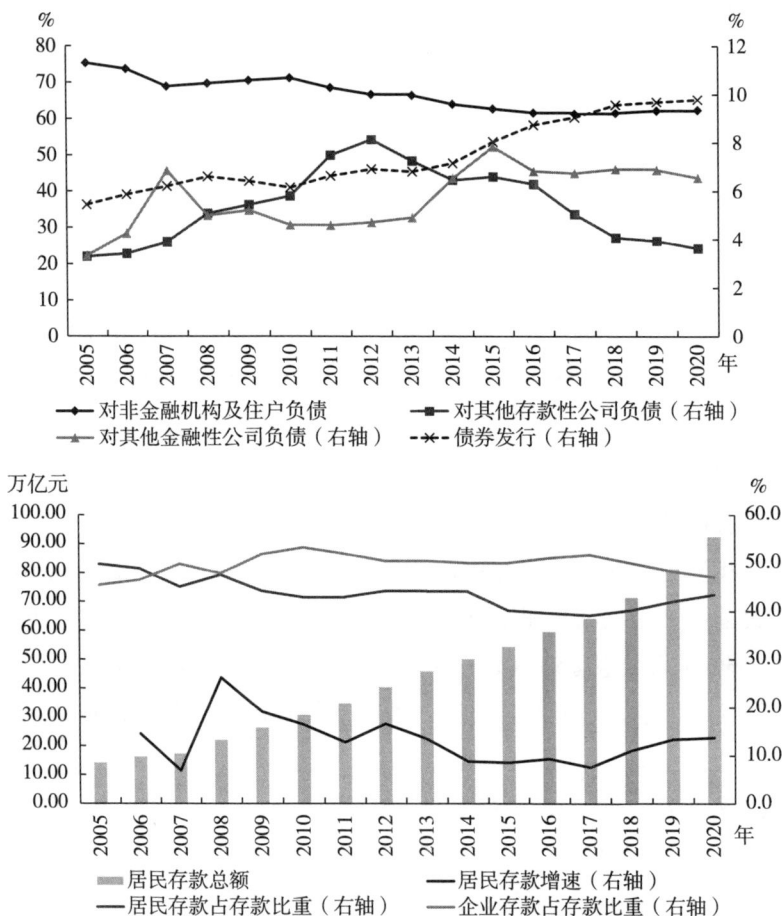

图10　我国银行业负债及存款结构变化

（数据来源：Wind）

六是我国银行业活期存款占比总体波动下降。与美国的储蓄存款变化相似，在我国利率市场化推进的过程中，也出现了活期存款向定期存款转化的时期。2010—2015 年，居民存款的活期占比由 40.3% 降至 37.2%，非金融企业存款的活期占比由 60.3% 降至 40.6%。2015 年以来，存款利率上限名义上放开，但在流动性较为充裕的情况下，银行定期存款利率上浮幅度不大，活期存款与定期存款息差呈收窄之势，而且定期存款越来越多地以提前支取时靠档计息来兼顾流动性与收益率，和活期存款的差别减小。

加之经济不振导致企业持币待投资的倾向，2016 年和 2017 年活期存款占比回升，居民存款的活期占比由 2015 年的 37.2% 微升至 2017 年的 38.6%，同期非金融企业存款的活期占比由 40.6% 升至 43.9%。在存款增速下滑、存款竞争激烈的形势下，定期存款利率上浮幅度加大，另外资管新规后回流的存款也更多选择了定期存款，导致 2018 年以来定期存款占比有了一定提高，居民存款的活期占比下降至 2020 年的 35.3%，非金融企业存款的活期占比下降至 38.4%（见图 11）。

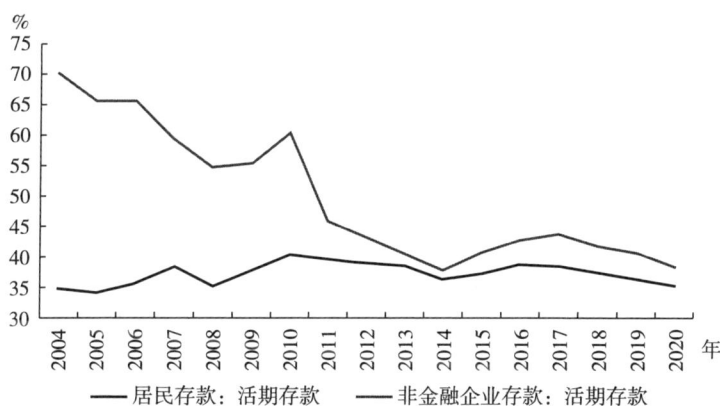

图 11 我国居民活期存款占比变化

（数据来源：Wind）

四、收入结构

两国银行业收入结构大体表现出以下几个特点。

一是中美银行业收入均以净利息收入为主，美国非利息收入高于我国。2020 年，美国银行业非利息收入占比为 35.2%，远高于我国 21% 的水平。大中型银行非利息收入占比更高，美国四大银行非利息收入占比约为 47.5%，我国四大银行约为 24%。从发展趋势来看，利率市场化期间，美国银行业的非利息收入没有明显提高。20 世纪 80 年代利率市场化完成以后，美国银行业非利息收入占比开始提高，尤其是 20 世纪 90 年代以后，受混业经营、金融脱媒和银行业竞争加剧的影响，非利息收入占比大幅提升，

2003年达到了43.8%的峰值。2008年国际金融危机爆发，美国银行业非利息收入占比开始下降。我国商业银行非利息收入占比从2010年的17.5%快速上升至2016年的23.8%，后持续下降至2020年的21.04%（见图12）。对比分业监管时期美国银行业非利息收入占比的变化过程，我国商业银行业务发展相当于美国利率市场化完成之后的一段时期，未来我国银行业非利息收入占比长期看应呈现继续提高的趋势，但由于监管对银行收取手续费和混业经营的限制，非利息收入占比很难快速提高，短期甚至可能波动下降。

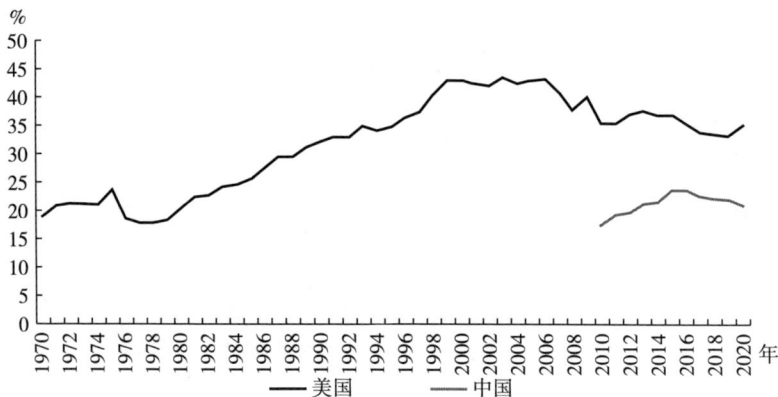

图12　中美银行业非利息收入占比比较

（数据来源：FDIC，Wind）

二是我国银行业贷款利息收入占利息收入的比重低于美国，且不断下降。根据我国16家主要上市银行[①]年报数据，2020年贷款利息收入[②]占利息收入的比重为69%，比美国商业银行低13.2个百分点（见图13）。从美国1970年以来的数据看，利率市场化完成以后，美国商业银行也经历了贷款利息收入占比下降的阶段，但依赖于资产、负债结构的调整，贷款利息收入占比在20世纪80年代中期以后得到了有效提升，即使在混业经营时期，也能保持上涨态势，尤其是国际金融危机以后，美国商业银行向传统业务

---

　　① 工商银行、建设银行、农业银行、中国银行、邮储银行、交通银行、招商银行、浦发银行、中信银行、兴业银行、民生银行、平安银行、光大银行、华夏银行、南京银行、宁波银行。
　　② 非贷款利息收入包括债券投资、存放同业和中央银行款项利息。

回归，贷款利息占利息收入的比重不断提高。

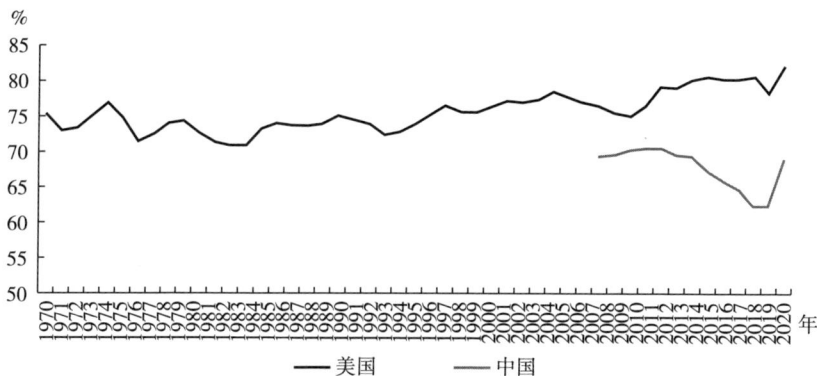

图 13　中美银行业贷款利息占利息收入比重比较

（数据来源：FDIC，我国 16 家主要上市银行年报）

　　三是美国银行业非利息收入更加多元化。从 2020 年的数据来看，美国银行业非利息收入呈现很好的多元化组合状态。信托活动①、交易账户、存款账户收入占比较高，分别为 13.8%、12.4% 和 11.5%，贷款销售净收入、投资银行业务等、保险业务佣金占比分别为 9.7%、3.9%、1.7%（见图14）。由此可以看出，美国商业银行中间业务比较注重客户服务，经营范围更广。我国银行业非利息收入中，银行卡类业务、结算业务等传统中间业务依然处于绝对领先水平，投行、理财、托管等新型中间业务的轻资产、轻资本特征契合了商业银行的转型方向，已逐渐成为商业银行中间业务的着力点和驱动力。由于 2017 年监管规定取消和暂停商业银行部分基础金融服务收费，近年也在要求银行减费让利，银行业手续费、结算业务收入将会减少，理财、托管及其他受托业务逐渐成为各行非利息收入发展的重点领域。

---

　　①　美国银行业信托业务分资产管理和账户保管业务两大类。

美国   中国

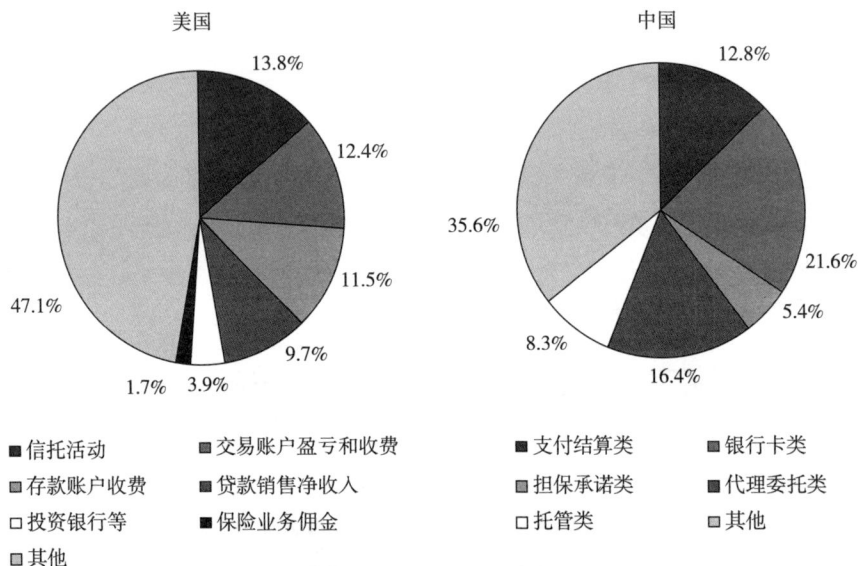

图14　2020年中美商业银行主要非利息收入来源占比对比

（数据来源：美国银行业数据根据 FDIC 数据整理；

我国银行业数据根据 14 家大中型上市银行① 2020 年年报整理）

五、总结及启示

总体来看，我国银行业的资产结构、负债结构和收入结构，与美国分业监管时期，利率市场化改革阶段比较相似。结合美国银行业资产负债结构变化和我国银行业当前的发展趋势，未来商业银行的资产负债结构可能会出现以下几个趋势：一是银行在社会融资中的地位下降，资产和负债端都受到挤压，大企业通过金融市场直接融资，个人贷款占贷款比重上升，银行资产规模低速增长，居民金融资产多元化，银行负债增长更加困难。二是非利息收入占比将会继续提高。由此，未来商业银行业务发展要加强资产负债管理，推进综合化经营，提升服务质量。

一是资产业务回归本源。未来随着我国利率市场化的完成和多层次资本市场的建设，大型企业直接融资占比将会提高，商业银行必须平衡贷款

① 工商银行、建设银行、农业银行、中国银行、邮储银行、交通银行、招商银行、浦发银行、中信银行、兴业银行、民生银行、平安银行、光大银行、华夏银行。

收益和风险偏好，寻找新的业务增长点。一方面，紧抓国家战略机遇，围绕建设现代化经济体系，加大对中小企业的支撑，服务实体经济发展；另一方面，更加重视发展个人贷款业务。从美国的发展经验来看，个人贷款将和公司贷款并驾齐驱。不过，我国居民杠杆率（2020 年末为 61.7%）虽然低于美国（2020 年末为 80.0%），但近年来提高较快，也存在债务风险。为避免重蹈美国过度向次级客户发放贷款形成的风险，也需要审慎确定抵押率上限，加强对收入还贷比等客户还款能力指标的考察与监控。此外，在强监管的环境下，同业业务既要以客户为中心主动创新产品和服务模式，调整业务结构，适当利用金融市场拓展负债端和资产端，也要避免资金空转、层层嵌套，回归银行流动性管理和资产负债管理重要手段的本源。

二是着力优化存款结构。从美国经验看，客户的投资需求将越来越多地通过基金、股票、债券、保险等产品满足。银行就存款发展存款将更加困难，银行在着力吸引存款、优化存款结构、降低资金成本的同时，一方面要通过功能强大、客户体验佳的系统提升线上线下一体化服务的能力，以生态圈建设、交易银行业务满足客户交易性需求，培养核心结算客户群，增强客户黏性，通过系统平台融入和深度服务客户营运资金闭环吸引行外资金流入，提高贷款的存款派生能力。另一方面要发展资产管理和财富管理业务，重视 AUM 而非单一存款，从为客户创造价值的过程中获得客户资金沉淀，满足客户投资性需求。

三是稳妥推进综合化经营。从美国银行业发展历程来看，在坚持商业银行存贷款本源的基础上，适当综合化经营能够提高商业银行的盈利能力和抵御风险能力，但过度参与复杂衍生品投资等行为也可能加大银行面临的风险。2006 年，花旗集团投资收入、保险收入几乎占到非利息收入的一半，收入结构多元化程度较高，但在国际金融危机中受到的影响最大。富国银行以手续费和佣金收入为主的非利息收入结构，使其在国际金融危机中影响最小。我国银行业经历了"黄金十年"的高速发展后，为适应高质量发展阶段的要求，需要稳步推进综合化经营，为客户提供"一站式"金融服务，降低实体经济融资成本，提高服务实体经济效率。在推进综合化经营的过程中，业务经营的风险增大，商业银行必须要提高合规意识，健全风险管理体系。

参考文献

［1］Choulet, C. , QE and bank balance sheets: the American experience. Conjoncture, 2015.

［2］Martin, J. , The Commercial Real Estate Crisis of the 1980s and 1990s. Rotman School of Management University of Toronto RESEARCH PAPE, 2017.

［3］John A. Haslem, Carl A. Scheraga, James P. Bedingfield, An Analysis of the Impact of International Activity on the Domestic Balance Sheet of U. S. Banks. Management International Review, Vol. 35, No. 1 (1st Quarter, 1995), pp. 45 – 68.

［4］黄志凌. "好银行" 是怎样炼成的 ［J］. 中国银行业, 2015 (4): 66 – 73.

［5］邵平. 十年繁荣之后 ［J］. 财经, 2015 (28).

［6］宋玉华, 高莉. 美国房地产业的繁荣、风险及其对美国经济的影响 ［J］. 美国研究, 2006 (3): 65 – 76.

［7］张永祥. 美国商业银行中间业务发展对我国商业银行的启示 ［J］. 国际金融, 2014 (3): 11 – 16.

［8］史婧祎. 美国金融结构变迁及影响因素分析 ［J］. 上海证券交易所研究报告, 2015 (34).

［9］唐欣语. 从资金流量表看美国金融结构的变化 ［J］. 中国金融, 2009 (15): 22 – 24.

［10］贺敬芝. 监管改革对美国银行业经营影响分析 ［J］. 银行家, 2018 (2): 106 – 109.

［11］马燕舞. 中国家庭金融资产分析 ［J］. 中国金融, 2016 (3): 53 – 55.

［12］张雯. 美国次贷危机对我国房地产信贷风险研究的启示 ［J］. 金融论坛, 2009 (5): 51 – 56.

［13］肖欣荣, 伍永刚, 美国利率市场化改革对银行业的影响 ［J］. 国际金融研究, 2011 (1): 69 – 75.

［14］杨望, 武畅. 中美资产证券化发展模式的比较与探讨 ［J］. 国际金融, 2017 (9): 18 – 24.

［15］步艳红. 监管新规下同业投资业务路在何方? ［J］. 银行家, 2014 (9): 84 – 87.

［16］王勇, 刘昶. 美国利率市场化时期商业银行资产配置变化研究 ［J］. 金融纵横, 2014 (5): 51 – 55.

对总分行制和事业部制的思考[*]

一、"流程银行"和"部门银行"

2005 年，银监会主席刘明康指出中资银行是"部门银行"而不是"流程银行"。2006 年，《国有商业银行公司治理及相关监管指引》① 要求国有商业银行应根据自身实际和客户需求，逐步实行以产品单元、业务线为流程的事业部管理制度。2013 年发布的《商业银行公司治理指引》② 未提及事业部制。据 2010 年 6 月银监会培训中心编写的"流程银行建设"培训参考资料，"流程银行"是指通过流程再造后具有可持续竞争力的现代商业银行，主要特征包括扁平化、集中化、垂直化的组织体系（事业部制成为主流模式）；标准化、工序化的业务流程；规范化、科学化的人力资源管理机制等。而我国商业银行普遍采用直线职能制，具有典型"部门银行"特征，包括按照业务或产品设置管理部门，以"块块"管理为主；分行成为独立的利益主体，无形中弱化了总行的一级法人地位；按照行政区域设置分支机构，无法实现资源有效配置等。

2014 年初，在全国银行业监管工作会议上，银监会主席尚福林提出银行要推进子公司制、事业部制、专营部门制、分支机构制改革，完善业务治理体系，其相关文章进一步明确信贷、存款等业务继续实行分支机构经营制，信用卡、理财、私人银行等业务推行条线事业部制，同业、投资等业务实行专营部门制，信托、租赁、基金等非银行金融业务，实行子公

---

* 本文发表于《中国金融》2019 年第 18 期。发表时有删节，此为完整版。

① 现已失效。

② 现已失效。

司制。

在一些业务上，监管部门提出过实行事业部制的要求。比如，2008 年《关于银行建立小企业金融服务专营机构的指导意见》明确专营机构根据战略事业部模式建立；2014 年《关于完善银行理财业务组织管理体系有关事项的通知》① 要求开展理财业务事业部制改革；2017 年《关于印发大中型商业银行设立普惠金融事业部实施方案的通知》落实《政府工作报告》"鼓励大中型商业银行设立普惠金融事业部"的要求；2017 年《关于金融支持制造强国建设的指导意见》提出，鼓励有条件的金融机构探索建立先进制造业融资事业部制。对理财业务管理的要求，则从事业部变为子公司，2018 年《商业银行理财业务监督管理办法》要求，商业银行应当通过具有独立法人地位的子公司开展理财业务。暂不具备条件的，商业银行总行应当设立理财业务专营部门。

国内一些股份制银行是事业部的先行者，最著名的是民生银行，还有平安银行等。大型银行在少数业务上采用（准）事业部制，全行总体上还是总分行制管理模式。从 2005 年提出"流程银行"概念到现在已十多年，中国大型银行的规模和盈利能力已跃居世界前列，但为何没有变成国外大型银行那种事业部制？事业部制还是不是中国大型银行的组织架构发展方向？

二、从摩根大通看国外银行事业部制

2007—2011 年，摩根大通分为零售金融服务、卡服务（包括汽车贷款和学生贷款）、投资银行、商业银行、资金管理和证券服务、资产管理六大业务板块。2012 年调整为四大板块，并延续至今：消费者与社区银行（Consumer & Community Banking，CCB）、企业与投资银行（Corporate & Investment Bank，CIB）、商业银行（Commercial Banking，CB）、资产与财富管理（Asset & Wealth Management，AWM），如图 1 所示。CCB 板块为零售银行业务，其他三个板块组成批发银行业务。

---

① 现已失效。

摩根大通首席执行官				
资产与财富管理业务首席执行官	商业银行业务首席执行官	消费者与社区银行业务首席执行官	企业与投资银行业务首席执行官	总部职能条线

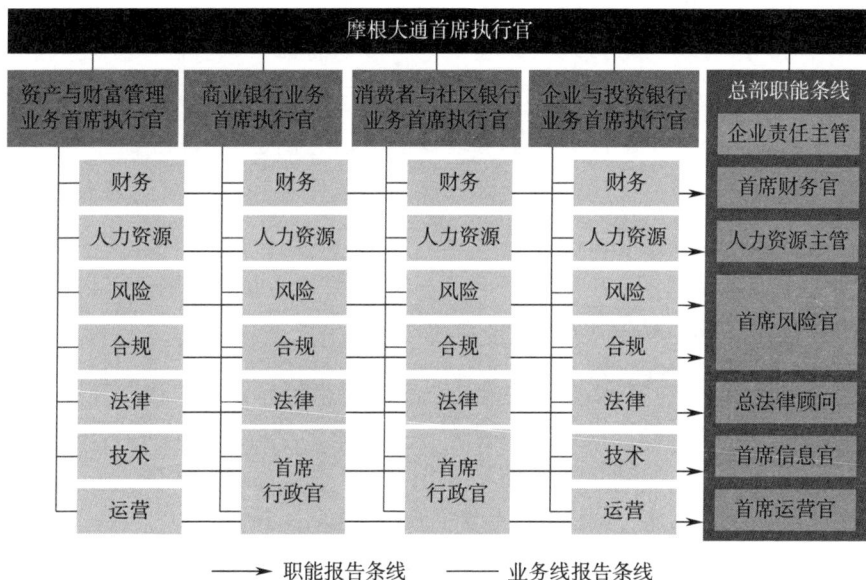

图1 摩根大通集团组织架构

（资料来源：摩根大通）

每个板块下有若干业务线，如 CCB 板块内包括消费者银行、小企业银行、住房贷款、银行卡、商户服务、汽车金融等业务线。每个板块、板块下每个业务条线的负责人都称为首席执行官（CEO）。每个板块内有人力、财务、科技、运营、风险、法律、内控、合规、战略/研究、营销宣传等职能支撑部门，职能支撑部门大多同时向业务板块的负责人和集团职能条线负责人双线汇报，形成矩阵式管理。多数职能支撑部门的考核中业务板块负责人的考核占更大权重，风险等少数部门的考核中集团职能条线负责人的考核占更大权重。集团也有部分集中的支撑职能人员，以完成需要全集团统一管理的功能（据摩根大通 2018 年年报，14.5% 的人员为集团总部人员，没有分到四大业务板块中）。

摩根大通在美国本土完全是条线垂直管理。在美国 23 个州开设的 5000 多家网点由 CCB 板块的消费者银行业务线管理。在消费者银行主管下设管理网点的业务主管，下设大区经理、市场经理（Market manager）、区域经理（Sub - market manager），区域经理直接管理若干家网点。目前，该业务线有大区经理 5 个、市场经理 22 个、区域经理 200 多个，管理上的分区划片完全不按州、市行政区划。大区经理手下一般只有几个人，区域经理只有一个行政助理，人员极为精简。CCB 板块另有三条业务线会派驻人员在网点，即住房贷款、小企业银行和财富管理业务线，它们也和管理网点一样有类似层级的大区经理、市场经理、区域经理，但并不和管理网点的人员一一对应，完全由本条线根据市场情况决定数量和划片。批发银行三个板块在美国 39 个州设有业务办公室，基本不依托网点开展业务，网点可以专心做好零售业务，而且不会因为批发业务每年收入利润波动太大。

美国银行（BOA）分为四大板块：消费者银行、全球财富和投资管理、全球银行、全球市场。富国银行分为三大板块：社区银行、批发银行、财富和投资管理。汇丰银行分为四大板块：零售银行及财富管理、工商金融、环球银行及资本市场、环球私人银行。

国外大银行从板块划分上看大同小异，都是以客户对象和业务大类划分，一般都是 3~5 个一级业务板块。例如，摩根大通、美国银行、花旗集团曾经卡业务都是一个一级板块，后来并入消费者银行板块。

以摩根大通为代表的国外大银行形成的以业务板块（事业部）条线垂直管理为主的管理模式，高度市场化、科学高效。其具有以下特点和优点：

一是矩阵式，各项支撑职能人员大多嵌入业务板块内部，业务人员和支撑职能人员无缝衔接、紧密合作，业务板块的负责人在板块内可以统一调配资源。职能支撑人员的绩效考核和条线业绩捆绑紧密，能够高度专业化、强有力地支撑业务发展。二是扁平化、专业化，每个条线均垂直管理到最基层人员，实现专业化、精细化管理。管理架构的特征是"两头大、中间小"，总部具备强大的管理决策及运营支持能力，运营、信审等全部由集中的处理中心完成，网点职能相对单一，专注于产品营销和客户关系维护。在中间层面，人员极其精简，例如从管网点的大区经理到区域经理，主要起督导、指导、帮助网点提升能力、解决问题的作用，保证政策传导通畅，如臂使指。业务条线能在全国统筹摆布业务资源，保证了战略的落地和业务标准的统一，减少了中间层在政策传导中还制定自己区域性的政策，造成战略传导的"中梗阻"、扭曲、偏离问题。三是独立核算，对每个板块都能比较清晰地独立核算，能考核其 ROE、成本收入比等效益指标。

在财报中一般另有集团合并调整部分。

这种模式也不是完全没有缺点，双线汇报的矩阵式下，如果两个上级的思路、要求不一致，下级比较难处理。条线垂直管理在国内运转顺畅，但在拓展海外市场时，容易出现不能适应当地市场情况的问题。

三、两种模式的区别

中国大银行的组织架构模式称为直线职能制。总行部门虽然重要，经营主体还是分支行，本文称为总分行制（也可以将分行看作区域事业部，但一般事业部指业务条线的事业部）。国外大银行的矩阵式架构，一般来说最重要的是业务线和支撑职能线的矩阵，而非总行业务线和分支行的矩阵，虽然也会划成区域分部，但业务线是核心而非区域分部（有部分银行首先按区域分，如巴克莱银行第一层组织架构划分为巴克莱英国和巴克莱国际）。

事业部制和总分行制，核心区别在于是以业务条线事业部还是分支行作为经营管理、绩效考核的主责任人，财务、业务各种资源、计划的分配是通过事业部制还是分支行向下分解。按照权责匹配的原则，主责任人承担经营责任，也就有人财物的资源配置权。例如，各银行每年信贷计划都会分解到业务和区域，总分行制下最重要的是分解到省分行（省分行在不同业务间有一定调节权限），事业部制下最重要的是分解到业务条线（业务条线在不同区域间有一定调节权限）。资源配置的主导权通常应该以一个主体为主，强有力的事业部和分支行很难并存。

有一种误解，认为事业部发展到更高形态就是子公司。实际上，事业部是组织架构，子公司是法律形式，二者并非一个层面。国外银行各业务板块事业部可能是子公司也可能不是，事业部下经常还有众多子公司。例如，摩根大通资产和财富管理板块，下面有众多子公司，包括资产管理控股公司、投资管理公司等。

中美大银行管理模式这种差别形成的原因，很大程度上是由于中美两国国情、文化的不同。美国是高度市场化的，银行不用按行政区划设计自身经营管理地域、层级。中国地方政府掌握大量资源，需要银行的分支行与政府管理的行政区划对应。即使撇开政府因素,中国的管理模式传统上还是属地管理力量更强,"诸侯"强大,总部"鞭长莫及",对专业管理则没有那么重视,而美国则更重视条线专业化管理运作。

两种管理模式下几个典型的差异:一是同样一笔业务(如发放一笔贷款或营销一笔存款)给客户经理的绩效奖励金额,中国大型银行一般是各分支行有所不同,取决于分行的工资总额、经营情况、发展重点,特别是工资总额。但在摩根大通是完全一样的,各地生活成本不同通过岗位基础工资不同来调节。这是因为中国各地经济发展程度、市场状况差异大,需要分行因地制宜。但摩根大通的管理人员认为,美国各地也有差异,如果考虑每个地方的不同情况,都制定不同的政策,那就会丧失统一的标准,难以实现总行的战略目标。二是事业部制的国外银行在国内没有我国银行由分行行长"一把手"全面负责各项业务的制度,因此也几乎不存在中国银行业时有出现的分行行长只手遮天的情况。国外分行也有行长,但权力较虚,主要是负责和当地政府、监管机构的对接等,分行仍是以业务线的垂直管理为主。三是在总分行制下,人力、财务等综合部门属于掌握资源的权力型部门,业务部门需要向其争取资源,而事业部下也有直线职能制部门,人力、财务等综合部门人员的绩效更取决于本事业部的经营业绩,和业务联系更紧密,为业务服务的意识更强。但风险合规部门人员如果完全内嵌业务部门、绩效和当期经营业绩相关性过高,容易丧失独立性,因此多采取职能条线评价在其绩效考核中占比更高的方式。四是事业部制下可以完全按市场化原则在区域间灵活配置资源,在经济效益差、市场前景不好的区域可以少投放业务资源甚至裁减机构人员,只要整个事业部完成业绩目标即可。在总分行制下,裁撤分支行的难度要大得多,为了保持分支行经营业绩的稳定性,大幅减少信贷等资源投入也比较困难。事业部更从全行全局性角度看问题,分支行更从当地局部角度看问题。但是从银行有支持地方经济的社会责任的角度看,总分行模式倒是有利于更好地履行这一责任。总分行制虽然在专业化经营、战略传导上有所欠缺,但有利于在分行内统筹协调,服务地方经济。从业务营销到不良资产处置,分支行在当地能发挥的作用大于总行业务条线。

中国大型银行在部分专业性强的业务条线上探索实行了事业部、子公司制，但实行事业部制的业务和分行间的关系是个重要的问题，而国外大银行全行各项业务都是事业部制，并不存在部分业务的事业部制和全行的总分行制的矛盾。中国大银行的事业部有的是准事业部，并没有独立人、财、物权，有时这些职能形式上有单设团队，实际还是行里的职能部门。实行事业部制的业务，有的基本完全在总行开展，不依赖于分行；有的和分行间关系很紧密，如普惠金融；有的则由总行事业部设立区域分部，和分行虽在一地，关系是远是近、是否互相协作，情况各有不同。同一业务是更多依托于分行开展还是主要由总行事业部垂直管理，各银行选择的模式不同，如信用卡业务，大型银行多是前者，发挥分行作用，中小银行多是后者，更加集中高效。事业部的业务和分行关系紧密、落地在分行经营或管理的，多采用分润机制或双边记账。双边记账下，若实际收入计入事业部，分行可能缺乏积极性；若计入分行，事业部更类似于业务部门。

四、两种模式比较

事业部制是 20 世纪初在美国为了管控更复杂的大型企业而诞生的管理模式。美国大银行过去也曾经是总分行制，在 20 世纪 80 年代经过流程再造逐渐演变成现在的这种事业部制，有其合理性和优势。但科技的发展使得无论何种组织架构模式，总部都能管控到所有业务、分支机构乃至员工个人，实现精细化管理，因此不同组织模式对运营效率的影响可能减弱。总分行制的银行也部分采取了过去认为是属于事业部制、"流程银行"的一些先进做法。比如经过数字化转型、流程优化，总行通过计算机系统加强了集中管控，各种中后台运营职能实现了集中化，扁平化管理有所加强，过去文件层层转发、层层制定实施细则的冗余低效做法大为减少，"以客户为中心"的理念得到更好的落实，特别是随着移动互联服务的普及，线上业务更多由总行直接运营。这克服了原来总行业务部门不直接接触客户、市场反应较慢以及对分行管理"鞭长莫及"的问题。原来事业部能更好地做到科技人员内嵌于业务部门，现在各行也更多推行科技人员和业务人员紧密配合的敏捷开发模式。新技术条件下业务模式的变化使适合采用事业部模式的业务都有所变化。例如，民生银行 2007 年开始实行事业部制时，是通过行业事业部来开展地产、能源等公司业务，分支行主要从事小微金融等零售金融业务。而平安银行近年的零售条线主要由事业部垂直管理，公司业务更依托分行。这一区别产生主要是因为民生银行当时的小微金融业务主要依赖于分支行开展贷前调查和审批、风控，而平安银行主要是通过手机银行、生态圈发展线上零售贷款。

从资产、利润增速和 ROA、ROE 等经营业绩指标来看，中国实行事业部制的银行，和大多实行总分行制的银行相比，在不同时期业绩表现有所不同。例如，行业事业部，能在全国范围内优选行业内排名靠前的企业，更专业化服务好行业上下游，在行业上升期表现可能会更优异，但对企业的深入了解，可能不如属地分行，在行业衰退期可能收缩撤出调整不及时，有时反而不如分行更能及时调整各行业贷款的结构。中国和其他国家银行的经营业绩，更多受一国宏观经济金融环境影响，难以区分组织架构模式的影响程度。

总体上看，各种组织架构各有利弊，国外银行的事业部制是一种较为先进、值得学习借鉴的组织架构管理模式，但在中国的国情下如何应用仍需要探索，不能盲目将其作为解决问题的药方。中国的总分行制也有因地制宜、更好支持区域经济等优势。中国的大型银行目前这种由与行政区划、层级基本对应的分支行作为经营主体的模式还将在未来很长时间内持续，全面转向事业部制的可能性较小，但可能会在部分业务上采取（准）事业部制，也会借鉴事业部制下一些先进做法，关键是需要加强各业务和职能部门的专业性和不同条线间的协同性，更好地服务客户和实现全行战略。股份制银行可以按更加市场化的原则确定组织架构管理模式。事业部和分行并行时，需要设计好利益分配和考核激励机制。有些股份制银行探索将总分行制与事业部制相结合，分行行长、副行长同时兼任条线事业部在分行的负责人，也是符合中国实际的选择之一。

美国和加拿大银行董事会结构的观察和思考[*]

美国大型银行虽然经历了金融危机并受到一些负面事件影响，但基本都能从危机和负面事件中走出，规模、盈利和市值居全球前列。加拿大的银行体系一直以稳定安全而著称，长期被世界经济论坛每年出版的全球竞争力报告列为世界上最稳健的银行体系之一（2019 年排名第 6）。2008—2009 年国际金融危机期间，加拿大没有一家主要银行倒闭。加拿大银行业经营业绩优异，2018 财年，加拿大六大银行 ROA、ROE 平均分别为 1.09%、23.2%，不良贷款率平均仅为 0.58%。加拿大的银行体系表现优异有多方面的原因，公司治理有效通常被认为是一个重要原因。本文结合史宾沙（Spencer Stuart）公司治理报告等，分析美国和加拿大银行在公司治理方面的一些特点。

一、董事会主席和首席执行官两职分离还是兼任

据《OECD 公司治理概况（2019）》，其调查的有一层委员会（指只有董事会，没有监事会或管理委员会）的 37 个国家和地区中，30%（荷兰、挪威、瑞典、巴西、智利等）要求上市公司董事会主席和首席执行官（CEO）两职必须分离，35%（英国、澳大利亚、比利时、芬兰、西班牙、瑞士、中国香港等）推荐分离（如果不分离需要解释原因），5%（印度和新加坡）要求如果不分离，独董占比就要从最低 33% 提高至 50%。这比 2015 年只有 11% 的国家和地区要求两职必须分离、25% 推荐分离，有了大幅度提高。

---

* 本文部分内容以《分离还是兼任》为题发表于《中国金融》2020 年第 9 期，此为完整版。

　　美国和加拿大都属于一层委员会的国家，监管机构对两职分离没有要求或推荐。但加拿大卓越治理联盟（非政府组织）一直在推动两职的分离，认为两职兼任会导致董事会对 CEO 缺乏制约和监督。2019 年，加拿大最大的 100 家上市公司中有 86% 的公司两职分离（2015 年有 66% 的公司两职分离），单独任董事会主席的 72% 是独立董事（2015 年有 66% 是独立董事）。美国标普 500 公司中，53% 的公司两职分离。

　　加拿大的六大银行目前全部是两职分离，董事会主席均为独立董事。其中，五家银行董事会主席曾任其他公司 CEO，但多数并非金融机构的 CEO。加拿大帝国商业银行董事会主席曾任加拿大副总理、财政部部长（见表 1）。六大银行董事长在担任本行董事长前，最长的担任了 13 年，最短的担任了 3 年本行董事。

表1　　　　　　　　2018 年加拿大六大银行董事会主席情况

银行名称	董事会主席	曾任主要职务	开始担任独立董时间	开始担任董事会主席时间	董事会主席薪酬（万加元）	CEO 薪酬（万加元）	其他董事薪酬区间（万加元）
加拿大皇家银行	凯瑟琳·泰勒（Kathleen Taylor）	四季酒店集团 CEO	2001 年	2014 年	52.5	1449	25 ~ 35.84
多伦多道明银行	布莱恩·列维特（Brian M. Levitt）	Imasco 公司 CEO	2008 年	2011 年	44.5	1531.61	22 ~ 62.91
丰业银行	托马斯·奥尼尔（Thomas C. O'Neill）	普华永道咨询董事会主席兼 CEO	2008 年	2014 年	45	1325.1	22.5 ~ 157.84
蒙特利尔银行	罗伯特·普里查德（J. Robert S. Prichard）	Torstar 公司 CEO	2000 年	2012 年	59.26	1012.42	21.5 ~ 31.25

续表

银行名称	董事会主席	曾任主要职务	开始担任独董时间	开始担任董事会主席时间	董事会主席薪酬（万加元）	CEO薪酬（万加元）	其他董事薪酬区间（万加元）
加拿大帝国商业银行	约翰·曼利（John P. Manley）	加拿大副总理、财政部长	2005年	2014年	67.74	1004.84	13.03 ~ 54.68
加拿大国民商业银行	吉恩·哈德（Jean Houde）	Investissement Quebec公司董事会主席兼CEO	2011年	2014年	—	—	—

资料来源：银行网站等介绍，高管薪酬来自Wind。董事薪酬未计入任职不满一年的董事薪酬。

美国的四大银行中，目前摩根大通和美国银行两职兼任，富国银行和花旗集团两职分离，且是将原来的独立董事选为董事长。富国银行在2016年爆出"虚假账户门"之前两职兼任，此事导致董事会主席兼CEO约翰·斯顿夫辞职，新董事会主席和CEO分设。花旗集团在国际金融危机前两职兼任，2007年董事会主席兼CEO查尔斯·普林斯辞职，新董事会主席和CEO分设。

2004年，威廉·哈里森为摩根大通董事会主席兼CEO，在摩根大通收购了美一银行后，商定由美一银行的董事会主席兼CEO杰米·戴蒙接班，2004年杰米·戴蒙担任摩根大通总裁和首席运营官，2005年戴蒙接任CEO，哈里森继续担任董事会主席，2006年戴蒙兼任董事会主席和CEO。

2009年，肯尼斯·刘易斯为美国银行董事会主席兼CEO，2009年刘易斯退休后，布莱恩·莫伊尼汉接任CEO，沃尔特·马西（Walter E. Massey）任董事会主席，2010年查尔斯·霍利迪（Charles O. Holliday）任董事会主席，2014年莫伊尼汉兼任董事会主席和CEO（见表2）。

表2　　　　　　　　**2018年美国四大银行董事会主席情况**

银行名称	董事会主席	曾任主要职务	开始担任独董时间	开始担任董事会主席时间	董事会主席薪酬（万美元）	CEO薪酬（万美元）	其他董事薪酬区间（万美元）
摩根大通	杰米·戴蒙（Jamie Dimon）	—	—	2006年	3003.37		31.13 ~ 54.25

续表

银行名称	董事会主席	曾任主要职务	开始担任独董时间	开始担任董事会主席时间	董事会主席薪酬（万美元）	CEO薪酬（万美元）	其他董事薪酬区间（万美元）
美国银行	布莱恩·莫伊尼汉（Brian Moynihan）	—	—	2014年	2275.45		35～51.82
富国银行	伊丽莎白·杜克（Elizabeth A. Duke）	美联储委员会成员，TowneBank首席运营官	2015年	2018年	63.1	1842.67	33.7～41.7
花旗集团	迈克尔·奥尼尔（Michael O'Neill）	夏威夷银行董事会主席兼CEO	2009年	2014年	50	2418.37	28～41

资料来源：银行网站等介绍，高管薪酬来自Wind。董事薪酬未计入任职不满一年的董事薪酬。

注：美国银行董事会中，董事会副主席兼全球财富和投资管理部负责人特伦斯·拉夫林（Terrence P. Laughlin）年薪为1779.72万美元，表中其他董事最高薪酬为除他之外的董事。

加拿大银行的董事会主席和两职分离下的美国的银行董事会主席，薪酬均远低于CEO。加拿大银行的董事会主席还不一定是董事会中薪酬最高的董事。

二、关于董事任期和结构

据《OECD公司治理概况（2019）》，有26个国家和地区规定了独立董事的最长任期，从5年到15年不等（中国证监会规定独立董事连任时间不得超过6年）。如果超过最长任期，其中19个国家和地区规定这些董事就不能算独立董事，7个国家和地区规定要对他们是否仍有独立性作出说明。加拿大和美国在监管上均对独立董事任期没有规定，由各公司自行决定。

以下数据来自2019年美国和加拿大的Spencer Stuart公司治理报告。加拿大为最大的100家上市公司（2020年1月发布报告，为截至2019年8月末数据），美国为标普 500 公司（2019 年 10 月发布报告）。

美国和加拿大都很重视董事会成员在年龄、性别、种族、专业背景等方面的多样性。原来董事很看重有公司最高管理者（CEO 以及董事会主席、总裁、首席运营官）任职经历，近年的趋势是更强调某一方面的专业技能（专业人士或公司某条线的负责人）。一些机构投资者反对现任 CEO 成为其他公司董事（担心缺乏履职所需时间精力）。因此，大公司现任 CEO 担任其他公司董事的人数持续减少。

加拿大的情况：2019 年，在加拿大最大的 100 家上市公司中有 57 家规定了非执行董事退休年龄和/或任期限制，规定的退休年龄平均为 73 岁，任期限制一般原则上是 12 年或 15 年，但都可以考虑个案情况延长任期。为应对科技发展对公司带来的挑战，董事中信息技术方面的专家比例大幅度提升。2019 年加拿大新任命的非执行董事中，有财务会计背景的占 47%（2015 年是 36%），有技术背景的占 10%（2015 年仅为 2%）。董事构成非常国际化，100 家上市公司中 30% 的董事为非加拿大居民，这有利于开拓全球视野、拓展国外市场。2014—2019 年，100 家上市公司中 55 家变更了董事会主席，其中 83% 都是由董事会现有成员担任董事会主席的，这样可以更好地保持公司文化和政策的延续性。女性董事占比在提升。2019 年，100 家上市公司中女性董事占比达到 30% 的历史高点，在国际上处于中等水平（德国 32%、英国 31%、美国 26%）。

美国的情况：2019 年，在美国标普 500 公司中有 71% 的公司规定了董事的退休年龄，一半以上规定的退休年龄为 65 岁或以上，但仅有 5% 的公司（27 家）规定了非执行董事的任期限制，而且任期在 10～20 年，也非常长。董事们平均年龄仍然较大。标普 500 公司独立董事的平均年龄为 62.7 岁，比 2009 年还增加了 1 岁。2019 年中新任董事平均年龄 57.5 岁，年龄在 50 岁或以下的新任董事仅占 16%，60 岁或以上的占 40%。2019 年中有 392 名董事离任，平均任董事 12.3 年，其中 34% 任董事达 15 年或以上。新任董事中有 35% 的人有公司最高管理者任职经历。新任董事中有 59% 来自私募股权/投资管理、消费者和信息技术领域。标普 500 公司 CEO 中有 59% 没有担任其他公司董事（2009 年前是 51%），37% 的 CEO 只担任一个其他公司董事。

加拿大和美国大银行的董事会构成，和上述上市公司总体情况较为类似。

加拿大银行的董事情况：蒙特利尔银行有 15 名董事，其中 5 名为女性，5 名董事是其他公司现任 CEO，任职最长的一名董事自 1999 年起即担任董事。多伦多道明银行有 14 名董事，其中 4 名为女性，7 名为其他公司退休 CEO，1 名为其他公司现任 CEO。

美国的银行董事情况：摩根大通的 12 名董事中，有 2 名女性，有 2 名其他公司现任 CEO、1 名其他公司现任总裁，3 名其他公司退休 CEO，有 1 名董事在 2004—2005 年曾任摩根大通风险管理副总裁。富国银行的 13 名董事中，有 5 名女性，其他公司现任 CEO、董事会主席、总裁 3 名，其他公司退休 CEO、董事会主席、总裁 5 名。

三、分析和思考

美国和加拿大的银行董事会结构颇为相似。由于美国和加拿大的银行基本由投资基金等机构投资者持股，没有实际控制人，因此基本没有股权董事，董事会中除了 CEO，基本由独立董事构成。独立董事中，现任和曾任其他行业公司最高管理者的董事较多，也有律师、会计师、大学教授、咨询公司和金融同业的专业人士。这样的董事会人员结构，管理经验比较丰富，有助于从战略和宏观层面把握大局，在财务、运营、人力、科技等方面也有专业人员，能对经营层起到较好的指导和监督作用，但金融专业人员比例相对不高，董事们对复杂的金融业务也未必都能透彻了解。董事会人员年龄偏大，在一家银行任董事的时间较长，好处是对银行的情况了解透彻，对银行的责任感更强，但也有新鲜力量较少，独立董事可能被同化、"独立性"减弱的问题。

美国和加拿大银行的两职分离情况颇不相同。20 多年前加拿大的大银行有两职兼任情况，现在已完全没有，全部由独立董事担任非执行董事会主席。而美国的公司在新 CEO 任职一段时间后，如果董事会对其能力业绩较为满意，选举其兼任董事会主席，是一种比较普遍的做法。美国四大银行原来基本都为两职兼任，花旗集团在国际金融危机中经营出现问题、富国银行因为"虚假账户门"才两职分离，和加拿大的银行一样由独立董事担任非执行董事会主席。董事会主席兼任 CEO，且董事会一半以上董事任职时间超过 10 年等公司治理问题，被认为是富国银行内部难以形成有效的制衡机制、违规问题频发的重要原因。摩根大通和美国银行近年来一直两职兼任。杰米·戴蒙带领摩根大通成为国际金融危机中的赢家。2012 年摩根大通由于"伦敦鲸"事件巨亏，2012 年、2013 年股东大会两次提出两职分离的提议，但均被股东大会投票否决。因为戴蒙若不同时担任董事长和 CEO，可能会离开摩根大通，多数股东并不认为能找到比戴蒙更合适的人继任。董事会也支持戴蒙，认为戴蒙任职期间，公司业绩表现强劲，其他两职分离的金融机构并不都表现更佳，"伦敦鲸"事件后管理层已采取了更有效的内部监管措施。董事会因此事决定把戴蒙 2012 年薪酬减半。经过此事件，戴蒙在摩根大通的地位进一步巩固。目前，摩根大通市值为全球银行业第一。

两种模式各有利弊。独立董事担任非执行董事会主席，则不会干预公司的日常经营，能避免董事会主席作为执行董事实际参与公司经营时，和 CEO 之间可能存在职权难以清晰界定的问题。董事会集中于选择 CEO、监督管理层、把握战略方向的职责，但董事会主席发挥的作用可能就比较有限。董事会主席兼任 CEO 的好处是将公司最高治理权力和日常经营职能相结合，能将战略从制定到执行全面把控，决策更灵活高效。缺点是一人独揽大权，在一定程度上缺乏制约。但无论哪种模式，当企业经营出现问题时，董事会都可以投票让 CEO 下台，构成最终的制约。虽然国际上鼓励和提倡两职分离，但美国和加拿大从监管上并不强制两职分离，而将决定权交给股东和董事会，充分体现了尊重投资者意思自治。

美国四大银行 1993—2021 年估值变化研究[*]

美国的四大银行为摩根大通、美国银行、花旗集团和富国银行（以下简称美国四大行或四大行）。2021 年末，四大行的资产合计占美国银行业总资产的 48.97%。四大行历史悠久，经过多次兼并收购发展而来，历经多次经济周期，形成了自己的发展特色，均为全球系统重要性银行，研究其估值变化情况，具有较强的代表意义。

本研究主要使用 1993—2021 年的相关数据（部分经营数据截至 2020 年末），结合近年来的一些新动向，分析了四大行市值与市净率的变化情况，从宏观环境、股票市场和银行自身发展三个方面分析了影响四大行估值水平的因素，从中归纳对我国上市银行进行市值管理的启示。

一、四大行经营情况与市值、估值变化情况概述

（一）经营情况

1993—2021 年，四大行的资产、贷款和存款规模均实现了超过 20 倍的增长（见表 1、表 2）。摩根大通超过美国银行成为美国资产规模最大的银行，并保持了存款规模、净利润最大的地位。富国银行由第七大银行成为第四大银行，贷款规模位列第三。

---

[*] 本文以《镜鉴：美国四大银行近二十余年估值变化》为题发表于《中国银行业》2017 年第 2 期，有更新修改。本文作者韩军伟、周琼。

表 1　　　　　　　　　**1993 年美国四大行规模概况**

单位：亿美元，%

银行	总资产		客户贷款		客户存款		净利润	
	年末	同比	年末	同比	年末	同比	年末	同比
摩根大通	1498.9	7.3	788.8	-4.4	982.8	4.4	16.04	47.7
美国银行	1576.9	33.6	949.6	29.3	911.1	10.1	15.01	31.1
花旗集团	1013.6	333.2	—	—	—	—	9.16	25.8
富国银行	507.8	14.0	279.5	16.8	325.7	20.8	6.54	46.3

数据来源：YCHARTS。

表 2　　　　　　　　　**2021 年美国四大行规模概况**

单位：亿美元，%

银行	总资产		客户贷款		客户存款		净利润	
	年末	同比	年末	同比	年末	同比	全年	同比
摩根大通	37436	10.6	10777	6.4	24623	14.8	483	65.9
美国银行	31695	12.4	9791	7.7	20644	15	320	78.7
花旗集团	22914	1.4	6513	0.1	13172	2.9	220	98.7
富国银行	19481	-0.4	8643	-8.0	14378	4.0	215	538.1

数据来源：各行 2021 年第四季度业绩快报。

（二）市值情况

1993—2021 年，四大行的市值整体呈现波动上升的态势，最大变动发生于 2008 年国际金融危机期间（见图 1）。

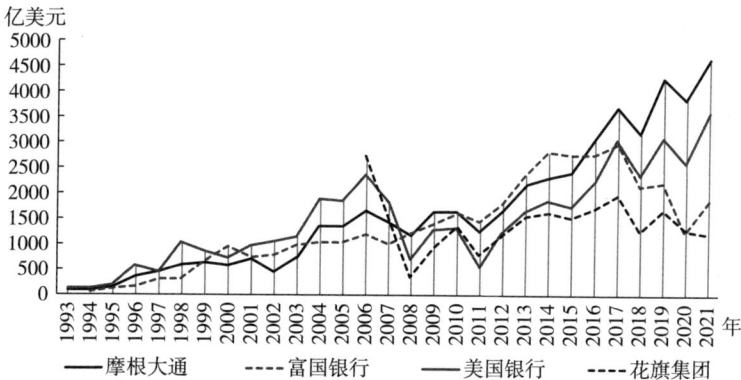

图 1　美国四大行市值变化情况

（数据来源：Wind）

花旗集团：从 1999 年开始，花旗集团的市值快速上升。2000 年 8 月其股价达到每股 588.75 美元，较 1994 年末上涨了约 11 倍，市值达到 3309 亿美元。但 2008 年的国际金融危机使花旗集团一度濒临破产，2009 年 3 月，股价跌至每股 0.97 美元，市值仅为 55 亿美元，缩水幅度达 98%。在美国政府的救助下，花旗集团逐渐从危机中恢复过来，其市值在 2010 年开始回升。2020 年 3 月，受新冠肺炎疫情影响，四大行市值均出现大幅下跌，此后逐步回升。截至 2021 年末，摩根大通和美国银行市值超过 2020 年初，富国银行和花旗集团市值仍低于 2020 年初，花旗集团市值为 1198 亿美元，在四大行中市值最低。

富国银行：国际金融危机爆发前，富国银行尽管业绩表现一直较为优良，但仍只能屈居美国银行业第二阵营。在国际金融危机中收购美联银行以后，富国银行的市值开始快速上升。从 2012 年开始，富国银行成为美国银行业市值第一，并和工商银行轮流成为全球银行市值冠军。2016 年虚假账户事件曝光后，富国银行的市值出现明显下跌，再加上新冠肺炎疫情的影响，其 2021 年末市值为 1864 亿美元，居四大行第三位。

摩根大通：2000 年以前，摩根大通的市值平稳上升。2001 年，由于投资战略失误[1]，摩根大通财务状况恶化，市值出现小幅下降。在兼并了美一银行后，2004—2007 年摩根大通的市值快速上升。国际金融危机期间，摩根大通经受住考验，被公认为经营稳健的银行，市值受到的影响相对较小，并于 2016 年反超富国银行，成为美国乃至全球银行业市值冠军，其在新冠肺炎疫情期间表现也较为稳健。2021 年末，摩根大通市值为 4662 亿美元，仍居全球银行业第一位。

美国银行：与摩根大通的市值变化相似。1993—2007 年，美国银行市值快速增长。2006 年 11 月，美国银行股价达到危机前最高点每股 54.9 美元，市值达 2465 亿美元。受国际金融危机的影响，美国银行市值快速下滑，2009 年末已降至 1303 亿美元，与峰值相比缩水了 47%。2011 年美国银行亏损严重，导致 2012 年的市值暴跌。2012 年以后，美国银行市值开始快速

---

[1] 2000 年与大通曼哈顿银行合并后，时逢美国高科技公司投资热潮，摩根大通将自己的主要业务定为技术类股票投资。不久，技术股泡沫破裂，股价一泻千里，摩根大通损失惨重。其后，安然公司的破产使摩根大通雪上加霜，在能源方面的大量投资无法收回。

恢复，并且在新冠肺炎疫情期间表现稳定，2021 年末其市值已达 3594 亿美元，在四大行中排名第二。

（三）估值情况

上市公司估值常用的指标为市盈率和市净率。对于银行股来说，一是权益资本对银行非常重要，而且存在对资本充足率的监管要求；二是银行会计政策要求主要资产和负债以市价入账，因而银行的权益资本更能反映其当前价值，与资本市场价格也就更具有关联性。因此，本文主要使用市净率来衡量银行的估值水平。

从 1994—2021 年市净率走势情况来看，四大行都呈现出"前高后低"的走势。各家行市净率在 2000 年前后都达到历史高点，随后开始逐步回落，直至国际金融危机结束才趋于稳定。从波动性来看，美国银行、摩根大通波动区间相对较小，美国银行最高为 2.4，最低基本在 0.4，摩根大通最高为 3.0，最低为 0.8；花旗集团、富国银行波动较大，花旗集团在 2000 年高达 4.45，2009 年跌至 0.34；富国银行在 1998 年达 4.09，2020 年跌至 0.78（见图 2）。

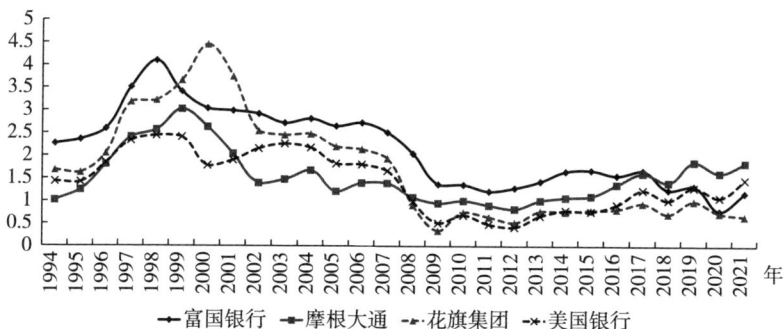

图 2　美国四大行市净率变化情况

（数据来源：标普）

二、影响因素分析

理论与实证经验显示，影响上市公司估值的主要因素有宏观经济金融环境、行业发展前景、公司的业绩和可持续性。鉴于此,本研究试图从宏观和微观两个层面分析美国四大行估值变化背后的原因。

（一）宏观环境因素

1. 经济增长

银行是强"顺经济周期"行业。从图3可以看出,美国四大行的市净率与GDP增长率高度相关,主要表现为:经济下滑期（2000—2001年,2007—2008年）,银行的估值水平也随之下降。经济增长期（1995—1999年）,银行业盈利能力大幅提升,估值也水涨船高。经济复苏期（2009—2019年）,在经历了四轮量化宽松政策之后,四大行估值出现了与经济增长一致的波动性上升。新冠肺炎疫情影响期（2020年至今）,四大行估值水平均出现不同程度的下降又有所恢复上升。

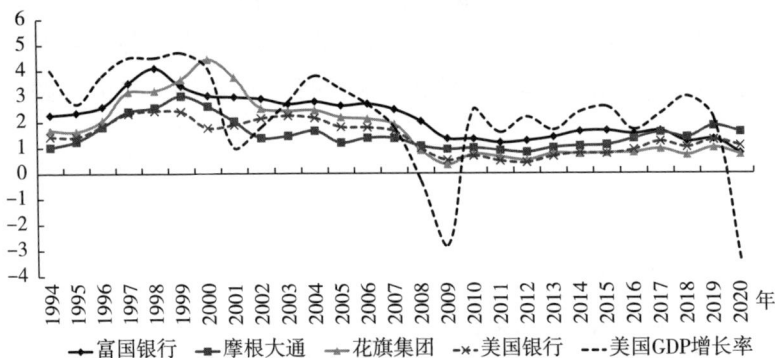

图3　美国GDP变动情况与四大行市净率变动情况

（数据来源:美国GDP数据来自Wind;市净率数据来自标普）

2. 货币政策

我们发现,货币政策对市净率的影响具有不确定性。理论上讲,利率上升会提高银行净利息收入,推高银行股估值。但从实际情况来看,美国四大行的估值水平与美联储货币政策变化并没有必然的关系,比如图4中第1次、第2次、第4次的加息提高了四大行的估值,但第3次加息却没有对四大行估值起到拉动作用。究其原因在于,银行的资产久期一般长于负债久期,因此银行净利差最高的时期通常是在长期利率升幅高于短期利率时。也就是说,相对于加息,加息预期是影响美国银行股估值的更重要因素。

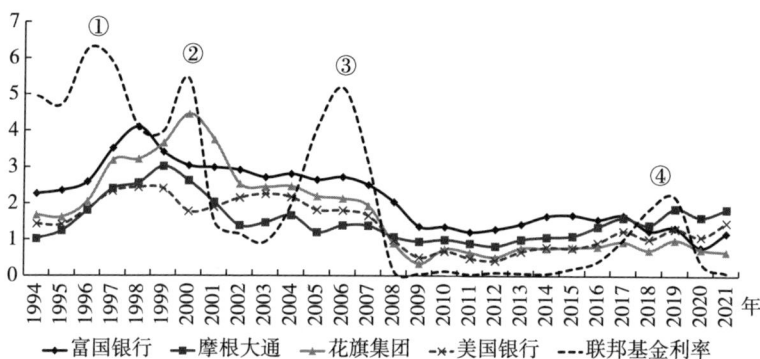

图 4　联邦基金利率变动情况与四大行市净率变化情况

（数据来源：联邦基金利率来自 Wind；市净率数据来自标普）

（二）股票市场因素

股指走势反映了投资者情绪，也直接关系股票的估值。20 世纪 90 年代，美国网上交易的发展以及相关以互联网为基础的信息服务的发展，成就了股票市场"非理性繁荣"，促成了 1994—1998 年的四大行市净率飙升。2000 年以后，受互联网泡沫破灭和"9·11"恐怖袭击影响，美国股市开始步入熊市，四大行的市净率也开始走低，一直持续到国际金融危机爆发（见图 5）。

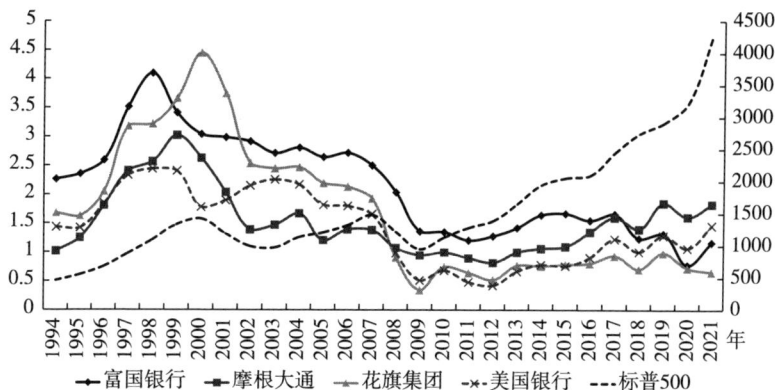

图 5　美国四大行市净率与 S&P 500 综合指数变动情况

注：S&P 500 指数数据为每年月均数据。

（数据来源：S&P 500 指数数据来自 Investing.com；市净率数据来自标普）

国际金融危机以后，在美联储量化宽松政策的推动下，美国股市大涨，四大行的市净率也有所回升，但银行业市净率总体不高。原因在于：一是投资者对宏观经济及银行业增长前景不甚乐观；二是金融监管政策趋严，银行发展空间受压；三是金融科技公司兴起对银行传统业务形成挑战。

2016 年 11 月特朗普当选美国总统，投资者预期特朗普执政期间利率会上升及放松管制，四大行的市净率均达到了国际金融危机以后的最高水平。2020 年初受新冠肺炎疫情影响，美国股市熔断，美国四大行估值也大幅下降，后跟随美股一起回归涨势，估值水平快速修复。

（三）银行自身发展因素

1. 盈利能力

本部分从盈利能力的持续性和盈利能力的稳定性两个方面，分析盈利能力对美国四大行估值的影响。

（1）盈利能力的持续性

通过拟合 1994—2021 年美国四大行净资产收益率（ROE）数据和市净率数据发现，ROE 和市净率水平的相关性系数达 70%，即 ROE 高的银行，估值水平较高（见图 6）。

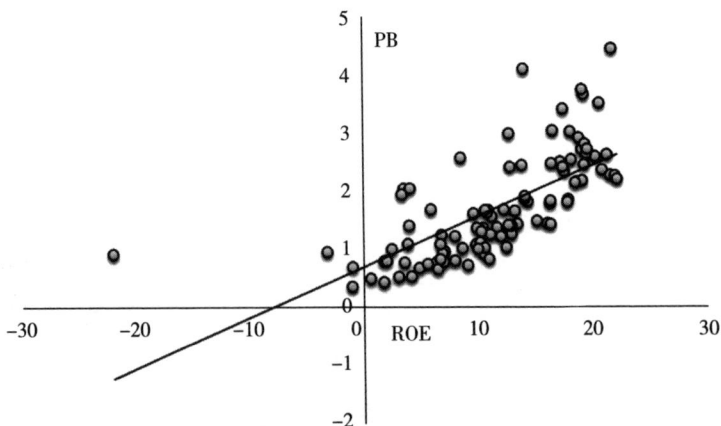

图 6 ROE 与市净率拟合图

（资料来源：作者绘制；ROE 数据来自 Bankscope）

对比美国四大行 ROE 和市净率的实际变化情况，也可以得出 ROE 越高，估值越高的结论。2000 年，花旗集团 ROE 高达 21.7%，其年均市净率也达到了 4.45 的最高点；1999 年和 2000 年，摩根大通的 ROE 分别达到了 18.1% 和 22.3%，其市净率也达到了 3 和 2.6 的近 20 年最高水平。而在国际金融危机和 2020 年新冠肺炎疫情期间，四大行的 ROE 均出现大幅下滑，其市净率也随之大幅下降。2019 年、2020 年和 2021 年摩根大通在四大行中 ROE 最高，其市净率也最高（见图 7）。

但对比四大行的 ROE 和市净率变化情况，我们发现国际金融危机前，富国银行、花旗集团和美国银行估值都高于摩根大通，富国银行在虚假账户事件之前估值最高，这表明市场并不一定能识别出长期来看最优秀、风

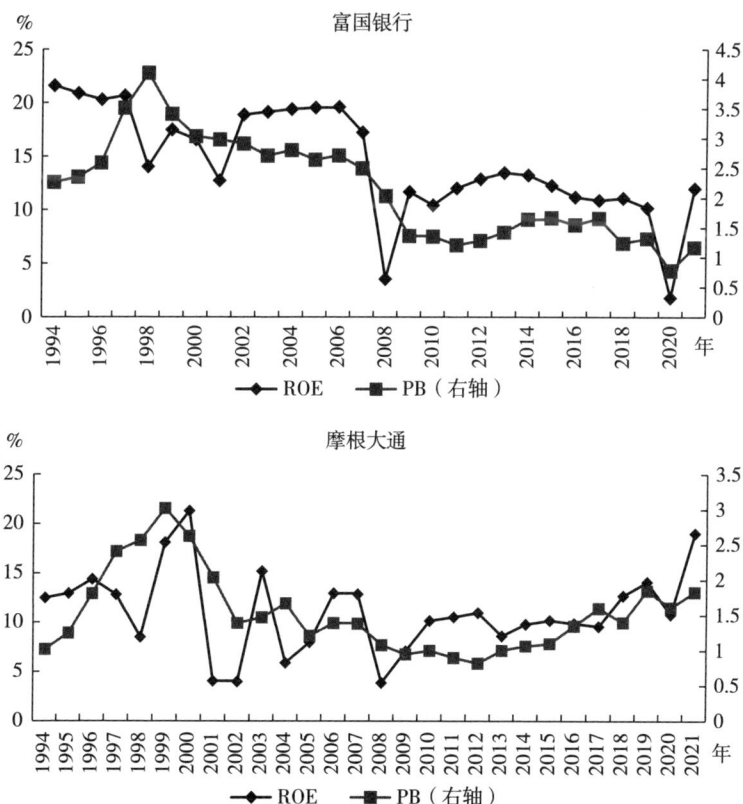

图 7　美国四大行 ROE 与市净率变化情况对比

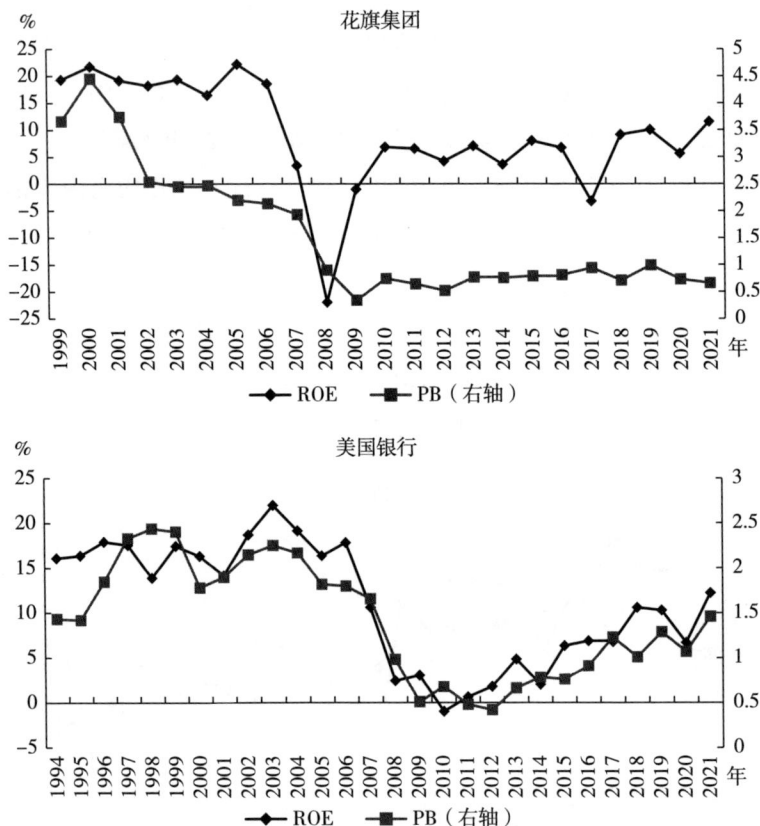

图 7 美国四大行 ROE 与市净率变化情况对比（续）

（数据来源：ROE 数据来自 Bankscope；市净率数据来自 Wind）

险更低的银行，更稳健的银行可能因为当期盈利能力低于高风险、高盈利的银行而估值低。拉詹（2011）研究指出，在国际金融危机的前一年，即2006 年，在危机中表现最差的四分之一的银行的股票收益比表现最好的四分之一的银行高得多，并提出问题："如果激进的银行确实清晰可辨，那么为什么危机前市场不对它们进行惩罚呢？"① 答案在于，股市的资源优化配置功能是有局限性的，经常也是短视的。经营激进的银行比稳健的银行，在风险暴露之前，会表现出更好的盈利，带来更好的股价和更高的薪酬。

---

① 拉古拉迈·拉詹. 断层线：全球经济潜在的危机［M］. 北京：中信出版集团，2011：174.

（2）盈利能力的稳定性

盈利能力的稳定性取决于收入的稳定性。商业银行的收入分为利息收入和非利息收入两部分。

从收入结构来看，2006—2021 年，四大行的非利息收入占比在 2008 年国际金融危机期间均下降，后保持稳定，总体来看富国银行和花旗集团较低，美国银行和摩根大通较高。其中，摩根大通非利息收入占比从 2006 年的 40.5% 提高至 2021 年的 57.0%，四大行中升幅最高（见图 8）。总的来看，收入结构越稳定，并且在稳定的基础上有所提高，越有助于盈利的稳定和较高的估值。

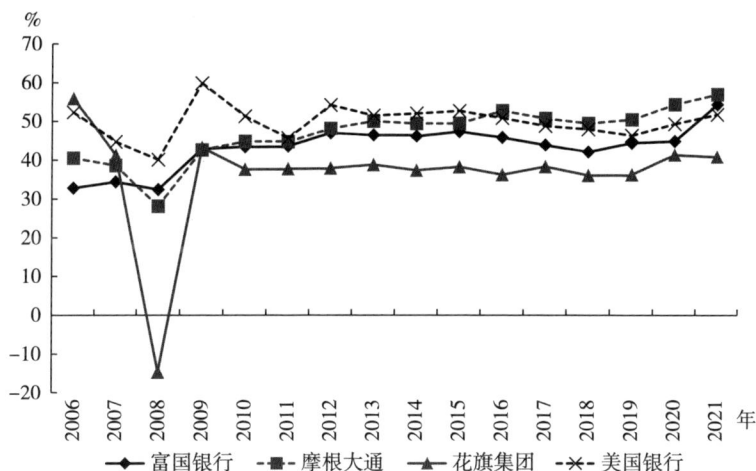

图 8　美国四大行非利息收入占比变化情况

（数据来源：四大行历年年报）

从非利息收入结构来看，2006 年，在花旗集团的非利息收入中，手续费和佣金收入、管理费和其他信托收入、保险费和其他收入合计为 406.3 亿美元，自营交易、出售投资实现的收入合计为 95 亿美元，手续费和佣金收入加管理费和其他信托收入仅占非息收入的 52.8%[①]，收入结构多元化。2008 年，花旗集团手续费和佣金收入等四项收入合计为 233.5 亿美元，自

---

① 四大行非利息收入分类不同，花旗集团的管理费和其他信托收入可归为广义的手续费和佣金收入。

营交易、出售投资合计亏损达 242.5 亿美元，导致非利息收入净亏损 9 亿美元。而富国银行 2006 年手续费和佣金收入占非利息收入的 81.8%，非利息收入结构较为传统，抗风险能力较强。2008 年，富国银行非利息收入较 2007 年同比仅下降了 9%，降幅为四大行最低，有力地保证了其盈利能力的稳定性。富国银行、美国银行和摩根大通的手续费和佣金收入一直是非利息收入的主要来源，2020 年占比分别为 85.4%、87.8% 和 81.9%（见图 9）。

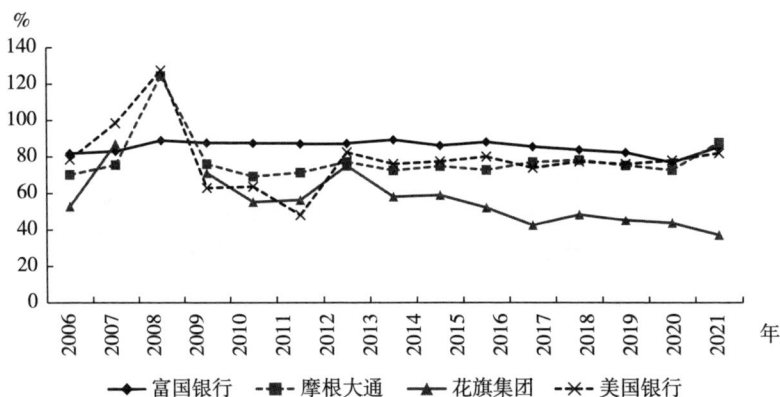

注：2008 年，花旗集团手续费和佣金收入为 197.87 亿美元，非利息收入亏损 8.99 亿元，手续费和佣金收入占非利息收入比重为 −2201%，属异常年份，故在作图时删除。

图 9　2006—2021 年美国四大行手续费和佣金收入占非利息收入比重

（数据来源：Wind）

从利息收入结构来看，2006—2020 年，富国银行的贷款利息收入占利息收入的比重最高。2007 年，富国银行贷款利息收入占比达 82.6%，国际金融危机以后至 2016 年稳定在 75% 左右，2016 年以后逐渐下降至 59.9% 的低点。其他三大行贷款利息收入占比较低，波动较大，并且在国际金融危机以后均表现出贷款利息收入占利息收入的比重提升的特点。2020 年，摩根大通、美国银行、富国银行和花旗集团贷款利息收入占利息收入的比重分别为 67.8%、66.3%、71.4% 和 70.0%（见图 10）。

美国银行业和我国银行业所处发展阶段不同，2021 年，美国四大行平均的非利息收入占比达 51%，我国四大行平均的非利息收入占比为 25.7%，

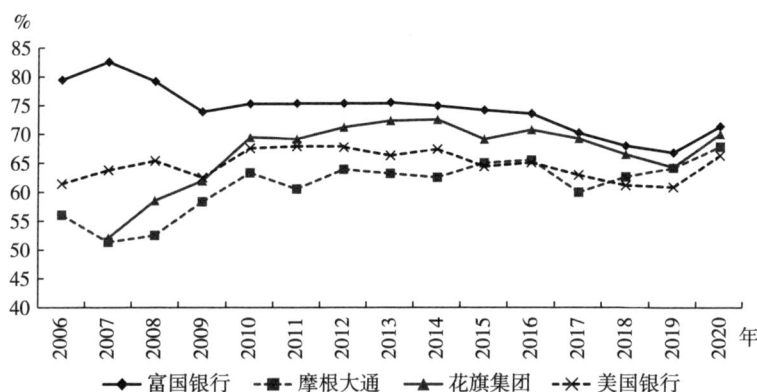

图 10 2006—2020 年美国四大行贷款利息收入占利息收入比重

（数据来源：四大行历年年报）

中国商业银行平均为 19.81%，大幅低于美国。虽然提升中间业务占比是中国银行业的发展方向，但从美国的情况来看，支撑非利息收入的，主要是投资和经纪、自营交易、投行、股权投资、资产证券化、保险等多元化经营领域。衍生交易大行其道，大幅加剧了银行业风险和收益失衡①，导致这些业务占比高的银行在危机中市值缩水严重，估值水平大降。

结合美国四大行 ROE 的变动情况，我们认为多元的稳健型收入结构，有利于银行维持盈利能力的稳定性，有助于商业银行估值水平的提高。

2. 风险管理能力

银行作为高风险行业，其风险主要表现为信用风险、市场风险和操作风险。控制风险，减少不良贷款，对于增加银行利润、提高银行估值至关重要。从 1994—2020 年四大行不良贷款率和市净率变化来看，两者呈现明显的负相关关系（见图 11）。

国际金融危机后摩根大通和富国银行较低的不良率反映出其优秀的风控能力，吸引了投资者，是危机后其市净率较高的一项重要因素。2019 年后美国银行成为四大行中不良率最低的，市净率也超过了富国银行（见表 3）。

---

① 黄志凌.“好银行”是怎样炼成的？[J]. 中国银行业，2015（4）：66 – 73.

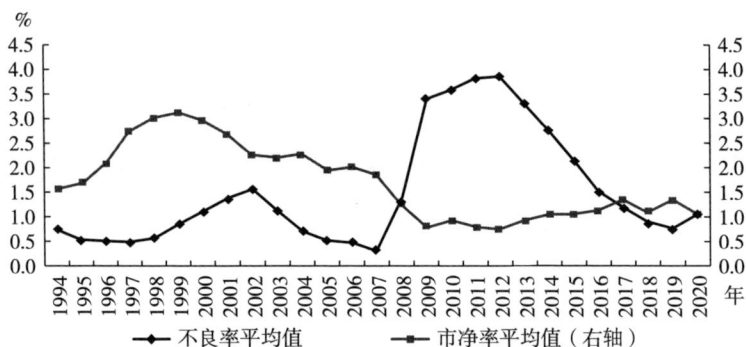

图11　美国四大行平均不良率与平均市净率变化情况

（数据来源：不良率数据来自 Bankscope；市净率数据来自标普）

表3　　　　　　　　国际金融危机后美国四大行不良率对比

单位：%

年份	摩根大通	富国银行	美国银行	花旗集团
2008	0.58	0.41	1.74	2.67
2009	2.66	1.91	3.88	5.15
2010	3.13	3.18	2.51	5.54
2011	2.71	3.42	3.90	5.27
2012	2.75	3.54	4.21	4.88
2013	2.40	3.33	3.89	3.57
2014	1.94	2.88	3.24	3.00
2015	1.45	2.54	2.66	1.91
2016	1.72	1.34	1.60	1.41
2017	1.43	1.06	1.21	1.13
2018	1.02	0.82	0.89	0.91
2019	0.77	0.72	0.62	0.94
2020	1.21	1.09	0.77	1.21

数据来源：Bankscope。

3. 经营特色与战略定位

特色鲜明意味着领先的核心业务和强大的创新能力，清晰且持续的战略定位意味着稳定的业务结构和强大的抵御风险能力。富国银行自成立之初的定位就是社区化的银行，并且长期专注零售业务领域，再加上"交叉销售之王"的称号，构成了其鲜明的特色和持续的战略定位（但是交叉销售的理念因为虚假账户事件遭受沉重打击）。摩根大通一直坚守稳健经营的发展原则，成为国际金融危机期间市净率下降幅度最小的银行。花旗集团曾经是全球化、综合化经营的典范，虽取得了傲人的成绩，但遇到经济下行期，其遭遇的问题也较多，多元化经营也没有起到预期的风险分散效果。国际金融危机之前，美国银行一直以零售业务立行。2008 年美国银行收购美林证券，实现了全能型银行战略转型。但收购美林证券的亏损超出预期，收购全国金融公司让美国银行陷入法律纠纷并付出了巨额的赔偿。危机以后，花旗集团和美国银行的转型收到成效。美国银行通过收购美林证券进入长期由高盛、摩根等把持的投行领域，在个人零售及财富管理、证券经纪方面显示出长远发展潜力。花旗集团提出回归"负责任的金融"，做好银行这个本业，实施以全球化、城市化、数字化为核心的战略[①]，成为更简单、规模更小、更安全、更强健的银行。

三、结论及启示

综合来看，高估值银行应该具备鲜明的经营特色和持续的战略定位，辅之强大稳定的盈利能力和良好的风险管理能力。对于我国上市银行如何进行市值管理、提高估值水平，有以下启示：

一是坚守战略定位。清晰的战略定位意味着银行鲜明的经营特色和良好的品牌价值，是形成核心比较优势、实现长远可持续发展的原动力，也是银行市值和估值稳定增长的基本保障。上市银行应充分认识自身的经营状况和禀赋，制定并坚持合适的战略定位，并提高战略执行力。

二是提高价值创造能力。持续、稳定的盈利能力，能为股东创造更多价值，是银行提高估值的根本。我国多数上市银行的盈利能力不弱，但由于宏观经济环境影响，近年来利润增长速度放缓，加之非利息收入占比相

---

① 黄小军，吴晓晕. 金融危机以来花旗集团战略转型的实践及启示 [J]. 国际金融，2015（3）：18 - 23.

对较低，导致估值水平低于处于经济复苏期的美国优秀上市银行。我国上市银行应以价值创造为核心统领业务发展，改变单纯依靠规模扩张的粗放式发展模式，走资本节约型发展道路，推进业务多元化发展，稳定盈利能力。

三是强化全面风险管理能力。风险管理是价值管理的基础，近年国内上市银行估值偏低也隐含了市场对不良率的预期。因此，上市银行应加强全面风险管理，更好地为支持业务有序发展保驾护航。风险管理能力是银行经历经济周期考验而保持估值水平的关键。

第三篇

普惠金融和消费贷款

小微企业融资是世界难题吗？

——国内外小微企业融资对比分析[*]

很多人说"小微企业融资是世界难题"。实际上，一些发达国家已基本解决了这一难题。中国小微企业贷款总量世界第一，各项指标也居于世界前列，但中小微企业融资难问题多年来持续受到广泛关注。也有人认为"小微企业融资难是伪命题"。中国小微企业贷款是供给不足还是已发展过度？本文主要从国际对比角度来分析这一问题。

一、中小微企业是经济发展的重要引擎

微型、小型和中型企业（Micro，Small and Medium Enterprises，MSME）是国民经济的重要组成部分，是经济发展、创新和就业的重要引擎。

世界银行在 2019 年发布的《中小微企业经济指标分析报告》［*Micro, Small and Medium Enterprises – Economic Indicators（MSME – EI）Analysis Note*］中统计了全球正式中小微企业数量共计约 3.22 亿家，其中新兴市场约占 61%（1.96 亿家）。东亚和太平洋地区的中小微企业数量最多（1.02 亿家），拉丁美洲的中小微企业数量最少（1700 万家）。报告用具体数据表明，中小微企业是解决就业和创造潜在就业机会的最大贡献者，特别是在新兴经济体中。报告统计了中小微企业雇用的就业人数占总就业人数的百分比，东亚和太平洋地区（11 个国家和地区）为 89%；南亚地区（4 个国家）为 85%；中东和北非地区（8 个国家）为 73%；欧洲和中亚地区（31 个国家）为 69%；撒哈拉以南非洲地区（5 个国家）为 64%，拉丁美洲地

＊ 本文作者周琼、刘玉婷。刘玉婷为中国邮政储蓄银行普惠金融事业部员工。

区（15 个国家）为 62%；北美地区（3 个国家）为 53%。

世界银行按收入水平把所有国家和地区划分为四档：低收入、中低收入、中高收入与高收入，发现中小微企业对就业的贡献在所有四个收入组中都超过了 60%，中低收入组和低收入组的贡献率更高，分别为 91% 和 81%。中高收入群体和高收入群体的这一比例为 66% 和 63%。

从就业人数占比来看，发达国家之间，小微企业对就业的贡献也差异较大。2014 年经合组织（OECD）成员国小微企业就业人数占就业总人数的比重平均为 29.46%，大中型企业占比为 70.54%。希腊、意大利、葡萄牙、西班牙小微企业就业人数占比在 40% 以上，美国、德国、卢森堡在 20% 左右或以下（见图 1）。2013 年，我国小微企业从业人员占社会总从业人员的比重为 47.4%，远远高出发达国家水平。

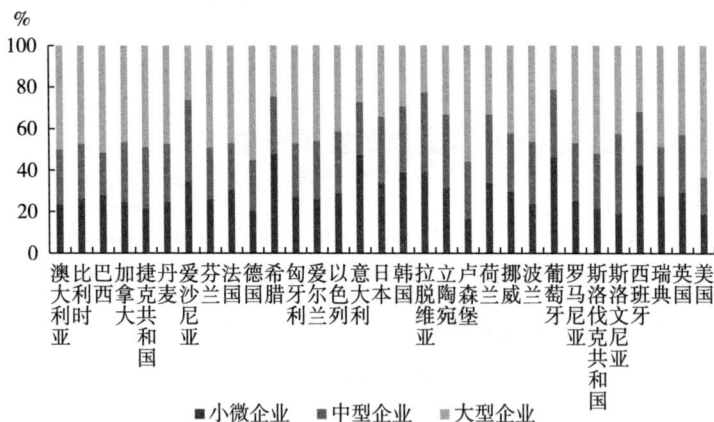

图 1　各国大中小企业就业人数占比（2014 年）

（数据来源：经合组织）

OECD 统计指标中包括自雇用者在就业人口中的占比。自雇用者占比是微型企业一个较好的替代指标。该数据各国差异非常明显，如图 2 所示。OECD 对自雇用者的定义是为自己、生产者合作组织工作或家庭工人（family workers），这个家庭工人是指在农场或家庭成员所拥有的小微企业中，不以合同形式固定取得报酬，而是分享收益的家庭成员（不包括全职家庭主妇）。

在图 2 中列出的经济体里，自雇用者在就业人口中占比最低的是美国，发达国家中占比最高的是希腊，这和上文小微企业就业人数占比也比较吻合。

自雇用者在就业人口中占比在 10% 以下的，从低到高依次为美国（6.3%）、挪威（6.5%）、俄罗斯（6.8%）、丹麦（8.5%）、加拿大（8.6%）、卢森堡（9.4%）、澳大利亚（9.4%）、德国（9.6%）、瑞典（9.9%）、日本（10%），占比在 15% 以上的为西班牙（16.1%）、葡萄牙（16.7%）、捷克（16.9%）、荷兰（17.2%）、新西兰（19.1%）、波兰（20.6%）、意大利（22.5%）、智利（23%）、韩国（24.6%）、哥斯达黎加（26.6%）、土耳其（30.2%）、墨西哥（30.5%）、希腊（31.9%）、巴西（33%）、哥伦比亚（51.3%）。大体上看，呈现不发达国家自雇用者占比更高的趋势，但是例外也很多（见图2）。

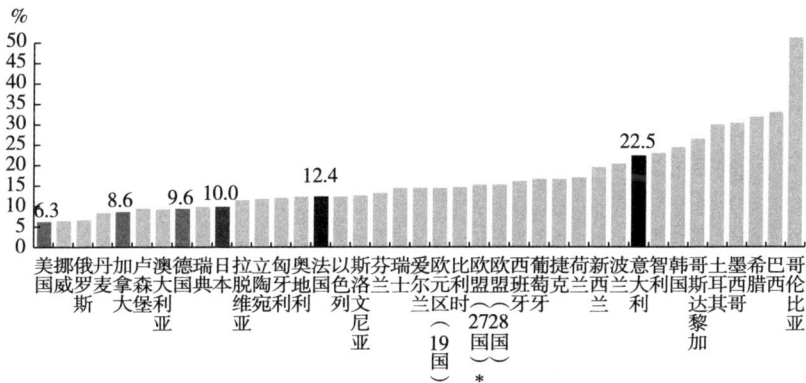

*2020年1月31日英国脱欧后，欧盟还有27个国家。

图 2　自雇用者在就业人口中的占比（2020 年或最新可用数据）

（数据来源：OECD 网站，https：//data. oecd. org/emp/self – employment – rate. htm，

访问日期：2022 年 6 月 4 日）

从各国历史数据来看，多数国家随经济发展，自雇用者占比大体呈下降趋势，但英国例外，自雇用者占比在上升。美国、加拿大、日本的数据都是从 1955 年开始的，可惜英国的数据是从 2000 年开始的，它历史上应该经历过先下降再上升的过程。日本的历史下降幅度是最大的，从 1955 年的 56.5% 下降至 2019 年的 10.04%。美国自雇用者占比一直就不高，1955 年时也仅为 18.0%，2019 年为 6.1%（见图3）。

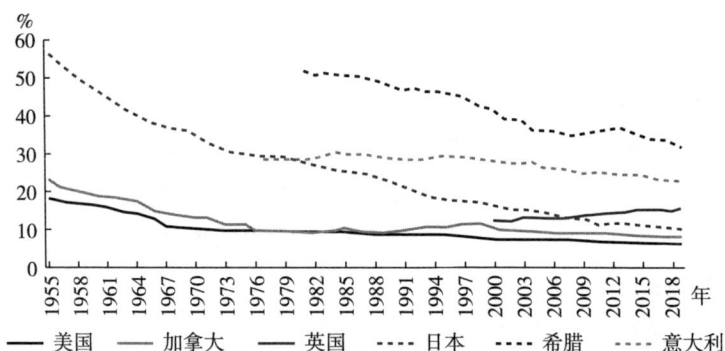

图3 自雇用者占比变化

（数据来源：OECD 网站，https：//data.oecd.org/emp/self-employment-rate.htm，

访问日期：2022 年 6 月 4 日）

虽然存在随经济发展，企业集中度更高、大中企业就业人数占比更高的一般规律，大工业发展是国家强大的根基，但大工业无法吸纳全部就业，必须大工业和中小微企业并行发展。由于人工智能等技术发展和移动互联时代商业模式的变化，新设立的小微企业数量也会增长。从长远来看，小微企业数量和就业占比都未必会有明显下降，而且小微企业对经济的健康发展、活力繁荣还会更加重要。因此，小微企业贷款将长期发挥作用。

二、发展中国家中小微企业信贷缺口概况

融资不足通常被认为是中小企业增长的一个关键障碍。1931 年，英国政治家麦克米伦在向英国议会提交的调查报告中提出，由于金融机构担心向中小企业提供贷款风险和成本过高，不愿意按照中小企业的融资条件对其提供资金供给，尤其是长期资金支持，致使中小企业普遍存在融资约束和融资缺口。由此，中小企业发展中普遍存在的融资缺口称为"麦克米伦缺口"（Macmillan Gap）。

一直以来关于中小企业层面的区域研究多集中在欧洲，因为欧洲企业层面的数据质量比发展中经济体要好得多。OECD 一直在研究中小企业融资缺口问题（financing gap），并在 2006 年首次对这种差距在经合组织和非经

合组织国家和地区中普遍存在的程度进行定性评估，该研究得出结论，新兴经济体的差距比经合组织国家更为普遍。发展中国家相比发达国家的中小微企业融资缺口更为严重，世界银行 2014 年发布的《普惠金融：全球金融发展》报告也证实了这一情况，在 137 个经济体进行的企业调查显示，在发展中经济体只有 34% 的企业有银行贷款，而发达经济体同类型的贷款所占比例高达 51%。在发展中经济体中，35% 的小企业认为金融是发展的主要约束，但是在发达经济体中这一比例只有 16%。

2018 年 1 月 31 日，世界银行、中小企业金融论坛、国际金融公司联合发布了《中小微企业融资缺口：对新兴市场中小微企业融资不足与机遇的评估》（*MSME FINANCE GAP：Assessment of the Shortfalls and Opportunities in Financing Micro，Small and Medium Enterprises in Emerging Markets*），报告做了一项关于全球 128 个发展中国家中小微企业融资缺口的存在和规模的实证研究。报告显示，全球不同地区的信贷可得性存在较大差异，经济发展水平较低的国家更容易遭受融资难问题，中国中小微企业的融资可得性水平位于发展中国家的中游。报告主要研究了以下四个方面。

一是近半数中小微企业受到信贷约束，这包括完全信贷约束（Fully Credit Constrained）和部分信贷约束（Partially Credit Constrained）。报告显示，在 128 个发展中国家中，约有 6500 万家中小微企业受到信贷约束，占 128 个国家所有企业的 40%；全球发展中国家中小微企业融资的潜在需求估计为 8.9 万亿美元，而目前的信贷供应规模为 3.7 万亿美元，未被满足的融资缺口达 5.2 万亿美元，相当于 128 个发展中国家 GDP 总量的 19%。

二是中小微企业信贷融资总量分布结构值得关注。全部融资供给中，中小企业融资占比为 96%，而微型企业融资供给占比仅为 4%。在微型企业的融资结构中，有较多来自朋友和家人、商业伙伴或非正规融资安排的资金。

三是低收入国家面临更严重的融资约束。按收入水平，把发展中国家划分为四档：低收入、中低收入、中高收入与高收入。低收入和中低收入国家的融资缺口占潜在需求的比例最高（80%），而报告中所有发展中国家的这一比例为 59%。

四是低收入国家和地区对非正规金融依赖度高。发展中国家中小微企业正式和非正式融资的潜在需求总额估计为 11.9 万亿美元。可以说，非正式部门融资是这些国家和地区弥补融资缺口的主要手段。

三、我国中小微企业贷款概况

根据上述世界银行 2018 年发布的《中小微企业融资缺口：对新兴市场中小微企业融资不足与机遇的评估》，我国中小微企业融资缺口较大。但是近年来中国高度重视小微企业融资问题，2021 年末普惠型小微企业贷款余额比 2018 年末翻番。我国中小微企业数量占比高出国际平均水平，中小微企业贷款余额存量为世界第一，贷款利率和不良率也维持在较好的水平。

1. 我国中小微企业数量占比高出国际平均水平

从企业数量占比来看，随着经济发展，中小微企业数量占企业总数的比例略有下降，但不显著。除去中等偏高收入国家，低收入国家占比为99.43%，中等偏低收入国家占比为 99.37%，高收入国家占比为 99.05%，几乎没有显著区别（见表 1）。

2018 年，中国中小微企业数量占总企业数量的 99.6%，每千人拥有中小企业数为 76.92 家，已经高出国际平均水平，包括不同发展水平国家的平均水平。但仍低于美国的千人近百家企业的规模。

表1　　　　　　各国中小微企业数量结构（2006—2017 年）

国家种类	国家个数（个）	中小微企业数量占企业总数（%）	每千人拥有中小微企业数（家）
低收入国家	10	99.43	22.09
中等偏低收入国家	19	99.37	39.52
中等偏高收入国家	11	67.88	28.6
高收入国家	56	99.05	52.77
合计/平均	96	91.43	35.75

数据来源：2019 MSME Economic Indicators Database，转自《中国小微企业发展研究报告（2019）》。

注：2006—2017 年是指数据库中各国数据的最新年份，例如中国是 2017 年，海地是 2010 年。中国被划分为中等偏高收入国家。

2. 中国小微企业贷款余额全球第一

2019—2021 年，政府工作报告对国有大型商业银行普惠小微企业贷款增速均作出量化要求，分别要求增长 30% 、40% 、30% 以上。银行业金融机构普惠小微企业贷款这三年增速也高达 25% 、31% 、25% 。2022 年政府工作报告未继续设定具体增速目标，而是要求"推动普惠小微贷款明显增长"，中国人民银行要求"确保普惠小微贷款增速不低于各项贷款增速"。

美国小微企业贷款余额在 2008 年达到 7806 亿美元的高点，国际金融危机后有所下降，2014 年才开始缓慢上升，2020 年为应对新冠肺炎疫情鼓励小微企业贷款，2020 年末余额同比上升 25.4% ，达到 9039 亿美元的历史最高点，但 2021 年末余额同比下降了 18.5% 。2021 年末，美国商业银行业资产规模为 22.7 万亿美元（折合人民币 145 万亿元），约为中国商业银行资产规模（289 万亿元）的一半；美国银行业小微企业贷款余额为 7368 亿美元（折合人民币 4.7 万亿元），约为中国普惠型小微企业贷款的 25% 。2021年，中国 GDP 为美国的 76% ，而小微企业贷款余额已是美国的 4 倍（见表2、图 4、图 5）。

表 2 中美小微企业贷款余额

项目	2018 年末	2019 年末	2020 年末	2021 年6 月末	2021 年 6 月末较2018 年增长（%）
中国（万亿元）	9.36	11.67	15.27	19.07	103.7
美国（亿美元）	7121	7207	9039	7368	3.5
中国/美国	1.9	2.3	2.6	4.1	—

注：美国的数据来源于 FDIC，为单户 100 万美元以下的工商企业贷款和单户 50 万美元以下的农业贷款。中国的数据来源于银保监会，为银行业金融机构单户 1000 万元以下普惠型小微企业贷款。

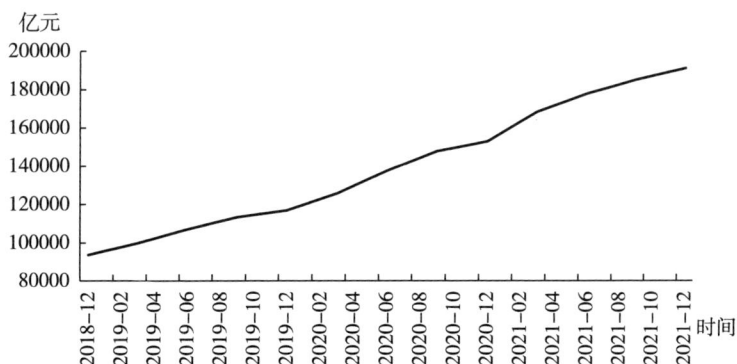

图 4 中国单户 1000 万元以下普惠型小微贷款余额

（数据来源：银保监会，Wind）

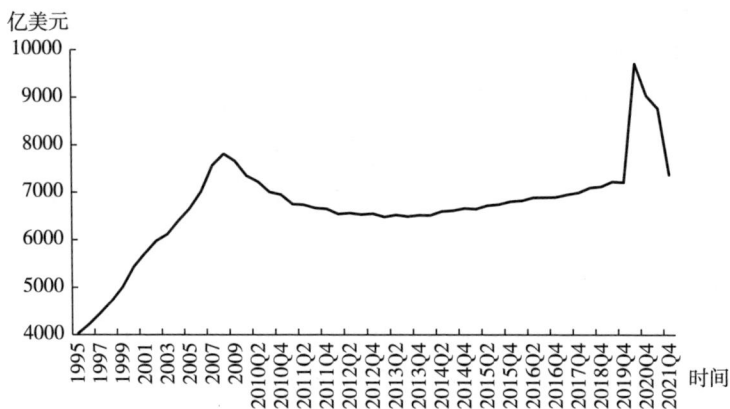

图 5　美国单户 100 万美元以下小微贷款余额

(数据来源：FDIC)

3. 我国中小企业贷款各项指标在世界上处于较好水平

大体上，各国中小企业贷款利率高于大企业，不良率也较高。只有韩国，2007—2012 年中小企业贷款不良率高于大企业，2013—2018 年中小企业贷款不良率低于大企业。之前中小企业不良率高于公司贷款整体，2013年公司贷款不良率从 2012 年的 1.66% 升至 2.39%，同期中小企业贷款不良率 1.96% 升至 2.11%，2018 年小企业贷款不良率降至 1.11%，公司贷款不良率仍有 1.88%。所以大企业和中小企业贷款利差也较小，只有 37 个基点。

有的国家大企业、中小企业利率水平和不良率相对情况看起来较为合理。比如美国，情况非常好，2018 年公司贷款不良率为 1.12%，中小企业不良率为 1.41%，都很低，大企业贷款利率为 4.9%，中小企业贷款利率为5.16%，利息收入能较好地覆盖风险。中国贷款利率和美国接近，不良率略高于美国（见表 3）。智利的中小企业贷款利率比大企业高 400 多个基点，中小企业贷款不良率比公司贷款整体高 3 个多百分点。印度尼西亚的中小企业贷款利率比大企业高 100 多个基点，中小企业贷款不良率比公司贷款整体高 1 个多百分点。印度尼西亚的大企业和中小企业贷款利差从 2007 年的414 个基点（中小企业 16.3%，大企业 12%）下降至 2018 年的 168 个基点。

表3   部分国家中小企业贷款利率和不良率（2018年）

单位：%

国家	中小企业贷款利率	大企业贷款利率	中小企业贷款不良率	公司贷款不良率
美国	5.16	4.9	1.41	1.12
中国	5.17	5.07	2.82	2.05（2017年）
日本	0.9（长期贷款利率）	0.58（短期贷款利率）	—	2.52
英国	3.44	2.7	—	—
法国	1.48	1.03	—	3.28
巴西	21.5	8.6	4.29	2.45
意大利	3.1	1.8	28.4	—
加拿大	5.7	3.64	—	—
韩国	3.82	3.45	1.1	1.88
澳大利亚	5.29	3.56	—	0.81
墨西哥	17.7	11.8	—	1.6
西班牙	1.89	1.69	—	7.79（2017年）
俄罗斯	10.08	9.17	12.38	6.51
印度尼西亚	12.69	11.01	3.35	2.4
智利	8.3	3.8	5.9	2.5
白俄罗斯	9.92	—	1.71	1.39

数据来源：Financing SMEs and Entrepreneurs 2020，https：//www.oecd－ilibrary.org/finance－and－investment/financing－smes－and－entrepreneurs－2020_061fe03d－en。

注：1. 公司贷款（business loan）不良率含小企业。

2. 中国中小企业贷款不良率OECD 2017年的数据为2.58%，2018年2.82%为人民银行数据。

有的国家中小企业经营情况和贷款情况明显改善。比如白俄罗斯，2016—2018年，中小企业贷款利率从2016年的20.20%、2017年的12.17%降至9.92%，中小企业不良率也从2016年的6.95%、2017年的3.34%降至1.71%。由于利率高，即使不良率较高，看来还是可以完全覆盖风险。

有的国家中小企业情况不佳，利率不能覆盖风险。比如意大利，中小企业不良率从2008年的12%升至2016年的31.3%，2018年略降至28.4%，但中小企业贷款利率从2008年的6.3%降至2016年的3.2%、

2018 年的 3.1%，收益完全不能覆盖风险。法国虽然不良率没有意大利那么高，公司贷款不良率 2007—2018 年一直在 3% 以上（无单独的中小企业不良率数据），但大企业和中小企业贷款利率却都在 2% 以下，这样的定价无法覆盖风险。所以法国、意大利中小企业融资缺口大，贷款难问题突出。

表4　美国、中国、法国公司和中小企业贷款利率和不良率
（2007—2018 年）

美国												
项目	2007年	2008年	2009年	2010年	2011年	2012年	2013年	2014年	2015年	2016年	2017年	2018年
公司贷款不良率	1.22	1.88	3.91	3.46	2.01	1.34	1	0.8	0.87	1.57	1.33	1.12
中小企业贷款不良率	2.14	2.62	3.24	2.62	1.9	1.44	1.21	1.22	1.22	1.28	1.34	1.41
中小企业贷款利率	7.96	5.16	3.82	4.09	3.95	3.76	3.55	3.39	3.33	3.46	4.94	5.16
大企业贷款利率	8.05	5.09	3.25	3.25	3.25	3.25	3.25	3.25	3.26	3.51	4.1	4.9
中国												
项目	2007年	2008年	2009年	2010年	2011年	2012年	2013年	2014年	2015年	2016年	2017年	2018年
公司贷款不良率					1.26	1.21	1.25	1.49	2.04	2.07	2.05	
中小企业贷款不良率					1.75	1.65	1.66	1.97	2.59	2.6	2.58	2.82
中小企业贷款利率							8.39	7.51	5.23	4.77	5.78	5.17
大企业贷款利率							7.72	7.47	5.26	4.89	5.4	5.07
法国												
项目	2007年	2008年	2009年	2010年	2011年	2012年	2013年	2014年	2015年	2016年	2017年	2018年
公司贷款不良率	3.7	3.66	4.71	4.56	3.96	4.06	4.25	4.14	4.05	3.9	3.62	3.28
中小企业贷款利率	5.1	5.42	2.86	2.48	3.11	2.43	2.16	2.08	1.78	1.5	1.4	1.48
大企业贷款利率	4.52	4.76	1.96	1.57	2.23	1.72	1.46	1.3	1.19	1.14	1.1	1.03

数据来源：Financing SMEs and Entrepreneurs 2020，https：//www. oecd - ilibrary. org/finance - and - investment/financing - smes - and - entrepreneurs - 2020 _ 061fe03d - en。

根据 OECD 调查，2018 年各国中小企业贷款占全部企业贷款比重的中位数为 40.41%，我国为 64.96%，高于其他发展中经济体和多数发达经济体。我国中小企业贷款不良率处于较低水平。我国中小企业贷款利率与美国接近，低于其他发展中国家。

据中国银保监会披露，2020年1—7月我国银行业新发放普惠性小微企业平均贷款的利率为5.93%，其中五大银行新发放普惠性小微贷款利率为4.25%。2021年上半年，企业类贷款利率为4.62%，较上年末下降0.05个百分点。其中，普惠型小微企业贷款利率为5.65%，较上年末下降0.23个百分点。

近几年在国家的高度重视下，监管部门出台了一系列鼓励支持和激励要求银行业金融机构发放小微企业贷款的政策。例如，人民银行2018年开始对普惠金融领域贷款增量或余额达到一定比例的商业银行实施定向降准，并适当给予再贷款支持，银保监会发布《关于2021年进一步推动小微企业金融服务高质量发展的通知》，要求银行业金融机构2021年努力实现普惠型小微企业贷款较年初增速不低于各项贷款增速，有贷款余额的户数不低于年初水平的"两增"目标，五家大型银行要努力实现普惠型小微企业贷款全年增长30%以上。

四、欧元区小企业融资等情况

欧央行从2009年开展的企业融资调查（Survey on the Access to Finance of Enterprises，SAFE），对欧元区中小企业融资缺口情况做了持续的调查分析。

SAFE每半年一次。最近的一期是2021年6月发布的第24期。调查在2021年3月8日至4月22日进行，针对2020年10月至2021年3月的情况。样本量共有11007家企业，其中91%的企业（10054家）雇员在250人以下。

1. 关于中小企业的融资缺口

2010年3月至2021年3月的调查反映，总体上，欧元区中小企业在2010—2015年存在融资缺口，2015—2019年不存在融资缺口，2020—2021年因为新冠肺炎疫情，又出现融资缺口，但因为有各种扶持政策，融资缺口并不严重。

在欧元区内，各国情况也颇有差异。欧元区经济总量最大的4个国家，德国的情况最好，除了2010年、2020年，几乎不存在融资缺口，西班牙情况也较好，但法国和意大利绝大部分时间存在融资缺口。

2. 关于中小企业经营中最大的困难

在企业经营中最大的困难的 6 个选项中，中小企业选择最多的是获得人才（有技能的员工或有经验的管理人员，skilled staff or experienced managers），其次是找到客户，选择最少的是融资。对经营中最大的困难，选择获得人才的占21%（上一期调查是19%），选择找到客户的占20%（上一期是22%，位列最大困难之首），选择监管压力的占12%（上一期是11%），选择生产成本的占12%（上一期是11%），选择竞争压力的占10%（上一期是9%），选择融资的占9%（上一期是10%）。

希腊的中小企业选择融资是最大困难的占18%（上一期希腊是22%，意大利是14%），是欧元区各国中最高的。

德国的中小企业选择获得人才是最大困难的占28%，是最高的，而意大利仅有13%、西班牙仅有12%的中小企业选择这一项。

为什么德国有双元制教育的成功经验，还这么缺乏有技能的员工呢？《德国的七个秘密》中讲道，"德国当代的经济成功再次引发劳动力短缺。然而不同于早期经济奇迹，这一轮短缺的是大量高技术工人和拥有高人力资本的人才"。

对比一下历史：2009 年 9 月第 1 期调查报告，关于中小企业经营中最大的困难，选择最多的是找到客户（占27%，反映了国际金融危机时需求的疲软），其次是融资（占17%），再次是竞争压力（占13%）。选生产成本、获得人才的各占9%（可见那时失业率高，招人困难不大）。而2015—2019 年，融资一直在 6 个困难中排名最后。2015 年 6 月发布的第 12 期，对于该问题选择最多的是找到客户（占26%），获得人才、生产成本、竞争压力各占14%，监管压力占13%，融资占11%。2020 年 5 月发布的第 22 期，反映的是新冠肺炎疫情暴发之前的正常情况，选择获得人才的企业占24%（上一期调查结果是28%，持续位列最大困难之首），选择找到客户的占21%（上一期是22%），选择生产成本、监管压力和竞争压力的各占12%（和上一期相比变化不大），选择融资的占8%（上一期是7%）。

3. 关于企业贷款情况

本期是 2015 年中之后第一次，微型企业认为银行贷款的可获得性降低，而大企业认为回到新冠肺炎疫情之前的水平。

对银行信贷需求增加的中小企业比降低的多12%，上一期是20%，对信用额度需求增加的中小企业比降低的多 10%，上一期是 16%。认为银行贷款可获得性改善的小企业比恶化的多 3%，上期是 6%。

27% 的中小企业申请了贷款（上一期是 38%）。完全申请到所需贷款的比例是 73%，被拒贷的比例是 4%。42% 的大企业申请了贷款，申请成功的比例是 83%，被拒贷的比例是 1%。

中小企业贷款的利率平均比大企业高 112 个基点，中小企业平均贷款利率为 2.5%，大企业平均为 1.3%，微型企业平均为 3.2%。

2020 年 4—9 月，中小企业贷款的利率平均比大企业高 63 个基点，2018 年 4—9 月是 170 个基点，2016 年 10 月至 2017 年 9 月都是 180 个基点。

欧元区贷款利率整体波动下行。2014 年微型企业贷款利率最高达 10%，近两年最高达 6%。

4. 关于中小企业融资来源

银行相关产品和政府补贴贷款是中小企业最重要的融资来源。2020 年 10 月至 2021 年 3 月，约一半的中小企业认为银行贷款、透支很重要/相关（包括实际使用和虽未实用但有可能使用）。47% 的中小企业认为政府补贴贷款也重要，比上一期的 33% 进一步提升，反映新冠肺炎疫情期间政府对中小企业贷款的支持力度加强。租赁和分期付款占 43%、贸易融资占 29%、内部积累占 24%、其他来源（亲友或相关企业）占 17%。金融市场相关的融资方式占比较低，股权为 9%、保理为 8%、债券为 2%。

5. 关于经营情况和政府支持

新冠肺炎疫情造成中小企业经营困难，但是比上一期有所好转。

收入减少的中小企业比收入增加的多 29%，不过相比上一期的 46%，已经有所改善。利润减少的中小企业比利润增加的多 35%，上一期是 47%，也有改善。

50% 的中小企业称其获得了政府在工资支付方面的帮助，25% 受益于税收减免和暂缓支付，32% 获得了其他方面的政府支持。

五、美国小企业融资情况

据美国联邦存款保险公司（FDIC）统计，2008 年末美国银行业小微企业贷款余额达到 7806 亿美元的历史高点，然后下降又缓慢上升，2019 年末为 7207 亿美元，2020 年 6 月末比上年末增长 35% 达 9710 亿美元，2020 年末、2021 年 6 月末下降至 9039 亿美元、8768 亿美元。这主要是因为新冠肺炎疫情影响，银行加大了对小微企业的信贷支持。2020 年 3 月，时任总统特朗普签署《冠状病毒援助、救济和经济安全（CARES）法案》，包括"薪酬保护计划"（PPP）和经济伤害灾难贷款（EIDL），以 SBA 现有 7（a）计划框架为基础，面向合格小企业提供 3490 亿美元联邦担保贷款。

按照《1996 年经济增长与监管文件减少法案》，美联储每 5 年向国会提交一次《小企业贷款可获得性报告》（*Report to the Congress on the Availability of Credit to Small Businesses*），2017 年和 2012 年的报告反映了 2008 年国际金融危机后小企业贷款的困难和此后的改善。近十年美联储年报对小企业贷款情况的描述和判断，也反映了 2008 年国际金融危机后小企业贷款从难以获得到基本上可以满足需求。美国统计局的企业年度调查（Annual Survey of Entrepreneurs，ASE）和全美独立企业联盟的小企业乐观指数报告（the NFIB Small Business Optimism Index）印证了这个变化。

ASE 和 SAFE 类似，也有小企业面临的最大困难这个问题，选利率和融资的一直在 5% 以下，即使是国际金融危机时期，小企业面临的最大困难也不是利率和融资，而是销售。

2021 年 7 月，全美独立企业联盟公布的小企业乐观指数报告表明，49% 的小企业主人员需求不能被满足，创 48 年新高，只有 1% 的小企业主认为融资难是其经营中最大的困难。只有 2% 的小企业主借款需求不能被满足，23% 的小企业主称其信贷需求都能被满足，61% 的小企业主称对贷款不感兴趣。只有净 2% 的小企业主认为上一次贷款获得比以前更难。不过从 2019 年美联储对非银行线上贷款的调查看，小微企业还是有一些贷款需求未能得到满足，非银行的互联网贷款部分满足了这一需求，但也存在利率过高、信息披露不透明等问题。

美联储近十年年报中对小企业贷款的描述：

2011 年年报：小企业借款条件持续比大企业更紧，它们的信贷需求也相对较弱，但是出现了一些改善的迹象。

2012 年年报：市场融资情况改善，但是对信用评分低的借款人贷款依然很紧，小企业的借款条件逐渐改善，速度弱于大企业。

2013 年年报：小企业融资条件改善。100 万美元以下小企业贷款的利率和大企业贷款利差缩小。

2014 年年报：虽然整体上工商企业贷款在 2014 年下半年增长较快，但 100 万美元以下的小微企业贷款仅略有增长，看起来主要原因是需求疲软。据报告，银行对小企业的贷款标准比过去的中位情况有所收紧，尽管过去几年有很大放松。

2015 年年报：对大型非金融公司的信贷保持强劲，小企业融资可获得性更高了。

2016 年年报：小企业信贷增长受到抑制（subdued）。美联储委员观察到金融机构对投机级公司、小企业、工商企业的融资有所收紧。美联储对银行和金融科技公司提供的消费信贷、小微企业信贷进行调查研究，分析新业务模式对消费者、小企业和金融机构的影响。

2017 年年报：小企业融资渠道保持通畅（favorable），虽然信贷增长缓慢，但调查数据显示这主要是由于信贷需求不旺。

2018 年和 2019 年年报用了同一句话：小企业融资情况保持（与需求）相适应（Financing conditions for small businesses have remained generally accommodative）。2018 年年报：对小企业的贷款量近几个月有所反弹，最近的贷款表现指标保持强劲。2019 年年报：小企业信贷增长受到抑制。

2019 年年报提到美联储委员会和克利夫兰联邦储备银行联合开展了一项研究，在 2019 年 12 月发布报告《不确定的条件：小企业借款人浏览线上贷款网站时发现了什么?》

美联储进行的小企业信贷调查（Small Business Credit Survey，SBCS）发现，2016 年只有 16% 的寻求贷款的小企业主申请过非银行的线上贷款，2017 年、2018 年分别升至 24% 和 32%。美联储调查发现，这些线上贷款的综合年利率（APR）在 10%~80%，贷款期限一般在 6~18 个月，额度一般在 10 万美元以下。申请线上贷款的多是规模小、成立时间短的小微企业，信用风险较高，它们申请线上贷款的审批通过率是 76%，申请大银行贷款的通过率是 34%，小银行是 47%。贷款申请人选择线上贷款的两大主要原因是速度快、审批通过率高。但是线上贷款的净满意率（满意的人比率减去不满意的人的比率）比传统银行低得多，才33%，大银行是55%，小银行是73%。这主要是因为贷款利率过高，还款方式等条件苛刻。因为《真实借贷法》（*Truth in Lending Act*）适用于消费者个人贷款，不适用于企业贷款，所以线上小微企业贷款的利率、还款方式等贷款条件不够透明。报告也提出了把小微企业贷款纳入《真实借贷法》等建议。

六、关于小微贷款的讨论

（一）对小微贷款作用的不同观点

1. 小微贷款的积极作用

小微贷款是普惠金融的核心内容。普惠金融是一个能有效地、全方位地为人民群众，尤其是贫困、低收入人口提供服务的金融体系。2015年12月，国务院印发《推进普惠金融发展规划（2016—2020年)》，其中指出大力发展普惠金融，是我国全面建成小康社会的必然要求，有利于促进金融业可持续均衡发展，推动大众创业、万众创新，助推经济发展方式转型升级，增进社会公平和社会和谐。我国普惠金融发挥了积极作用。截至2020年末，普惠金融助力如期实现全面脱贫，脱贫人口金融精准扶贫累计支持超过9000万人次[1]，小微企业贷款快速增长，普惠小微贷款结余15.1万亿元，较2018年末增长61%。我国中小企业数量为4020万家，较2015年末相比几乎翻了一番（见图6）。普惠金融发挥了助推脱贫攻坚和乡村振兴、助力应对疫情和服务民生等积极作用[2]。

2. 对小微贷款的质疑

从国际上看，小微贷款经历了从被神化到被质疑的过程。米尔福德·贝特曼（Milford Bateman）等人的《全球小额贷款的兴衰：发展、债务和幻灭》（*The rise and fall of global microcredit: Development, debt and disillusion*，以下简称《全球小额贷款的兴衰》)一书，比较全面地汇集了国际上对小额贷款发展的实证研究，提出反思和质疑。

---

① 中国人民银行. 中国普惠金融指标分析报告（2020年）[R]. 2021.
② 刘桂平. 关于中国普惠金融发展的几个问题 [J]. 中国金融，2021 (16).

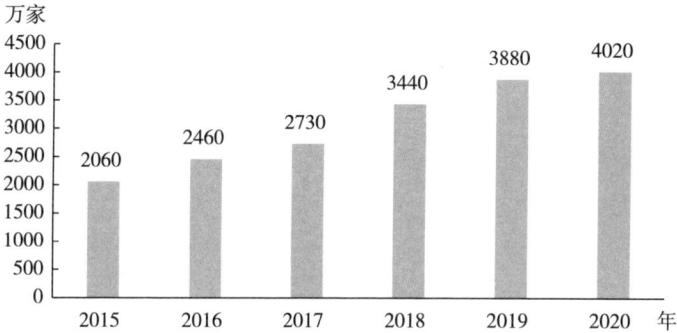

图 6　中国中小企业数量

（数据来源：国家统计局，国家市场监管总局）

该书写道，很多实证研究表明，小额贷款并没有起到消除贫困的效果，而且导致普遍性的个人过度负债的负面效应，称为小额信贷失灵/崩溃（microcredit meltdowns）。这方面最重要的一个研究是由英国政府资助的杜文达克（Duvendack）等（2011）开展的研究，研究目的是评估英国在非洲和亚洲的小额贷款项目的作用，研究结论是没有发现小额贷款明显的积极作用。班纳吉（Banerjee）等（2015）总结了 6 个随机对照实验（RCT），发现小额贷款对穷人生活水平的改善、贫困程度的减轻，都没有明显的作用，相关社会指标同样没有改善。

戴维斯（Davis）在 2006 年就提出，小贷不能解决造成贫困的根本问题，而且会使客户更陷入非正规就业市场，贝特曼（Bateman）（2010）及贝特曼（Bateman）和麦克林（Maclean）（2017）等都提出，小贷增加了低劳动生产率的非正规小微企业和不稳定的自雇用者数量。Rodrik（2015）和 UNCTAD（2016）提出，小贷的"反发展"缺陷导致对不发达国家本地经济的去工业化（deindustrialise）、非正规化（informalise）和原始化（primitivise）。

世界银行（2014）认为，小额贷款对增加金融的普惠性（包容性，inclusion），满足穷人原来未能满足的金融需要还是有好处的。诺伯特·海灵（Norbert Haering）（2017）的报告表明，增加金融普惠性对金融精英有益。小额贷款行业对穷人没有形成实质性的净福利，倒是使商业化小额贷款的提供者致富。例如在南非，最大的两家小额贷款公司的 CEO 跻身南非最富有的 50 人之列。

更深层次看，这与 Epstein（2002：1）定义的金融化的资本主义有关，即金融市场、金融机构在经济运行中的地位日益重要。小额贷款是金融化的一部分，让全球的贫困人群也金融化了，通常增加了过度负债、不稳定和剥削。Klapper 和 Singer（2014）等人担心，随着金融科技的发展，小额贷款可能会如潮水般地向不发达国家的穷人涌入，使现在已有的过度负债问题更加严重。现在这个趋势已经非常明显。

《全球小额贷款的兴衰》一书的目的就是在进入后新自由主义的数字化时代时，反思小额贷款发展模式历程和它对发展的负面效应，帮助重新思考和重新设计小额贷款有关政策和业务模式。尤努斯曾声称小额贷款将帮助我们在有生之年消除贫困，小额贷款也曾被发展经济学看作解决发展问题的万灵丹，但许多国家和地区的实践证明它是一个失败的经济和社会干预实践。中央政府和地方社区层面都需要重新思考小额贷款该如何发展，以什么方式来替代。

《全球小额贷款的兴衰》的观点大都是基于实证研究基础上的，笔者认为书中观点有一定道理，对小额贷款发展作用的客观评价和反思非常必要。但中国的小额贷款到目前为止还是积极作用更大一些，和书中写的那些不发达国家有些不一样的地方。

一是工业化进展。书中提出要解决发展中国家大规模的贫困问题，首先要发展大工业，这个观点完全正确。配第—克拉克定理早就总结过从农业、工业到第三产业的三次产业演进规律。大工业发展推动经济结构升级。这和前面提到的自雇用率与人均 GDP 显著负相关，在中低收入组和低收入组国家中小微企业的贡献率更高的规律总结是一致的。书中讲到墨西哥等一些国家小微贷款发展分流了大工业发展所需资金，起到了固化微型企业"贫困陷阱"的负面作用，小额贷款利率较高，使小额贷款机构和投资者获得暴利，加剧而非缩小了贫富差距。如果普惠金融的资金，用于基础设施建设、发展大工业、改善经济结构和产业升级，更能解决贫困的根源，减贫和发展经济的效果会更好。但发达国家和中国并不是这样。

中国并不存在工业化或基础设施不足的问题。中国已经建立了世界上最齐全的工业门类,2020 年我国制造业增加值占全世界比重接近 30%,超过美国、日本、德国之和,连续 11 年为世界最大的制造业国家。我国已迈向后工业化社会(1994 年,第三产业的就业人数超过了第二产业;2013 年,第三产业的 GDP 占比超过了第二产业)。党的十八大报告判断中国"工业化基本实现",党的十九大报告提出"推动新型工业化、信息化、城镇化、农业现代化同步发展","十四五"规划提出的目标是 2035 年基本实现新型工业化。我国人口基数庞大,大工业无法容纳全部的就业,因此我国小微企业数量、就业人口占全部企业数量、就业人口的比重和国际比较来看较高。随着工业自动化、智能化程度的提高,大工业能吸纳的人员更少。而且随着信息社会的发展,人口就业出现新的特点。今后仍然需要发展中小微企业,鼓励灵活就业。

和墨西哥等国相比,中国在社会主义建设初期和改革开放之初,采取了压低居民存款利率、以低利率为工业部门融通资金的金融抑制政策,在工业化任务基本完成后,再推行利率市场化(2013 年,中国第三产业的 GDP 占比超过了第二产业,同年中国人民银行全面放开金融机构贷款利率管制)。发展小微贷款、普惠金融,是一条顺序正确的路径。

二是发放贷款主体和利率水平。《全球小额贷款的兴衰》中提到印度、秘鲁等国家,因为逐利的资本进入小额贷款行业,设定了较高的利率水平从中获得超额利润,加深了借款人的负担。而巴西等一些国家的小额贷款更多是国家主导的,比纯商业化资金主导的小额贷款利率更低。中国的情况和巴西类似,小微贷款发放的主体仍是正规金融机构,特别是更重视社会价值实现的国有商业银行起到"头雁"作用,小额贷款公司等只起到补充作用,因此总体利率并不高(本文第三部分也比较了中国的中小企业贷款利率,在国际上处于合理、较低水平),所以几乎并不存在印度等国家近乎高利贷的小额贷款压榨借款人的问题。

相反,中国近年的问题是在政府和监管部门的指导、要求下,国有银行的小微企业贷款利率可能低于商业可持续的正常利率。2021 年 3 月,银保监会、住建部、人民银行联合印发《关于防止经营用途贷款违规流入房地产领域的通知》。一般来说,住房按揭贷款风险低于经营性贷款,利率应该更低,不存在将经营性贷款挪作住房贷款的套利机会。存在这种套利机会也表明经营性贷款的利率过低。这种过低的利率也可能导致小微企业过度借入经营性的小额贷款。

中国对小额贷款的效果也有一些实证研究。多数发现小额贷款有助于提高农民福利水平，例如谭燕芝等（2016）[①]。钟润涛（2018）发现中国普惠金融发展的正、负经济效应同时存在，普惠金融与经济发展及金融业整体发展之间均存在显著的倒"U"形关系，即发展普惠金融既不是越多越好，也不是越少越好，而是存在一个适度的最优解[②]。

《全球小额贷款的兴衰》里所指出的，曾经存在对小额贷款作用的拔高和过度支持，以及发展小额贷款导致过度负债等问题，中国也一定程度上存在，需要借鉴教训尽量避免。

3. 发展小微贷款的长期必要性

2014年12月9日，习近平在中央经济工作会议上的讲话指出，互联网技术加快发展，创新方式层出不穷，新兴产业、服务业、小微企业作用更加凸显，生产小型化、智能化、专业化将成为产业组织新特征。

2020年7月，国家发展改革委等13个部门发布的《关于支持新业态新模式健康发展激活消费市场带动扩大就业的意见》提出，鼓励发展新个体经济，开辟消费和就业新空间。积极培育新个体，支持自主就业。进一步降低个体经营者线上创业就业成本，提供多样化的就业机会。支持微商电商、网络直播等多样化的自主就业、分时就业。虽然这是为了应对新冠肺炎疫情对民生、就业的冲击，但也不完全是权宜之计。

人们为什么要在小微企业工作？富国银行萧兵在2014年"美国小微企业金融服务经验"中指出，"一般认为小微企业一定是要做大做强，实际上，大多数小微企业并不是出于这种动机。成功发展型即完全注重发展，希望有朝一日成为微软、谷歌的小微企业非常少，还不到5%。20%的小微企业是为了追求自由，希望工作和生活达到一种平衡。大部分小微企业属于熟练工匠型，占比在70%左右。例如，律师开办律师事务所，医生开办诊所，手艺好的人开店帮人打家具，会照相的人开办婚纱照相馆。这种企

---

① 谭燕芝，眭张媛，张子豪. 农村小额贷款公司网点布局及支农成效研究：基于东中西部355家农村小额贷款公司实证分析［J］. 经济问题，2016（8）.

② 钟润涛. 中国普惠金融可持续发展及经济效应研究［D］. 沈阳：辽宁大学，2018.

业是最普遍的企业，往往并不注重扩张，很多时候，工作和生活难以分离，且追求技术上的完美"。前文的实证数据表明发达国家间小微企业就业占比差距也很大，除了经济发展、产业选择不同，各国的文化传统、个人追求的不同可能也有很大影响。比如意大利、希腊这两个小微企业、自雇用者占比高的国家，从观察中也可看出那里的人们较为追求自由舒适的生活，开个小咖啡店、面包店，甚至也不愿意加入大品牌连锁店受约束。

未来的就业压力会持续减小吗？不考虑新冠肺炎疫情对经济冲击下短期的就业压力，而是从长期看，虽然人口增速放缓、老龄化程度加深，减少了劳动力供给，但科技，特别是人工智能的发展，也减少了劳动力需求，不仅是第一、第二产业，连第三产业中劳动力都会在很大程度上被 AI 代替。

（二）关于中小企业的融资缺口原因的讨论

"麦克米伦缺口"本质上是金融供给主体对中小微企业的金融排斥。很多文献强调中小企业在发展中国家信贷约束的程度，包括缓解这一约束以实现更高增长的重要性。在新兴市场为中小企业创造机会至关重要，这是促进经济发展和减少贫困的关键途径。许多中小微企业可能有更高的潜在融资需求，然而这种需求往往得不到承认，金融机构更愿意向低风险企业提供信贷。中小企业在借贷资金方面面临诸多障碍，因为它们规模小、多元化程度低，财务结构方面较弱，比如应收账款延迟付款和流动性不足等，以及很难始终提供高质量的抵押品和保持良好的信誉方面的透明度（Ayadi，Gadi，2013）。中小企业融资，大部分靠银行信贷，小部分靠资本市场等其他方式。小企业贷款之所以难，主要是因为单笔金额小、运营成本高、风险较高，风险调整后的收益率相比其他贷款低，银行的动力不足。

美国、德国等发达国家的中小企业融资总体已经不太难了。浦文昌（2019）在《美国德国法国日本是如何解决中小企业融资难问题的？》一文中指出，"不少人认为，中小企业融资难属于世界难题，不可能克服。其实不然。经合组织的研究报告指出，经合组织国家没有中小企业存在普遍融资缺口的报告。其大多数中小企业都能从银行和其他信贷机构获得足够的信贷。而大多数非经合组织经济体的中小企业资金普遍短缺"。

从发达国家情况来看，一方面，由于国家的重视，采取了政府信用担保等一系列措施，建立了一整套机制，降低银行风险成本，另一方面，由于社会资金供给越来越充裕，大企业贷款利率极低，通过资本市场融资更多，有时信贷需求也不足，利率相对较高的小微企业贷款对银行的吸引力上升。因此，银行发放小微企业贷款的动力增加。近十几年来，在非经济金融危机时期，并不存在普遍性的中小企业融资难，中小企业融资不是社会关注的热点问题。在国际金融危机、新冠肺炎疫情影响下，企业普遍出现经营困难，中小企业融资缺口有所上升，政府采取了直接补贴和增加担保等帮扶措施，融资一般不是企业经营中最大的难题。

中国的情况与发达国家有类似之处，而且政府对银行发放小微企业贷款的激励约束考核更为有力，辅之以金融科技的发展下数据驱动的线上化贷款，降低贷款机构运营成本，小微企业贷款近年有突破性的发展。

调查显示，欧美中小企业经营中最大的困难是人才和市场，这是一种比较正常合理的情况。如果这两大问题能够解决，企业能正常经营，那获得融资不会太困难。融资对企业来说当然是一个问题，但也并非所有企业都需要融资。过于强调融资难问题和将过多精力放在融资上的企业，可能还是由于自身缺乏技术、市场或存在盲目扩张、应收账款过高等问题。

建议人民银行或其他机构参考欧央行和美国 NFIB 的调查，将企业经营中最大的困难纳入调查，这样可以更好地了解中小企业的困难所在，从而有针对性地解决。

中国的小微企业贷款近年快速增长。经营状况良好的小微企业成为多家银行争抢的对象，利率进一步下降，审批放款速度大为提高，特别是线上贷款。大型银行的下沉"掐尖"抢走了一部分中小银行的优质客户。小微企业贷款市场的竞争较为激烈，供给较为充分。存在问题主要包括：各地区发展不平衡，东部沿海地区、城市金融供给更为充分，中西部地区、县域还存在一定不足；中小企业贷款多为期限较短的流动资金贷款，不能满足中小企业较为持续的资金需要；一部分缺乏抵押物的中小企业贷款仍面临困难。

七、小结和探讨

世界银行提出了要实现全民普惠金融的宏伟目标。193 个成员国通过的联合国可持续发展目标也呼吁确保小企业获得融资，G20领导人也认识到中小企业融资作为经济发展关键环节的重要性。毫无疑问，缩小中小企业的融资缺口已成为全世界的政策重点。

《中小微企业融资缺口：对新兴市场中小微企业融资不足与机遇的评估》强调了两个要素在缩小中小微企业融资缺口的关键作用：金融结构和竞争。政府在改革体制环境、建立有效的监管体制、促进竞争和其他以市场为导向的政策行动方面发挥着重要作用。金融市场更加多样化与融资渠道的改善相关（Beck，Demirgüç–Kunt，Singer，2013）。通过国有银行实施定向贷款计划，建设可靠的信贷信息系统和抵押登记管理法律制度，推进技术创新和知识交流，发展和改善金融基础设施，可以改善金融体系内的竞争，形成更加多样化的金融格局，对中小微企业获得融资和增长产生积极影响。

除了传统政府力量，也可以通过市场的力量来推进普惠金融。传统金融机构如银行、非银行金融机构、信用合作社、储蓄和贷款协会等，可以实施有针对性的中小微企业战略，比如提供商业模式、销售和客户管理政策、专业信用风险模型以及定制的产品和服务等，提升中小微企业能力。非传统的金融机构，如技术和数字金融服务提供商，以及支付和供应链金融平台等，可以在提供金融和支付服务解决方案方面发挥重要作用，通过自身运营或与更大的传统金融机构合作，利用尖端创新技术革新中小微金融，为弥合融资缺口作出重大贡献。

从供给侧来看，经过几年的高速增长，我国小微企业贷款总量已处于全球领先水平。建议下一步应保持小微企业贷款平稳发展，并针对结构问题实施针对性措施。比如贷款期限问题，企业通常需要长期稳定的流动资金，但当前信贷市场上大多为1年期以内的短期流动资金贷款，企业信贷需求和银行贷款期限显著不匹配，银行在中长期贷款产品的供给上存在一定"缺位"。因此，银行还需要继续创新，优化产品和服务。特别是合理设计贷款产品期限，避免以"短贷"对应"长用"，导致企业不停"倒贷"。

从需求侧来看，中国中小企业融资需求大的一个重要原因是应收账款问题，应收账款及时付款，能从源头上大大缓解中小企业资金需求困境。2021年末，广东省中小企业发展促进会曾联合《经济观察报》开展"供应链相关企业账期现状"调研，调研结果表明，被调研的较有成长性的中小企业中，超六成企业应收账款期超过 60 天，而超八成企业认为合理的结算期应该在 60 天以内，82%的企业认为所在行业存在账期过长现象，75%认为行业存在账期困局，其中超过六成认为困局在加重。企业之间相互拖欠货款，逾期应收账款高企，已是经济运行中的一大顽症。应收账款会占用流动资金，为扩大生产经营，企业只能通过外部融资获得资金，且应收账款最终有一定比例的折损，为企业带来额外的成本和损失。应收账款问题还可能造成企业现金流断裂，企业无法支付员工薪酬、银行利息、供应商货款等，经营被迫立即终止。因此，建议针对企业应收账款问题开展整治行动，建立清欠、防欠长效机制；强化立法执法，提倡大企业的责任担当，构建良好的市场经营环境和商业文化。

中美小企业贷款的对比观察：
从责任追究到利率定价

近年来，国家高度重视加大金融支持缓解民营企业特别是小微企业融资难融资贵问题，国务院常务会议多次安排此项工作。例如，2018年11月9日召开的国务院常务会议，提出要激发金融机构内生动力，解决不愿贷、不敢贷问题。明确授信尽职免责认定标准。2021年12月15日，国务院常务会议又提到完善金融机构发放中小微贷款绩效考核、尽职免责等规定。2022年5月中国人民银行印发《关于推动建立金融服务小微企业敢贷愿贷能贷会贷长效机制的通知》，再次强调"优化完善尽职免责制度"。

之所以反复强调尽职免责，是因为一般来说，小微企业贷款不良率高于大中型企业贷款。如果信贷人员因不良贷款被追责处罚，容易产生惧贷、惜贷心理。这一直是银行开展小微企业贷款中的难点之一。对这个问题，国外是怎么解决的呢？结合实地了解和查阅一些资料，本文对中美小企业贷款做了一些对比观察。美国政府和监管机构在尊重银行市场化经营原则的基础上鼓励、引导银行开展小企业贷款业务。美国银行的零售信贷业务中就没有出现不良贷款对信贷人员做"责任追究"的说法。这些做法值得我们研究思考。

一、美国银行的小企业贷款

（一）美国大银行的情况

2018年10月，我去美国摩根大通银行学习，了解到一些它开展小企业金融服务的情况。有的可能是摩根大通个性的做法，有的可能在美国银行业中是普遍性做法。

1. 责任追究

美国的银行和我国银行很大的一个差别是，在零售信贷（包括个人贷款和小微企业贷款）业务中就没有不良贷款"责任追究"的说法。

在摩根大通网点，我们问负责受理贷款申请和贷前调查的小企业客户经理和个人住房贷款客户经理们，如果出现不良贷款是否要追究责任，他们奇怪地问，这是审批中心审批的，为什么要追究我的责任。对此回答我们深感制度差异！

在摩根大通网点，一位个人住房贷款客户经理说，在其过去工作的一家银行，贷款发放后 6 个月之内逾期会扣减经理的业务佣金，超过 6 个月的没有影响，但摩根大通没有这个规定。我们认为，贷款发放后短时间内逾期，反映了这个客户大概率在贷款发放前就存在问题，因此扣减业务佣金，也是一种较为简单有效的惩罚方法。

银行管理人员解释说，如果员工有道德问题、蓄意欺诈，被银行发现就会被开除。只要按规定操作了，不良贷款是银行经营中不可能避免的，不是员工的问题。我们问如果某信贷业务条线不良率高、盈利差，不需要有人承担责任吗？对方答复说，盈利差肯定影响条线人员的奖金，再差的话那这条线的负责人可能被更换。

我们推测，美国银行业零售贷款对信贷经理不存在"责任追究"的原因，可能一是信用环境好，客户蓄意欺诈和信贷人员蓄意欺诈的风险较小，对信贷人员收集软信息、"火眼金睛"识别造假的压力没那么大。二是招聘、解聘员工都比较灵活，发现员工有违规或能力不足、与岗位不匹配的问题，解聘或调整岗位比较容易，信贷岗位和其他岗位可以遵循同样的解聘原则。而中国特别是国有银行，对具有特殊性的信贷岗位，必须有明确的追责制度依据，否则对真有问题的人员调整不易。三是利率定价完全市场化，可以覆盖风险，将一定限度内的不良率视作正常成本。

和富国银行高级副总裁萧兵博士讨教此事，他说富国银行的做法和摩根大通类似。他认为，信用环境差异只是一方面原因。虽然美国小微企业纳税的规范性较强，但小微企业同样存在财务报表不规范、信息缺失、错误，不易收集全面真实信息的情况；同样，虽然美国的诚信环境较佳，但总有一定比例不诚信的人，银行也需要防范。美国的银行对员工职责设计和监督比较明确，"尽职"是容易判断的，如果过程是否"尽职"难以判断，那么只能用结果来约束。制度设计上违约成本高，大家就会选择守约，内部管理上违规成本高，员工就会选择尽职。

我们去摩根大通学习，对小微企业贷款只在网点和客户经理、小企业业务主管略有交流，了解有限。对美国大银行在金融市场投资和公司信贷业务中如果出现问题如何承担责任并未了解。可能和零售类似之处是首先影响绩效奖金，更严重也会影响管理人员的职务。如菲利普·L.茨威格在《沃尔特·瑞斯顿与花旗银行——美国金融霸权的兴衰》一书中写道，"（20世纪80年代）拉丁美洲债务危机还是毁掉了很多参与贷款的银行人员前途。据一位国际银行家估计，至少有50名高级国际银行家因此而前途毁灭。而为此患心脏病、精神分裂及婚姻破裂的人就更多了"。

2. 利率定价等情况

从摩根大通了解到，其小企业贷款单户授信贷款额度为2000万美元以下〔中国不少银行将单户授信2000万元以下或3000万元以下的贷款划为小企业贷款。美国小企业局（SBA）定义的小企业贷款（Small business loan）为单户100万美元以下〕。小企业贷款利率为5%~11%，根据风险定价。举例来说，医生为开诊所贷款可能利率为6%，对餐馆贷款利率一般为8%~9%，但如果一个餐馆已开了10年，利率也可能低至6%。据摩根大通年报披露，其2012年小企业贷款净核销率（核销-核销后收回）为1.65%，2015—2017年分别为0.66%、0.61%、0.57%，呈明显下降趋势。这也反映了这一时期美国经济环境向好的趋势。

对小企业客户经理都是综合考核存款、贷款，而且小企业条线的存款余额远高于贷款余额。我们访谈的两个小企业客户经理，一个管70个小企业客户，贷款余额为1000多万美元，存款余额为2000多万美元；另一个管60个小企业客户，贷款余额为1600万美元，存款余额为6000万美元。这和其2016年年报列出小企业条线平均存款1100亿美元，平均贷款220亿美元相符（据向萧兵博士了解，因为大银行结算方便，可能有的大银行小企业存款高于贷款，未必所有行都如此）。

小企业贷款多数需要抵押（除了房产外，也接受存货、机器设备等抵押物，一般只有50万美元以内的贷款可以采用信用方式）。但并不是按抵押物价值的一定比例确定贷款额（据介绍，美国也有银行主要依据抵押物价值放贷），贷款额原则上以过去 3 年现金流能覆盖还款为主要标准，现金流以纳税单为主要依据。

和中国的银行不一样的是，摩根大通的网点归零售板块管理，只做个人和小企业业务，公司业务是另一板块，有专门的团队，在写字楼里的办公室工作，不在临街的零售网点里。据说这是美国大银行的普遍做法。这倒是使网点的业绩不受公司大客户的影响，有利于网点一心一意做好零售客户服务。

（二）美国小企业贷款的总体情况

美国政府高度重视小企业发展。1953 年，美国颁布了《小企业法》，同年设立美国联邦小企业管理局（Small Business Administration，SBA），负责向小企业提供援助和咨询，保护小企业利益，维护自由竞争的企业生态，促进国民经济全面发展。SBA 和商业银行合作的 SBA 7（a）担保贷款项目，由 SBA 对符合条件的银行（目前约有 3000 家合作银行）小企业贷款承担 50%~90% 的担保责任，营运资金贷款期限最长为 10 年，不动产贷款最长不超过 25 年，最高贷款额不超过 500 万美元，贷款利率为贷款基础利率（Prime Rate）加 2.25%~4.75%，据 SBA 网站，SBA 每年检查担保费是否可以覆盖成本，是否需要调整。2018 年 10 月，12.5 万美元以下的贷款只收 0.55% 的年化服务费，12.5 万美元以上的贷款，除了收 0.55% 的年化服务费外，12 个月以内的收取 0.25% 的担保费，12 个月以上根据贷款金额不同收 2%~3.75% 的担保费（国务院办公厅《关于有效发挥政府性融资担保基金作用切实支持小微企业和"三农"发展的指导意见》要求，对单户担保金额 500 万元及以下的小微企业和"三农"主体收取的担保费率原则上不超过 1%，对 500 万元以上的收取的担保费率原则上不超过 1.5%）。据 fitsmallbusiness 网站，2018 年 9 月，SBA 贷款利率在 6.4%~9.2%，2019 年 5 月，SBA 贷款利率为 7.75%~10.25%。在此期间联邦基金目标利率只提高了 25 个基点，但是从这个利率反映出市场利率提高较多。

美国对小企业贷款也有一些法规、监管要求，如《社区再投资法》，要求银行满足社区的信贷需求，包括小企业。但不难达标，对银行并没有形成太大压力。总体上看，美国政府和监管机构在尊重银行市场化、商业化经营原则的基础上鼓励、引导银行开展小企业贷款业务。

美国在国际金融危机期间，出现了普遍性的企业融资难，而小微企业因为销售下降、可用作抵押的房产价格下降，融资难问题更突出。随着美国经济持续复苏，银行放贷积极性增加，加之线上贷款的兴起填补了空白，小企业贷款难问题逐渐缓解。2014 年《福布斯》一篇题为《为何小企业贷款尚未恢复》的文章，指出小企业贷款难，有经济周期的原因，也有结构性的原因，包括小企业贷款风险较高、信息不对称更为严重、由于小企业的异质性难以打包在二级市场上交易、单笔处理成本高等。①

近年来，美国小微企业融资基本不再成为社会关注的问题，可以说合理贷款需求基本能够得到满足。2018 年 4 月 Sageworks 上一篇题为《如何解决小企业贷款三大难题》的文章指出，美国银行家协会（American Bankers Association，ABA）近期的一项调查表明，美国 61% 的银行在未来两年中打算适当或更积极地发放小企业贷款，文中注明小企业贷款指单户 300 万 ~ 1 亿美元的贷款，这可比 SBA 定义的小企业贷款大得多，在中国也是属于中型企业范畴了。根据 ABA 调查，银行在小企业贷款中最关心的三个问题是效率、流程和成本。互联网小企业贷款公司利用数字技术，发放小企业贷款的效率更高，运营成本约为贷款额的 2%，而银行如果还采取传统方式，小企业贷款运营成本高达 6%（我觉得实际应该没有这么高）。银行相对互联网小企业贷款公司的优势是资金成本低、对信用风险判断更有优势，越来越多的银行正在做将小企业贷款端到端数字化的流程优化，其中一些小银行和金融科技公司合作②。

美国的小企业贷款利率完全市场化定价。如上述大银行小贷款利率为 5% ~ 11%，加上小企业还有存款、结算等其他服务带来的收入，能有合理的盈利，小银行可能贷款利率更高。即使在美国这样小微企业普遍来说并不困难的国家，也不是所有小微企业都能很容易获得贷款，互联网小企业贷款公司也有市场需求。据 SBA 发布的美国 2014—2015 年小企业贷款报告，Funding Circle（总部在英国的网贷公司）在美国发放的 1 ~ 5 年期

---

① Karen Mills. Why Small - Business Lending Has Not Recovered［J］. Forbes，2014.

② Mary Ellen Biery. How to fix the 3 biggest problems with small business lending［J］. Sageworks，2018.

2.5 万 ~ 50 万美元小企业贷款利率在 6.98% ~ 32.78%[①]。2019 年 7 月，Funding Circle 的小企业贷款利率在 4.99% ~ 22.99%（服务费等另收），比 2015 年明显下降；2022 年 6 月查询，利率在 4.99% ~ 24.99%，利率上限提高（额度仍是 2.5 万 ~ 50 万美元，期限变为 6 个月至 5 年）。

二、中国银保监会尽职免责相关文件

（一）规模、利率和不良率

中国的小微企业贷款规模，银保监会和中国人民银行均有按季度披露，但小微企业贷款利率和不良率没有定期发布，银保监会和中国人民银行有时会在发布会上披露。据中国银保监会披露，2022 年 3 月末，银行业金融机构用于小微企业的贷款（包括小微型企业贷款、个体工商户贷款和小微企业主贷款）余额为 53.4 万亿元，其中单户授信总额 1000 万元及以下的普惠型小微企业贷款余额为 20.6 万亿元，同比增速达 22.6%。2022 年前两个月新发放普惠型小微企业贷款利率为 5.57%，自 2018 年第一季度以来保持稳步下降态势，已累计下降 2.24 个百分点。据人民银行披露，截至 2019 年 5 月末，全国金融机构的单户授信 1000 万元以下的小微企业贷款不良率为 5.9%，比大型企业高出 4.5 个百分点，比中型企业高出 3.3 个百分点。据银保监会披露，截至 2022 年 4 月末，银行业普惠型小微企业贷款不良率为 2.18%，较年初持平。由于近年来小微企业贷款余额快速增长，不良率大大降低，但仍高于各项贷款平均的不良率（2022 年 3 月末，商业银行不良贷款率是 1.69%）。各地方、各银行的小微企业贷款不良率差异很大。西北、东北一些省市小微不良率高达两位数。

（二）尽职免责相关文件

《商业银行授信工作尽职指引》（银监发〔2004〕51 号）对从业务受理到授信后管理、问题授信处理的各个环节何为尽职、何种情况应追究责任做了较详细的规定。其中第九条规定，商业银行应建立授信工作尽职问责

---

① Office of Advocacy，SBA. Small Business Lending in the United States 2014 – 2015 ［R］. 2017 – 07.

制，明确规定各个授信部门、岗位的职责，对违法、违规造成的授信风险进行责任认定，并按规定对有关责任人进行处理。

由于授信工作尽职要求主要适用于大中企业或集团客户，不能适应改进小企业金融服务的要求，2006 年银监会下发了《商业银行小企业授信工作尽职指引（试行）》（银监发〔2006〕69 号），并在答记者问时称该指引通过促进商业银行完善小企业授信业务工作机制，规范授信管理，明确尽职工作的最低要求，合理界定免责范围，严格控制道德风险，引导商业银行在风险可控的前提下，积极、理性地拓展小企业授信业务，并通过有条件免责的方式，消除商业银行及信贷人员的顾虑，从根本上促进小企业授信业务的可持续发展。

2016 年，银监会下发《关于进一步加强商业银行小微企业授信尽职免责工作的通知》（银监发〔2016〕56 号），这个文件强调的是"免责"。其中规定，小微企业授信尽职免责工作，是指商业银行在小微企业授信业务出现风险后，经过有关工作流程，有充分证据表明授信部门及工作人员按照有关法律法规、规章和规范性文件以及银行内部管理制度勤勉尽职地履行了职责的，应免除其全部或部分责任，包括内部考核扣减分、行政处分、经济处罚等责任。该通知明确了免责情形和问责要求，规范了尽职免责工作流程，已经比较详细了，结尾要求商业银行应按照通知要求，结合自身实际，制定相应的小微尽职免责内部实施细则，并将有关情况书面报告监管部门。该通知还规定，商业银行小微企业授信业务风险状况未超过本行所设定不良容忍度目标的，在不违反有关法律法规、规章和规范性文件规定的前提下，原则上对相关小微企业授信业务管理部门或经办机构负责人不追究领导或管理责任。

银行内部肯定都已建立业务制度，对贷款各环节的尽职履责要求、"尽职免责"的标准做了更详细的界定。但从发放贷款到收回贷款本息的跨期交易，其间存在太多不确定性，一旦出现不良贷款，可能总能找到贷前、贷中、贷后管理的瑕疵，各环节的信贷人员很难被认定为完全没有责任。信贷管理流程中的瑕疵和形成不良贷款之间的因果关系强弱，是处分信贷人员时需要考虑的。

从 2006 年《商业银行小企业授信工作尽职指引》发布起，尽职免责的问题已经被关注研究十多年了，仍然没有完全解决好。

三、对小企业贷款难问题和责任追究问题的思考

我国出台了很多政策，有些政策是解决小企业贷款难问题的国外通行做法，如设立政府背景的担保公司/基金，但还需要借鉴国外经验进一步做好制度设计。例如，美国 SBA 在 2014—2017 年已没有申请任何财政拨款用于其 7（a）项下的担保贷款项目，通过收取的手续费和回收金额实现了自我良性运转①。有些政策可能对解决这一问题有利有弊。例如，要求银行扩大贷款规模和降低小企业贷款利率，其正面意义在于，从银行层面看，能使银行在战略上更加重视此项业务，倾斜资源投入，也倒逼银行通过运用技术手段和内部流程优化降低运营成本、风险成本，从宏观层面看，如果能借此提高小微企业的生存发展能力，对总体经济增长产生积极影响，也会有利于银行自身。负面影响在于有些贷款定价水平和正常市场化的风险定价水平偏离较大，可能造成各方行为的扭曲，形成风险。

对银行内部来说，即使总行通过降低内部资金转移价格引导分支行降低对小企业客户的贷款利率，如果小企业贷款利率低、不良贷款率高，小企业客户经理拿到的绩效奖金低，开展业务的积极性不高，并且对看不准的客户尽量拒绝，惧怕出风险。责任追究则更是悬在信贷人员头上的达摩克利斯之剑。

信贷责任追究关键在把握合适的"度"。如果责任追究处罚过重会挫伤信贷人员的积极性，但责任追究制度的威慑，对防范信贷人员的道德风险，促使信贷人员强化责任心，增强合规意识和风险意识，提升专业能力，有积极意义。毕竟信贷人员既要"敢贷"，也要"慎贷"，以理性、专业、审慎的态度识别、否决不符合银行风险偏好的借款人。发展小微企业贷款的一条道路是银行主要依赖难以造假的线上经营数据、银行流水、纳税数据等和审批模型作出信贷决策，不需要信贷人员收集太多"软信息"，但大量

---

① 罗欢平．美国《小企业法》7（a）担保贷款项目及其启示［J］．金融法苑，2018（3）：177-188.

小微企业还是存在较多无法"硬化"的信息，需要人为判断。美国银行业在没有追责制度的情况下约束信贷人员的机制值得我们进一步研究了解。总之，对不尽职、不称职的信贷人员，银行应该能灵活调整其岗位；有违法犯罪行为的由司法机关追究其刑事责任，构成终极约束；对尽职的信贷人员，要减少不应由其承担的压力和责任，给予足够的绩效奖励，这样才能激发其做好小微企业贷款的动力。

从各国对债务催收的限制到个人破产法的思考[*]

2019 年，我在加拿大的银行交流时了解到，加拿大不允许银行对贷款逾期的个人借款人上门催收。乍听之下颇为惊讶，因为在中国，上门一般是对逾期借款人尽职催收的必要流程。但查找资料、与朋友讨论后发现，银行自己上门催收个人债务，在发达国家都不普遍，在中国的普遍可能是法治不完善下银行一种"自力救济"。虽然有时有一定作用，但总体来看，也许弊大于利，并非是一种好的方式。未来对借款人更多还是应该依靠征信和司法体系的约束，降低银行上门催收的必要性。

2019 年 2 月发布的《最高人民法院关于深化人民法院司法体制综合配套改革的意见》和 2019 年 7 月发布的《加快完善市场主体退出制度改革方案》，都提出要研究建立个人破产制度，这引发了社会对是否有人会滥用个人破产以逃废债务的担忧和讨论。

限制催收手段和允许个人破产，本质上都是对债务人权利的保护。债权人的权利当然应该保护，但能够平衡债权人和债务人的权利，是社会更加文明进步的表现。

一、加拿大、美国、瑞士、德国的催收相关规定

加拿大金融消费者管理局（Financial Consumer Agency of Canada，FCAC）规定联邦监管的金融机构（银行、信托公司、贷款公司等）或其委托的第三方对金融消费者催收债务（信用卡、循环信贷或其他贷款）时，不能有以下行为^①：

　＊　本文以《美加等国对债务催收的限制和启示》为题发表于《中国征信》2020 年第 4 期。

　①　Debt Collection：rights and responsibilities，https：//www.canada.ca/en/financial－consumer－agency/services/rights－responsibilities/rights－credit－loans/debt－collection.html.

1. 联系借款人的朋友、雇主、亲属或邻居，询问借款人的地址和电话以外的信息，除非被联系的人是贷款的保证人；或借款人已同意金融机构联系此人（如果借款人是口头同意，金融机构需要以纸质或电子形式发送确认）；或联系借款人的雇主是为了确认雇用关系。

2. 建议上述人员代偿借款，除非他们担保或联署了贷款。

3. 用威胁、恐吓或辱骂性的语言。

4. 为还款施加过度的或不合理的要求。

5. 歪曲事实或者给出虚假或误导性的信息。

6. 在合法费用之外将催收相关的成本加到拖欠贷款里。

7. 在节假日、周日下午 1 点到 5 点之外的时段（除非借款人已经同意）、其他时间的早 7 点前或晚 9 点后联系借款人。

8. 呼叫借款人的手机，除非借款人已提供手机号码作为联系方式。

如果借款人愿意，借款人可以要求机构只以书面方式联系自己，或只和借款人的律师（legal advisor）联系。借款人这一要求必须以挂号信的方式向金融机构发送书面请求，信中必须提供自己的联系地址或者律师的地址、电话。

如果借款人认为金融机构没有尊重其权利，可以向 FCAC 投诉。如果借款人的债务转让给催收机构，保护借款人权益的法律就是地方性而非联邦法律了，要投诉就需要和地方的消费者事务办公室联系。

这些规定，对消费者的权益保护力度真是大。对不允许在休息时间打电话的规定是比较人性、合理的，但是只能打固定电话不能打手机，除非借款人同意打手机；甚至借款人可以要求贷款人只来信，电话都不能打，我们看来可能有点匪夷所思。

这些规定和美国《公平债务催收法》的规定非常类似[①]，例如：

第五条：与债务催收相关的沟通

1. 与消费者的沟通。除非消费者之前表示同意或经有管辖权法院授权，债务收取人就债务收取事宜与消费者沟通不得在下列情况进行：

（1）在任何不寻常的时间、地点或应知道会对消费者造成不便的时间、地点。

---

① 曾天琪. 美国公平债务催收法 [J]. 金融服务法评论，2013，5（2）：542-553.

除非得知有相反情况，债务收取人可认为合适的沟通时间为消费者所在当地时间的上午8点后和晚上9点前。

（2）债务收取人得知该消费者有律师代理此债务事宜，并且知道或能很快查清，该代理律师的名字和住址，除非该代理律师在合理期限内没有对债务收取人的沟通进行回复，或代理律师同意债务收取人与消费者直接进行沟通。

（3）在消费者的工作地点，如果债务收取人知道或有理由知道，该消费者的雇主禁止其进行此类沟通。

美国和加拿大比较相似，催收的规定对借款人很温柔、很保护，虽然没有明文禁止上门催收，但有许多限制。据了解，对于债务催收，美国除了联邦《公平债务催收法》之外，州里也有各种相关法律，恶意催收是一个备受关注的问题，正规金融机构都非常小心。而且金融机构还有成本考虑，上门催收成本高、效果有限，在现实中很少见到金融机构对个人和小微企业贷款上门催收的。

美国和加拿大对借款人的制约，主要是通过征信体系和法律流程。美国有益博睿（Experian）、艾可菲（Equifax）和环联（Trans Union）三大征信公司。加拿大没有自己的征信公司，美国的艾可菲和环联是加拿大主要的征信公司。违约记录都会进入征信公司的数据库，有违约记录的人，以后很难再申请到贷款，或者只有风险偏好高的机构以更高的利率向其发放贷款。有房产、汽车等抵押物的，会依法处置抵押物还款。个人实在无法清偿债务的，可以申请个人破产。

瑞士在每个州都设有债务追收办公室（Debt Collection Office，DCO），债权人遇到债权无法回收时，无论是个人还是公司债务，都可以提交给DCO。如果法院判定债务需要偿还，DCO就按照相关规定清收债务，如果借款人不能偿还，DCO可开始发起破产程序或处置借款人资产。未清偿的贷款记录在DCO保存5年，个人在申请贷款或申请工作时，都需要DCO开具的债务情况说明（Debt Statement）。利益相关人员（如潜在雇主、接受贷款申请的金融机构）提供了证明之后可以查询债务记录①。

---

① Debt Collection in Switzerland，https：//www.angloinfo.com/how - to/switzerland/money/social - insurance/debt - collection.

据丁宇博士介绍，德国的银行对逾期贷款，先是提醒，不收费，然后发律师函，开始计费，再不还通过法院起诉，法庭判决以后，执行力很强，银行也不需要上门催收。

二、对催收的思考和探讨

中国近年来加大了对消费者权益保护工作的重视。国务院办公厅发布《关于加强金融消费者权益保护工作的指导意见》，中国银保监会发布《关于银行保险机构加强消费者权益保护工作体制机制建设的指导意见》（银保监发〔2019〕38号），要求金融机构充分尊重并自觉保障金融消费者的财产安全权、知情权、自主选择权、公平交易权、依法求偿权、受教育权、受尊重权、信息安全权等基本权利。但对在信贷催收中，借款人享有何种权利，贷款人和第三方在催收中有哪些禁止性行为，还没有明确的规定。银保监会、公安部、国家市场监督管理总局和人民银行发布的《关于规范民间借贷行为　维护经济金融秩序有关事项的通知》（银保监发〔2018〕10号）要求，严厉打击以故意伤害、非法拘禁、侮辱、恐吓、威胁、骚扰等非法手段催收贷款。但对"非法手段"还缺乏详细的界定。比如，电话催收到何种程度可以算作"骚扰"。

财政部印发的《金融企业呆账核销管理办法（2017年版）》规定的呆账认定标准及核销所需相关材料，个人无抵押（质押）贷款、银行卡透支款项，需要"追索记录，包括电话追索、信函追索和上门追索等原始记录，并由经办人和负责人共同签章确认"。这里的"电话追索、信函追索和上门追索"，推测是至少三种方式之一而非同时需要，但银行在债务催收中，如果通过电话催收无效后，一般都会上门。上门追索通常是贷款核销的必要条件之一，也有一些金融机构对小金额贷款特别是信用卡透支不完全要求上门。银行在催收时，一般还是比较注意依法合规，不太会出现暴力催收。而一些非正规金融机构，催收会非常暴力，从呼叫借款人电话通讯录上众多亲朋，到上门威胁，这一问题近年比较严重，成为扫黑除恶的打击对象。《关于办理黑恶势力犯罪案件若干问题的指导意见》（法发〔2018〕1号）将"非法高利放贷、暴力讨债"的黑恶势力列为重点打击对象之一。《关于办理"套路贷"刑事案件若干问题的意见》（法发〔2019〕11 号）明确"套路贷"的界定和量刑原则。

　　和普惠金融专家王君老师讨论，他认为，上门催收无论怎样克制，都有侵权的因素，例如让邻人知道欠债未还，从而产生羞辱效应。有些机构以一群人统一穿着写有催债字样的马甲上门催收，更带有软暴力倾向。文明社会应该做到平衡债权人和债务人双方利益，防止暴力催收。从银行成本收益的角度考量，优秀的贷款人，功夫不应下在催收，而应该放在上游，从信贷产品开发设计、准入标准、贷款审查阶段，就能甄别出有还款意愿和能力的借款人，向其提供既符合需求又不造成过度负债的产品，并且辅之以正确的还款激励。这样就从根本和源头上最大限度地减少赖账不还的发生。前端一切努力都做到了，后期产生的不良，一般来说应该在合理范围内，作为银行开展业务的成本该核销的就核销，也不必穷尽手段催收了。上门催收已是亡羊补牢，是为下策。上门催收成本高昂，造成金融机构形象和客户关系的损失。如果是恶意逃废债，施加催收压力情有可原，可能会起一定作用。如果因还款能力出现问题，上门催收徒劳无益，反而造成借贷关系紧张，伤害借款人的合法权益，不利于社会和谐稳定。我很赞同王君老师的观点。

　　从发达国家的情况来看，一方面是更重视个人合法权利不受侵害，重视个人隐私保护、消费者权益保护；另一方面由于征信和司法体系的健全，金融机构也并不需要诉诸上门催收这一方式。但中国，恶意逃废债、判决执行难比较普遍，逼得贷款人（或委托第三方）采取上门催收的方式，这样做其实贷款人需要付出很高的成本，对负责催收的员工也形成了很大的压力。如果对催收的约束较多，贷款人不能将重点放在催收上，会使得贷款人在设计产品、发放贷款时更加审慎，对贷款人也形成约束。

　　由于中国逃废债务、执行难的情况较为普遍，为了保护债权人权益、加强诚信建设，近年来立法、司法部门也是倾向于对债务人进行比较严格的处理。例如，《最高人民法院关于公布失信被执行人名单信息的若干规定》第七条规定，各级人民法院应当将失信被执行人名单信息录入最高人民法院失信被执行人名单库，并通过该名单库统一向社会公布。各级人民法院可以根据各地实际情况，将失信被执行人名单通过报纸、广播、电视、网络、法院公告栏等其他方式予以公布，并可以采取新闻发布会或者其他方式对本院及辖区法院实施失信被执行人名单制度的情况定期向社会公布。而国外一般是只能由利益相关人经申请后获得相关信息，不广泛向全社会公布。

三、各国个人破产法的发展和差异

"银行"（bank）一词起源于意大利语"板凳"（banca，即英语 bench），是最早的市场上货币兑换商的营业用具。而英语中"破产"（bankruptcy）一词也来源于意大利语（Banca Rotta），意为板凳坏了（bench broke）。破产和债权债务关系，相伴而生。

各国个人破产法律出台的时间差异很大，指导思想也经历变化。历史上，很多国家将不能清偿债务视为犯罪（触犯刑法），对债务人的惩罚极其严厉，债权人不仅可以执行债务人的财产，而且可以执行债务人（甚至其家人）的身体（作为其奴隶、仆役）。

欧美个人破产法律出台较早，相对成熟。例如，英国于1542年（亨利八世时期）出台第一部破产法，当时立法的主要目的是惩罚债务人，因欺诈、隐匿财产而破产的商人甚至可以被判以极刑。后来才逐渐区分诚实与非诚实债务人，有了破产免责等保护债务人权利的规定。21世纪以来，很多国家更重视给予破产中的无过错债务人东山再起的机会，从而推动经济的发展。2001年，英国政府公布了破产改革的白皮书《生产力与企业——破产：第二次机会》，随后修订了破产相关法律。①

美国个人破产制度也经历了债权人本位、债务人本位和债权人债务人并重三个阶段。第一阶段是从1800年第一部破产法到1978年，注重通过加大对债务人的惩罚来维护债权人的债权。第二阶段从1978年《破产改革法》到2005年，注重以个人破产制度平滑债务人的消费能力，引导债务人的消费预期，扩大其消费能力。但可能对债务人偏于宽松，对过度消费可

---

① 孙宏友.论英国破产法制度发展及其对我国个人破产立法的启示［J］.河北法学，2010，28（3）：163 – 168.

能也起了推波助澜的作用，在此期间美国破产率明显攀升。第三阶段为2005 年《防止滥用破产与消费者保护法案》至今，更注重平衡债权人和债务人的利益，通过个人破产制度引导债务人理性消费，鼓励个人创业，同时通过惩罚申请破产，防止过度借贷消费，维护债权人的合法权益，在一定程度上避免了有能力还钱的破产申请人企图把所欠债务一笔勾销的漏洞。①

美国的个人破产率近百年来逐渐上升（见图1），从 20 世纪上半叶的平均每千人有 0.15 人破产上升至 2004 年的 5.3‰，这主要是因为 20 世纪 50 年代后，信用卡等消费信贷越来越普及（1970 年有 16% 的家庭有信用卡，2000 年时 70% 以上的家庭有信用卡），美国居民储蓄率越来越低、居民负债率越来越高，一旦受到离婚、失业、大病等情况影响，就容易出现无法偿债的情况。因为 2005 年 10 月《防止滥用破产与消费者保护法案》生效，对破产更为严格，大量债务人抢在新法案生效前申请破产，所以 2005 年破产申请数量达到最高峰，2006 年破产申请数量跌至 20 多年来的最低点，此后因国际金融危机迅速上升，而后下降。图 2 中的美国破产申请数量含个人和企业，其中绝大部分是个人破产，1990 年时企业破产约占破产申请数量的 15%，2015 年只占约 4%。

每千人

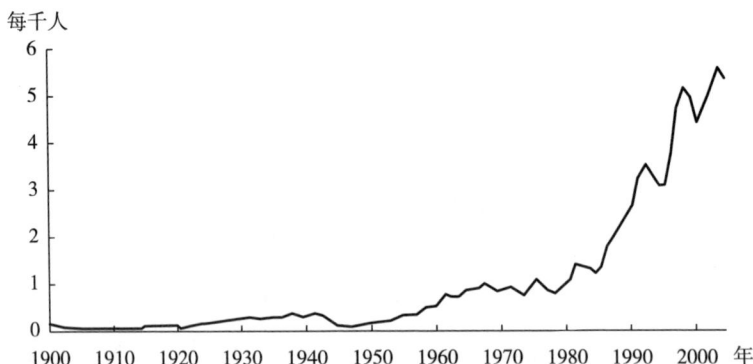

图 1　1900—2000 年美国个人破产率

（数据来源：Thomas A. Garrett. 100 Years of Bankruptcy: Why More Americans Than Ever Are Filing. Saturday. April 1, 2006, Federal Reserve Bank of Stlouis)

---

① 潘耀华. 美国个人破产法律制度主要内容及其对我国的启示 [J]. 金融发展研究，2013 (1)：84 – 85.

千例

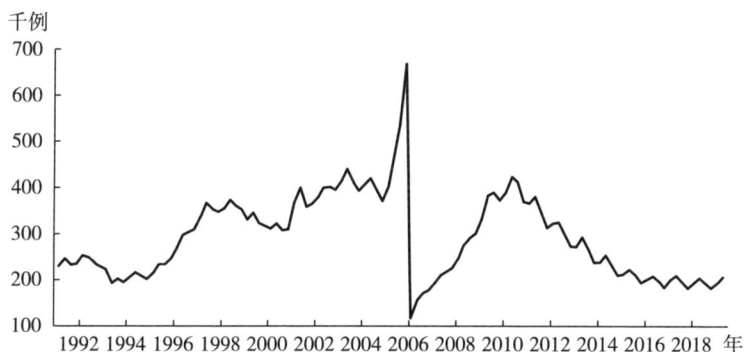

图 2　美国破产申请数量

一些国家也是自 20 世纪 90 年代以来才引入自然人破产程序。俄罗斯第一部《个人破产法》于 2015 年 10 月生效。我国是大型经济体中唯一还没有个人破产法的。

美国对个人破产最为宽松。美国前总统特朗普就曾经多次个人破产。有"投机之王"之称的股票投资者杰西·利弗莫尔，大亏大赚、大起大落，破产了 3 次。他在《股票作手回忆录》中写道，"必须承认，破产是很有效的学习手段"。他描述了第三次破产的情况，"我欠了超过一百万美元的债务，所有这些都是在股市上的损失。我的绝大多数债权人都非常友好，不会为难我，但还是有两个纠缠着我。他们总是四处跟着我。每次我一有盈利，他们就等在旁边，坚持立刻要我把欠他们的债还清。其中有一个人，我欠了他 800 美元，他还威胁要告我，扣押我的家具。我必须申请破产。要不然我怎么才能得到解脱呢？要是我再一次翻了身，我会清偿每个人的所有债务，因为责任还在。但除非我能够以原来的方式进行交易，否则我永远都不能将那 100 万美元的债务还清。我鼓起勇气去拜访我的债权人。我说：'我走这一步，并不是不想还你钱，而只是为了对我自己和对你公平起见，要赚钱，我必须置身于一个有利的位置。只要有这些债务造成的烦心和困扰，我就断然不能恢复过去的我。'债权人说，'我们完全理解你的处境。让你的律师准备好你希望的所有文件，我们签字'。这不仅仅是自然流露的好人情或好风格，也是一个极为明智的决定，因为这明显是个好生意。我非常欣赏这善意的表示和明智的商业进取精神。看到报纸上的报道让人感到很不愉快。以前我总是全额还债，而这次新的事件让我感到非常羞辱。在我从报纸上看到那篇报道以后，我甚至羞于出门。然而，所有这些在最近都已逐渐消失"。①

这次破产后，1915 年，利弗莫尔借钱买入伯利恒钢铁股票，大赚一笔，又恢复了元气。1916 年赚了 300 万美元，1917 年把破产前的 100 多万美元债务全部还清。没有破产保护下的东山再起，也就没有利弗莫尔的传奇人生。

欧洲对破产的规定比美国严厉。《德国的七个秘密》一书中写道，"德国中小企业的别具一格，家族企业的强大作用，以及对长远发展的专注，貌似并未产生像美国（特别是硅谷）表现出的那种创业活力。因为不允许失败，创业冲动也受到严重压抑。德国向来不准创业者轻易失败。失败的企业家在德国很难有第二次机会。和许多欧洲邻国一样，德国对待诚实但资不抵债的创业者多少有些像对待诈骗犯。相比起来，英国会在相对短的 12 个月后免除破产者的债务；美国的破产法则更为宽松。而在德国，失败的企业家要等上 6 年才有望重新开始，当然这比法国规定的 9 年仁慈一些。破产企业还得面临其他的悲惨后果。例如在德国，破产企业家通常可能被终身禁止在大型公司担任高管。所以历年来，许多雄心万丈的德国创业者唯有远走他乡。超过 5 万名的德国企业家和专家跑去硅谷；在旧金山湾区和曼哈顿、布鲁克林的硅巷，估计有几百家德国人设立的初创企业"。② 不过德国也在调整法规。1999 年，德国首次在其《无力偿债法》（*Insolvency Code*）中提出"重新开始"政策。默克尔政府也曾经提出把破产后免除债务的期限从 6 年缩短为 3 年③。

丁宇博士并不认为德国较为严厉的破产法制约了发展，他认为德国不是不允许失败，只是限制拿着别人的钱失败，把债权人、投资者的钱搞没

---

① 此处译文出自黄程雅淑翻译的《彼得·林奇点评版〈股票作手回忆录〉》，中国青年出版社，2012 年版。在钱振东翻译的《股票作手回忆录》，天津社会科学院出版社 2012 年版中，这句译为"就像我告诉你的，破产是一个非常有效的教育机构"。第三次破产的情况出自钱振东译的版本。

② 戴维·奥德兹，埃里克莱曼. 德国的七个秘密 全球动荡时代德国的经济韧性［M］. 颜超凡，译，北京：中信出版集团，2018.

③ Frank M. Fossen, Personal Bankruptcy Law, Wealth and Entrepreneurship Theory and Evidence from the Introduction of a "Fresh Start"［J］. IZA Discussion Paper No. 5459.

了，企业经营者是要负责任的，这制约了德国人的投机冲动，最好是多依靠自我积累，而中国更突出的问题是不负责任的投机冲动太多，契约精神不够，甚至通过逃废债务、圈投资者的钱自肥。他的观点有道理，但有的行业、有的商业模式，企业可以依靠自我积累慢慢发展，有的需要外源融资支持，本意是负责任的经营者也可能因为经营的不确定性而失败，这时要给他们出路。

一些对比各国或美国不同州的实证研究，如阿穆尔（Armour）和卡明（Cumming）（2008），法恩（Fan）和怀特（White）（2003）表明，更为宽松的破产法，的确有鼓励创业、刺激企业家精神的效果（表现为小微企业或自雇用者占比高等)[1]，虽然同时也会有使贷款人更加审慎，提高贷款利率或设置更严格的贷款准入条件、担保要求的效果。

不过，绝大多数个人破产还是因为消费贷款而非企业主的经营性贷款。消费贷款门槛降低、更易获得，刺激了经济发展，也使个人在经济状况的变动前更加脆弱。

四、中国需要加快制定个人破产法及债务催收相关法规

据国家发展改革委新闻发言人介绍，自 2013 年 10 月实施失信被执行人名单信息公布制度起，截至 2019 年 6 月末，全国法院累计发布失信被执行人名单 1443 万人次，累计限制购买飞机票 2682 万人次，限制购买动车高铁票 596 万人次，437 万失信被执行人慑于信用惩戒主动履行法律义务。这些措施对社会信用体系建设总体起到积极作用，但其中可能也有一些问题。例如有的企业家失败后再次创业，因为被列为失信被执行人，无法购买机票、高铁票，创业更加艰难。《财新》记者单玉晓的《求解个人破产》一文中指出，"企业可以通过破产重整救活，但为其提供担保的企业主甚至家属无法脱责，一旦无法清偿债务被债权人告上法庭，就很可能在案件执行不能时被法院限制高消费，而重整后的企业又需要这些人东奔西跑再创业，

---

① Frank M. Fossen, Personal Bankruptcy Law, Wealth and Entrepreneurship Theory and Evidence from the Introduction of a "Fresh Start" [J]. IZA Discussion Paper No. 5459.

故复活之路异常艰难"。"任一民和卢林都表示，对踏实创业的企业主，其创业失败应该得到宽容，而个人破产不仅能为这些'诚实而不幸的人'提供保护，给予其'重新做人'的机会，还能最大限度地帮助债权人公平受偿，是市场经济标配的退出机制"。有些人因为无法还债而"跑路"，甚至走上绝路。中国缺乏个人破产法，对作为企业家和作为消费者的个人来说，都产生了很多不利影响。

另外，按中国的《民法典》规定，分割遗产，应当清偿被继承人依法应当缴纳的税款和债务。继承人以所得遗产价值为限清偿被继承人依法应当缴纳的税款和债务。即父之债，子并无还款义务，除非继承遗产就应继承债务。中国有的地方的民间借贷习俗，是"父债子还"，有的地方是"人死债消"，不再向家人追讨。在前一种文化下，子女家人也受到极大的还款压力。在后一种文化下，有时借款人自杀以结束恶性催收的追讨。个人破产法对金融机构的借贷和民间借贷，都需要一并纳入。

从个人债务的催收到个人确实丧失还款能力时可申请破产，我们都应该借鉴发达国家经验，制定个人破产法以及公平债务催收的相关法规，平衡好打击恶意逃废债与保护因为不可控的风险导致经营失败的企业家、家庭或因个人意外（大病、失业）无法还款的个人消费者之间的关系，畅通市场主体退出渠道，保护公民合法权益。同时也必须持续完善征信和司法体系，避免恶意逃废债使贷款人成了"弱势群体"。

规范大学生互联网消费贷款

——美国大学生信用卡立法和争论的启示

"信用作为通向机会的钥匙和通向你应得的消费的手段，或者是作为罪恶的债务和你抵押的永远不会拥有的未来——这两个相反的观点贯穿于美国的历史。"

——美国金融协会前主席、印度央行前行长拉古拉迈·拉詹《断层线》

2021 年 3 月 17 日，中国银保监会等五部门印发《关于进一步规范大学生互联网消费贷款监督管理工作的通知》（以下简称《大学生网贷通知》或《通知》），引发关注和讨论。

一、《通知》收紧互联网消费贷款

《大学生网贷通知》规定小额贷款公司不得向大学生发放互联网消费贷款，银行业金融机构要审慎开展大学生互联网消费贷款业务。这比 2017 年发布的《关于进一步加强校园贷规范管理工作的通知》更为严格。

近年来，中国消费贷款发展迅速，大学生被视为重要目标客户，一些不良后果已经开始显现。银保监会等部门及时出台规定，有助于遏制互联网消费贷款对大学生的过度侵蚀。我赞同此通知收紧大学生互联网消费贷款的管理思路。

我认为，大学生应该少用互联网消费贷款。如果满足基本生活确有困难，应该申请助学金和助学贷款。助学贷款期限为学制加 15 年，最长不超过 22 年，还本宽限期最长 5 年。2020 年 1 月 1 日起，新签订合同的助学贷款利率按照同期同档次 LPR 减 30 个基点执行。低利率、长宽限期，这才适合大学生，待工作后再偿还。互联网消费贷款和信用卡，利率较高，不适合没有稳定收入的大学生。

这个文件以"花呗借呗不得向大学生放款"为话题上了微博热搜。支持者和反对者热烈讨论。反对者认为大型互联网公司通过小贷公司发放的消费贷款，有必要性，举出各种情况下大学生可能急用需要短期贷款的例子，比如买平板电脑，以后每月从父母给的生活费中还几百元，突发疾病去医院的医药费，不想向父母要钱让他们知道。在我看来，这些理由虽非毫无道理，但并不充分。购买手机、计算机或学车、参加某些培训等合理需求，如果父母有经济能力承担，正常的做法是在生活费外单独向父母申请一笔钱，如果父母没有经济能力承担，要通过打工还款，最好通过打工积蓄了足够的钱再消费，或者申请助学贷款来支付。助学贷款缺点是麻烦、申请时间较长，不像互联网消费贷款方便快捷。互联网消费贷款方便快捷的代价是利率高，容易加重经济负担。确实在"堵偏门"的时候需要"开正门"，满足大学生合理的信贷需求。

《大学生网贷通知》要求银行业金融机构严格落实大学生第二还款来源，通过电话等合理方式确认第二还款来源身份的真实性，获取具备还款能力的第二还款来源（父母、监护人或其他管理人等）表示同意其贷款行为并愿意代为还款的书面担保材料，严格把控大学生信贷资质。这和美国2009年《信用卡持卡人权利法案》要求不满21岁者要申请信用卡必须提供独立的收入来源证明或者有一个联署人很类似。这的确增加了申请难度，但大学生没有收入能力，父母其实不是第二还款来源，而接近第一还款来源了，让父母联署也无可厚非。

二、美国围绕大学生信用卡斗争的历史

（一）概况

消费贷款发达的美国，围绕大学生信用卡，也有长时间的争论。从20世纪90年代初开始，发卡机构大肆向大学生发卡，使不少大学生背上沉重债务，极端情况下申请破产和自杀的也屡见不鲜。由此引发了发卡机构、学校、家长、社会团体、立法机构、学者的争论和角力。

经过约 20 年的斗争，才在美国次贷危机后金融改革呼声的推动下，在 2009 年奥巴马签署的《信用卡持卡人权利法案》中，明确了对大学生信用卡的约束条件。虽然直至今日，争论仍然存在，但此法案实施后，大学生信用卡明显受到了约束控制。

至今，美国各种信用卡营销网站上推荐大学生信用卡，常见的开篇是学生信用卡是建立良好信用历史的第一步。当你在学校的时候，建立良好的信用记录可能不是优先事项。但当你今后租车、租房、买房，甚至找工作时，信用记录就会影响你。或者，很多大学生依赖于借记卡、移动支付或现金。但有个问题是，以这种支付方式你没有建立信用记录。你越早开始使用信用卡，越能早开始建立信用记录。有良好的信用记录意味着你未来可以享受更低的贷款利率[①]。

这听起来似乎是有说服力的话术。

但是，为什么大学生不能用借记卡量入为出，而要使用信用卡透支消费呢？为什么信用记录不能从有正式工作时再开始建立呢？这一套"早开始建立信用记录更好"的说辞，大概是各种贷款机构和征信机构合力构建的。对大学生来说，早开始使用信用卡，也许能帮助他们建立更好的信用记录，但毁了信用记录的也不少。

美国分年龄段的每季度每千人破产人数，最高的基本是 40~49 岁年龄段，18~29 岁年龄段和 70 岁以上年龄段的较低。18~29 岁年龄段破产人数，2020 年第四季度为每千人里 10.32 人，2009 年因次贷危机达到每千人里 45.36 人的高点（2005 年末破产人数高峰是因为新个人破产法从 2006 年生效，标准更加严格）（见图 1）。不少 18~29 岁的破产者也是因为在没有收入能力的大学生时期就借下过多债务。

（二）历程

20 世纪 80 年代末，美国信用卡市场接近饱和，发卡机构为进一步拓展信用卡市场，加剧了对次级市场（信用评分较低的客户）和大学生市场的竞争。发卡机构期望学生会有较高的未偿余额，因为其风险水平较高，可

---

① Best College Student Credit Cards of March 2021, https：//www.nerdwallet.com/best/credit-cards/college-student.

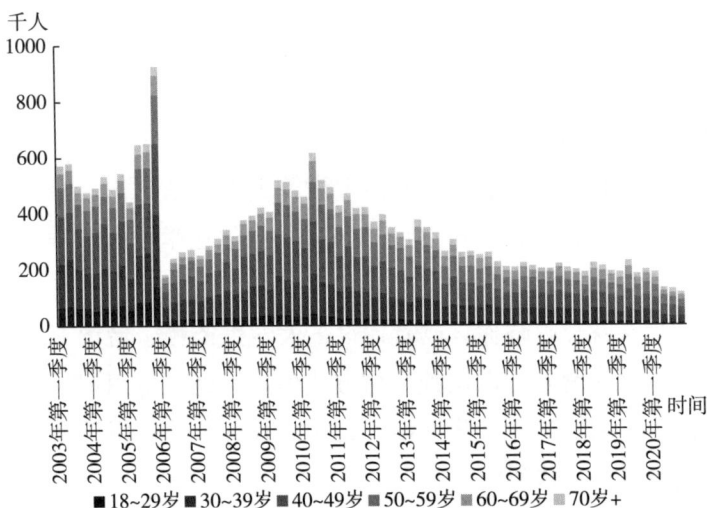

图1　美国新增各年龄段破产人数

（资料来源：纽约联储消费者信用专家小组、艾可菲公司）

以向他们定下更高的利率；并且大学生是未来预期收入较高的人群。实践表明，大学生对他的第一张信用卡忠诚度非常高（Ellingsworth，1997），培养起客户关系有利于学生在毕业后需要汽车贷款、住房贷款等金融服务时继续使用这家银行。向大学生发卡既挣了今天的钱，又培养了未来的客户。发卡机构蜂拥进入校园，通过现场发放礼品等方式争相吸引大学生申请信用卡。信用卡的广告和直邮的申请表在宿舍、食堂、教室铺天盖地。20世纪90年代初，发卡机构取消了21岁以下的人申请信用卡要父母联署的通行做法，采用更激进的营销措施。

20世纪90年代末，大学生信用卡债务导致的问题开始引起社会关注。1998年，美国公共利益研究团体（PIRG）对大学生信用卡做了一个调查，发现69%的学生是以个人名义申请信用卡，31%的学生称他们的父母还款或担保联署其至少一张信用卡。自己还款的学生中，38%每月还清，16%仅还最低还款额，9%常迟缴。PIRG对学校、学生和国会都提出了一些建议，如建议学校除非学生受过信用卡教育，否则应禁止发卡机构为学生填申请表而发放小礼品的做法，不应让发卡机构按信用卡申请数量向学生团体付费；建议学生在申请信用卡之前仔细考虑风险和收益，尽量还清欠款，只持有一张卡；建议国会对日益严重的学生信用卡债务问题召开听证会、立法。

1999 年，美国消费者协会（CFA）发起媒体对大学生信用卡问题的广泛报道，激起强烈的社会反响。人们认为学校应负责提供一个安全的、适宜学生学习和成长的环境，而发卡机构利用学生年轻、缺乏经验、没有财务经验，过度营销信用卡，导致大学生对信用卡过度使用，出现退学（以全时工作偿债）、精神疾患、破产、无法找到工作（因为不良信用记录），甚至自杀等严重问题。一个学生，大学 4 年下来，有 16 张卡，21000 美元债务。一个打两份工也无法偿还信用卡债务的大学生自杀时有 12 张信用卡，其家人愤怒质问发卡银行是如何审批发放这些信用卡的。一个母亲，因女儿在 1997 年因信用卡债务自杀，一直在呼吁加强对校园信用卡营销的限制。而发卡机构则称这些问题只影响很小比例的学生（3% ~4%），多数人不过是需要在工作后还清欠款而已。

发卡机构每年在大学中轮番进行营销，市场上还有替发卡机构进行校园信用卡营销的专业服务机构。一流的大学通过允许发卡机构在校园内营销（甚至向发卡机构提供学生资料）一年获得几百万美元是很普遍的事情。一些大学通过给予某些发卡机构以排他性发卡权利或发行认同卡，获得发卡机构给予的分成或捐赠，引起了社会对学校当局所扮演的角色的质疑（例如，田纳西大学和美一银行签下 7 年，金额达 1650 万美元的发行联名卡合约，不过美一银行解释说其主要目标客户是校友而非在校生）。美国银行在收购了 MBNA 后，拥有最多的和大学签约的校园内排他性发卡权利（700 所大学）。花旗银行也签下了 200 多家（Kathy Chu，2006）。发现卡（Discover Card）、第一资本（Capital One）、摩根大通等也是活跃的大型学生信用卡发卡机构。

社会各界，特别是学生团体、学生父母和校友会等对大学施加压力，要求禁止校园内的信用卡营销。1999—2000 年，400 多所大学禁止了校园内的信用卡营销，还有近 600 所正在考虑类似的限制。另外一些大学则通过对大学生进行信贷教育来预防可能产生的问题。

不过，据说一些声称禁止了校园内信用卡营销的学校只允许签约的一家发卡机构进行营销，这更为不公平。有的学校则允许所有发卡机构进入，对于签约发卡机构在校园内营销收的场地费低，对其他发卡机构收得高。

2000年以后，发卡机构又以各种方式突破了限制，政策限制逐渐放宽，校园内的信用卡营销再度升温（Fitzgerald，2003）。

大学管理层倾向于认为信用卡是日常生活的必需品，无论是在校园内营销还是校园外营销实际上没什么区别（比如禁止在校内摆摊，发卡机构就在学校周边），限制校园内营销不现实且没必要，重点应放在对学生的信贷教育上。

由于美国信用卡市场的极度饱和（当时每个持卡人平均有5张卡，2005年发卡机构直邮给客户的信用卡申请表达到创纪录的61亿份，回函率低至0.28%）；大学生市场每年都有一批新入学的学生，目标客户非常集中，营销成本相对较低，盈利性好，发卡机构对大学生市场的热情高涨。

除了以往的直邮、现场申请外，还有更新的营销方式，例如与学校的一些课程相结合（如某银行的"信用教育项目"，作为营销课程的一部分），电话营销、电子邮件营销更为普遍。

万事达从1999年开始在大学进行主题为"你是明智的信用消费者吗?"（Are You Credit Wise?）的信用教育活动。维萨则制作了以"生活中实用的金钱技巧"（Visa Practical Money Skills for Life）为题的适合从学前儿童到大学生使用的信用和财务教育课件。

从学者的观点来看，有学者认为应限制对未成年人（在美国，信用卡营销甚至已开始针对中学生，中学生将持有信用卡认为是一种地位象征，认为自己"长大了"）和大学生（美国各州成年人的标准是18～21岁，多数大学生已是成年人，但和有独立收入的成年人又不同）的信用卡营销。但很多人认为这无法起到作用，社会上充斥的信用卡营销总会影响大学生，发卡机构总会有办法绕开规定。

Mann（2005）认为发卡机构设计、营销产品和拟订的合同条款都存在故意利用典型消费者心理认知缺点的问题（如以较低的引入期利率和无年费吸引消费者，让他们不注意正常利率和违约条款），缺乏判断力的未成年人更容易被误导（类似于让未成年人吸烟），早早陷入透支消费、负债的行为模式。

Jekot（2006）认为，在美国，虽然信用卡对于大学生，也像对于其他人一样，有很多用途，从网上交易、订机票到其他交易，但是也并不是必需的。学生还是可以用现金或借记卡付款，信用的建立也不急于在大学时代，可以在工作了有稳定的收入之后。银行从大学生信用卡市场上盈利，但这是以一定的社会成本为代价的（破产是最明显的有负外部性的后果）。

Jekot 指出，信用教育中，仅有财务知识的教育是不够的，更重要的是深刻的基本理财观/价值观的教育，要让学生明白，大学教育中需要短期的牺牲来获得更长远的福利（现在读书不能挣钱，相应消费也受约束，这是为了以后有更高的收入），有的欲望只能延期满足（如果消费的不是必需品，应该等到工作以后再享受，而不能寄希望于工作以后再还债）。有了这一理念，才能抗拒发卡机构给予的种种诱惑，少受其试图改变消费者行为习惯的营销手段（各种美妙的广告、礼品、折扣、提高信用额度）的影响。

Manning 在《信用卡国度》中对大学生使用信用卡的问题作出了深刻的分析。美国已极其普遍的学生信用卡深刻地影响了学生的消费模式，塑造了年轻一代对信用和债务的观念。信用卡的使用有其必要性，快速增长的大学教育费用和低成本学生贷款的不足使很多学生不得不依赖于信用卡作为一个融资手段，在工作以后才能清偿。另外，信用卡也是弥补暂时性收支缺口的一个手段，如父母的生活费因种种原因没有按时汇来，暑假打工挣的钱在学期末用完了，只好透支，在寒假打工挣钱再还上，这种学生信用卡的债务变化是动态的，与学生的年级、学年周期、节假日等诸多因素有关。但是，大学生信用卡使学生太容易就获得财务自由，在缺乏自制能力和互相影响攀比下，财务自由常常演变为财务枷锁。大学生刚刚离开父母的权威管控，希望确立自己的独立地位，而信用卡给大学生以获得财务独立的假象。一些拥有父母给申请的信用卡的大学生还自己申请信用卡，以避开父母的监控。拥有信用卡增加了学生去做一些父母不允许的事情的经济来源，加剧了他们和父母之间的冲突。

从立法建议和实践来看，美国众议员 Slaughter 在 1999 年和 2001 年两度提起"大学生信用卡保护法案"（College Student Credit Card Protection Act），Slaughter 认为，大学生有限的挣钱能力和无限的消费能力导致他们成为发卡机构的目标客户，为避免他们陷入严重的财务困境，应对发卡机构作出限制。这一法案对向正常年龄的（18~22 岁）、全职的在校大学生发放信用卡作出限定。内容包括，除非父母或监护人对债务偿还负连带责任，否则大学生信用卡的信用限额应受到限制；对于有父母或监护人负连带责任的大学生信用卡，非经其书面同意，不得增加信用额度；禁止向没有独立收入、已拥有一张信用卡的大学生发放信用卡。美国银行家协会的发言人认为这一法案没有必要，是对年轻借款人的歧视。参议员 Dodd 提起"信用卡法案"（Credit Card Act of 2005）要求 21 岁以下的人申请信用卡应有联署人并表明独立收入来源，或提供一些证明。这一法案的反对者提出 18 岁以上的人按法律规定有独立签订合同的自由。参议员 Menendez 提起的"年轻消费者保护法案"（Protection of Young Consumers Act of 2006）也对发卡机构向 21 岁以下的人营销信用卡作出限制。但这些法案都尚未获通过。

调查和统计表明，发卡机构鼓励无力偿债的学生们借学生贷款来偿还信用卡债（Scurlock，2006），大学生申请破产数量增多（Northway，2007）。

2009 年，美国通过了由女议员 Maloney 提起和推动的《信用卡持卡人权利法案》（*Credit Card Holders' Bill of Rights Act*），该法案规定不满21 岁者要申请信用卡必须提供独立的收入来源证明，或者有一个联署人（监护人，担保在申请人发生坏账时代为偿还），才能申请信用卡。发卡机构不得在校园内或和学校共同举办的活动中给申请信用卡的学生以免费的实物礼物（如 T 恤、披萨等，但是可以给优惠券）。2014 年，美国政府问责局（Government Accountability Office）的研究表明，此法案显著减少了发卡机构向大学生营销信用卡。2019 年研究表明，此法案每年为消费者节约 120 亿美元的支出①。这一法案并没有禁止大学生持有信用卡，仍有很多大学生通过父母联署申请了信用卡。

三、消费观和消费信贷文化

对消费信贷的争论，最根本最底层的还是价值观消费观。《大学生网贷通知》中要求，关注学生消费心理，及时纠正超前消费、过度消费、从众

---

① Credit Cardholder's Bill of Rights, https：//maloney. house. gov/issues/credit－cardholders－bill－of－rights.

消费等错误观念，引导学生树立科学、理性、健康的消费观。

曾担任过美国金融协会主席和印度央行行长的学者拉古拉迈·拉詹在其《断层线》一书中写道，"信用作为通向机会的钥匙和通向你应得的消费的手段，或者是作为罪恶的债务和你抵押的永远不会拥有的未来——这两个相反的观点贯穿于美国的历史。前者往往流行于繁荣时期，后者则在经济萧条时期变为主流。我们是想要享受金融的创造能量，还是我们认为金融过于危险以至于大多数人不应该接近而且我们应该将它限制起来"？拉詹认为，"文明民主社会的整体趋势是不断为所有人扩张选择的权利而不是限制选择，更不用说仅仅对特定的人群进行限制"。

我认为，总体上，金融应该扩充人们选择的自由，但不是所有人都能善用这种自由。对成年人，自由的后果能由自己承担。但是大学生，绝大多数都没有获得收入的能力，需要作出一定的限制，限制也是保护，防止他们滥用举债消费的自由。

拉詹虽然是印度裔，但他在美国读的博士和工作，观念比较美式。德国人的观念颇不相同。美国是消费文化，德国是储蓄文化。美国更强调自由，德国更强调责任。德国财政部前任部长、德国联邦议院议长沃尔夫冈·朔伊布勒在其《未来必须节制——我们从金融危机中学到什么》一书中认为，"节制与适度就是这个社会的核心价值"。"自由——无论是个人还是经济的自由——总是建立在责任的基础之上。将自由与责任二者联系在一起需要秩序"。

一般来说，不发达国家金融供给不充分，居民杠杆率（居民负债/GDP）较低，发达国家较高，但发达国家由于信贷文化不同等原因，居民杠杆率差异很大。根据国际清算银行（BIS）数据，2021年第二季度末，新兴市场经济体平均居民杠杆率为52%，发达经济体平均为77.1%。中国的居民杠杆率达61.2%，超过了德国（57.8%）、新加坡（54.3%）、意大利（44.1%），略低于日本（66.5%），当然还远低于英国（86.9%）、美国（79%）。2021年第二季度末和2016年末相比，中国的居民杠杆率提高了17个百分点，仅次于中国香港和韩国。

让我们来比较中美的信用卡透支余额和学生贷款规模。2021年末，美国信用卡透支余额为8600亿美元，折合人民币5.46万亿元。2021年末，中国银行卡应偿信贷余额为 8.62 万亿元，即中国的信用卡透支余额已高出美国 58%。不过中国信用卡透支余额虽高，很大一部分在免息还款期内还款。美国使用最低还款和分期还款的比例高于中国。不过这也反映出中国的消费观念，从和德国更相似的"先存钱，后消费"，逐渐转为和美国更相似的"先消费，后还款"，特别是年轻一代。

相比较而言，中国助学贷款规模较小。人民银行未公布助学贷款余额，据《2019 年中国学生资助发展报告》，2019 年我国发放国家助学贷款共计 346.07 亿元，比上年增加 20.53 亿元，增幅达 6.31%。据统计，1999—2019 年，国家助学贷款共计发放近 2420 亿元。而美国学生贷款在 2010 年首次超过信用卡透支余额，并保持至今。在 2008—2013 年美国居民去杠杆时期，学生贷款是唯一每年贷款余额还在增长的个人贷款品种。2021 年 9 月末，美国学生贷款余额为 1.58 万亿美元。学生贷款成为美国人的沉重负担，例如美国前总统奥巴马在 43 岁时才还清学生贷款。2021 年 1 月公布的规模达 1.9 万亿美元的经济刺激计划中，拜登提议为每个学生免除最多 1 万美元的学生贷款债务。民主党两位参议员还呼吁拜登为每个学生借款人免除最多 5 万美元的学生贷款债务，拜登没有同意。

中美文化不同，美国大学生有很高的比例需要本人负担教育和生活费用，靠打工和学生贷款，而中国大都由父母负担子女上大学的费用。

围绕大学生互联网信用消费贷款的讨论，最重要的问题是我们应该倡导、培养年轻人什么样的消费观、消费信贷文化。贷款如何规范管理的技术性细节倒是其次，反映的是鼓励还是控制的管理思路。

第四篇

资本市场和资产管理

从国际经验看银行理财业务转型的挑战[*]

【摘要】我国银行理财面临转型，欧美成熟市场资产管理行业也面临很多新的挑战。我国银行理财和国外资管业面临的问题和挑战，既有共性也有不同。当前，在监管环境、盈利能力、风险隔离边界界定、全市场投资能力、长期客户关系建立、管理模式和产品形式转型等方面，我国的银行理财业务需要直面挑战，探索转型。

中国的银行理财业务走出了一条较为独特的发展路径，目前面临从利率市场化的替代品向真正的资产管理转型的挑战。这需要多借鉴欧美成熟市场的经验，但欧美成熟市场资产管理行业在近年来也面临很多新挑战，也在调整和转变。我国银行理财和国外资管业面临的问题和挑战，既有共性之处，也有个性之处。很多问题需要从业者继续探索。

挑战一：监管趋严

在国际金融危机后，欧美国家监管当局因为受到以前监管不力的诟病，加强了对资产管理行业、影子银行的监管，出台了新的监管规定。监管的核心目的是保护金融消费者合法权益，防范金融体系的系统性风险，维护金融市场稳定。这些新的监管规定是否有助于达到上述目标，是"监管过度"了，还是仍嫌"监管不足"？是能把金融机构过度承担风险等行为给经济体系带来的负外部性成本内部化，更有利于控制风险、创造社会效益，

---

[*] 发表于《中国银行业》2015年第5期，发表时略有删节。本文为全版，未更新。2018年资管新规发布、银行系理财子公司陆续成立后，市场情况变化较大，但本文所列的多数挑战仍然存在。本文被评为《中国银行业》杂志2015年度"最受欢迎十篇好文"。

还是增加了资管机构的合规成本和社会成本，而效果有限？到底是要比照对传统商业银行的监管，还是要尊重资管行业自身的特殊性？国外监管机构、业界人士、学者们也提出了不同的意见，争议很大。如美联储前主席格林斯潘认为《多德—弗兰克法案》会导致严重的由监管引发的市场扭曲和效率降低。我国关于银行理财的"资金池"管理模式、理财产品之间交易、对"非标"的限制、理财投资并表、风险准备提取等问题，同样存在争议。

例一，美国基金业的行业组织美国投资公司协会（ICI）一直强调，货币市场基金不是银行，不能当银行来监管，反对美国 SEC 对货基作出资本要求的动议。ICI 也反对 SEC 想规定的货币市场基金必须采用可变净值方式（VNAV：variable net asset value 或 floating NAV）计价。最后监管有所折中，SEC 在 2014 年 7 月通过新的监管规定：自 2016 年起，主要投资于政府债券的货币市场基金和销售给零售投资者的货币市场基金可以继续采用固定净值方式，向机构投资者销售、主要投资于公司债券和免税市政债的货基必须采用可变净值方式。欧盟则规定继续采用固定净值方式的货基必须保留基金规模 3% 的资本缓冲。

例二，美国的《多德—弗兰克法案》中设计了对系统重要性非银行金融机构的有序破产清算制度。本来监管部门想建立对系统重要性非银行金融机构的事先收费制度，但在这些机构的反对下，最后的方式是事后收费制度：有序清算基金设在财政部，不通过向私营部门的事先收费形成。FDIC 可以从该基金借款以支付破产清算的费用，然后在 60 个月内（或财政部批准的更长时间内），归还财政部的借款。还款来源是处置破产清算公司的资产和向大型金融公司收费支付。笔者认为，通过事先收费来建立基金有利于抵御风险，但会提高经营成本。可以对照思考我国的信托业保障基金制度。

例三，英国在国际金融危机后进行了系统的金融监管改革，颁布了一系列监管规定，强化了对金融消费者的保护，比如从 2012 年 12 月 31 日开始实行"零售分销审查制度"（RDR），对理财顾问（包括独立理财顾问和受限理财顾问）提出了更严格的要求，包括禁止独立理财顾问公司通过金融产品从提供商处收取佣金，只能向客户直接收费。这些监管措施既受到好评，也引起一些争议。如英国独立理财顾问协会（AIFA）发布的研究报告称，复杂的监管规定和报告要求加重了合规负担，2013年理财顾问公司的合规成本约为4.6亿英镑，这些成本最终还是会由客户负担，相当于每个客户一年要支付合规成本170英镑。

笔者认为，一方面，银行理财业务要适应监管导向，在合规的前提下审慎经营；另一方面，包括银行理财在内的各种资产管理业务还亟待加强顶层设计。监管规则对塑造理财业务未来发展模式将起到决定性作用，我国监管机构、从业人员、社会各界需要加强研究和沟通探讨，使新的监管政策能更有利于行业的健康发展。

挑战二：如何保持盈利能力

据波士顿咨询公司2014年资产管理业报告，2013年全球资管行业利润达930亿美元，除以年初和年末管理资产规模（AUM）平均值，为1.4‰。2013年和2007年相比，全球资管行业收入仅增长了2%，成本上升了6%。据《中国银行业理财市场年度报告（2014）》统计，2014年中国银行业理财市场实现银行端收益（含托管费、管理费、销售费、超额收益等）约908亿元，除以年初和年末理财余额的平均值，为7.2‰。注意前者是利润/管理资产规模，后者是收入/管理资产规模。但都反映出资产管理机构的利润率水平并不高。2014年高盛年报列出其财富管理业务中平均有效管理费为40个基点。全球最大的资产管理机构贝莱德公司2014年末AUM高达4.7万亿美元，净收入仅为33亿美元。可见国内外资产管理机构收费水平远低于银行存贷利差。我国银行理财并不像很多人认为的那样动辄加几百个基点的中间费用（在极少数业务中有）。银行理财有一些"通道费用"由通道机构收取，这是由于银行理财尚没有独立的法律地位以及监管规则的不统一。解决方案一是赋予银行理财产品独立的法律地位，实现SPV的破产隔离作用，二是统一各类资管产品的监管规则，解除不必要的限制。

资产管理业务是直接融资，但和投资银行将企业发债或上市后职责即完成不同，资产管理机构对客户的投资负有更长期的管理责任，又和间接融资中银行的角色有类似之处。我们提倡打破"刚性兑付"就是要让客户自己承担主要的风险和收益，这样才能使直接融资的风险在投资者中分散，而非集中在金融体系内部。也正是因为资产管理业务不像存贷款业务一样，有风险资本、贷款拨备、存款保险等成本，而是风险和收益更多由投资者承担，所以经营成本更低。节约的成本主要增加了投资者的投资收益（承担风险的收益），也可能降低了融资者的融资成本，而转化为资管机构利润的比例相对不高，上述数据可以证明（被社会关注的经常是一些非标投资的高利率，但是理财投资中债券占比更高，驱动了债券牛市，降低了企业债券融资成本）。外界经常看到资产管理业务相对于银行传统业务没有资本等成本的"监管套利"和没有拨备等保障措施的脆弱性，没有看到其带来的投融资对接效率的提高。资产管理业务正是传统银行面对资本充足率和资本回报率之间的矛盾，对市场不可能不断满足银行资本饥渴问题的解决之道。资产管理比银行传统业务更不依赖于资本，更依赖于智力——专业投资管理能力。

由于合规、科技投入、客户服务等成本的增加及互联网技术发展带来竞争加剧，全球资产管理业都面临着成本比收入增长更快的压力。特别是中国在经济下行期，又面临其他投资分流存款和理财的压力，理财业务以盈利还是以维系客户为主要目标？可能很多银行不得不更偏向后者，而且根据企业会计准则并表要求，银行端收入超过投资收益的30%就要将资产并表，这使高收益投资银行也不能收取太多费用。目前，我国银行理财在银行的盈利贡献中并不太大（理财及私人银行收入绝对值最高的工商银行，2014年此收入为356亿元，占营业收入的5.4%）。即使在资产管理业务居于前列的美国综合性大银行中，2014年，摩根大通和富国银行，资产管理和财富管理板块的收入分别占总收入的12%、17%，利润也仅占总利润的10%左右，美国银行资产管理和财富管理板块收入占总收入比重高达22%，它收购了美林证券是一个重要原因。可见资产管理确实是一个资产管理机构与客户共赢，客户获得更大部分利益的业务。

挑战三：清晰界定风险隔离边界

银保监会要求银行自营业务与代客业务相分离，进行风险隔离。这也是国外的通行做法，要求不同性质的业务之间有防火墙。投行是"卖方"，职责是创建、销售金融工具，而资管和财富管理是"买方"，对客户负有信托责任，二者的职责是存在利益冲突的（"大投行"或"大资管"可能有时概念比较宽泛，包括投行、资管、财富管理，它们需要联动，但也要有防火墙）。国外的监管在这方面也非常严格，特别是对银行的信托责任要求严苛，例如不许不恰当地诱导客户多投资于本行承销的证券、本行发行的基金。美国一些银行（富国银行、美国银行、美联银行等都有案例，如2007年的 Ralph Brooks 诉美联银行案）曾被客户起诉，客户称银行将全权委托信托财产全投向于该行发行的共同基金，而非市场上业绩更好的基金，违反了信托责任的要求，有的案例中法院判决银行赔付，有的则驳回了原告。2015年美国某大银行受到美国证券交易委员会调查，认为其通过向财富管理部门提供额外的激励，使得其理财经理更多地向客户销售本行发行的共同基金。若明确我国银行理财是信托关系后，可能银行也会面临更大的信托责任压力。

欧美的大银行已从早期银行的财富管理部门主要销售自己资产管理部门的产品和服务，发展到现在财富管理部门和资产管理部门既发挥银行内协同效应、紧密协作，又引入市场化竞争的关系。一方面，多数银行的财富管理部门都强调从客户利益出发，打造一个开放式平台，既向客户提供本行资产管理部门的产品，也引入第三方产品，让客户有更丰富的选择，优化投资组合；另一方面，资产管理部门不仅向本行财富管理部门提供产品和服务，还向第三方销售渠道提供产品和服务。

银行开展多种业务、发展成为金融控股集团、控股多种类型的金融机构，都是希望通过业务联动、交叉销售，发挥规模经济和范围经济优势。资产管理与财富管理业务之间及与投行等其他业务板块之间，需要发挥协同关系。另外，在代客业务流动性出现问题时，自营资金能否给予流动性支持，这是降低了业务风险还是使业务风险可能传染？自营和代客之间是否允许以市场公允价格交易？如何既发挥集团综合经营优势，又划分清楚自营和代客风险隔离的边界，防止利益冲突？欧美国家经过多年的发展和法院判例原则基本清晰，但也有新的情况变化（次贷危机后"影子银行"与银行的关系引起巨大争论，与此有关。如货币市场基金的母公司是银行的，采取"发起人支持"的做法，被认为将存款保险安全网延伸至非存款保险机构）①。在中国，这一原则和具体要求还需要进一步厘清。

挑战四：增强全市场投资能力

近期，随着股市的火爆，银行理财资金进入股市也成为热点话题。资产管理机构存在的价值就在于组合投资，必须做好大类资产配置，在大类资产轮动中寻找投资机会，但各个机构擅长的投资领域会有差异。从国外大型资产管理机构的投资方向来看，几乎无所不包，横跨全球各个国家的固定收益、权益、房地产、衍生品等。欧洲资产管理行业在2008—2013年的6年间，股票投资占比在27%~33%间波动（见表1）。从国外大型银行年报披露的资产管理投资情况来看，大多数银行资管的股票类投资占20%~40%，固定收益投资占20%~50%。股票投资占管理资产的比重和股市走势密切相关，由于近年来多国股市向好，2013年全球资管投资中股票比例增长了5个百分点，债券比例减少了12个百分点。

资产管理机构参与股市的意义不只在于为投资人寻找资产保值增值的渠道，而且还担负着作为受托人行使好股东权利、积极参与被投资企业公司治理的责任（由于散户投资金额小，除了用脚投票的方式，真正参与公司治理并不经济，而资产管理机构由于投资金额大，有参与公司治理的动力）。对于机构投资者持股是否能改善公司治理并提升公司价值，国内外实证研究较多，结论也不太一致，有些研究发现二者显著正相关，有些研究认为二者没有显著关系。据 Hagendorff（2014）的研究，欧洲资产管理机构带来的公司治理改进提升了股票价格的8.5%，康均、张谦（2015）研究认为机构投资者总体持股对公司价值有显著的正面影响，特别是采用集中投资策略的证券投资基金。多数人达成的共识是，成熟的股票市场正是因为以机构投资人为主（2013年末欧元区资产管理机构持有的股票占流通股的42%），投资行为才能更加理性，真正起到优化资源配置作用。若认可资产

---

① 周琼，陈剑．资管刚性兑付怎么破：境外案例的启示 [J]．当代金融家，2015（5）：59–63.

管理机构作为机构投资者的作用，而且理财产品在实现净值化、理财经营实现事业部或子公司制后，就应该降低对银行理财投资股票股权业务只能针对高净值客户的限制，让更多的客户通过投资资产管理产品来分享股市收益，而非鼓励更多散户直接入市。

表1　　　　　　　　　　　欧洲资产管理行业投资结构

单位：%

年份	债券	股票	现金和货币市场工具	其他
2013	43	33	8	16
2012	46	29	10	15
2011	46	29	11	14
2010	46	27	16	11
2009	44	32	14	10
2008	46	27	16	11

数据来源：欧洲基金和资产管理协会（EFAMA）。

我国因为原来银行理财依托银行债权类投资能力优势，以及前些年股市长期处于熊市，所以股票股权类投资比例相对较低，今后适当加大配置也符合资产管理业的一般规律，有利于和资本市场共同发展。但也面临一些挑战，一是多数银行在二级市场股票投资能力上不具有优势，目前或聘请外部投资顾问投资，或从事的是股票配资业务而非真正的股票价值投资。二是股票市场波动大，如2008年国际金融危机时全球股票市场市值最多下跌近35万亿美元，比此前高点跌去了一半多，单个股指泡沫破灭后跌去2/3甚至80%的事也不少见。因银行客户的特点，更需要研究投资策略，注意客户教育、交易结构设计和风险控制等问题。非上市公司股权投资可能比二级市场股票投资更能发挥银行资管的长项。我国银行资管部门在境外投资上的能力和全球大银行基本还不可比，多数采取通过QDII业务销售外资行产品的方式。我国银行理财在中国跨市场、全球跨市场投资的能力还有待建立。

挑战五：建立长期客户关系

发达国家的资产管理行业，多以机构客户为主。例如，2014年末欧洲资产管理行业的 AUM 中，74% 来自机构客户，仅 26% 来自个人客户。机构客户中，保险公司占 39%，养老金占 33%，其他机构占 25%，银行占 3%。这使客户给予资产管理行业的资金更加稳定，客户追求的是长期的业绩，注重资产管理机构清晰的投资哲学和符合自己风险收益偏好的投资风格、策略，而不只注重短期的业绩。欧美相对中国已更偏重于长期，但欧洲资管行业报告和普华全球资管报告都认为还需要进一步培养客户长期投资理念，以匹配客户端养老需求和投资端基础设施建设的长期需求，资管行业的核心是提供长期的投资和风险管理。而中国银行理财余额中，约 2/3 来自个人客户，1/3 来自机构客户，机构客户中多数是一般工商企业和金融机构，造成客户投资行为较为短期化、更为注重短期收益与理财的较长期限投资之间形成期限错配的局面。

银行理财要进一步发展，一方面需要养老保障机制的进一步完善，并且银行资管也逐步开展养老金、社保资金、企业年金的受托管理业务，发展长期机构投资者。另一方面需要进行投资者教育，包括转变产品形式，长期开放式产品有利于客户长期投资，而非短期固定期限产品导致客户必须在到期后寻找新的产品，同时要提供财务咨询规划服务、全权委托服务，建立更长期、稳定、良性的客户关系。

挑战六：管理模式和产品形式转型

银行理财业务的管理模式正在转型。2014 年，监管要求银行理财业务实行事业部制管理，2014 年 12 月，全国银行业监督管理工作会议提出对理财等业务板块进行子公司改革试点。笔者认为，我国银行资产管理和财富管理业务相关的部门设置和管理模式优化，需要放在商业银行组织架构调整、流程优化的全局中整体考虑。

从国外大银行的情况来看，一般分为 3～5 个一级业务板块，收入、利润、资本回报率等指标均能按一级业务板块核算。一级业务板块可以看作大事业部（经常也同时是一个一级子公司），每个板块内可能有很多子公司或孙公司。在《银行理财十年蝶变》一书中，收录了笔者的《国外商业银行资产管理业务组织架构和业务模式概览》一文，该文研究了十几个资产管理业务居于前列的国外大银行情况。资产管理和财富管理在有的银行是一级业务板块，有的是一级业务模块下的重要条线。资产管理板块在法律形式上多采取子公司形式，经营上实际相当于银行的业务部门（如 JP 摩根资产管理控股公司、瑞银全球资产管理公司，都是银行 100% 控股子公司）。国外大银行由于监管法规要求、收购兼并历史、税收筹划和风险隔离考虑等多种因素，形成了金融控股集团［（美国称为金融控股公司（Financial Holding Company），欧盟称为金融集团（Financial Conglomerate）］控股参股众多子公司的复杂组织架构，经常旗下子公司达几十个、上百个，算上旗下结构性实体甚至达到上千个。如德意志银行 2014 年年报披露，德意志银行集团由 769 个实体组成（不包括母公司 Deutsche Bank AG），包括 115 个信贷机构、2 个支付机构、60 个金融服务机构、396 个金融企业、8 个投资基金管理公司和 188 个附属服务企业。2013 年摩根大通的 10 - K 表中列出 500 多个子公司，其中 JP 摩根资管公司下列出 59 个子公司；2014 年的 10 - K 表中，只列出了显著重要的 49 个子公司，其中 JP 摩根资管公司下列出 6 个子公司。国外大银行这种架构有其优点，例如实现独立核算和一定程度的风险隔离，出售购买业务模块简便，但也被监管部门认为洛可可式层叠交错的公司结构太过复杂，而且也难以真正实现破产隔离，母公司一般还是会救助出问题的子公司而不会任由其破产，国际金融危机中甚至将表外结构性实体入表。

产品形式方面，从国外情况来看，发达国家资管机构向客户提供产品和服务的主要形式是共同基金和专户/委托管理［Mandate，一般分为全权委托（Discretionary Mandate）和咨询委托（Advisory Mandate）］。各类客户均可投资于基金，委托管理适用于高净值客户和机构客户。从普华永道全球资管行业数据、EFAMA 的欧洲资管行业数据来看，基金均占将近一半，委托管理占略多于一半（有一些通过委托管理的形式投资于基金，二者略有交叉）。银行或银行系资产管理公司在发行基金方面和其他基金公司受到同样的监管，平等竞争。国外银行的资产管理子公司实际上也是大型基金公司。

我国目前的银行理财以预期收益率型产品为主，和公募基金差异较大，监管提倡向开放式净值型（也就是基金化）转型，在 2014 年末征求意见的

《商业银行理财业务监督管理办法》中也较多地参照了公募基金管理办法。理财产品的转型和管理模式的转型之间存在有机的联系。产品形式的转变使管理的复杂度进一步增加，也要求管理机制更加规范。

我国银行的资产管理部门无论是和国内的基金公司相比，还是和国外银行的资产管理子公司相比，在人员数量、激励机制上都还差距较大。例如，我国目前管理资产规模超过 2000 亿元的基金公司，员工基本都在 400 人以上，而多数理财规模达几千亿元甚至上万亿元的银行，资产管理部只有几十人，只有个别大银行资产管理部人数上百，因为从理财产品销售到投资管理等多个环节，仍主要借助和依托分行和总行其他部门的力量。而据摩根大通年报，2014 年摩根大通资产管理公司有 2 万名员工，其中组合管理经理 600 多人，研究分析师 250 人，市场策略师 30 人；2014 年，瑞银全球资产管理公司有 3817 名员工，其中投资团队 900 多人。中国的银行资产管理部门还需要增加人员配备，从激励机制、运营模式上都更加市场化，建立子公司将有助于解决这些问题。

银行系资管子公司的他山之石[*]

在我国，银行理财子公司尚属新兴事物，正处于起步阶段。而从国际经验来看，银行系资管公司是主流。世界前20大资管公司，有11家属于银行系，包括瑞银、摩根资管、道富等，并且发展已经较为成熟。

借他山之石，悟攻玉之道，国外银行系资管子公司的发展经验，能够为我国银行理财子公司的未来发展提供一些启示。

一、国外银行系资管子公司概况

（一）资管板块地位和机构设置

国外很多银行将资产管理作为3～5个一级业务板块之一（多和财富管理、私人银行相结合），也有的银行将其作为一级业务板块下的重要业务条线。

例如，从2012年开始摩根大通将业务分为消费者和社区银行（含大通财富管理子板块）、公司和投资银行、商业银行、资产管理（含全球投资管理、全球财富管理两个子板块）四个主要板块。2016年，资产管理板块改名为资产和财富管理板块（全球投资管理更名为资产管理，全球财富管理更名为财富管理）。

从2016年开始，美国银行业务分为四大板块：消费者银行、全球财富及投资管理、全球银行、全球市场。全球财富及投资管理板块下有美林全球财富管理（负责可投资资产在25万美元以上的客户）和美国信托，美银私人财富管理（负责高净值和超高净值客户）两个子板块。

　＊　本文发表于《金融博览·财富》2019年第4期。

2009—2014 年，富国银行业务分为社区银行、批发银行以及财富、经纪和养老（Wealth，Brokerage and Retirement）三大板块，2015 年开始，财富、经纪和养老板块改名为财富和投资管理板块（Wealth and Investment Management）。财富和投资管理板块提供全面的财富管理、投资与养老产品和服务，旗下包括富国咨询师、私人银行、Abbot Downing①、富国机构退休与信托、富国资产管理。

2011 年开始汇丰控股分为四大环球业务板块：零售银行及财富管理（RBWM）、工商金融（CMB）、环球银行及资本市场（GB&M）、环球私人银行（GPB）。RBWM 和 GPB 板块分别面对零售银行和私人银行客户，提供存贷款、资产管理、财务规划、经纪业务等服务。GPB 板块还提供公司理财、另类投资、信托和不动产规划等服务。RBWM 和 GPB 板块提供的投资产品来自汇丰全球资产管理公司、汇丰保险和第三方机构。

瑞银集团原分为五大业务板块：财富管理（除美洲外）、美洲财富管理、零售和公司银行（只在瑞士开展）、资产管理、投资银行。2018 年 2 月，财富管理（除美洲外）和美洲财富管理整合成全球财富管理板块，即目前分为四大业务板块。

从以上国外大银行业务板块设置来看，其普遍将资产管理、财富管理业务置于重要地位。和银行表内业务不同，资管业务是"受人之托，代客理财"，风险和收益绝大部分都由客户承担，所以在综合性银行中，即使管理资产规模（Assets under Management，AUM）很大，资产管理板块一般利润贡献并不高（2017 年和 2018 年，富国财富和投资管理板块利润分别占全行的 12.05%、11.63%，摩根大通资产和财富管理板块利润分别占全行的 9.60%、8.79%），其重要性更多来自盈利贡献之外的维系客户、提供综合金融服务等。

（二）资管业务开拓情况

在混业经营的模式下，国外大银行资产管理部门首先是作为产品部门，向各类客户提供资产管理产品和投资服务（特别是对零售银行部门而言），

①　2012 年富国银行在整合原来旗下财富管理机构的基础上推出的服务品牌/子公司，针对可投资资产在 5000 万美元的超高净值客户以及捐赠基金、养老基金等客户。

很多也作为客户部门，直接服务于机构客户，特别是主权基金、养老金、保险公司、中小金融机构、大型公司企业等。

各银行都重视把公司客户的高管层发展为财富管理或私人银行客户，向其员工提供零售银行和财富管理服务。特别是一些投行业务和私人银行服务都是业界翘楚的银行，在争夺优秀企业的 IPO 主承销资格中，将为公司创始人提供个人财富剧增后财富管理和传承的解决方案作为有力的竞争工具之一。

（三）品牌管理

国外大银行的资产管理部门经常收购其他银行或独立的资产管理机构，以获得专业领域的投资能力和客户群体。在这个过程中，品牌管理就变得很重要。从各银行资产管理的品牌来看，有强化统一品牌和打造子品牌两种模式，管理模式上则有强化统一平台和去集权、分散化管理两种方式，前者更为常见。

纽约梅隆银行较为典型地保留了多个资产管理公司的子品牌（称为"精品店"模式），保留其不同的客户定位和投资风格。富国银行对超高净值客户服务，也采用"精品店"模式，用不同的品牌。

很多银行收购其他资产管理机构后，暂时性使用其品牌名称过渡，然后统一到自身品牌。例如，美国大通银行于 2000 年收购了英国投资银行弗莱明集团（Robert Fleming Holdings Limited），其资管子公司当时名为摩根弗莱明资产管理（JPMorgan Fleming Asset Management），2004 年即更名为摩根资产管理。汇丰从 2008 年起将汇丰环球投资管理（HSBC Global Asset Management）作为汇丰专业投资业务的唯一品牌，对其在各国收购的资产管理公司都只是利用其管理能力和客户基础，不再保留其原品牌。瑞银、德意志银行等也基本上采用这种统一品牌策略。

美国银行收购的美林证券、美国信托（美国第一个信托公司），在资产管理领域的品牌价值很高，收购后它不仅保留这两个品牌，还将自己原有的全球财富及投资管理板块业务整合到这两个子品牌旗下，这种情况持续了多年，但近期美国银行开始推行"一个公司"（One‐Company）策略，从交易和投行部门中移除"美林"品牌，"美国信托"的品牌也将停止使用，"美林"品牌仅用于财富管理业务。

二、一个案例：摩根大通资管业务

摩根大通目前市值居全球银行第一，一级资本和资产均为美国第一大银行，也是各项业务均居业界前列的全功能商业银行。摩根大通和众多欧美大银行一样，实行的是矩阵式组织体系，四大业务板块即四大事业部。本文以摩根大通资管为例介绍银行资管业务运作情况。

（一）资管板块

摩根大通资产和财富管理板块（以下简称资管板块）收入约占全行的12%，利润占近10%，ROE基本是四大板块中最高的（见表1）。2018年，资管板块收入141亿美元（其中资产管理收入72亿美元，财富管理收入69亿美元），利润达29亿美元，都创历史新高。全行25.61万名员工，资管板块有2.39万人，其中客户投资顾问（client advisors）有2865人。2015年年报曾披露，资管板块有组合管理经理600多人，研究分析师250人，市场策略师30人，研究队伍十分强大。资管板块的分析师每天早上都会以电话会议的形式向全行客户投资顾问分析全球金融经济形势、市场动态和投资建议，以便其向客户提供投资意见。

表1　　　　摩根大通2018年和2014年各板块经营业绩对比

单位：%

板块	2018年				2014年			
	收入占比	利润占比	人数占比	ROE	收入占比	利润占比	人数占比	ROE
消费者与社区银行	46.7	45.7	50.6	28	45.3	42.2	56.8	18
公司与投资银行	32.7	36.3	21.3	16	35.4	31.8	21.2	10
商业银行	8.1	13.0	4.3	20	7.0	12.1	3	18
资产和财富管理	12.6	8.8	9.3	31	12.3	9.9	8.2	23
公司（其他项）	-0.1	-3.8	14.5	—	0	4	10.8	—

资料来源：摩根大通银行年报。

摩根大通公司资管板块下有JP摩根资产管理控股公司、JP摩根投资管理公司、JP摩根证券公司等子公司，在其他国家也注册了一些子公司，如

JP 摩根资产管理公司（英国）。

摩根资管服务三类客户，一是私人银行客户，包括高净值和超高净值个人客户、家庭、货币经理、企业主和小公司。服务内容为向客户提供投资建议和财富管理服务，包括投资管理、资本市场和风险管理、税务和不动产筹划、银行业务、资本筹措以及其他特殊的财富咨询服务。二是机构客户，包括公司、公共机构、捐赠基金、基金会、非营利性机构和政府，服务内容为向客户提供综合的全球投资服务，包括资产管理、养老金分析、资产负债管理以及风险预算策略等。三是零售客户，包括金融中介和个人投资者，服务内容为向客户提供投资管理、退休计划管理等全面投资服务，并通过中介和直接渠道提供多种投资产品。

摩根大通资产管理业务业绩表现优异。截至 2018 年末，5 年累计客户资金净流入排名第 2，连续 10 年客户长期资金净流入。2018 年末，摩根大通资管板块管理的客户资产（包括管理资产和经纪资产）约有 2.73 万亿美元（其中私人银行客户 1.27 万亿美元，机构客户 9460 亿美元，零售客户 5130 亿美元）。

为何摩根大通资管业务能做到客户资金不断地净流入？首先，是因为其投资收益业绩在市场上属于领先者，2018 年其管理的 83% 的基金十年平均回报率超过市场中位数。分投资品种看，十年平均回报率超过市场中位数的权益类、固收类、混合和另类基金分别占 93%、59%、85%。其次，在对资管客户服务中，其具有全能银行的联动服务优势，资管部门可以和本行的其他各部门合作，满足个人和企业各种金融需求，这些服务涵盖从现金管理到信托、不动产、按揭贷款、其他银行服务等各领域。

摩根大通自 1881 年开始提供第一个投资产品，到现在已逾百年。摩根大通一直强调其作为受托人对客户所负有的信托责任/信义义务（fiduciary duty）。随着金融科技的应用、指数型基金的兴起，资管行业的业务模式在发生变化。摩根大通也结合计算机技术和投资专家优势，不断创新，为客户提供更好的服务。总体上看，和以被动管理为主的先锋基金等不同，摩根大通还是以主动管理为主，但也加强了被动投资产品，有多策略、丰富的产品线。摩根大通 2016 年年报中提到，资管行业的"主动管理 VS 被动管理""人脑 VS 电脑"之争经常成为媒体头条，我们相信合适的资产组合构建应该包括主动和被动策略，取决于客户的生命周期和风险偏好，客户投资顾问和技术手段应该联合起来为客户服务。应该让客户选择他们想何时、何地、如何发起和我们的互动，无论是通过在线平台、电话形式，还是面对面形式。客户的生活更复杂，需要更综合的建议时，人际交互就变得更重要。2017 年年报中提出，资产管理仍然需要最好的投资头脑，也需要伴随技术方面的巨大投资，技术使得对海量数据更复杂的分析、对资产组合更快和更优的调整成为可能。摩根大通资管板块触达全球的范围和规模以及与摩根大通更庞大的技术专家团队的联系，是其竞争优势。2018 年，摩根大通资管 2 年前推出的 ETF 产品吸引的资金流入已在市场上排名第 4。2018 年 9 月，摩根大通发布在线投资系统 You Invest，客户可通过这一系统在手机上自主投资买卖股票证券，吸引的用户中 89% 是第一次在摩根大通进行投资。2019 年发布智能投顾系统 You Invest Portfolios。摩根大通资管也在实行摩根大通"将一切数字化"（Digital everything）的战略，使客户随时随地触达摩根大通的专业投资服务。

（二）风险隔离

2018 年 10 月，笔者在摩根大通网点考察学习时了解到，网点的大通银行（摩根大通零售业务品牌）人员（支行行长、柜员、客户关系经理等），上班时间必须穿印有大通银行标识的工作服，但是客户投资顾问不能穿印有大通银行标识的工作服，以免客户混淆银行存款和投资产品。客户关系经理和客户投资顾问职责划分明确。客户关系经理不能从事投资理财产品的推介销售，只能将有投资需求的客户介绍给客户投资顾问。客户投资顾问经客户电话委托可以直接代客户下单，操作客户投资账户买卖股票、基金等证券，不能推介销售银行存贷款等产品。

客户投资顾问的名片上印有 JP 摩根标识，名片背面印有其为 JP 摩根证券公司的注册代表、大通保险代理人、不受美国联邦存款保险公司保险、没有银行担保、可能会遭受投资损失等提示语。据了解，各银行按监管要求，都会有类似提示。

这和我国《商业银行理财子公司管理办法》中的风险隔离要求的原则是一致的，"通过营业场所向非机构投资者销售理财产品的，应当按照国务院银行业监督管理机构的相关规定实施理财产品销售专区管理""银行理财子公司与其主要股东之间，同一股东控股、参股或实际控制的其他机构之间，以及国务院银行业监督管理机构认定需要实施风险隔离的其他机构之间，应当建立有效的风险隔离机制""确保机构名称、产品和服务名称、对外营业场所、品牌标识、营销宣传等有效区分，避免投资者混淆，防范声誉风险"等条款都有类似要求。

三、对我国银行理财子公司的启示

国外商业银行的资产管理子公司和其他资管公司处于平等竞争地位，受到的监管相同，都遵循《1940 年投资公司法》《1940 年投资顾问法》等监管法规，在机制、薪酬方面都一样是市场化的（银行也收购了不少独立的资管公司），而且因为依托银行母公司，其在流动性、销售渠道等方面更有优势。例如 2013 年，欧洲前 10 家最大的货币市场基金管理公司中，9 家都是银行系的。美国的资管公司则更加多样化，有贝莱德、领航、富达等独立资产管理公司，瑞银、摩根大通等银行系资管公司和安联、安盛等保险系资管公司等。

在我国，银行理财的快速发展主要是依托了银行的品牌、渠道和非标资产等优势。我国多数银行的资管部门无论是和国内的基金公司相比，还是和国外银行的资产管理子公司相比，在人员数量、投研力量、激励机制上还差距较大。《商业银行理财子公司管理办法》出台后，银行对本行非标投资的依赖减少，投资更加市场化，成立理财子公司有利于增加人员配备、投研力量，实现更加市场化地运作。

银行理财子公司还面临一些需要明确和探索的问题，在此，笔者列举几个值得借鉴国外经验的重要问题。

一是理财子公司和母行的业务关系。包括理财子公司和总行部门间、和分行间的职责定位与利益分配关系。国外银行虽然对资管业务实行事业部或子公司制，但并非只对资管业务有特殊管理模式，而是全行都是以事业部模式管理、有众多子公司。资管子公司并非是银行母体外独立性很高的一个公司，实际上就是业务部门/板块。虽然和其他业务之间有"防火墙"（例如，资管不能为帮助投行部门销售而损害投资者利益），但也有协作联动，深度嵌入对客户的综合化金融服务。在强调理财子公司独立性的同时，银行也需要理财和其他业务联动，理财子公司发挥对分行在业务方面的指导推动作用。

二是母行如何对理财子公司进行风险管理。《关于规范金融机构资产管理业务的指导意见》要求强化法人风险隔离。银行理财子公司，将资管业务与银行传统的表内存贷业务隔离，也是为了更清晰地独立核算，起到风险隔离作用。2016 年发布的《银行业金融机构全面风险管理指引》要求银行业金融机构应当制定覆盖其附属机构的风险管理政策和程序，保持风险管理的一致性、有效性。银行业金融机构应当要求并确保各附属机构在整体风险偏好和风险管理政策框架下，建立自身的风险管理组织架构、政策流程，促进全面风险管理的一致性和有效性。理财子公司的独立性、风险隔离和全行风险管理的一致性、有效性之间如何协调的问题也应该予以思考。

中国现在强调理财子公司和母行的风险隔离，是为了打破刚性兑付。打破刚兑主要依靠的还是产品的净值化和投资者适当性管理，做到"卖者尽责、买者自负"。在产品净值化后，正常情况下投资者自行承担投资损益，但在特殊情况下，比如金融危机时，从国外情况来看，母公司对旗下货币市场基金的发起人进行支持（Sponsor/Parental Support）和将原在表外的结构性投资实体（SIV）转入表内的例子也很多。母公司和子公司共用品牌，也不可能完全隔离。金融稳定理事会（FSB）在加强影子银行监管框架中提到，银行出于声誉风险等考虑，实际上会对旗下的基金提供很多隐性支持，银行资本要求应充分考虑这些隐性支持给银行带来的风险。

三是银行理财子公司的合资和上市。由于资管业务对银行的重要性，作为银行不可或缺的业务板块，而且国外大银行也并不缺乏专业投资能力（如果缺乏某方面投资能力，可以直接收购一家合适的公司），因此国外银行资管子公司绝大多数都是银行母公司全资持有，如摩根大通、汇丰、瑞银等银行。目前了解的只有纽约梅隆银行有合资的资管子公司，它是多子公司多品牌"精品店"模式，十多个资管子公司中有两个为合资子公司（纽约梅隆对 Amherst 公司持有 51% 的股权、对 Siguler 公司持有 20% 的股权），对其余子公司都是全资持有。中国理财子公司为了引进专业能力和活化机制，今后有可能采取合资形式。笔者认为理财子公司单独上市的必要性不大，当然，这取决于各行对理财子公司的定位。

总之，银行设立理财子公司，是我国银行理财走过十几年之后的必然选择，这将有助于厘清很多制度规范、体制机制问题，从而实现更加健康发展。但国外影子银行的潜在金融稳定风险（包括流动性风险、杠杆风险、运营风险等），也并不因资管业务的独立运作而消除。因此，银行理财子公司的发展运作、风险防控、监管方式，都还需要继续探索。

从美国证监会历史看如何打造专业的
证券监管机构[*]

美国华盛顿大学法学院院长乔尔·塞里格曼的《华尔街的变迁：证券交易委员会及现代公司融资制度演进》^①，是一本 988 页的厚书（其中注释和参考文献部分有 200 多页）。该书以美国证券交易委员会（U. S. Securities and Exchange Commission，以下简称证监会，SEC）历任主席为主线，对证监会自 1934 年成立至 2001 年的历史做了"不加掩饰缺点的描述"。这本书的作者是法学家，写得专业性很强，不仅对历史事件、人物进行了生动记录，更对监管政策演变过程做了理论性阐述。相比之下，《伟大的博弈》一书的作者约翰·戈登是经济史专栏作家，他写得更为通俗易懂（以下引文除个别注明来自《伟大的博弈》外，其他均来自《华尔街的变迁》）。

塞里格曼在书中写道，证监会曾经赢得"独立委员会的杰出榜样""最有能力的联邦政府监管机构"的声誉，尽管证监会某项政策的明智程度可能受到合理的质疑，但是，对于它的整体价值，市场却从未否认过。它通过公司信息披露制度和执法行动，减少证券欺诈和不公正现象，努力消除股票市场的反竞争行为，为国家金融体系作出了卓越贡献。

当然，美国证监会不可能是一个完美的机构，每次都制定出最优的政策，它在次贷危机中也备受指责。它监管如此庞大复杂的证券市场，既有很多成功经验，也有一些问题和教训。读完《华尔街的变迁》，突出感受有如下几点。

＊ 本文 2015 年 10 月 16 日经删节后发表于《21 世纪经济报道》，此为全版并有修改。

① 乔尔·塞里格曼. 华尔街的变迁：证券交易委员会及现代公司融资制度演进 [M]. 徐雅萍，等，译. 3 版. 北京：中国财政经济出版社，2009.

一、监管机构专业性极其重要

监管机构专业性极其重要，特别是证券监管这种复杂度高、影响大的监管。需要理念、理论的指导和实证研究，需要专业人员。

刘鸿儒在《华尔街的变迁》一书序言中写道："证券市场监管并不是仅仅通过行使行政权力就能做好的事情，需要思想和理论。监管制度和机构的确立和重大演变需要建立在由理念指导的大量的调查研究基础上，并且要体现这些被调查研究论证过的观点和想法。"证监会第二任主席兰迪斯说："要改进行政程序，至关重要的是选择高质量的人。其他举措都不能达到同样的目的。"作者写道，"建立证监会这种'独立'监管机构的主要目的就是让有经验的专家来解决特定的、高度专业化的监管问题；正如歌剧的关键之处在于其音乐，证监会成功的原因是专业素质优秀的职员。历史上，通常要求证监会委员具有会计、公司法和证券法、经济学、投资银行、公司治理、共同基金管理、公用事业结构，以及立法战略或其他领域的专业知识。最近几年，证监会委员们也遇到了关于新投资工具问题"。

怎么能达到良好的专业性呢？从证监会的历史来看，总统、证监会主席、证监会职员三个层面都很关键。

首先，总统对证券市场的监管思想、对证监会工作的重视程度、对证监会主席和委员的任命，起着重要的作用（包括证监会主席在内的 5 个委员都由总统提名，经参议院批准，任期 5 年）。正面的例子如富兰克林·罗斯福，证监会本身就是反映罗斯福新政思想的《1933 年联邦证券法》的产物，罗斯福非常重视证监会的工作，有从保护投资者出发加强监管的正确思路，知人善任，很有技巧地选择了正确的主席（第一任主席约瑟夫·肯尼迪是富兰克林的政治支持者，他在从商期间是个联手庄主和职业炒家，在他被提名时被评论认为"就像是安排一只狼来保卫一群羊"，但他洞察市场、善于沟通，起到了华盛顿和华尔街的桥梁作用，推动初创时期的工作开展，第二任主席兰迪斯则是参与起草证券法的法律专家），反映了政治家的远见卓识和政治智慧。而有的总统对证监会主席和委员的任命"作为一种政治奖励的形式被参议院的确认听证会草草掠过"。这是美国政治中一个普遍性的问题，将职位作为政治奖励，"给忠诚的赞助人以适当的回报是一项近乎庄严的义务"①，只是对专业性强的职位其负面影响更大。如杜鲁门总统说自己对股票市场没兴趣，也不关心证监会的活动，任命密友麦克唐纳为证监会主席，几位证监会高级官员都认为麦克唐纳是凭着唱歌才能登上主席职位的。尼克松总统对证监会进行的 10 次任命中，约半数是出于政治原因。不过随着证券市场地位的重要性和舆论等各方约束的加强，后来证监会主席和委员都是专业背景很强的业内资深人士，可能不会再有麦克唐纳那种当上证监会主席自己都觉得诧异的情况了。

其次，证监会主席应该是一个"能够将非凡的才能与对公众利益的热忱融为一体"的人（弗兰克福特在致罗斯福的信中语），他的监管思想、专业能力、沟通协调能力（要获得国会、相关政府部门的支持，处理好和交易所、华尔街投行、上市公司，律师协会、会计委员会等方方面面的关系，需要高超的政治技巧），对工作效果影响很大。例如，20 世纪 60 年代证监会遵循"最少抵触路线"来推动工作。"在没有行政机构和国会有效支持的情况下，仅依据模糊的法律授权来指导任一联邦监管机构，并让它显著地改变一个行业的行为惯例，必将困难重重"。哈罗德·威廉斯在担任主席的1977—1981 年，对电子化的集中式证券市场推进缓慢，因为他认为证监会的经历或者性质都不适合充当"行业策划者"的角色，"如果要开发一个全自动交易系统，那就应当是经济力的产物，而不应是证监会命令的结果"。这种谨小慎微、缺乏领导力的做法不能有力推动巨大的变革，延缓了美国证券市场体系的电子化建设进程。

关注到两个有意思的情况。一是证监会主席的任期。证监会 1934 年成立，到现在 88 年，主席任期是 5 年，现任主席盖瑞·詹斯勒是第 33 任（拜登提名，2021 年 4 月就任）。平均每任仅 2.7 年，远短于美联储主席平均 7 年的任期。任期最长的证监会主席阿瑟·莱维特（1993 年 7 月 27 日至 2001 年 2 月 9 日）近 8 年，也远短于任期最长的美联储主席小威廉·迈克切斯内·马丁（1951 年 4 月 2 日至 1970 年 1 月 31 日）和格林斯潘（1987 年 8 月 11 日至 2006 年 1 月 31 日），他俩任期都是约 19 年！

---

① 约翰·戈登. 伟大的博弈［M］. 祁斌，译. 北京：中信出版社，2005.

二是证监会主席的专业背景。据笔者不完全统计，历任证监会主席中以法律专业人士居多。早期的主席：第 2 任主席兰迪斯卸任后当了哈佛法学院院长。第 3 任主席道格拉斯就任前已被提名耶鲁法学院院长，卸任后担任最高法院大法官长达 30 年。第 4 任主席弗兰克卸任后到第二巡回上诉法院任职。第 5 任主席艾彻卸任后任地区法院首席法官。近期的主席：从第 26 任主席到现在第 32 任主席，中间只有第 27 任主席威廉·H. 唐纳森（William H. Donaldson）是哈佛商学院 MBA，没有法律的学位，其他全部是法学博士。而美联储主席多数具有经济学教育背景。这可能反映了证监会并不需要相机抉择，根据经济形势调整政策，最重要的是依法治市，推动立法和执法。不过也有非法律专业人士干得出色的，如第 25 任主席阿瑟·莱维特并非律师出身。

最后，证监会职员数量和素质受制于人员编制和预算的投入。证监会"获得行政和立法机构的支持、执行实证研究、出席听证会，以及与行业协商或对抗都需要时间和资金的消耗"。证监会历史上经历的几个低潮阶段与人事任命和人力资源投入不足有关，证监会"工作人员的专长价值受到了总统任命的委员会委员的平庸和不充足的预算的限制"。争取预算是每个主席的大事。预算局在 1934 年拟给证监会 30 万美元作为第一个财年预算，肯尼迪争取到了 230 万美元。他任职 14 个月后，证监会人员扩充至 692 人。艾森豪威尔总统时期对证监会的人员实行了全面而过度的节俭政策，使得证监会的执法能力和制定政策的能力比历史上任何时期都差。1969 年上任的主席巴奇没有为证监会 1970 财年争取到足够的拨款，因此减少了差旅费，交易与市场部人员的执法力度也受到影响。到巴奇任期第二年时，证监会已因很多问题受到攻击，包括审理证券注册说明书的时间太长（平均为 110 天，法定标准是 20 天），不能留住自己的高级职员等。1981 年证监会在编人数为 2021 人，1993 年为 3083 人。20 世纪 90 年代的大牛市中证券业规模增长迅速，但证监会面临人员严重不足的问题，莱维特 1993 年就证监会的预算向参议院证券委员会作证时说，证监会要用 30 年的时间才能完成对现有投资顾问的检查，希望新增 200 名检查人员的编制，该提议被否决。此后连续 4 年证监会的人员编制被冻结。1998 年，证监会发生了一起前所未有的事件，职员组成工会，反对额外增加工作时间但不予薪酬补助的行为。

1998—2000 年，证监会约有 1/3 的人离职。2000 年，证监会律师、会计师和检查员的平均变动率达 15%，是政府部门类似职位变动率的两倍多，调查发现薪酬待遇偏低（我想大概是所有监管机构中和被监管对象薪酬待遇差距最大的吧）是他们已经或可能离开证监会的主要原因。证监会人员的频繁变动对其完成法定职责构成了重要挑战。安然公司就是一个因证监会人手不足导致监督不力的负面典型，安然爆出丑闻是在 2001 年，但证监会对该公司最近一次年报 10 - K 表格的审核是在 1997 年，最近一次年报全文审核是在 1991 年。2002 年，《萨班斯—奥克斯利法案》批准将证监会 2003 年度预算新增 77%，增长至 7.76 亿美元，新增预算用于薪酬、技术和至少增加 200 名专业人员的费用（看来非得出大事才能增加对专业监管部门的重视）。塞里格曼赞扬了证监会在困难中所做的工作，"莱维特领导的证监会取得的重要成就就是体现了这样一种能力：尽管经费与人员危机不断加重，仍然努力保持了一种进取精神；坚持抵制可能会更糟糕的立法；同时，集中精力应对新出现的问题，包括证监会当时缺乏政治力量去有效解决的问题"。

证监会 2021 年年报显示，其 2021 年有 4536 名员工。

二、重视保护投资者利益

股市的监管中保护投资者利益和便利融资者获得融资，对立统一，只有重视保护投资者利益，才能使股市健康发展，从长期来看便利融资。

美国对如何平衡股市融资功能和保护投资者利益也经过了反复激烈的斗争。20 世纪 30 年代证券立法，简直是华尔街（以便利融资之名保护自身利益）和华盛顿（保护投资者利益，但也担心会影响融资）之战。道格拉斯旗帜鲜明地说"我们要做投资者的辩护人"。莱维特把这句话印在了证监会 1999 年年报的封面上，他的信念也是"将投资者保护置于一切利益之首"。

如何做到保护投资者的利益同时又便利融资，有太多的专业问题需要理论和实证研究。联邦证券法的核心就是矫正信息不对称，它最明显体现在公众公司的强制性信息披露制度中，并一路在争议中演进。举几个例子：

1. 关于信息披露的利弊

《1933 年联邦证券法》强调信息披露，保护投资者利益，反对者则认为这些严厉的民事责任条款使融资变得极为困难，会"严重地阻碍经济复苏，造成失业"。罗斯福总统则还击道，反对力量是为了"自由使用他们曾经拥有的权利——向你和我出售掺水股票"。

1934 年，围绕《1934 年证券交易法》（即《弗莱彻—雷伯恩法案》），纽约股票交易所总裁惠特尼等人发起强大的游说战（组织了 46000 名纽约市经纪公司的职员共同抗议法案等，被称为是华盛顿有史以来发生的规模最大、费用最高的游说活动）。例如，信息披露的高要求被反对者认为会"帮助美国公司的国外竞争对手获得目前不能得到的保密信息，损害美国股东利益"，让公司为了融资不得不"放弃宪法赋予的权利"。"一场为股票交易法而进行的游说斗争升级为对罗斯福领导能力的严峻考验"，在罗斯福的亲自干预下，修改后的法案获得通过。

2. 关于如何公平地对待小企业

小企业在发行证券时单位融资的成本更高，既要适当降低标准使它们以合理的成本获得融资，又要避免为了降低其融资成本对其采取一些豁免政策而剥夺了对投资者的保护。兰迪斯指出，"证券欺诈案中有相当一部分是由新建的小型投机性公司发起人造成的"。

3. 关于盈利预测

在 20 世纪 70 年代以前的 30 多年里，证监会曾经全面禁止公司对未来的经济业绩作出预测，认为这些预测不是"事实"，但投资者可能对它产生不适当的信任。这项政策在 20 世纪 70 年代初受到了严厉的批评，如克雷普克教授认为，在预测公司发展状况方面，公司管理层当然比社会公众更有优势，而且专业人员可以通过其他渠道获得管理层的预测信息，比普通投资者更有优势。1972 年，证监会举行听证会研究此问题，此后允许公众公司向证监会提交的备案文件中发表盈利预测。1979 年，证监会鼓励公司自愿提供对未来的预测，只要能够证明其具有合理依据，并遵守诚信原则进行披露。随后，证监会围绕这种预测应该是自愿还是强制展开争论。1982 年，统一信息披露制度的 303 条款，把披露预测性信息当作一种强制性规定。

4. 关于会计师、律师等中介机构的责任

围绕会计师责任、"会计师意见购买"问题的讨论很多，其实律师责任也是焦点问题之一。律师在知晓客户企业存在严重欺诈时是否有义务举报？从保护投资者的角度来说应该举报，但美国律师协会认为严守与客户沟通的秘密是更重要的原则。各方争论后，美国律师协会的标准是律师可自主决定是否举报。

以上这些问题都经过反复研究，不断修正和调整政策。

三、监管效率和权力制衡

良好的金融监管，既要有足够的权力以保证监管效率，又要有复杂、权力互相制衡的流程以保证决策的相对科学性。

正如《伟大的博弈》中指出的，一个自由市场就是一个博弈场，其正常运作最重要的是要有明确的游戏规则，有裁判来监督执行这些规则，"要保证裁判的公正性，要特别小心是谁在制订规则，规则是服务于谁的利益"。证监会既负责推动规则的建立，又负责监督执行。"证监会对行政程序的运用通常是经过深思熟虑的，它意识到解决行业的问题应该通过一整套专业法规和形式，因此，它有效建立并利用了立法提议、新规则、执法行动、解释性公告、调查研究和行业会议。"证监会各种规则的制订或修改要经过充分的调查研究和博弈过程，一些重要法规和监管改革措施出台前的研究报告达到几千页、上万页。

20世纪30年代，罗斯福新政创立的证监会等监管机构，对现代联邦政府的管理方式产生了重大的影响。塞里格曼写道，通过行政机构进行行政治理的时代已经到来，它意味着一场革命，一场在宪法意义上政府结构与程序公正方面的革命。正如兰迪斯所说，面对千变万化的各行各业，为适应监督的需要，专家和行政机构通常具有足够灵活的手段，比如，既可以发布监管条例，又可以起诉和判决那些违反其授权法的非刑事行为。在兰迪斯看来，只有行政机构能为国家经济进程的有效运行提供支持，解决了国家简单的三权分立形式在解决现代问题时存在不足。《纽约时报》记者金特纳批评"证监会的自由处置权允许其职员担当多重角色，原告、证人、检察官、法官和陪审团"，其实也没错。这能够提高监管效率。但它的权力当然也是受到约束的，最重要的是法的约束。它在美国三权分立的政治体制框架下运行。法律既是它执法的依据，它也受到宪法、衡平法的约束。其运行历史可以说是充分体现了"依法治市"。什么是证监会在授权范围内可决定的，什么需要上升到立法层面，甚至证监会的行为是否合法、证券相关立法是否违宪，在历史上都是不断被讨论甚至交由法院裁定的问题。在"伟大的博弈"过程中，监管与反监管，各方力量充分斗争和协商。虽然存在福山批评的"在其他发达民主国家由行政官僚体系处理的行政功能，在美国逐渐被法院系统司法化，导致昂贵的诉讼案件暴增、决策迟缓、执法标准不一"以及"降低了行政官僚体系的自主性"等问题，但也使得证券监管不会走向极端，犯下大错，"充分体现了妥协的要求、共存与协作的理念以及法律和监管的可操作性"。

例如，1935 年 6 月，证券推销商琼斯向联邦法院发起了对《1933 年证券法》是否符合宪法的质疑，1936 年 4 月，最高法院确认它符合宪法。又如，《1935 年公用事业控股公司法》8 月获得通过，9 月 16 日，一家小公司向联邦地区法院法官科尔曼递交诉状，请他宣布这个法案不符合宪法。11 月 7 日科尔曼判决该法"完全无效"，认为该法"彻底超越了国会的所有合法权力，是独裁控制的极端表现"。11 月 26 日，证监会向纽约市联邦法院法官朱利安·麦克提起对一家公用事业控股公司（电力债券和股份公司）的诉讼，1937 年 1 月，麦克判决《1935 年公用事业控股公司法》的第 4 条、第 5 条符合宪法。1938 年，美国最高法院确认了麦克判决。

对于与股市相关的金融工具和操作手法，规则经过了变迁。1987 年股灾后，对敲、逼空股票等早期未被明文禁止的股市操作手法受到了禁止或严格的限制，保证金的比例也较 1929 年股灾前的 10% 大大提高（过度加杠杆买股票助涨助跌，这是实践证明了的。美国 1929 年暴跌前的牛市中股票信用借贷成了比任何买卖都赚钱的生意，1929 年夏末，其利率高达 20%，在 10 月的大跌中不追加保证金就被迫平仓加剧了下跌）。

四、一点思考

美国证监会在其 2007 年年报中写道，其使命是保护投资者，维护公平、有序、有效的市场，便利资本形成。证监会负责监管证券市场和证券市场的主要参与者，包括经纪商、交易商、投资公司（指投资基金）、投资顾问、清算机构、转让代理人、信用评级机构、证券交易所和相关行业组织。按照《多德—弗兰克法案》，证监会的监管对象扩展至衍生品市场的参与者、私募基金。

　　美国证券市场从 20 世纪 30 年代以前的股价操纵、欺诈等黑幕盛行（1937 年，证监会主席道格拉斯称纽约交易所是一个具有"赌场特征"的"私人俱乐部"，这和吴敬琏曾经的"股市赌场论"一样），到现在规则比较清晰完善、富有活力、较好地保护了投资者利益（不能说没有缺陷，但在全球范围内应该是最为成功的），虽然是多种因素的共同作用，但证监会绝对功不可没。掩卷而思，中国证监会面临的很多挑战、需要解决的问题，从对证券市场如何定位、如何监管的思路，到是否重视专业监管人员、给予人员和预算保证，和美国证监会都有类似之处。专业监管部门因为薪酬低、人员大量流失，使得在最需要精英的地方精英越来越少，对提高国家治理能力形成了挑战。这本书的后记部分看得我非常感动，本书主要译者徐雅萍博士，生前为证监会信息中心主任，她呕心沥血翻译此书五个春秋，因病去世后几十位生前好友和同事共同完成了审校出版工作。中国的监管从业者中确实不乏专业水平和精神境界很高的人，如何才能使监管部门持续吸引和留住人才？

　　资本市场如何发展和监管经常伴随着巨大的争议，既是因为治国治市理念的分歧（如美国汉密尔顿主义和杰斐逊主义之争），也是因为参与各方巨大的利益分歧，很难所有人达成共识，有时"杂音"会特别大。特别是在股灾出现时，美国和我国一样，各界可能有情绪化、非理性的声音，反应过度，"可能倾向于把一切都刑事化并且采取无情的行动"；而如果太过求稳，希望达成共识又可能无法有效地解决重要的问题，面临监管不力的挑战。塞里格曼认为，20 世纪 30 年代的证监会"更像是自觉地以基本方法去研究各个行业。而在最近几十年，由两党人士担任主席的证监会却更像是救火组织"。其实，救火（解决当前的突出问题）和为长远发展奠定基础并不矛盾，问题突出时可能正是深化改革的契机（如美国 20 世纪 30 年代大危机奠定证券监管的基础，安然丑闻导致萨班斯法案出台，而 20 世纪 90 年代的牛市使人们"对于证券监管的热情大打折扣")。但正确的思路要赢得胜利也不容易（20世纪60年代的证监会主席科恩说，在华盛顿，"往往是坚持争论时间最长而不是理由最充分的人赢得法律或政治胜利"）。最重要的是基本理念、方向、规则要清晰，不能被错误观念所绑架。其次是良好机制和专业队伍的问题。正如美国法学家卢埃林的名言："没有理想的技巧是一种危险，缺乏技巧的思想只能是一团混乱。"

虽然美国的证券市场还存在不少问题，但美国和中国的股市哪个更健康，制度更完善，更有利于实体经济的发展，引领了产业升级和重大创新？泰戈尔云："最好的东西都不是独来的，它伴了所有的东西同来。"最好的东西——股市慢牛，股市起到资源优化配置的作用，需要有扎实健全的市场规则机制的基础。美国作为证券市场的先行者，其实也走过不少弯路，早期缺乏经济理论的指导，比如连股票的内在价值、价格由什么决定，价格怎么趋近价值，在20世纪早期（格雷厄姆开创的证券分析方法、价值投资理论出现之前）都是没太被弄明白的高深问题。股指期货等金融工具的利弊，也是经过理论和实证研究才逐渐被认识清楚。我们还需要深入了解借鉴成熟市场经济国家的发展历程和成败经验教训，探究其内在机理，促进中国市场的发展。

做空的道德评价与经济意义

2015年股市大波动后，"恶意做空"引发讨论，我国出台了对股指期货的限制措施。在国外，做空行为同样曾引起很大的争议。

巴菲特的搭档芒格说，做空行为是很危险的。世界上最郁闷的事情之一，就是你费尽力气发现了一个骗局（并且做空这个公司），但是眼睁睁地看着股价继续疯涨3倍，这些骗子们拿着你的钱弹冠相庆，而你还要收到证券行的保证金追加通知。像这种郁闷的事情你哪能去碰呢？

芒格说的危险，主要还是指看错时机做空的经济上的危险。做空和做多一样，都有可能盈利或亏损，最郁闷的大概都是看对了趋势却选错了时机，在符合自己方向的价格出现前却主动或被动平仓。但有时空头要背负的还有道德等方面的其他压力。历史上有些著名的空头，如杰西·利莫弗尔、乔治·索罗斯，做空美国次贷资产的那批人。

做空美国次贷资产的人，在《大空头》里有精彩的描述。三家小型对冲基金的管理人：前点合伙公司的史蒂夫·艾斯曼和文森特·丹尼尔、子孙资本公司的迈克尔·巴里、康沃尔资本管理公司的查理·莱德利和加米·麦，还有德意志银行的格雷格·李普曼等。

这群人主要做空美国次贷债券，也做空发起次贷机构的股票，在很长一段时间内承受了巨大的压力——正如他们所预测到的，次贷的风险逐渐暴露，断供率在上升，然而让他们难受的是，次贷债券价格却在很长时间内继续表现得很稳定，他们每年需要支付巨额的保险费（买入次贷债券的信用违约掉期产品所要支付的费用）和空头头寸的减值，所管理的对冲基金投资人还不断要求拿回投资。对冲基金经理巴里感到狂躁和压抑。"什么时候做空会得到大家的欢迎？"艾斯曼自问自答，"当你做空的时候，整个世界都在你的对立面。"加米在2007年初的备忘录中写道，这是对一次社会性的崩溃下注，是在与政府对赌，可能出现实质性的全球金融混乱。

他们中有的人（如丹尼尔）对通过对赌社会而赚取财富感情上还有点儿挣扎，有的人（如艾斯曼）认为毁灭应该灭亡的华尔街是正义的行为，但即使如此，连艾斯曼都认为，就像洪水就要到来，即使他们是在船上的诺亚，看着洪水泛滥也不会感到高兴。巴里对把自己的投资组合变成赌注押在金融体系的崩溃上感觉很不舒服，在 2008 年 11 月关闭了他的基金。虽然 2008 年 6 月，贝尔斯登宣布破产 3 个月后，拉尔夫·乔菲和马修·丹宁这两位贝尔斯登的次级债对冲基金管理人被联邦调查局逮捕（2009 年洗脱了证券欺诈罪名，被认定无罪），巴里很担心自己曾发的电邮内容会带来麻烦，但后来也安然无恙，2010 年接受《纽约时报》采访时，他还批评美联储没有倾听小圈子外的警告声音。

乔治·索罗斯是名气争议最大的投资大师之一。他对很多资产的做空行为引起过激烈指责，有人认为他的行为是罪恶的，而另一些人认为他的行为不是罪行，"这不是能把人送进监狱的行为"。索罗斯宣称，"我努力避免可能是破坏性的投机活动，但对于那些没有我参与也同样会发生的事件，我没有理由退出"。在他的多次成功投资/投机活动后，索罗斯取得了世界性的声誉，大家认为他具有发现价值的魔力，他也恰到好处地利用了这一地位，经常是他买进什么资产，并宣称自己买进，这个资产就会大幅上涨，他做空什么资产，也会导致这个资产更快地下跌。摩根士丹利的大卫·罗奇评论说："这是新的赚钱方法，在市场跌到谷底时，明智投资与宣传策略合二为一。"（这时就是多头了）当然，他也不是无往而不利的，不能每次都引领市场方向并从中大赚。

杰西·利弗莫尔是华尔街上历史上最大的个人投资者，被人称为"投机王""做空之王"。他和索罗斯类似，都是因做空而大赚、因做空而知名，其实他只是不断根据行情、趋势选择交易地位。他说，"从理论入手，总想用理论套现实来判断趋势的交易者是愚蠢的，交易者知道或应该知道到底是牛市还是熊市，才能明确是该做多还是做空。分析行情的目的是确定立场——做多还是做空，然后是什么时候最适合进场。"《股票作手回忆录》中很有意思的一段是 1907 年 10 月股灾（老摩根起到央行般的作用牵头挽救市场的那一次）中，银行家请求他不要做空任何股票了，股市承受不了更多的压力了，希望激起他的"爱国精神"。而在他接受这个消息之前，他已将空头全部平仓，认为现在正是低价吸入的机会，刚刚决定转手买进，并在接下来的 9 个月都没有做空任何股票。

他也曾经被指控操纵股价而接受调查，最后被判无罪。但因为他有时大手笔做空，致使股市一下跌就有人怪罪于他，报纸甚至以"利弗莫尔袭击了市场""利弗莫尔会毁了这个国家"为标题。他感到很气愤，多次强调：股价长期低迷的原因绝不会是空头损压。一旦某只股票持续下跌，你可以肯定其中一定有问题，不是市场有问题，就是公司本身有问题；空头只有在股价过高的时候卖出股票才能赚大钱；有人有时能打败某只股票，但没人能永远打败整个股市。他在 1929 年股市大崩盘后做空获利 1 亿美元。

纯粹的做空（为对冲持有的多头头寸而买入空头头寸的不算）确实是个高风险的活动，不仅有经济上踏空、损失的风险（这种风险多头一样有），而且还有被道德指责、妖魔化的风险（特别是空头的巨大胜利经常和金融市场的剧烈动荡甚至经济的衰退相联系），不像坚定的多头那么受人尊敬。道德指责从经济金融原理、规律上都不太站得住脚，关键只在于空头们到底有没有违反法律和交易规则。做空次贷的巴里是巴菲特价值投资理念的信徒，他认为购买信用违约掉期是他探寻价值的一个组成部分。的确，各国的金融市场，虽然表面上有时是因为做空行为加大了其波动、加速了其下跌，但为何未完全禁止做空，还发展出各种更有利于做空的衍生工具？因为做空是价值发现过程中的一个重要力量。没有它，市场的悲喜剧会以另一种方式发生，可能是更糟糕的方式。

有一句被引用的巴菲特的话"没有一个人可以靠做空自己的祖国成功"，没找到英文原文出处。可能是 2015 年的致股东信中，巴菲特写的"Indeed，who has ever benefited during the past 238 years by betting against America?"这话是巴菲特表达了自己对美国的强烈看多，从方向、趋势上大体没错，但并不是个严谨的判断，比如下文提到的次贷危机前做空美国次贷的空头，做空成功了。中文改成这样，有点扭曲原意。什么叫"做空自己的祖国"？做空股票、汇率、次贷债券，就叫做空祖国？而且巴菲特说的只是做空美国很难成功。

巴菲特的确不喜欢做空，1982 年巴菲特曾向美国众议院建议禁止发行股指期货。

对于做空的影响，理论和实证的研究都经历了一个认识过程。据乔尔·塞里格曼《华尔街的变迁》一书，股票卖空在 1929 年股灾后、股指期货在 1987 年股灾后，都曾被指责，认为是下跌的罪魁祸首之一。1931 年，参议员布鲁克哈特提出了一项对卖空股票的投资者实行监禁的议案。

《1934 年证券交易法》最初的版本将多种特殊交易方式（包括卖空）界定为非法，但经过修改后通过的版本只是将"操纵市场"认定为非法，由证监会来裁定什么是"操纵市场"。1987 年股灾后，取消金融指数期货、股指期权类衍生工具的声音一度更大。最后证监会经过认真的研究，完善了规则，在股市危机期间也会采取一些特殊限制措施，但没有把卖空和股指期货彻底取消或限制到它无法发挥作用的地步。

高善文（2018）在《防范金融危机的三个重要问题——预警可行性、传导机制与政策干预》一文中提出，"与其预警金融危机，不如研究如何尽量减少市场存在的诸多摩擦，让做空机制更好地发挥作用，这远比危机预警更为有效。中国现在的问题，恰恰是对危机的过度防范使得很多风险定价工具和交易市场不能够正常发育起来，存在太多的道德风险"。我赞同这一观点。

第五篇

各国经济金融研究

日本还值得学习吗？

美国政治学家和社会学家李普塞特说："只懂得一个国家的人，他实际上什么国家都不懂。"钱颖一曾引用这句话，并指出，"这是因为只有越过自己的国家，才能知道什么是真正的共同规律，什么是真正的特殊情况。如果没有比较分析的视野，既不利于深刻地认识中国，也不利于明智地认识世界"。

要真正懂得其他国家，毕竟隔着地理空间，更隔着语言和文化，殊为不易。即使我们学了英语，可以看英文书籍材料，但如果没在这些国家长期生活过，很难说对其理解多么深入。而因为多数人不懂德语、日语，无法直接看原文著作，对德国、日本等国家的了解就更少了。

《回望平成时代的日本经济》① 的作者李海燕，1995 年赴日本留学，在日本学习和工作近二十年，既对日本社会有切身了解，又博览相关书籍。他从一桥大学商学部硕士毕业后，先后在日本大型银行、跨国房地产投资基金、大型电子商务平台公司等工作。2010 年回国，此后又在日本开展投资工作，广泛接触日本各界人士。作者抱着想彻底了解日本制造业强大的秘密的心态，收集了日本很多大型企业的公司史等书籍，长期研究明治维新之后各产业的发展历程。该书资料翔实、丰富、新颖，又有作者自己思考得出的观点，非常值得一读（本文中未注明出处的引文均出自此书）。

一、日本失去了什么，保持了什么

1988 年，英国历史学家保罗·肯尼迪出版了他的名作《大国的兴衰》，结尾对主要国家在 21 世纪的发展做了一些预判，日本一节的标题叫"进退

---

① 李海燕. 回望平成时代的日本经济［M］. 北京：中国金融出版社，2020.

维谷的日本",作者尽管指出了日本面临的很多困难,从亚洲国家对日本的赶超到美欧对日本出口越来越强烈的敌视,以及日本的老龄化,但还是认为"日本的经济有巨大的创造性,十分繁荣,并且越来越具有创造性,越来越繁荣"。他和很多人一样,都没能预见日本马上出现的泡沫经济破灭。

平成是日本第125代天皇明仁的年号(1989—2019年)。李海燕对日本为什么出现20世纪90年代"失去的十年"(作者不赞成日本"失去二十年"的观点),剖析得颇有深度,除了通常认为的泡沫经济破灭的影响,还有日本国内国际环境变化的影响。国际环境原因是冷战的结束、中国的改革开放和美国的信息革命,使得日本的轻工业和劳动密集型产业转移至中国和东亚其他国家(20世纪90年代,日本的人工成本是韩国和中国台湾地区的2~3倍,是中国境内的10倍以上),互联网时代的产业制高点又被美国所占据。

硬件方面,智能手机的功能代替了很多的产品,从手表、闹钟、电子计算器、数码相机、游戏机、车载GPS导航仪,到CD和DVD播放器、随身听、电视机、录音笔、传真机等。而日本企业都是这些产品数一数二的生产大国。2007年iPhone的推出是日本电子行业走向衰落的转折点。软件方面,因为人口数量劣势,日本在社交软件上难以发展出全球领先企业。

国内原因是追赶型的政治经济文化体制走到了尽头,终身雇用制等制度安排不适应新的环境,日本的公司做大后产生了大企业病,企业家精神消退,经济金融政策出现失误,以及人口老龄化等。

不过,"虽然经济低迷30年,但是日本的民主制度、市场经济制度、高的国民素质没有任何动摇。"日本人平均寿命世界第一,反映了其医疗、生活、环境、治安等各方面达到了世界顶尖水平。2005年以后,日本经济从"短小轻薄"进一步进化为"高精软远",软实力增强,国际化提升,产品品质很高,在许多领域都居于世界先进水平,成为一个真正意义上的发达国家。

二、日本的财阀/企业集团

日本和中国同为亚洲国家,而且历史上日本曾以唐朝为师,但日本文化和中国既有相似之处，也有很大差异，政治体制也不同。日本的一些做法，根植于其文化，有独特性，且优点和缺点相伴而生，而且日本也在改变。比如，日本的财阀/企业集团和其中的银企关系。

1. 从财阀到企业集团

"日本能够在100多年时间内经济方面成功赶上欧美，财阀这一特有的产业结构发挥了极其特殊的作用。在明治维新之后的50年，日本形成了十多家财阀。直到今天，日本传统行业的大部分大型企业，都是明治时期成立的财阀企业发展来的。第二次世界大战之后，美国认为财阀配合了日本政府的对外侵略和扩张，指定日本大型财阀解散，禁止财阀创业家族的一些成员担任企业高管，财阀企业被分拆为众多的小公司。但是20世纪50年代以后，被分拆为零散小企业的财阀企业又悄悄地合并，变回原来的大企业。第二次世界大战后，日本的财阀逐渐形成了六大企业集团，或者说企业系列：三井、三菱、住友、芙蓉、一劝、三和。第二次世界大战之前的财阀企业分别融进了这六大企业系列。这些企业系列大多有20～30家企业，分布在造船、化学、建筑工程、钢铁、有色金属、汽车、交通、房地产、商社、银行、证券、寿险、财险、租赁、石油化工、建筑材料、电机、远洋运输、精密仪器、纺织业、军工等领域。笔者认为，第二次世界大战前的财阀和第二次世界大战后的企业系列为日本产业的发展和社会的发展，都起到了非常大的、不可替代的作用。"

"这六大企业系列的核心就是所谓的主银行。经过平成时代的反复合并，三井和住友银行合并，三菱银行和三和银行合并，富士银行和第一劝业银行合并。从某种意义上说，日本的六大企业系列变成了三大企业系列。也可以理解为日本的银行在企业系列中的相对地位下降了。"

李海燕分析了企业集团的五条特征，第一条是"大型商业银行承担了给同一系列的企业融资的功能。由于是一个系列的兄弟公司，信息的非对称性降低，交易成本降低。如果企业陷入困境，日本的银行往往会派出银行的人才到企业去担任高管（一般是负责财务的副社长或者社长），去重振企业。"

第二条是"系列里的企业处于交叉持股的状态。一家上市公司，往往被同一个系列的兄弟公司持有20%～40%的股票（每一家企业一般持有

1%～10%）。这样做的好处有两个：一是不用担心企业被外国企业或者日本其他企业敌意收购；二是由于是兄弟公司的交叉持股，大家不用在意短期的股价的上涨或者下降。企业经营者可以从长期的角度去考虑公司的发展，而不是为了短期的股价或者资本运作去做一些投机取巧的事情。兄弟企业之间的交易成本也明显下降。"

日本这种包含金融机构的大型企业集团，都可算是金融控股公司。企业集团中有银行、证券、保险等各类金融机构，特别是银行，对企业获得稳定的融资非常重要，但看来企业集团还是以实业为主，既不主要依赖于银行获得利润，也不会把银行掏空来给企业利益输送，产业和金融形成了互利互惠的良性关系。

中国，既有和日本类似的中信集团、招商局集团等实业和金融都比较强的优秀企业集团，也出现从德隆系到明天系等民营企业集团，做实业没有形成有核心竞争力的优秀企业，靠控股参股金融机构和一系列财技腾挪扩张，出现"虚假注资、循环注资、隐形股东、违规代持、违规一致行动人、股东不当干预、向股东输送利益等深层次高风险问题"，最后企业集团难以为继，也影响银行的发展。"股权关系不清、股东行为失范是近年来银行业保险业市场乱象丛生的根源。"①

为什么中国和日本会形成这种差异，是一个值得反思的问题。

2. 主银行制

日本、德国这种有主办银行制的国家，企业和主办银行间基本是以股权关系为纽带，银行人员担任企业重要职务。青木昌彦等称主银行制度是"日本资本市场上公司监控和治理的核心机制"。而在中国，银行持有工商企业股权原则上是《商业银行法》所禁止的。工商企业入股银行，成为关系人，相关监管规定对关系人贷款有诸多限制，但一些工商企业股东又在实际上突破这些限制。所以，日本、德国这种股权纽带下形成的银企关系，我们难以简单效仿。中国人民银行曾于 1996 年颁布《主办银行管理暂行办法》，银保监会 2018 年印发《银行业金融机构联合授信管理办法（试行）》，

---

① 银保监会. 健全银行业保险业公司治理三年行动方案（2020—2022 年）［EB/OL］.（2020 - 08 - 17）. http：//www. gov. cn/zhengce/zhengceku/2020 - 08/30/content _5538504. htm.

其中规定的联合授信牵头行，类似于主银行，但这些制度未得到普遍推行。

根据 1993 年日本富士综合研究所的统计，90% 以上的企业都拥有主银行。其中，有 1 家主银行的企业为 60.7%，有 2 家主银行的企业为 24.5%，平均每家企业拥有 1.6 家主银行（近年的情况尚未查到）。主银行制度的特征不仅体现在大份额融资、相互持股、保持长期稳定的交易关系上，更体现在当客户企业经营遭遇困境时主银行所起到的救助功能上，主银行会提供比其他贷款人更多的金融支持，包括利息减免或承担更大份额的坏账损失。[①]

在中国，有竞争力的大企业，在银企关系中处于强势地位，在存款、理财、贷款、债券承销等金融服务中可以选择利率和费率报价最优惠的银行，可能会选择几家银行作为主要往来银行。而出现问题的企业，一般是最大的贷款行成为其债委会的主席行，也是无可奈何。没有股权纽带，银行和企业间虽然可能有长期服务结成的信任合作关系，但可能不那么牢固，银行需要对股东、债权人负责，择机退出市场前景不佳的企业。总之，在没有股权关系纽带下，难以推行真正的主银行制度。

在工业化时期，企业经营相对稳定，银行给予持续的支持有助于企业扩张，而在后工业化、信息社会，商业模式变化快，银行很难长期不变地服务一个客户，随着企业的优胜劣汰，金融资源也需要配置到新的企业。日本这种稳定的银企关系模式在第二次世界大战后很长时间内发挥积极作用，但泡沫经济破灭后，银行仍然不得不支持僵尸企业，是日本市场出清慢的重要原因。现在主银行制并不被认为是一种好的制度安排，日本的主银行制在 20 世纪 80 年代之后也呈现出衰落之势。相比之下，美国的银企关系更为商业化，进入退出更为灵活，企业该破产破产，每次从经济金融危机后市场出清恢复较快。这也是美国和东亚文化不同的体现。

三、日本企业的一些特点

李海燕重点写了日本很多产业和企业的情况，既写了很多优点，也写

---

① 吴盼文．日本金融制度［M］．北京：中国金融出版社，2017.

了存在的问题。终生雇用制等一些制度安排，曾发挥积极作用，但后来导致企业的冗员、大企业病，效率降低、成本提高。

1. 长寿企业众多

日本是全球长寿企业最多的国家。日本皇室是全世界唯一一个存续时间超过 2000 年的皇室。日本政治和社会结构相对稳定，给了企业持续经营良好的外部条件。长寿企业大都奉行长期主义，有工匠精神（"坚守和不断提高是日本工匠精神的本质特点"），专注某一领域，有长期稳定发展的企业文化。"长寿企业是社会安定、文化有序传承、产业和技术稳定发展的定海神针。"希望中国也能产生更多长寿企业。

虽然日本长寿企业多，但创新企业近年却明显不足。美国调查公司 CB INSIGHTS 的数据显示，截至 2021 年末，美国的独角兽企业为 488 家，中国境内有 170 家，而日本的独角兽企业只有 6 家，被中美两国远远抛在后面，在全球仅居于第 13 位，和日本全球第 3 的 GDP 总量排名并不相称。

2. 善于消化吸收改良

日本企业的学习和改良能力一直为人称道。李海燕指出，"研究日本传统大企业发展历史，就会发现一个共同的地方，那就是在发展的初期，几乎所有企业都有购买外国专利、聘用外国人、日本企业高管海外考察的经历。日本很多知名的企业，在过去都是合资企业或者是与外国企业合资设立过合资公司。"例如，通用电器在第二次世界大战前后很长一段时间，都是东芝公司的大股东。东芝公司的大部分产品，都是从通用电器导入技术生产制造的。

丰田汽车一直到 20 世纪 80 年代末，都在拆解美国通用汽车的汽车，进行逆向开发或者吸收其中的一些技术元素。"日本在消化吸收外来技术之后，往往会进行改良和提高，之后会有再创造。"从硬件到管理，日本非常善于学习，青出于蓝而胜于蓝。比如，19 世纪日本的纺织机最初是引进学习英国的，但 1925 年丰田织机的创始人丰田佐吉发明的自动纺织机成为当时全世界最先进的纺织机。英国的知名纺织机械公司向丰田织机支付了 100 万美元的专利费购买丰田的技术。大工业生产模式（也就是福特生产方式）是在美国诞生的，日本企业进一步细化了这种方式，诞生了丰田生产方式。20 世纪 80 年代以后，全世界几乎所有的制造企业都不同程度地学习和研究过丰田生产方式。

中国与日本一样得益于这种学习然后改进的后发优势，但是再创造之后，从技术到管理模式的再输出，似乎还不多。

3. 文化的积极影响

日本文化有其独特性。"茶道、花道、和服等都是代表性的日本文化。在发展过程中，对茶舍、用具、仪礼等也进行了无微不至的改进，这极大地丰富了日本人的感性。而感性是支撑艺术创作和产品设计的最重要因素。""日本传统的工匠精神和 Omotenashi 精神（以最尊敬的心情为客人提供服务、款待）在第二次世界大战之后和工业化大生产方式完美融合进化，有力地促进了日本经济和社会的发展。经济的发展，带来了日本国民的富裕，富裕的国民对传统文化又形成了一个更高的精神需求。传统文化的保存与发展和现代经济的发展形成了一个完美的互动。""日本的发展经验说明，传统文化的保护传承和现代经济的发展是不矛盾的。不仅不矛盾，而且对经济的健康发展能够起到不可替代的重要作用。目前，中国产业正处在升级的重要关口，如何培养一个良好的社会风尚和文化，对中国今后的经济和社会发展具有极其重要的意义。"

产品的审美化、高端化，有历史和文化传统的因素，也和经济发展阶段有关。德国、日本制造，都经历过从低端到高端产业升级的过程，中国也是如此。近年来，消费品领域"国潮"崛起，将产品和中国传统文化相结合，这是中国经济实力增强后文化自信也提升的反映。

4. 产业兴衰背后

李海燕分析了不少重要产业，其中讲到日本半导体产业为何 20 世纪 80 年代后期超过美国，90 年代以后又被美国超过，有多方面原因，其中有一个原因就是美国英特尔等是专业半导体公司，而日本基本上没有专业半导体企业公司，生产半导体的是综合电机公司（东芝、索尼、松下、日立、夏普等）的事业部。这样的好处是综合电机公司"生产的范围非常广泛。这些企业生产半导体首先应用于自己公司的众多产品中。"在 20 世纪 70—80 年代，综合电机企业"可以用其他领域（比如家电）的利润来支撑半导体事业部的研发费用或者赤字"。坏处是不够专业化和战略投入不足。"这些综合电机企业在 90 年代规模已经非常庞大。一些企业（比如东芝）已经是拥有百年历史的企业，机构庞大臃肿。其他的一些企业比如索尼公司，第一代创业人也都退出了经营一线。这些产业难以进行业务的选择和集中战略，错失了重新振兴半导体行业的机会。半导体虽然重要，但不是终端产品，总的销售额比较小。这样造成的结果是日本的综合电机企业的社长基本上没有从半导体行业晋升上去的，他们对半导体没有充分的理解。"

某一项业务或产品，有时在一个大的集团内借助其他子公司的力量协同发展更重要，有时有独立自主性更重要。李海燕后面讲财阀时也写道，"母公司控制到什么程度，保持什么样的距离，是一门艺术"。他从美国、日本、中国台湾的经验中还总结了一个规律，"某个国家或者地区半导体发展速度快或者成功实现对发达国家赶超的时候，都是第一代创业家在半导体企业负责人的位置上，而且许多企业家同时也是科学家和发明家"。

李海燕分析了为什么经历日美贸易摩擦，日本汽车行业的竞争力还是很强，而半导体行业明显下降，根本原因还是日本的工业生产体系适合缓慢进化的工业产品，但许多时候不适合崭新的创新和转型。半导体行业的进化和发展速度，远远高于汽车行业。

日本很多情况和中国现在面临的局面都很类似，比如经济发展后，企业的人工成本、环境和合规成本上升。"许许多多的日本企业，都通过艰苦的研究开发和经营发展的转化，把外部环境的压力改变为企业升级发展的动力。"中国的企业，正在经历这种变化。

由于互联网的兴起，中国很多企业更重商业模式，而对技术研发投入不足。美国擅长从 0 到 1 的创新，中国擅长从 1 到 N 的复制、规模化生产，日本则既有在美国基础上的优化，也有不少重大的技术创新。

改革开放以来，我们从物质匮乏到丰裕，从卖方市场转向买方市场，成为世界工厂，从 1 到 N 的复制是起了巨大作用的。但中国已成为世界第二大经济体，面临美国的技术封锁打压，更凸显从 0 到 1 的宝贵稀缺。而从 0 到 1 的原创创新，需要更加宽松、开放、自由的环境，以及发达的资本市场。

四、总体感受

《回望平成时代的日本经济》有 15 章，按照主题来写，比如"为什么日本拥有高技术但不能达成高经济增长""日本的长寿企业到底是什么样的存在"。作者对平成时代日本企业大规模并购的作用、安倍经济学的效果、日本中小微企业的生存发展之道，都提供了很多中文世界过去没有的信息，作出比较有高度、深度中肯的分析。

阅读此书也颇使人唏嘘。历史有必然，有偶然，有内因，有外因，各种因素共同塑造了"国运"。很多事祸福相倚，利弊互相转化，有的短期看是好事，长期未必，反之亦然。有的事刚出现谁也料想不到其深远影响。比如苹果公司推出 iPhone 手机，成为日本电子产业兴衰转折点。大国的兴衰，很重要的还是国家在全球竞争中的核心竞争力强弱、在全球分工中的地位。

日本的低生育率、老龄化，严重影响了日本经济。2010 年日本总人口达到历史高点 12807 万人，2020 年是 12584 万人。李光耀很不看好日本，核心就是日本的人口问题，在 2013 年出版的《李光耀观天下》中，他指出，一个国家的人口结构决定了人民的命运。人口萎缩意味着国家的力量正在减弱。一个老龄化的人口将无法维持人均国内生产总值。能让经济不断发展的是年轻人，而日本缺乏年轻人。不过日本 2010 年以后在人口减少的情况下人均 GDP 还在增加①，已经很不容易了，说明日本有其成功之处。日本值得中国学习借鉴的经验和需要避免重蹈覆辙的教训都很多。

---

① 以本币计，日本 2020 年比 2010 年人均 GDP 增长 5.7%，除 2020 年因新冠肺炎疫情影响人均 GDP 为负增长外，其他年份均为正增长。2020 年日元对美元比 2010 年贬值 26.3%，以美元计，日本 2020 年比 2010 年人均 GDP 减少 10.6%。

德国的供给侧改革

——从"欧洲病夫"到创新创业型社会

　　《德国的七个秘密　全球动荡时代德国的经济韧性》[①] 一书的核心可以总结为德国如何进行供给侧改革。在书的结尾，作者总结道，"德国非凡的经济成就并非财政紧缩的结果，而是因为采取了对付经济供给侧的重要战略"。"贴上紧缩标签，就会只关注经济学家为描绘市场经济潜在经济力量而设计的伟大方程式的单一一端：需求侧。事实上，所有七个秘密都涉及方程的另一端：供给侧。它们大部分围绕着国家生产商品、提供服务的能力，探索如何使德国的投资环境变得极富成效、创新和吸引力"。该书针对的是德国被广泛地批评采取过于紧缩的政策。比如，2017 年列维经济研究所（Levy Economic Institute）J. Bibow 工作论文《德国的反凯恩斯主义如何使欧洲陷入困境》（*How Germany's Anti - Keynesianism Has Brought Europe to Its Knees*）。不过，在很多国家高度依赖于扩张性的财政或货币政策的时候，德国能够紧缩而不影响经济健康发展，这不正是德国值得他国学习的独到之处吗？

一、书的主要内容

（一）德国的变化

　　20 世纪 50 年代至 1967 年，西德年均 GDP 增速近 8%，是第二次世界大战后的"经济奇迹"。但是 1990 年德国统一后，"经济奇迹"消失了。

---

　　① 戴维·奥德兹，埃里克莱曼. 德国的七个秘密　全球动荡时代德国的经济韧性 ［M］. 颜超凡，译. 北京：中信出版集团，2018.

1993 年，德国 GDP 下降了 1%。在 20 世纪 90 年代余下的时间里，增长率从未超过 2%，失业率持续上升，最高时达 12% 以上。那时德国发愁的是无法引发高科技的知识型创业，因为德国中小企业的模式、价值观和定位，全部集中在稳定性、连续性和渐进性上，这些看起来与美国等其他地方出现的勇猛活跃的高科技创业模式格格不入。1999 年《经济学人》给德国贴上"欧洲病夫"的标签。德国人自己也很迷茫："我们还待在冠军阵营里吗？" 2004 年，德国经济学家汉斯·韦尔纳·辛恩出版了一本书《德国还有救吗》，成为当时的畅销书。

2014 年，德国《时代周报》编辑约亨·比特纳自豪地说："我的祖国经过艰苦卓绝的努力，撕掉了 10 年前被贴上的'欧洲病夫'标签。自那时起，它成功降低了近一半的失业率。在过去的 5 年中，我们的经济增长了 8%，对于这样一个发达国家，这个速度快得离奇。就在上个月，联邦政府还宣布力争 2015 年财政预算实现零债务。所有这些成绩，都是在国际金融危机和欧元崩盘的背景下取得的。"

德国为何一度落伍，又如何从工业时代的管理型经济、"欧洲病夫"转变为适应全球化、知识驱动时代充满活力的创新创业型社会？这本书给出了解答。

施罗德总理宣布 2004 年是"创新之年"。当时，德国境内许多经济学家，都把施罗德的号召视为意欲欺骗天真民众的空洞政治辞令。事后看来，2004 年关于创新的豪言壮语绝非夸夸其谈。"创新之年"预示德国开启了一系列根本且深远的经济社会改革，最重要的是把德国转变为知识和创新驱动的创业型社会，创新是新经济战略的核心。德国在新世纪意外打造了一个极富企业家精神的社会。这种向创业型社会的转型体现在受过教育且具备全球意识的德国年轻人活力四射、灵活变通、上进心勃发，并最终为德国经济令人赞叹的腾飞奠定了基础。

德国的正式和非正式制度帮助激发了决定性的潜在力量——知识、技能劳动力、人力资本、溢出效应和企业家精神，在当今经济全球化时代，这些正是强劲经济表现的关键因素。

为了引燃德国的企业家精神，施罗德一手开展广泛的政策调整，一手落实体制改革。其中的新项目包括提供资金和信息服务促进新企业创立。

同时，为初创企业和小型企业的融资（包括贷款和股权融资）引进新来源。这些项目跨越政府各级部门，从地方政府到州政府再到位于柏林的联邦政府。德国复兴信贷银行负责管理小额贷款，向中小型企业提供 1 万~2.5 万欧元不等的资金。高科技创业基金为高科技新创公司投入 50 万欧元。这项计划 86% 的资金来自政府，其余资金来自风险资本等第三方。

虽然施罗德 2004 年推行政策和体制改革的影响不容低估，但是绝非只他一人为德国注入了企业家精神。从德国的决策、制度和政策的分散特性来看，地方层面同样付出相当大的努力。柏林、横跨慕尼黑和纽伦堡的大都市区、巴登—符腾堡州和莱茵河—内卡河区，都属于德国新兴企业百花齐放之地。

（二）德国的七个秘密是什么

第一是中小企业（第二章"小即是美"）。

稳定且有恒心、重视长期发展、懂得渐进变革、关注质量改进的中小企业，扎根于自己的社区，同员工及其他要素建立深厚关系，成为德国非凡经济腾飞和恢复力的支柱与引擎。

第二是双元制教育体系（第三章"诗人与思想家"）。

对技术工人的培养一直是德国的优势，然而高等教育方面德国曾一度落后（这是 20 世纪末德国一度落后、缺乏创新创业精神的重要原因），因为固守 19 世纪领先的洪堡大学模式，而缺乏美国那样的创业型大学。

美国大学渐渐树立起新的使命、任务和目标。新使命包括研究与教学，不仅重视由学科本身决定和影响的传统学科——"为了知识而学知识"，也关注知识"可以帮助解决社会普遍存在的问题和挑战"的其他领域。这些问题有社会层面的，也有经济和商业层面的。关键是，美国大学的使命顺应了从传统学科本身到社会特殊利益群体对知识和思想的需求。美国大学的定位、任务和使命，已经从洪堡模式演变出创业型大学的特征。在美国大学里，第一环仍是基础学科研究，第二环是新兴学科，如商学院、信息学院、公共政策学院等，第三环包括科技园区、孵化器、技术转让办公室和创新中心。德国从施罗德时期开始学习美国，推动德国大学竞争力的提升和它们对国家创新能力的促进，并取得了显著的成效。比如，联邦教育和科研部首倡的 EXIST 项目，专注于从各所大学大量发展初创企业。它肩负着一个明确使命：激励大学校园创业，营造创业文化。

第三是既通过区域经济政策精心设计地方组织的根基，又拥有获取国内外机遇的翅膀（第四章"根与翅膀"）。

为了避免重蹈纳粹集权覆辙，协约国占领德国期间严格推行政治和经济分权（或说联邦制度）。1949 年 5 月，德意志联邦共和国成立之际确立的最重要的一条基本原则就是，牢牢依靠国家的根基分散管理权和决策权，并维持在更本地化的水平。"这段历史最终赋予德国一个意外的竞争优势源泉：以地方层面的机构、政策制定、决策和职权的分散特性为基础，在新知识层见叠出的时代，推动知识溢出以飨当地企业和民众，然后进行知识商业化，使之成为经济绩效的引擎。因为法律、社会和历史要求各个地方积极实施确保经济表现强劲的政策，于是德国的城市、州和地区，逐渐发展出设计和贯彻区域经济政策的制度、金融机构、默契与专业知识。"

德国在立场和自我认知上发生了转变：褪去西欧大国的光环，成为全球化大世界中的小国。德国比一些欧洲邻国更加意识到，要想发现、创造、增加并获得国内以及全世界的经济机会，理解和使用全球化语言是绝对必要的。当法国正在竭力排斥其他语言、保护自己的母语时，德国却领悟了眼下机遇不再限于当地或国内，而是全球开放。德国人的英语水平在过去几年间大幅提升，青壮年英语水平极高。德国认识到，要想保持最终推动和维护德国文化、传统及语言的活力与信心，前提仍然是经济成功。

德国的共识模式有一个优点，即一旦确定了方向或机会，其制度、组织、机构等一套丰富而强大的系统就会步调一致，共同完成它们的目标。

第四是完善的基础设施（第五章"基础设施"）。

这里的基础设施既指交通和通信系统等基础设施和系统，也指系统或组织的底层基础结构。后者包括德国的"秩序政策"、经济结构、公司治理结构等。

德国的基础设施由上市公司操作，政府是主要股东。这起码保证了最低标准的质量，这是私人和市场体系难以承诺的。另外，部分私有化和公开上市能够形成市场压力，防止出现类似纯粹公共国有企业的管理行为。

德国的基础设施总体上较为完善，例如它是世界上高速公路最密集的国家之一，但近年来基础设施老化、投资水平低也引起广泛的担忧。研究表明，基础设施投资、效率增益与地方经济绩效之间，存在一种必然的系统性联系。

第五是发挥传统优势又接受灵活性（第六章"笔记本电脑和皮短裤"）。

德国开辟了一条促成全球化行之有效的路径。其秘诀不在于扔掉皮短裤（指的是德国巴伐利亚人身穿皮短裤演奏传统民俗音乐的形象）捡起笔记本电脑，而是在关键领域（比如劳动力市场）接受灵活性，从而利用自身强大坚固的传统，创造出适应经济全球化时代的竞争力。经济现代化与传统的延续比翼齐飞，既维护传统的文化、政治和社会价值观，同时又将它们与前沿的思想、知识及技术结合起来。

在大多数人的印象里，灵活性跟德国毫不沾边。但是德国最近表现出有目共睹的经济弹性，关键也在于它增强了灵活性，能够改变自己去适应一个日新月异的世界。很多僵化的规定都不复存在（比如取消《商店关门法》中商店必须在工作日下午 5 点、周六下午打烊，周日全天不营业的规定）。通过劳资改革，为劳动力市场注入新的灵活性。通过广泛接纳并融合外国人，缓和劳动力的紧张和增加创新。

德国当代的经济成功再次引发劳动力短缺。然而不同于早期经济奇迹，这一轮短缺的是大量高技术工人和拥有高人力资本的人才。因此，德国要正视的主要政策问题是，如何最好地增加技术型和高人力资本型工人的供应。一条重要途径是加大移民量，不仅要引进各种类型的工人，更要侧重于高人力资本和技能劳动力。

第六是既重视制造业又重视创新（第七章"德国制造"）。

1992 年中国每日劳动收入是 1.53 美元，印度为 2.46 美元，波兰为 6.14 美元，欧盟国家为 78.34 美元。OECD 国家几乎都不敌亚洲等国家低成本竞争，制造业占就业、GDP 比重大幅下降，而"德国制造"还能长期保持竞争优势。构建德国制造业良性循环的三位一体式关键机构机制：知识创造与溢出体系、地方企业（通常是中小企业），以及约束性地方策略（区域经济政策）。德国工业不是妄图以廉价商品取胜，而是专攻高质量产品。虽然劳动力成本高，但劳动生产率奇高。制造业驱动型经济体的发展能力，使德国经济一枝独秀。

流行的观点是，制造业与创新之间存在某种必然的权衡。而德国的情况驳斥了制造业与创新之间的这种权衡。德国认为制造业和知识并非替代关系，而是互补互足。必须利用知识和创新等关键因素，提高制造能力并最终推动企业的比较优势，进而打造竞争力。

第七是德国形象的改善（第八章"当德国人真好"）。

德国人深刻反省纳粹罪行，比如，学校有一门"忏悔"课程，学校的各个班级都要去参观前纳粹集中营的历史遗迹。学生们从小就被要求阅读一些庄严的谴责文章。经过几十年直面历史，反省、深思或者说忏悔的艰难"赎罪"，通过经济的增长、营商环境的打造、2006 年世界杯等重大活动，德国已经改变了其极具侵略性的好战形象，演变为备受敬重的国家。世界各地的人们不仅尊重德国人，而且也喜欢他们。研究表明，一个地方的正面形象和它的经济表现有着相互联系，强大且积极的身份与形象可以收获经济绩效和生活水平上的回馈。

最后作者作出总结，一是指出德国非凡的经济成就并非像很多人以为的是财政紧缩的结果，而是因为采取了对付经济供给侧的重要战略。所有七个秘密都涉及供给端。德国的做法不是让公共开支"这只巨兽饿死"，而是由各级政府依照区域经济政策的基本原则，展开战略性投资，采取降低生产成本、提高产品质量和生产创新程度从而增强地方竞争力的战略模式。二是指出这七个秘密彼此交织、紧密相连、相互依存、相互调和。这些秘密大多反映一种久已根植于德国社会和经济的做法，绝不是新近才出现的东西。这些秘密为何曾导致德国沦为"欧洲病夫"，又促使它获得了当今享誉盛名的经济成功与韧性？答案是这些秘密被重新调整和修正以满足当今时代的经济挑战。

二、启示和思考

我看过的写德国的书，这本既有趣又全面。朔伊布勒（曾任德国议长、财政部部长）的《未来必须节制》，非常体现德国人的三观。殷桐生的《德国经济通论》厚达 767 页，有点冗长，资料翔实。路德维希·艾哈德的《大众福利》，阐述了其社会市场经济思想。陈洪波、蔡喜洋的《全球房地产启示录之稳定的德国》，讲了德国住房政策和分析德国房价稳定的原因。

李稻葵、罗兰·贝格的《中国经济的未来之路 德国模式的中国借鉴》具体分析了德国的哪些做法中国可以借鉴。

《德国的七个秘密 全球动荡时代德国的经济韧性》这本书的特点是它是美国人和德国人合写的，所以书中将美国和德国比较的地方很多，而且毕竟是写自己的国家，理解得更为深刻。这本书值得非常广泛的人群阅读。从政策制定者到企业家、学者，所有关心中国经济问题的人。因为中国面临的如何从高速增长转向高质量发展，如何应对劳动力成本低的比较优势下降，如何深化供给侧结构性改革，这些最重要的问题，德国都提供了经验。

德国和中国改革的目标高度相似，就是激发企业家精神、创新动力，提升制造业的竞争力。德国的一些经验，不少我们已经在做，有的可能做得比德国还好（比如基建）。

我读此书有以下几个感受：

一是和德国相比，似乎我们过于强调金融。我国无论是要求银行解决企业"融资难""融资贵"，还是希望发展资本市场去杠杆和激发创新创业精神、优化资源配置，总是把金融方面的措施放在特别突出的位置。德国虽然也有对小企业、初创企业的金融支持政策，但只是各种政策中的一部分。德国的企业更多依靠内源积累而非外部融资，这使德国的企业经营更稳健，更不浮躁，更有工匠精神。

德国也是银行主导型，以间接融资为主的国家，银行业资产占 GDP 比重低于中国，股票市值占 GDP 比重也低于中国，但这并没妨碍德国的高质量发展。这一点很值得中国在确定金融体系改革发展目标时参考。美国高度依赖资本市场融资的模式固然有其优点，但也许并不是唯一的道路。

二是任何发展模式都有其利弊，需要适时调整改革。殷桐生在书中写道，德国从俾斯麦时代开始建立社会福利体制，第二次世界大战后路德维希·艾哈德等形成了"社会市场经济"思想并推行，减少了贫富差距，曾经取得"经济奇迹"，但到 20 世纪 80—90 年代，其高福利、高劳动成本、高国债、高税收导致高失业、低投资率、低增长的问题日益突出。施罗德2004 年开始施行的名为"2010 年议程"的长期结构性改革计划，削减社会福利，使劳动力市场更具弹性，虽然这对发展经济、降低失业率作用明显，但改革措施也降低了失业者、工会对德国社会民主党的支持率，使社会民主党在 2005 年的选举中败北，基民盟的默克尔上台。但施罗德和默克尔的改革措施，重新激发了德国的活力。

当然，德国近年的成功也有不少有利的外部环境因素影响，例如欧元区的货币一体化，使德国顺差大也没有货币升值问题，进一步促进了出口。德国也面临很多问题，比如移民带来的新问题、民粹主义的抬头。此书是总结德国经验的，所以问题说得少一些。结尾作者很诚实地说，"若由本书得出结论，认为德国已无人企及，那将是个误会。德国仍然摸不透一个秘密，即如何让自己摆脱各种烦琐的规矩以及经济周期性衰退。很不幸，在这点上所有国家都半斤八两"。

从中国、美国、德国、法国、英国近 40 年 GDP 增长情况来看，中国作为发展中国家，GDP 增长率远高于四个发达国家。德国、法国、英国受美国次贷危机影响大，GDP 增速同步性较强。国际金融危机后，除中国外，美国复苏最强劲，德国在欧洲也是火车头，远好于法国和英国。德国 2020 年 GDP 是 2008 年的 103%，英国和法国仅为 93% 和 90%（见表 1）。

表 1 　　　　　中国、美国、德国、法国、英国 GDP 变化

项目	德国	法国	英国	美国	中国
2020 年/1980 年	4.05	3.75	4.79	7.33	77.02
2020 年/2008 年	1.03	0.90	0.93	1.42	3.20

数据来源：Wind，世界银行。

改革开放以来，中国经济发展取得了巨大的成就，经济奇迹比德国还要耀眼。但是过去的模式也积累了不少问题和潜在风险，还需要进一步改革。

三是德国的经验并不容易学。中国的面积是德国的 27 倍，人口是德国的 17 倍，GDP 是德国的 3.8 倍（2020 年），改革的难度比德国更大。我们也有自己的优势，潜力比德国更大。

德国的不少经验值得中国学习，但学起来并不容易。

中国近年推崇工匠精神，但我们能学到德国这种精神吗？这还涉及社会文化、经济金融环境等众多深层次问题，具体包括德国家族企业的传统几百年来绵延不断，形成了成熟的代际传承文化；德国金融业并不是太发

达（既足以支撑实体经济，又没有过度脱实向虚），所以优秀人才也没有蜂拥进入金融业；德国较好地控制了房价（除了控制房价的政策因素，也和德国城市化已完成，经济活动分散，住房供给充分等相关），所以企业和民众都不会投入过多精力在房地产。

德国的经验不一定能复制到中国的一个例子：德国"先存后贷"的住房储蓄模式，中国曾想借鉴，2004 年成立中德住房储蓄银行，但并不成功。陈洪波在书中介绍，这种模式是 7 年左右当客户存满购建房储蓄合同金额的 50％左右时，就可以向住房储蓄银行申请到相当于合同金额总额的购建房贷款（后来也有些调整）。据一个德国朋友讲，甚至有的父母先给孩子在某住房储蓄银行存款多年，以便孩子以后贷款。中国的情况是要贷款时，从房地产开发商的合作银行中选择，哪个银行利率低、审批快就从哪个银行贷，不可能去等这么多年。历史和现实形成的民族性差异很大。

另外，与中国相比，德国的经济体量较小，这也导致很多经验难以借鉴。所以，到底怎么借鉴德国，还真是个挺复杂的问题。而且，各国模式的利与弊经常是交织的，比如美国和德国，发展模式很不相同，很难"博采众长"。当然，我们要在借鉴其他国家经验的基础上走出自己的发展道路。

这本书翻译得还不错，比较流畅。120 页有一处错误："德国汉莎航空集团，其 68％的股份在德国政府手中，11％由美国持有"，我看了有点惊讶，汉莎是个国企？查了下汉莎 2018 年年报，它按国别划分了投资者持股比例，德国投资者持有 68％，而不是德国政府 ［German investors held 72.1% of the shares（previous year：67.9%）］，其次是美国投资者持有 8.5％。最大的两个股东是黑岩（Black Rock）持有 4.46％，Lansdowne Partners International 持有 3.62％，它们分别是美国和英国的投资基金。

加拿大的经济金融情况和银行业经验

2019 年，我参加赴加拿大银行学习培训团组。结合培训了解的信息和相关资料，对加拿大经济金融情况做一介绍分析。

一、加拿大总体情况

加拿大国土面积为 998 万平方千米，仅次于俄罗斯居世界第 2。2013 年，加拿大 GDP 达到 18477 亿美元的高点，2020 年为 16550 亿美元，居世界第 10。加拿大人口为 3800 万人。人均 GDP 达 4.33 万美元，居世界第 20。

加拿大以贸易立国，对外贸依赖较大，经济上受美国影响深。

加拿大直接和间接融资都比较发达。2018 年末，加拿大有 3330 家上市公司，股票市值占 GDP 的比重为 113%（在前十大经济体中仅低于美国和英国）；银行业资产占 GDP 的比重为 262%（中国为 287%，美国为 88%）。多伦多交易所市值 63% 的公司（195 家）同时在美国某个交易所挂牌上市。

加拿大主要出口汽车及零配件、其他工业制品、林产品、金属、能源产品等（是世界第四大产油国）；主要进口机械设备、汽车及零配件、工业材料、食品等。主要贸易对象是美国、中国、日本、欧盟国家。2018 年，加拿大对美国货物出口额占其货物出口总额的 73.9%，2019 年略有提高至 74.5%（是美国第三大进口来源地）；2018 年，加拿大对中国货物出口额占其货物出口总额的 5.0%，是历史最高点，2019 年降低至 4.1%。2018 年，加拿大自美国货物进口额占其货物进口总额的 64.4%，2019 年略有下降至 63.9%（是美国第一大出口目的地），2018 年、2019 年加拿大自中国货物进口额均占其货物进口总额的 7.6%。

2019 年，加拿大自中国进口货物 468 亿美元，向中国出口货物 244 亿美元，与中国的货物贸易逆差是 224 亿美元，创历史新高。2019 年，加拿大自美国进口货物 3918 亿美元，向美国出口货物 4433 亿美元，与美国的货物贸易顺差是 516 亿美元，也创历史新高（见表 1）。①

表 1　　　　　　　　　　加拿大与美国、中国的货物进出口

单位：百万美元，%

年份	货物出口					货物进口				
	货物出口总额	其中：美国	美国占比	中国	中国占比	货物进口总额	其中：美国	美国占比	中国	中国占比
2010	403967	295113	73.1	14147	3.5	413670	259935	62.8	26391	6.4
2011	456613	329266	72.1	18133	4	456045	281337	61.7	28711	6.3
2012	461511	336598	72.9	20368	4.4	474800	296028	62.3	30952	6.5
2013	479225	357360	74.6	22031	4.6	487370	313321	64.3	31944	6.6
2014	529334	401271	75.8	20467	3.9	524661	351081	66.9	35570	6.8
2015	524046	396497	75.7	21419	4.1	548682	363515	66.3	38963	7.1
2016	522301	392836	75.2	22346	4.3	547349	359769	65.7	37661	6.9
2017	550262	411212	74.7	24942	4.5	574406	371180	64.6	42730	7.4
2018	585199	432593	73.9	29073	5	607330	390899	64.4	46356	7.6
2019	594878	443326	74.5	24431	4.1	613160	391769	63.9	46815	7.6

数据来源：Wind，加拿大统计局。

加拿大没有自己的征信公司，美国三大征信公司中艾可菲（Equifax）和环联（Trans Union）两家是加拿大主要的征信公司。

二、加拿大金融监管情况

加拿大金融业和美国类似，经历了 20 世纪 30 年代前的混业经营，30 年代后的分业经营，90 年代后的混业经营。

1987 年，加拿大在银行总监督官办公室和保险监管办公室的基础上，正式成立金融机构监管办公室（OSFI），开始进入金融混业监管时代。1987 年和 1992 年加拿大修订《金融机构和存款保险修正案》《银行法》，允许银

---

① 以上加拿大和中国贸易数据均不含中国香港。

行通过金融控股公司的形式建立附属机构从事信托、证券和保险业务，其他金融机构也可向银行业务渗透。1987 年的修订取消了对银行拥有证券经纪公司的限制。五大银行通过购买大经纪公司或自己开办经纪公司，在一年之内悉数进入证券市场。1992 年的修订允许银行拥有保险公司、抵押贷款公司和信托公司。混业经营后，金融业兼并整合加剧，银行控制了主要的信托和证券经纪公司。

虽然主要银行都是金融控股公司，但不同的子公司在营业网点中是分门面经营的；银行零售网点内不允许销售保险、基金等产品，财富管理中心才可以（加拿大主要银行都有财富管理业务资格，中资商业银行尚未取得资格）。

加拿大形成由财政部（DOF）牵头，金融机构监管办公室（OSFI）、加拿大央行（BOC）、加拿大存款保险公司（CDIC）和金融消费者管理局（FCAC）五家机构组成的金融机构监督委员会（FISC）共同监管的格局。财政部在金融监管中处于主导地位，其余四个机构也通过财政部部长向联邦议会汇报工作。财政部负责制定金融政策法规，协调联邦与省金融监管机构关系等。

加拿大实施联邦与省两级平行分权监管体制。联邦政府负责监管所有银行、在联邦注册的保险公司、信托公司、信用社等金融机构。10 个省和 3 个区也设立专门的金融监管部门。两级监管部门间无垂直领导关系，双方分级监管，协调配合。

加拿大金融监管的一个独特之处是没有全国性的证券监管机构（在 120 个国际证监会组织成员中仅此一例），只有各省证券监管机构，证券公司由其监管。例如，银行资管子公司发行资管产品，需要从各省证券监管机构获得许可。加拿大业界人士也认为这种监管体制存在缺陷，但由于各省的反对，无法建立全国证券监管机构。

三、加拿大银行业发展情况

加拿大的银行体系长期被世界经济论坛每年出版的《全球竞争力报告》列为世界上最稳健（Soundness）的银行体系之一（2019 年排名第 6）。

加拿大在国际金融危机中受影响小。在国际金融危机后，和欧美等国经历了去杠杆历程不同，加拿大的杠杆率持续提高。2021年6月，加拿大居民、非金融企业、政府部门杠杆率分别为108.4%、126.4%、109.8%（发达经济体平均为77.1%、97.5%、125%）。主要由于房价上涨和房贷增加，加拿大居民杠杆率已是发达国家中最高的国家之一，超过了美国和英国在国际金融危机前的居民杠杆率。OSFI近年也非常关注住房贷款风险，采取了收紧住房贷款的一些措施。

截至2021年末，在OSFI监管的360家联邦金融机构中，银行共有83家，包括国内银行35家、外国银行17家，外国银行分行31家（包括全功能分行27家和贷款型分行4家）。一共有6000多个银行网点，30万名银行从业人员。

加拿大的银行按照截至2020年10月末（加拿大财年）资产规模由高到低排序依次是多伦多道明银行（Toronto－Dominion Bank，TD）、加拿大皇家银行（Royal Bank of Canada，RBC）、丰业银行（Bank of Nova Scotia，BNS）、蒙特利尔银行（Bank of Montreal，BMO）、加拿大帝国商业银行（Canadian Imperial Bank of Commerce，CIBC）、德信集团（Desjardins Group，DG）和加拿大国民银行（National Bank of Canada，NBC）。RBC和TD资产规模接近，交替成为加拿大资产规模最大的银行。最大的外资银行是汇丰银行。2021年，加拿大六大行资产占联邦政府监管的存款机构（DTI）总资产的90%（见表2）。

表2   加拿大主要银行情况

银行名称	千家大银行排名	资产（亿美元）	ROA（%）	ROE（%）	不良贷款率（%）	PB
RBC	39	12215	0.70	15.45	0.46	1.84
TD	41	12901	0.69	17.22	0.48	1.59
BNS	52	8545	0.60	12.38	0.95	1.42
BMO	59	7137	0.54	11.12	0.72	1.49
CIBC	77	5786	0.49	10.90	0.45	1.33
DG	97	2806	0.67	9.19	0.56	—
NBC	165	2493	0.64	14.76	0.48	1.71

数据来源：英国《银行家》"2021千家大银行"；不良贷款率为"2020千家大银行"数据；PB为2022年6月17日数据，CNNMoney。

加拿大六大行零售收入占比都较高。最高的是 TD，2018 财年大零售板块（含财富管理 13%、保险 11%、中小企业 8% 等）收入占 91%（其中加拿大业务占 61%，美国业务占 30%），批发板块占 9%；RBC 则较为均衡，2018 财年个人和商业银行板块收入占 39%，财富管理板块占 25%，资本市场板块占 20%，保险板块占 10%，投资者和财资服务占 6%。各行的国际业务战略有所不同，TD 和 RBC 以美国为第二"战场"（甚至一些美国人以为 TD 是一家美国银行），丰业银行则在南美发展较好（受南美业务影响，不良贷款率在六大行中最高，但也仅为 0.95%）。

我和在加拿大的一位中资银行高管交流，她说加拿大金融体系安然渡过国际金融危机，让加拿大更加自信，觉得自己体制好。加拿大对外资金融机构监管规范、严格，根本不希望外资行做大，实际非常保护本国金融机构。

四、加拿大银行的成功经验和做法

加拿大的银行体系一直以稳定安全而著称。加拿大属于资源型经济体，严重依赖出口，本来更容易在商业周期内产生巨大波动，但其从未出现大的银行业危机。从 20 世纪 20—30 年代的大萧条时期到 2008—2009 年国际金融危机期间，加拿大没有一家主要银行倒闭。加拿大银行业的资产质量持续保持优良，不良贷款率 2007 年为 0.7%，2009 年为 0.9%，2018 年为 0.4%，是主要经济体中最低的。加拿大银行业经营业绩优异，ROA、ROE 处于发达国家中很高的水平，因此股价表现良好。2022 年 6 月，加拿大六大行平均市净率达 1.56（中国同期为 0.71）。

虽然也有人认为加拿大银行业因寡头垄断的市场结构而获得较高利润，但据相关研究，加拿大的银行业效率并不低。整个 20 世纪，加拿大和美国的贷款利率接近，存款利率更高，利差低于美国[①]。近年来，加拿大银行业的净息差低于美国，高于德国、法国、日本等国家，处于较适中水平（不

---

① 查尔斯·凯罗米里斯，史蒂芬·哈伯. 人为制造的脆弱性：银行业危机和信贷稀缺的政治根源［M］. 廖岷，等，译. 北京：中信出版集团，2015.

发达国家因金融供给不足而息差较高。息差过低，是除美国外发达经济体的普遍现象）。加拿大六大行平均息差，2009—2012 年略高于 2%，2013 年后持续下降，2018 年为 1.77%。

为何加拿大的银行有如此优良的表现？结合学习交流，我们分析有以下原因。

1. 严格的金融监管和银行业较高的集中度

虽然同为联邦制国家，但和美国长时间限制银行的跨州经营不同，加拿大的银行业一直是全国性的总分行体系。全国性银行系统可以提供多样化地域分散风险和规模经济的好处，因此经营更加稳定。加拿大金融监管体系健全、严格，各部门协调较好，做到对各种金融机构的全面覆盖。OSFI长期坚持保守型监管，重视防范银行以降低风控标准来换取市场份额的行为。加拿大规定每 5 年对一些重要的监管法案进行修订，包括 4 项核心法案：《银行法》《保险公司法》《信托及贷款公司法》《信用合作社法》。这确保了法律法规及时优化，为金融业的稳定和发展提供充分保障。放开混业经营以来，银行主导的金控集团在与非银行机构、影子银行的竞争中处于更有利地位，避免了金融资源流向风险更大的非银行金融机构。加拿大对外资银行限制较多，国内市场受到保护。但加拿大的主要银行国际化程度很高，积极拓展国外市场，特别是以美国和拉丁美洲市场。

因此，加拿大银行业形成很高的集中度。2018 年末，中国、美国、加拿大前六大行占银行业资产规模的比重分别是 42.4%、46.5%、92.7%（考虑到中美经济、人口、市场规模更加庞大的因素，加拿大集中度高也具有合理性）。银行业既竞争较为充分，又避免了过度竞争带来的银行过于激进，以承担更多风险为代价获取短期经营业绩的问题。

2. 有效的公司治理和良好的风险管理

加拿大公司治理模式属于英美模式，但又具有自己的特点。

加拿大银行的董事会结构，一是独立董事占比非常高，而且任职时间很长（大卫·比提教授曾任蒙特利尔银行独立董事 22 年），现任和曾任其他公司 CEO 的董事较多，也有律师、会计师、大学教授、金融同业专业人士。例如，蒙特利尔银行 2018 年的两名新增董事一名是矿业公司 CEO，一名是高盛前首席风险官。二是董事长都是从独立董事中产生。六大银行董事长中最长的担任了 13 年，最短的担任了 3 年本行董事后任董事长。董事长基本都曾任其他公司 CEO，但多数并非银行业金融机构的 CEO。三是注重董事的多样性特别是性别平等。加拿大公司女性董事占比为 27%，略高于美国（24%）。这样的董事会结构，有助于从宏观和战略上把握银行发展，提出有价值的建议，对经营层起到较好的指导和监督作用。

加拿大银行审慎的风险文化和良好的风险管理是加拿大银行业能长期稳定经营的重要原因。

3. 混业综合化经营

据彭博数据，2018 年主要国家非息收入占比，中国为 22.11%，德国为 40.03%，日本（主要银行）为 44.10%，美国为 43.58%，加拿大为 46.63%，法国为 53.39%。加拿大银行的非息收入占比在发达国家中也属于较高水平。重要原因是加拿大的主要银行都是金控集团，旗下有保险、证券、投资、财富管理、汽车金融等众多子公司。通过子公司形式，既能适度隔离风险，按子公司所属细分行业规律相对独立运行，又能在集团下发挥一定协同效应。

4. 积极应对数字化转型

加拿大主要银行都在加大 IT 投入，推进数字化转型。例如，丰业银行 2015 年明确提出数字化转型，成为以数据为中心的组织，2018 财年技术投入达 33 亿加拿大元，占收入的 11%。2015—2018 年，技术投入年均提高 12%，其他投入只增长了 3%。目前有 8000 名（含外包）技术人员，占员工人数的 8%。

5. 其他做法

在遵循《巴塞尔协议》、公司治理的很多规范方面，中国和加拿大的银行有很多共同之处。但由于社会发展阶段和文化、管理思路不同，也有不少差异。

（1）风险管理人员汇报路径方面。花旗银行加拿大分行首席风险官（CRO）介绍，他向总行的首席风险官汇报，和分行业务负责人（CEO）是平行关系，这是吸收 2008 年国际金融危机教训所做的改革，避免 CEO 为发展业务过于激进，总行对分行风险失控。而中国是分行行长负责制，行长对经营和风险同时负责。建设银行等部分银行也曾尝试学习西方模式（由总行首席风险官、省分行风险总监、基层风险主管、风险经理组成独立的风险报告线，垂直管理、平行作业），但后又变回层级风控模式。

（2）轮岗方面。《商业银行内部控制指引》（银监发〔2014〕40号）要求商业银行应当明确重要岗位，并制定重要岗位的内部控制要求，对重要岗位人员实行轮岗或强制休假制度，《中国银行业监督管理委员会办公厅关于落实案件防控工作有关要求的通知》（银监办发〔2010〕127号）做了基层营业机构负责人轮岗期限最长不超过3年，柜员轮岗期限不超过1年等细致的规定，中国各银行据此都制订了自己的轮岗要求。而加拿大的银行没有强制性的轮岗要求，在岗位间变动主要是为了多岗位锻炼和晋升，强制休假主要是针对交易员等少数岗位。这可能反映中国和加拿大银行面对的主要风险不同。中国的柜面操作风险、基层负责人风险更为突出。

（3）消费者权益保护方面。加拿大规定对个人借款人不能上门催收，一般只能通过电话、信件或邮件方式催收。丰业银行按监管要求设立全球隐私官，专门负责消费者隐私保护。这些规定和做法都显示了对人的权利的尊重和保护。而中国还处在更重视打击逃废债，以各种手段约束拖欠债务人的阶段。

（4）非歧视方面。加拿大高度重视对性别、种族的非歧视待遇。除了规定董事会女性的比例，有的银行会规定招聘的女员工不得低于一定比例，切实推进性别平等。中国还没有到这一阶段。

（5）责任追究方面。加拿大和美国类似，零售信贷、公司信贷业务和金融市场投资，只要没有道德问题，在风险限额之内，基本不对单笔业务相关人员做责任追究。只是造成的损失会影响绩效资金，某业务条线总体经营状况不佳、损失严重可能会使银行解雇负主要责任人员。中国则强调终身追责，虽说尽职免责，但尽职的界限有时也不好划分。

部分国家财政部和央行的关系

2022 年 3 月 8 日，人民银行发布消息称，按照中央经济工作会议精神和政府工作报告的部署，为增强可用财力，2022 年人民银行依法向中央财政上缴结存利润，总额超过 1 万亿元。《中华人民共和国中国人民银行法》第三十九条规定，中国人民银行每一会计年度的收入减除该年度支出，并按照国务院财政部门核定的比例提取总准备金后的净利润，全部上缴中央财政。中央银行利润上缴财政，是美国、日本、英国等世界主要经济体的通行做法。

财政部和中央银行是现代国家经济管理最重要的两个部门。在各个国家和地区，它们的关系既有不少共同点（如央行有盈余上交财政，有亏损也是财政承担），也有一些相异之处（金融稳定、外储管理、汇率管理等事务中二者的职责划分）。本文列举了美国、英国、新加坡的情况，重点讨论了美国的情况，并和中国进行对比。

一、美国

1. 美联储的职责

美国《联邦储备法》给美联储货币政策规定了三个目标：最大化的就业（Maximum employment）、稳定的价格（Stable prices）、适度的长期利率（Moderate long – term interest rates）。2010 年，美国有议员建议通过立法手段解除美联储保障充分就业的使命，只让美联储负责维持物价稳定，未果。第三个目标似乎被人关注较少，美联储有句解释：当通胀低且稳定的时候，长期利率也更可能是适度的。

第 14 任美联储主席伯南克在《金融的本质》中指出央行有两个职能：

一是促进宏观经济稳定，二是金融稳定。前者主要工具是货币政策，后者主要工具是提供流动性。大多数央行还有第三个工具，即金融监管。

《中华人民共和国中国人民银行法》规定，货币政策目标是保持货币币值的稳定，并以此促进经济增长。

2. 美国财政部的职责

美国财政部网站介绍：财政部的职责是通过创造条件维持国内外经济的增长和稳定，维持经济的强劲，创造经济和工作机会，通过与威胁做斗争和保护金融体系的完整性加强国家安全，有效管理美国的财力和资源（finances and resources）。美国财政部扮演着经济和财政体系管家的角色（the steward of U. S. economic and financial systems）。

具体职责包括：管理联邦财政，征收所有根据美国法律应向美国政府缴纳的税收和支付的款项，货币和铸币①，管理政府账户和国债，监督国家银行以及储蓄机构，对美国国内和国际财政、货币、经济、贸易和税收政策提供建议，执行美国联邦财政和税收法律，调查并起诉逃税者、造假币者、伪造者。

3. 国内货币政策：由美联储独立负责

美联储以其在货币政策上的独立性而著称，但美联储独立性的获得也经过了历史过程。根据1913年的《联邦储备法案》，美联储成立，当时美国财政部长在联邦储备委员会中还拥有议席，美联储设定利率需要和财政部协商。直至1951年，经过长期复杂的谈判，美国财政部终于同意让美联储根据需要自行设定利率，实现经济稳定。双方于1951年签署了《美联储—财政部协议》，这一协议具有十分重大的意义，因为这是美国政府第一次明确承认，美联储应被允许独立运行。当今世界，各国已经形成普遍共识：央行独立运行会比由政府主导产生更好的效果。特别是，一个独立运行的央行可以不去理会短期的政治压力，例如为了选举而被迫刺激经济。这样一来，独立的央行就可以采取一些立足长远的举措并且能取得更好的效果。这方面的证据是相当充分的。所以，独立运行是世界各主要央行的

---

① 美元上是财政部部长签字而非央行行长。

典型特征。[①]

美国著名财经记者威廉·格雷德在其《美联储》一书中写道，"美联储的运行机制遵循统一的金融原则，而其他国家中央银行的运行秩序直接受命于由选举产生的政党。例如，当英国银行希望提高利率时，不可能在没有首相内阁许可的情况下强制调动利率。类似毕恭毕敬的关系也同样适用于日本、法国和意大利。唯一例外的就是德国中央银行，其政治独立性与美联储相似"。后来情况也有变化，日本在 1997 年通过了新的《日本银行法》，1998 年正式实施，全面规定了维护中央银行独立性的措施。欧元区于 1998 年成立了欧央行，负责欧元区的货币政策。

4. 国际货币政策：财政部和美联储有交叉

第 12 任美联储主席保罗·沃尔克在《时运变迁》中解释了在国际货币政策中美国财政部和美联储的关系。概括来说，财政部对"国际货币政策"的一些事务负有主要责任。财政部负责货币事务的副部长，除了经济分析、为政府及其机构进行融资等国内责任以外，还是同其他国家的双边金融关系、与 IMF 等国际组织的多边金融关系的中心。美联储完全对货币政策负责，一些人可能喜欢把其描述为国内货币政策，但美联储厘定美国货币和信用时的作为，不可避免地影响汇率，甚至是世界货币供应量，财政部和美联储有职责重叠问题。美国官方对外汇市场的干预是一个机构重叠问题特别突出的领域。美联储用自己的资金干预外汇市场，财政部用外汇平准基金干预外汇市场，纽约联储同时为财政部和美联储担任中间商。

5. 金融稳定：财政部和美联储是最重要的角色

2010 年，奥巴马签署《多德—弗兰克华尔街改革与消费者保护法案》，据此于 2010 年 10 月创设了金融稳定监管委员会（Financial Stability Oversight Council，FSOC）。FSOC 的法定职责有三：一是识别危及美国金融稳定的各类风险；二是促进金融市场的自我约束，降低对政府救助的期待和道德风险；三是有效应对危及美国金融体系稳定的各类新风险。其主要权力包括：一是推进信息的收集与共享，并以此促进监管协调。二是从金融市场实际出发，全面加强系统性风险的识别与防范。在金融机构层面，认定

---

① 伯南克. 金融的本质［M］. 巴曙松，陈剑，译. 北京：中信出版社，2014.

具有系统重要性的非银行金融机构并将其纳入美联储监管范围；在金融市场层面，有权认定具有系统重要性的金融市场设施和支付、清算与结算系统；在金融监管标准方面，有权建议对规模较大、关联性强的机构实施更为严格的审慎监管标准；对于金融稳定形成严重威胁的机构，可以强制分拆。三是有权建议美国国会修改法律，减少监管空白。[①]

FSOC 由财政部部长任主席，各金融监管机构都是 FSOC 的参与者。FSOC 由 15 名成员构成，10 名投票委员包括财政部部长、美联储主席、货币监理官、消费者金融保护局局长、证监会主席、联邦存款保险公司主席、商品期货交易委员会主席、联邦住房金融局局长、国家信贷联合会管理局局长、保险业独立专家，还有 5 名非投票委员。

美国金融稳定监管委员会由财政部主导，我国金融稳定发展委员会由国务院、人民银行主导。

为何美国金融稳定由财政部牵头？央行虽然有"最后贷款人"作用，但如果发生损失最终还是财政资金埋单是重要原因之一。

国际金融危机发生后，为了保护金融系统的稳定性、降低系统性金融风险，美国政府通过投资优先股的方式向花旗集团、美国银行、富国银行、摩根大通等 9 家银行累计注资 1684 亿美元，帮助银行提高资本和解决流动性问题。同时，国会授权财政部 7000 亿美元资金用于资产担保和购买问题资产，帮助危机银行消化"有毒"资产。

伯南克在《行动的勇气》中写道，"如果我们要通过摩根大通去救助贝尔斯登，必须动用《联邦储备法》第 13 条第 3 款赋予我们的权力。我坚持认为，没有联邦政府的同意，美联储在这条路上不可能走很远。我们相当自信地认为，如果给贝尔斯登贷款，虽然有风险，但它很可能会偿还。如果没有偿还，纳税人的钱将受到影响。因此，至少从这个角度来看，我们正在讨论的计划也属于财政问题。保尔森中途退出了讨论会，去问小布什总统对这个方案的看法。很快他传回话来，说我们得到了总统的支持"。在打算救助贝尔斯登时，"由于美联储的亏损会减少向财政部上缴的利润，因

---

① 王刚，徐暮紫. 美国金融稳定监督委员会组织架构及运作情况介评［J］. 金融法苑，2011 (4).

此，我们希望财政部担保我们的贷款。但财政部在没有获得国会批准的情况下是无权这么做的。不过保尔森给我们出具了一封承诺函，承诺政府部门对于我们的支持"。随着国际金融危机的演变，美联储和财政部已无力应对，需要国会的支持。"在雷曼兄弟倒闭的那个周末，美联储在没有国会支持的情况下，单枪匹马地救助大型金融公司的能力已经迅速地消耗殆尽"。"为了阻止危机，规避不堪设想的后果，我们必须获得必要的权力、财力和民主合法性，因此，我们不得不求助于国会"。国会多耗费了两周的时间，举行了两轮投票，才批准了救助方案。虽然伯南克对国会的低效有抱怨，不过国会要代表纳税人的利益，国会审批也是政府动用财力一个必要的程序制约。最后美国政府的救助计划还盈利了，也就是为纳税人挣钱了。"美联储的证券收购计划和贷款计划为政府挣到了大量利润。2009—2014 年这 6 年上缴的盈利总额达到了将近 4700 亿美元，是 2001—2006 年上缴盈利的 3 倍多"。

根据美联储 2022 年 1 月 14 日发布的报告，美联储已向财政部上缴 2021 年盈利 1074 亿美元（按未经审计的数据，审计后可能略有调整。如 2020 年按未经审计的数据上缴盈利 885 亿美元，审计后调整为 869 亿美元）。

伯南克对合作过的两任财政部长保尔森和盖特纳的评价都很高，对配合满意，因为他们同样认识到国际金融危机问题的严重性，愿意不拘于意识形态，采取务实的、史无前例的措施来挽救金融体系。盖特纳在《压力测试》中也说，"在整场危机中，我们近乎完美地协调工作。我们彼此信任"，"我跟伯南克几乎每天都联系，我不确定历届财政部长和美联储主席之间的关系是否也如此紧密"。

肯定不是都这么紧密。例如，沃尔克与两任财政部长米勒、唐纳德·里根的关系都不好，里根曾强烈建议总统不要让沃尔克连任。伯南克和盖特纳配合好一是因为国际金融危机的非常态需要他们紧密联手，二是盖特纳当过纽约联储主席，对美联储体系也非常理解。美联储和财政部的完美配合帮助美国渡过了国际金融危机。

格雷德在《美联储》中写道，1982 年 7 月 5 日，美联储、联邦存款保险公司、货币监理署等金融监管相关部门的人员会聚在美联储办公大楼的沃尔克办公室研究宾州广场银行破产问题，与会的还有美国财政部长唐纳德·里根，因为"每个人都知道，如果灾难降临，全国经济损伤将必须由选举产生的政府、总统及其官员处理，因此财政部长的意见十分重要"。

为了防备 FDIC 的保险基金不足以支付赔款，《格拉斯—斯蒂格尔法案》授权 FDIC 可以直接从财政部贷款（我国的《存款保险条例》没有类似条款），实际上，FDIC 的启动资金来源于投保银行的存款保险费和美国财政部的 1.5 亿美元贷款（已于 1948 年还清）。

6. 货币政策和财政政策：配合还是相反

宽/紧货币和宽/紧财政有 4 种组合，有时同宽同紧，有时一宽一紧。同宽同紧可能互相协同，也可能政策叠加导致过宽或过紧，一宽一紧有时是有意的搭配，有时是因为缺乏协调。美联储独立决定货币政策，财政政策主要由总统的经济思路决定，有时未必能互相协调。举两个例子：

一是 20 世纪 80 年代初美国财政政策和货币政策几乎反向而行。表现为紧货币和宽财政。1979 年沃尔克就任美联储主席，1981 年罗纳德·里根就任总统，并选择前美林公司董事长唐纳德·里根（两人不是亲戚）为财政部部长。沃尔克领导美联储在采用收紧货币供应和提高利率的方式，抑制经济增长以对抗通货膨胀时，里根政府却在全国范围内推行减税措施，要刺激美国经济的增长，美联储和金融市场都担心扩大的财政赤字会滋生新一轮的通货膨胀。沃尔克 1982 年在众议院银行委员会年中大会上的证词中，强调了对国会庞大财政赤字的谴责态度。而里根政府虽然支持控制通货膨胀，但觉得美联储的紧缩货币政策过于严厉。财政部部长唐纳德·里根对沃尔克的敌意众所周知，他经常公开批评沃尔克的管理，下令财政部重新审视政府改革，主题是美联储的独立性，方案包括让美国财政部部长重新在联邦储备委员会中拥有议席，甚至让美联储变成财政部的一个下属分支，即完全对总统负责——这一点曾是沃尔克在普林斯顿大学毕业论文中大力拥护的。格雷德认为，这一方案也不算过激，在其他国家也存在这样的管理模式，即中央银行受制于由选举产生的政府，政府最终同时对利率和开支、经济增长和经济抑制负责，这样财政政策和货币之间的协调统一就会立即实现。

1982 年上半年，减税政策虽然开始生效，但严厉的货币紧缩政策还是导致了经济衰退；7 月，美联储开始放松货币、降低利率；8 月中旬，国会最终颁布法案，推出一项近 1000 亿美元的增税计划，从某种程度上削减财政赤字。不过美联储和国会的决策都是独立作出的，也并非是互相协调的结果。

二是国际金融危机后量化宽松的货币政策刺激经济增长，财政政策却力度不够。表现为宽货币和紧财政。伯南克在《行动的勇气》中写道，"（美联储理事）沃什（2010 年）在《华尔街日报》上发表了一篇评论文章，认为仅仅用货币政策根本不足以解决美国经济存在的问题，并呼吁税务改革和监管改革，提高美国经济的生产率，为美国经济长期增长注入动力。对此，我表示赞同，我也认为华盛顿的其他决策者应该在促进美国经济增长方面承担更多的责任。扩大修路等方面的联邦基础设施项目支出有助于提升美国经济的生产率，并且能够立即创造就业岗位，让人们重返工作。但除了沃什强调这些方面之外，没有任何人预计财政领域或其他领域会出现任何改观。事实上，在华盛顿，只有美联储一家在孤军奋战，虽然我们的工具不尽完美，但我们必须做点什么"。2011 年有"信贷紧缩、房地产市场萎靡以及财政紧缩这三股逆风"。"对于美联储而言，要公开讨论财政方面的逆风，是一个特别大的挑战，因为政府支出和税收等财政问题超出了美联储的管辖范围。但此时，财政政策却阻碍了经济复苏和创造就业，直接削弱了我们保障充分就业的能力。我与美联储理事会的幕僚们多次讨论之后，决定公开提出建议。我强调说，仅仅依靠美联储一己之力，是不足以充分提高就业率的，在当前这种短期利率接近于零的情况下，更是如此。美国经济需要国会伸出援手，国会即便不能增加公共支出，至少也要在再就业培训方面增加支出"。伯南克对财政政策批评得也很直接。

不过伯南克对宽财政的期望被特朗普、拜登实现了。特朗普喜欢宽财政、宽货币，大力刺激经济，加之遇到新冠肺炎疫情，特朗普和拜登都采取了财政刺激纾困手段。

7. 高层交流

既有美联储工作经历，又有财政部工作经历的官员不少。沃尔克和盖特纳是突出的两位，在财政部和美联储之间兜兜转转。沃尔克 1953—1957 年在纽约联储担任低级别的经济学家，1962—1965 年任财政部货币事务副部长助理，1969—1974 年任财政部货币事务副部长，1975—1979 年任纽约联储行长，1979 年 8 月至 1987 年 8 月任美联储主席。盖特纳 1988—2002 年在财政部一直做到国际事务副部长，2003 年至 2009 年 1 月任纽约联储行长，2009 年 1 月至 2013 年 1 月任财政部长。两个人的共同点是都当过财政部副部长和纽约联储行长。

第一位既当过美联储主席又当过财政部部长的人是威廉·米勒。他的教育背景和经历丰富有趣，海洋工程理学学士，1952 年从加州大学伯克利分校法学院毕业后进入一家律所工作，1956 年加入德事隆集团（Textron），1974 年成为其 CEO。他自 1978 年 3 月至 1979 年 8 月任美联储主席，才 17 个月，然后又当上了财政部长（1979—1981 年）。不过其实他的主席和部长当得都不怎么样，他对经济全局把握有限，才能更多在企业经营和投资方面，在后两方面倒是很成功。格雷德在《美联储》中写道，"华尔街的分析学家们曾抱怨米勒对政府过于配合，自身又胆小如鼠，从而导致高利率的出现，且没能有效遏制通货膨胀的发生"。米勒被卡特总统在内阁大换血中辞退。但为何他立即又当上财政部部长了呢？"选择由米勒继任财政部长还是偶然性多于计划性，也没有更多的暗示意义，只是总统无暇过多考虑之下的产物"。卡特总统邀请了通用电气、杜邦、大通曼哈顿的 CEO，都被婉拒。此时有人建议让米勒担任财政部部长，米勒欣然接受，就是这么神奇。沃尔克担任美联储主席时和曾任美联储主席的财政部长打交道，可沃尔克不太瞧得上米勒，而且觉得自己对财政部的事太懂了，两人也谈不上协调配合。所以有共同经历也不一定就能增进理解合作。

第 15 任美联储主席耶伦，成为第二个曾当过美联储主席的财政部部长，她还是第一位女性财政部部长。

二、英国

英国的财政大臣地位十分重要。实际上，英国由首相兼任第一财政大臣（1905 年这成为法定制度并持续至今），一般说的财政大臣实际上是第二财政大臣。利率、汇率、税率政策中财政大臣都能起到关键性作用。英国政治家传记作者约翰·坎贝尔在《撒切尔夫人传》中写道，"首相与财政大臣的关系是任何一届政府成功的核心"。撒切尔夫人任首相时（1979—1990年），前期一系列控制通货膨胀、削减支出的措施加剧经济衰退，到20世纪80年代中期经济复苏，1987—1988年GDP的增长都稳定在4.5%以上，称作"劳森繁荣"——奈杰尔·劳森是时任财政大臣。1989年，劳森因和撒切尔夫人在汇率政策、是否加入欧洲汇率机制等问题上意见不合而辞职，接任的财政大臣是约翰·梅杰。1990年11月，撒切尔夫人辞职，梅杰当选为保守党主席，随后成为英国首相。

英格兰银行的最高权力机构英格兰银行理事会由正、副总裁（即行长、副行长）和16名理事构成，均由首相和财政大臣推荐，英国国王任命。例如，2012年9月英国在《经济学人》（Economist）杂志上公开招聘英格兰银行行长，英国财政大臣乔治·奥斯本力邀时任加拿大央行行长的马克·卡尼，花了9个月时间才说服他接受邀请，然后和首相卡梅伦、副首相克莱格讨论后向伊丽莎白女王推荐。

1997年，英国政府开始实施由金融服务管理局（FSA）作为独立监管机构与英格兰银行、财政部共同承担维护金融稳定发展的"三方共治"监管模式。国际金融危机后，英国对金融监管体系进行了改革，《2012金融服务法案》将"三方共治"转为"双峰监管"。在英格兰银行内部设立金融政策委员会（FPC）和审慎监管局（PRA），分别履行宏观审慎管理和微观审慎监管职能；在撤销金融服务管理局（FSA）的基础上成立金融行为监管局（FCA），负责监管所有金融服务行为；审慎监管局和金融行为监管局接受金融政策委员会的指导建议。改革后的英格兰银行集货币政策制定与执行、宏观审慎管理与微观审慎监管于一身，在金融监管体系中处于核心地位，与财政部也有密切的协作。

金融政策委员会于2013年成立，成员共有13人，由英格兰银行行长担任主席，成员为：英格兰银行高级官员6名（行长、4名副行长、负责金融稳定的执行总裁）、5名外部金融专家、FCA总裁以及1名财政部非投票代表。同时，对FPC设立了问责机制，要求FPC向英格兰银行理事会、财政部以及英国议会负责。另外，为确保危及金融稳定的风险出现后有关监管机构能够及时采取有效措施，《2012金融服务法案》专门设立了金融危机管理的协调机制，要求财政部与英格兰银行共同制定《金融危机管理备忘录》，明确界定各相关机构的职责。其中，英格兰银行在金融危机管理中主要承担操作性的任务，包括：一是在单个机构的风险增加时，审慎监管局（PRA）应通过主动干预手段降低其运营风险；二是在涉及系统性金融风险时，英格兰银行有权决定关闭某个银行间支付系统；三是英格兰银行有权向金融体系提供流动性保障；四是英格兰银行根据财政部的授权，可以向存在风险但仍具有偿付能力的机构提供紧急流动性支持（ELA）；五是英格兰银行在危机特别处理机制（SRR）下的权力；六是英格兰银行有义务将危及公共资金安全的潜在风险通知财政部。财政部主要承担涉及公共资金安全的决策职责，当英格兰银行正式通知财政部可能存在危及公共资金安全的风险因素后，财政部可以通过指令权批准英格兰银行向其中一个或者几个机构提供紧急流动性支持；批准英格兰银行行使涉及公共资金使用、维护金融稳定的权力，对某家银行或者银行持有的公司债权或股权行使"暂时国有化"的权力。①②③

三、新加坡

新加坡原来金融管理职能分散于多个部门，根据《1970 年新加坡金融管理局法》，于 1971 年 1 月成立金融管理局（Monetary Authority of Singapore，MAS），作为唯一的金融管理部门。1977 年将保险监管、1984 年将证券监管职责、2002 年将货币发行职责收到或合并进金管局，基本相当于我国的一行两会。金管局的使命为：推动可持续的、非通胀的经济增长，以及健全、不断进步的金融中心。职责包括行使货币政策、监管各类金融机构、管理官方外汇储备、发展新加坡的国际金融中心地位。新加坡金管局会同财政部设立金融稳定委员会定期召开联席会议。

单一金融管理机构的优势是责任明确、提高效率，便于协调一致、综合管理，在新加坡、德国等国运行都比较成功，可能更适合小国，和多个监管机构分业监管相比各有利弊。

① 蓝虹，穆争社. 英国金融监管改革：新理念、新方法、新趋势［J］. 南方金融，2016（9）.
② 戴红霞. 英国金融监管改革的历史演变及启示［J］. 金融与经济，2016（7）.
③ 英格兰银行网站。

新加坡金管局的董事局由 7 人组成，根据金管局网站公布信息：

第 1 任董事局主席（1971—1980 年）韩瑞生（Hon Sui Sen），1970—1983 年担任财政部部长。

第 2 任董事局主席（1980—1985 年）吴庆瑞（Goh Keng Swee），时任新加坡副总理。

第 3 任董事局主席（1985—1997 年）胡赐道（Richard Hu），在 1985—2001 年担任财政部部长。

第 4 任董事局主席（1998—2004 年）李显龙，1990—2004 年任新加坡副总理，2001 年兼任财政部部长，2004 年 8 月出任总理兼财政部部长（2007 年不再担任财政部部长），卸任金管局董事局主席。

第 5 任董事局主席（2004—2011 年）吴作栋，1990—2004 年担任新加坡总理，2004 年交棒李显龙后任国务资政直至 2011 年。

第 6 任董事局主席（2011 年至今）尚达曼（Tharman Shanmugaratnam），现任新加坡国务资政兼社会政策统筹部长，2007—2015 年担任财政部部长，2011—2019 年担任新加坡副总理（曾兼任财政部部长和教育部部长）。

目前的董事局副主席是新加坡贸易及工业部部长，董事包括财政部部长、交通部部长、执行总裁（Managing Director，也被译为金管局局长）Ravi Menon 等。

总之，新加坡金管局多数时候都是由副总理或财政部部长担任金管局董事局主席。从董事局主席和董事的人员组成也可以看出，金管局的独立性不强。但新加坡经济成就有目共睹。

四、启示和思考

国际金融危机之后，日趋高债务、低增长、老龄化的世界使传统经济理论和经济金融调控方式面临挑战。新冠肺炎疫情发生以来，现代货币理论（MMT）引发激烈讨论。财政赤字能否货币化，财政政策和货币政策的边界问题，根本上还是国家对经济的调控管理理念和方式。比如央行的独立性，有人认为意义重大，如肯尼斯·罗格夫称其为"过去 40 年来最有效的制度创新之一"①，有人认为这是一种思想障碍，如贾根良、何增平（2018）②。

本文分析财政部和央行的部门职责和关系，这反映了政府对它们的定位，也会影响它们发挥的作用。

美国虽然强调央行的独立性，但财政部不仅负责财政政策，在金融稳定、金融监管、货币政策方面也负有重要职责。英国央行行长由首相和财政大臣推荐。新加坡多年由财政部部长担任金管局董事会主席，作为小型经济体，这种体制设计有利于财政金融政策顺利协调、高效决策。

我国的财政部过去在金融事务方面的参与力度小于上述经济体。金融委中，财政部也是委员单位。2018 年 7 月 8 日，《关于完善国有金融资本管理的指导意见》授权财政部门履行国有金融资本出资人职责，财政部门成为"金融国资委"。财政部还负责分类制定全国金融企业绩效评价管理办法，组织实施中央管理的商业银行绩效评价。省级财政部门负责组织实施本地区商业银行的绩效评价工作。我国国有金融机构居于主导地位，从国有金融资本管理的角度加强财政部的权责，和其他国家和地区财政部只是在出现系统性金融风险时对银行注资救助、市场平稳后退出颇有不同。

金融和财政紧密交织，财政政策和货币政策也互相影响、密切相关，需要财政部和央行、金融监管部门有更好的协调。

---

① 肯尼斯·罗格夫，谢华军．十字路口的中央银行独立性［J］．中国金融，2019（24）：12 - 14.

② 贾根良，何增平．为什么中央银行独立是伪命题?：基于现代货币理论和经济思想史的反思［J］．政治经济学评论，2018（2）：53 - 68.

从英美等国情况看中国高铁之争[*]

2019 年 1 月，北方交大教授赵坚《谨防高铁灰犀牛》一文引发争议讨论，上海交大教授陈欣、西南交大副教授左大杰等交通运输专业人士和非专业人士纷纷撰文或支持或反对或补充商榷，赵坚教授则发《再论"高铁灰犀牛"》《对高铁"外部经济"问题的思考》作出回应。

高铁的争议引发广泛关注，视角各不相同，对普通人来说，大多亲身体会到高铁带来的方便快捷，容易肯定、赞扬高铁的成就。银行从业者、债券投资者，关心的则是中国国家铁路集团有限公司（以下简称中国铁路）的债务问题，2018 年中国铁路的负债已突破 5 万亿元，2021 年末为 5.92 万亿元。高铁社会效益巨大，但造价昂贵，不能仅从消费者视角看其好处，而要分析投入产出，包括直接投入产出和给社会带来的成本收益。后者是一个非常复杂的问题，而且不仅看当期，还要看长期，涉及成本收益的跨期分配。

虽然赵坚文章中用的数据有些也可商榷，但指出高铁投资的风险，是进一步深化研究、提出对策的基础。铁路应如何运营、如何管制，是个普遍性的难题，各国都经历探索调整，国外国有、私营铁路公司运营失败、亏损的为数不少。

铁路这一基础设施在经济金融史上、国民经济中具有特殊的重要地位，有很多相关研究，梳理一二，以资参考。

一、铁路的积极作用

工业革命是铁路建设的动力，铁路建设也推进了工业革命。在英国，

---

* 本文发表于《中国改革》2019 年第 2 期。略有更新数据。

1830 年，利物浦—曼彻斯特铁路的通车营运，标志着"铁路时代"的开始。从经济效益上看，它的成功达到了最乐观的发起人也未曾预料的程度：营运的头 18 个月，运送乘客近 70 万人次，不到两年，公司股票价格上涨 1 倍，1835 年，该线运费和运行时间减半。在 1845—1849 年的铁路建设高峰期，英国铁路投资占国内固定资本形成的 40% ~ 50%，1862—1866 年仍占 1/3。早在 1866 年，巴克斯特就将铁路运价与运河、马车运价相比较，计算出 1865 年铁路运输节省运费占当年国民净收入的 9%。霍克和希金斯综合了铁路投资、个人利润和社会节约三方面的资料得出结论：1830—1870 年，英格兰威尔士铁路投资的社会收益率为 15% ~ 20%。①

    在美国，也在 1830 年，第一条铁路（巴尔的摩—俄亥俄）建成通车。1869 年竣工的横跨美国大陆的铁路，把东西海岸的行程从 6 个月缩减至 6 天，对美国统一市场的形成起了巨大作用。此后的 30 年间，美国建成了 4 条横跨大陆的铁路干线。1888 年，美国铁路里程已经超过全欧洲的铁路里程。在整个 19 世纪 40 年代，美国修筑铁路花的费用达 2 亿美元，比前 40 年投入在修筑收费公路和运河、制造汽船的所有费用都多。1849—1859 年，投资美国西部铁路的平均回报率就曾达到 7%，超过当时美国经济中任何其他产业的投资收益率。1916 年，美国铁路营业里程达到顶峰 40.6 万千米，2018 年为 15.05 万千米，仍居世界第一，但中国已非常接近（见图 1）。铁路发展迅速是与政府的相关政策和作用分不开的。美国联邦政府和州政府无偿向修建铁路的公司赠与了大约 7284 亿平方米土地，以刺激铁路发展。州政府和地方政府还对铁路公司实行财政补贴。1838 年，州一级的负债有约 4300 万美元用于修建铁路。1860 年，联邦政府向修建铁路的公司援助 2750 万美元。1870 年，地方和市政府在铁路上的投资多于州政府。当时铁路中的 1/5 是靠地方政府和市政府经济支持才建成的。1850—1873 年，联邦政府对铁路的资助额约为铁路投资的 30%。政府鼓励私人投资修建铁路，私人在铁路建设方面的投资也是可观的。②

---

① 张廷茂. 英国铁路运输与工业革命进程 [J]. 世界历史，1992（4）：28 - 36 + 127.
② 顾宁. 美国铁路与经济现代化 [J]. 世界历史，2003（6）：57 - 66.

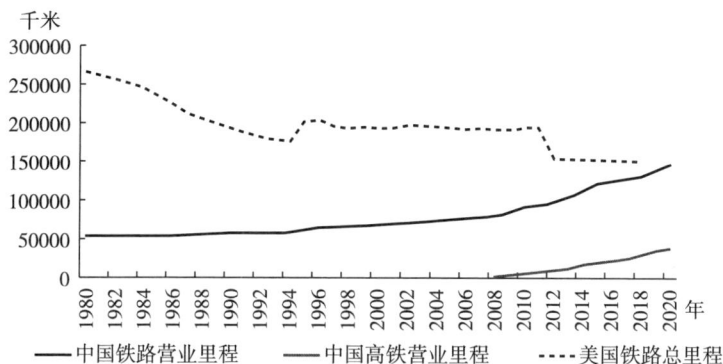

图1　中美铁路里程

（数据来源：Wind、国家统计局、世界银行）

铁路的建设需要巨额的资本投入，对资本市场的发展也起了很大的推动作用。马克思说："假如必须等待积累去使某个资本增长到能够修建铁路的程度，那么恐怕直到今天世界上还没有铁路，但是，通过股份公司转瞬间就把这件事完成了。"① 铁路投资增加了债券种类，扩大了投资的职业群体，确立了全面的有限责任制，并且发展了合股银行及大保险公司等新型的金融机构。② 铁路的修建带来了经济结构的变化、技术的创新、大企业的产生、政府对经济的干预、社会结构的变化、城市化的加快、农业的资本主义化、广告业的大发展、生产模式的转变。③

二、英美铁路公司的演变

（一）英国

英国的铁路公司经历了初始的私营、第二次世界大战后公有化、20世纪90年代私有化、铁路基础设施公有化（客运、货运公司仍是私有）的历程。1948年，工党艾德礼政府执政期间对主要的几家铁路公司实行了国有

---

① 马克思. 资本论：第一卷下册 [M]. 北京：人民出版社，1963：690.
② 张廷茂. 英国铁路运输与工业革命进程 [J]. 世界历史，1992（4）：28 – 36 + 127.
③ 顾宁. 美国铁路与经济现代化 [J]. 世界历史，2003（6）：57 – 66.

化，由英国铁路局直接统一经营管理，此后该局一直处于垄断地位。在此情况下，英国铁路公司长期投入不足，设备老化，服务质量每况愈下，长期严重亏损，成为国家财政的沉重包袱。1993 年，梅杰任内，英国议会通过铁路改革法案，并于 1997 年完成改革。改革的主要内容是铁路基础设施、客运、货运公司分离和私有化，原来的国铁公司被分拆为 120 多家私营企业。但英国铁路私有化后，政府对铁路的补贴不减反增，且事故频发。1994—2002 年，铁路基础设施由 Railtrack 公司（1996 年在伦敦股票交易所上市）负责，2002 年英国政府决定由铁路网公司（Network Rail）从 Railtrack 公司购买承接所有铁路。2014 年 9 月，铁路网公司被确认为公共部门实体（public sector body），向英国交通部负责。根据其年报，2018 财年铁路网公司收入为 65.8 亿英镑，资本性支出为 66.34 亿英镑，税前利润为 4800 万英镑，净债务为 512 亿英镑。它的大部分资金来源于英国政府，也从其拥有的商业地产中获得一些收入（2018 财年为 3 亿英镑），并再投入铁路建设维护。虽然在铁路私有化中引入了竞争机制，但私有化的英国铁路甚至比其在国有化时期受到更多的监管。同时，英国铁路部门面临着一系列与服务质量、盈利和安全性有关的问题。①②③

（二）美国

19 世纪中叶，美国众多的铁路公司为了避免过度竞争造成损失，采取组成托拉斯等方式谋求垄断。美国政府于 1887 年颁布《管制商务法》，开始对铁路进行管制，此后加强了对价格、退市等各方面的管制。

大萧条使铁路的收益大幅降低。1928—1933 年，铁路产业的收益下降了 50%。1937 年，在美国 30 多万千米铁路中，超过 11 万千米处于破产管理之中。④ 1939 年，1.7 万千米的铁路被放弃了⑤。20 世纪 30 年代以后，高速公路、航空等运输方式迅速发展，与铁路形成了激烈的竞争。美国的铁路公司在经营方面实行客货分运（始自 1970 年尼克松总统时期）。城际间

---

① 维基百科。
② 张泰运. 英国铁路私有化及其后续问题研究 [D]. 北京：北京外国语大学，2018.
③ 朝夕. 英国的国有化与私有化迷局 [J]. 中国经贸，2012（8）：30－31.
④ 孟祥春. 美国铁路的历史沿革与管制变迁 [J]. 理论学习与探索，2008（3）：56－57.
⑤ 顾宁. 美国铁路与经济现代化 [J]. 世界历史，2003（6）：57－66.

客运业务由美国国家铁路客运公司（Amtrak，简称美铁公司）运营（1971年成立，既接受联邦政府和州政府补贴，又作为盈利性公司存在，半国有地位），货运则由多家私有货运公司来完成。20 世纪 70 年代，铁路货运周转量市场份额下滑至 35%，平均投资回报率由 1940 年的 4.1% 下降至2.0%，最低的 1978 年仅为 0.2%。[①] 20 世纪 70 年代末，有 25% 的铁路企业破产，美国铁路处于崩溃的边缘。1980 年，美国国会通过了《斯塔格斯法》，给予铁路行业在资产重组、业务选择、价格制定等方面一定程度的自由，铁路行业竞争能力、经济效益显著提高。1996 年，美国组建地面运输委员会（STB）对铁路进行监管，对并购重组进行监管、保持铁路业内的适度竞争是其重要任务。[②] 美国的铁路货运公司从顶峰时的 6000 多家降至 500多家，其中一级铁路公司为 7 家。铁路行业作为总薪酬排名前十的行业，员工的平均收入高出美国平均水平的 38%。[③] 美铁公司连年亏损，但近年亏损额逐渐降低。根据其年报，2019 财年（截至每年 9 月末），铁路网经营亏损额收窄至 2980 万美元；2018 财年经营亏损 1.7 亿美元；2017 财年收入 33亿美元，运营支出 42 亿美元，净亏损 9.7 亿美元；2016 财年亏损 10.8 亿美元。2017 年、2016 年美国联邦政府对其分别拨款 15 亿美元、14 亿美元。到底是政府支持不够还是管得过多才造成今天的局面，美铁公司要不要私有化，美国两党持不同意见，争论多年。

英国铁路网公司和美铁公司两个国企的 2017 年年报反映出的精神面貌很不同。前者略有盈利，年报写得信心满满，列了很多奖（公共部门最佳50 个客户服务公司、最佳雇主），称铁路是国家的经济动脉，我们要为更好的英国建设更好的铁路。后者亏损，年报开篇就是风险提示，如果没有联邦政府的足够拨款可能难以维持现有的运营模式，东北走廊的基础设施接近设计使用期，如果没有足够资金更新可能影响未来服务，一旦出现大的风险事件赔付可能超过保险覆盖等。

---

① 张超，周茵，朱加发. 公司制改革后我国铁路货运发展策略研究 [J]. 中国铁路，2018（12）：30 - 36. DOI：10. 19549/j. issn. 1001 - 683x. 2018. 12. 030.

② 孟祥春. 美国铁路的历史沿革与管制变迁 [J]. 理论学习与探索，2008（3）：56 - 57.

③ 尹茗惠. 美国铁路行业运营情况分析 [J]. 中国商论，2018（33）：71 - 72. DOI：10. 19699/j. cnki. issn2096 - 0298. 2018. 33. 071.

从英美两国历史可以看出，铁路新建和运营维护投资大、对管理要求高，基础设施、货运、客运从机制设计上是分离还是合并，是国有还是私营，政府如何进行管制，铁路才能提高投资和运营效率、保证运营安全，并非易事，失败的情况并不鲜见。因为运营亏损，铁路被拆除或废弃时有发生。

三、各国高铁里程比较

2020 年末，中国高铁运营里程占全球的 69%，这个数字是成绩，也很容易让人产生疑问，为何其他国家不多建高铁？赵坚指出，高铁的造价是普通铁路的 2~3 倍。如果建设高铁是充分考虑了成本收益的理性决策，那是中国还是其他国家不理性呢？

如表 1 所示，中国高铁运营里程排名第 1，第 2 名到第 5 名分别是西班牙、日本、法国、德国。美国高铁里程仅 735 千米。

中国的高铁运营里程虽长，但由于中国人口基数和国土面积大，每万人均高铁运营里程还低于西班牙和法国，每万平方千米高铁运营里程还低于高铁里程排第 2~5 名的国家。从人均 GDP 看，中国的人均高铁里程远高于这一经济发展阶段的国家应有的水平，属于"超前消费"了。

表 1　　　　　　　　　各国高铁里程比较

国家	高铁运营里程（千米）	高铁在建里程（千米）	人口（万人）	国土面积（万平方千米）	每万人运营里程（千米）	每万平方千米运营里程（千米）	人均 GDP（美元）
中国	38283	14925	141093	960	0.27	39.9	10435
西班牙	3487	1135	4736	51	0.74	68.4	27056
日本	3041	688	12584	36	0.24	84.5	40193
法国	2735	—	6738	55	0.41	49.7	39037
德国	1571	147	8316	35	0.19	44.9	46253
美国	735	563	33150	915	0.02	0.8	63207

数据来源：高铁运营里程数和高铁在建里程来自国际铁路联盟（UIC），更新时间为 2021 年 6 月。人口、人均 GDP 均来自世界银行，为 2020 年数据。

为何美国的高铁发展这么滞后呢？Nunno 分析了几个主要原因：美国和欧洲、亚洲相比较低的人口密度，使得高铁可能没有足够的客流量；美国的财产权保护太强，所以政府要征地新建铁路非常难；美国的汽车文化、航空发达，大家近距离愿意开车、长距离愿意坐飞机；利益集团打压铁路发展，促进化石燃料使用。这篇文章还指出中国的高铁迅猛发展，得益于政府慷慨的资金投入，也面临一些投入过度的批评。[①]

美国政府不是没想过发展高铁，只是遭遇失败。奥巴马政府 2009 年提出要发展高铁项目，用高铁连接美国 80% 的城市，并将其作为促就业、稳增长的重大举措。在此带动下，近 70 亿美元流向加利福尼亚州、佛罗里达州、威斯康星州和俄亥俄州的四个高铁项目。但随着 2011 年美国州长选举，威斯康星州、佛罗里达州和俄亥俄州州长纷纷换为共和党州长，而这些州长在盘算修建铁路项目可能导致的高投资，以及由此带来的加税举措后，本着共和党的保护州权、抵制联邦政府的意识形态，不顾经济和就业的潜在收益，以及铁路项目的长期效益，先后终止了铁路项目建设，并将业已收到的联邦资金返还给联邦政府。而硕果仅存的加州的洛杉矶—旧金山高铁项目（2015 年 1 月开工），也因高成本和长达 15 年的建设周期遭遇了包括民主党在内的集体反对。民意测验中对这个工程持反对意见的人为数不少，居民们对它的好处、副作用疑虑重重，包括还没买房的年轻人担心它推高房价。洛杉矶—旧金山高铁 2009 年的预算是 350 亿美元，2018 年重新确定预算已达 773 亿美元。2019 年加州决定将洛杉矶—旧金山高铁项目缩减里程，改为洛杉矶—弗雷斯诺—贝克斯菲尔德高铁项目。

四、结语

2020 年美国总统竞选期间，拜登呼吁发起"第二次伟大的铁路革命"，但是尚未见到成效。中国高铁的成绩和问题可能是中国经济的一个缩影和

---

① Richard Nunno. High Speed Rail Development Worldwide. July 19, 2018. https：//www.eesi.org/papers/view/fact - sheet - high - speed - rail - development - worldwide.

突出体现：能够在短期内集中力量办大事（和美国形成鲜明的对比），成效显著，发挥了巨大积极作用，但靠负债投入巨大，边际收益逐渐降低，债务风险越来越突出。集中力量办大事的优势，可能容易导致超过经济上合适的"度"。赵坚建议的在中西部发展低成本航空和高标准普通客货混跑铁路，可能是比建设高铁更经济合理的解决方案。希望这次讨论能促进铁路改革和建设的决策更加科学，推动铁路事业和中国经济健康发展。

从 20 个国家 40 年房价历史看房价

房价受经济增长、人口变迁、货币信贷等综合因素的影响，在各国都是一个关系国计民生的重要问题。

一、20 国 40 年房价走势

为了从更多国家情况来看房价走势，本文整理了 OECD 数据库中 20 个国家的实际房价指数和房价收入比（均以 2015 年为 100）[①]。文中 GDP 增速和股指等数据来源于 Wind。

20 个国家中，19 个国家有 1980 年至 2019 年或 2020 年数据，其中韩国数据为 1986—2020 年。OECD 数据库中的中国房价指数为 2010—2020 年数据，无中国房价收入比数据。

除中国外的 20 个国家，40 年房价走势大致可分为四类。

（一）第一类是日本、韩国、南非、芬兰四国

日本、韩国在 20 世纪 90 年代初，南非、芬兰在 2007 年、2010 年达到房价指数的历史最高点，目前都没有超过历史最高点。

日本房价指数在 1991 年达到最高点 166，此后下跌了近 20 年，2009 年是最低点 94，此后有缓慢上升，2019 年为 107.2，2020 年为 107.0。日经 225 指数 1989 年 12 月达到最高峰 38916 点，最低是 2008 年 10 月 7162 点。房价指数和股价指数有类似之处，都是在 90 年代初泡沫经济破裂大跌，2008—2009 年受国际金融危机影响略有下跌，近年有所回升。但股市表现

---

① 房价收入比 = 房价 × 标准面积/城镇居民人均可支配收入。OECD 数据库中无中国房价收入比数据。它的房价收入比是以 2015 年为 100，各国只能看变化趋势，无法比较各国房价收入比高低。

远好于房市，1980 年房价指数为 103.8，2020 年为 107.0，几乎没有多少上涨，但 1980 年初股指是 6560 点，2020 年末是 27444 点，已是 4 倍（见图1、图2）。日本房价无起色还与其人口负增长有关，2010 年末日本到达其总人口的历史高点 12807 万人，此后人口缓慢下降，2020 年末是 12626 万人。

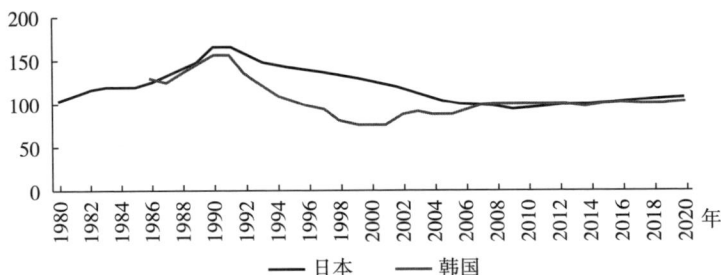

图 1　日本和韩国实际房价指数

（数据来源：OECD）

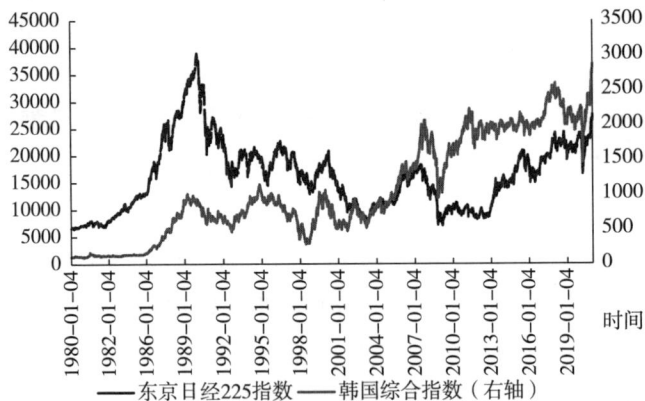

图 2　日本和韩国股票指数

（数据来源：Wind）

　　韩国房价指数 1986 年是 128，1990 年达到最高点 157，随后下跌至 2001 年的 75，此后略有回升，2019 年是 99.3，2020 年是 101.7。韩国针对 80 年代末房地产价格的快速上涨，推行了土地税收改革，全面实施土地综合保有税，加大房地产持有阶段的税收，开征土地增值税，使房地产价格骤然下降。2004 年韩国的房地产价格开始走高，韩国政府于 2005 年 8 月颁布了《不动产综合对策》，从实现房地产市场透明化、遏制投机欲望和扩大供给三个方面，对房地产市场进行全面降温。此后房价较为平稳。[1] 韩国的股市表现与楼市不同，在波动中逐渐上升，1980 年初韩国综合指数为 100 点，2020 年末为 2873 点，已经是 29 倍（见图 1、图 2）。

南非房价指数 1983 年为 97，1996 年降至最低点 45，然后上升至 2007 年 119 的历史高点，随后下降，2012 年后略有回升，保持平稳，2019 年是 99。1983 年后房价的下降主要是因为南非的种族隔离政策，国际社会对其制裁导致经济下行（1981 年联合国特别委员会和非洲统一组织召开国际会议，呼吁对南非实行经济制裁。1985 年、1986 年欧共体和美国对南非实行全面制裁）。1994 年曼德拉任南非总统，1994—2007 年 GDP 增速不错，所以房价明显走高。由于 2008 年国际金融危机，以矿业出口为支柱的南非经济衰退影响房价（见图 3、图 4）。

芬兰房价指数 1989 年为 102，随后下降至 1993 年 56 的最低点而后上升，2010 年是最高点 104，2020 年为 101。90 年代初房价的大幅下跌主要是受当时西方经济萧条和主要出口国苏联解体后对独联体国家贸易大幅度下降的影响，芬兰从 1990 年下半年开始发生较严重的经济危机，1990—1993 年 GDP 负增长，直到 1994 年摆脱经济危机，GDP 正增长，房价也开始恢复上升。近十年虽然 GDP 增速有波动，但房价一直较为平稳（见图 3、图 4）。

图 3 南非和芬兰实际房价指数

（数据来源：OECD）

---

[1] 文铭，敬菊华．探析发达国家物业税的施行经验［J］．经济导刊，2011（1）：14－15.

%

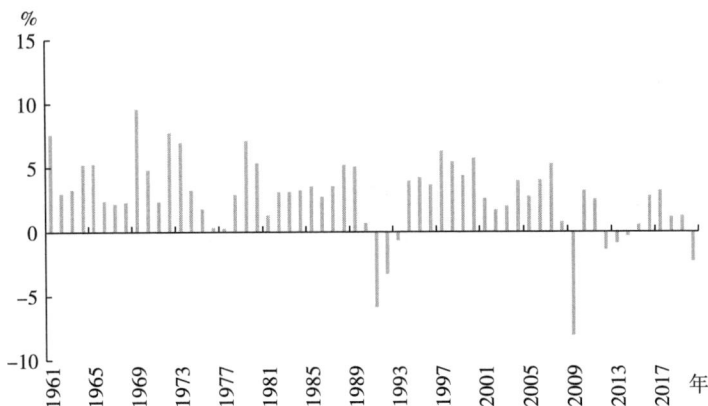

图4 芬兰 GDP 不变价同比增长

（数据来源：Wind）

%

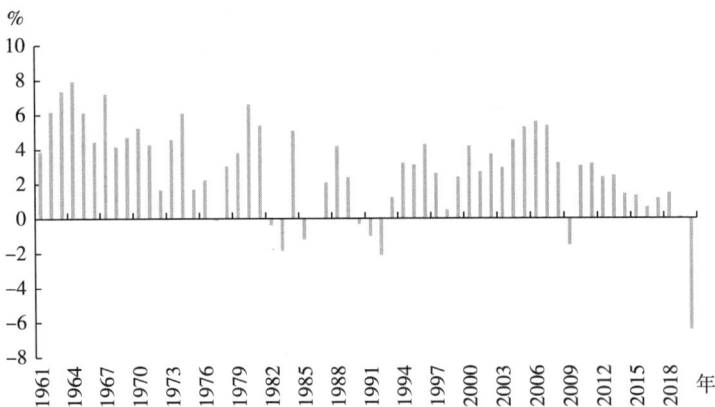

图5 南非 GDP 不变价同比增长

（数据来源：Wind）

日本、韩国、南非、芬兰房价收入比，如图6所示。

（二）第二类是美国、英国、意大利、西班牙、丹麦、荷兰、爱尔兰、新西兰等八国

美国在2006年，荷兰在2008年，其他六国都在2007年达到房价最高点，因国际金融危机下降，新西兰、美国在2011年，丹麦、英国在2012年，西班牙、爱尔兰在2013年，荷兰在2014年达到危机后低点，而后回

升。其中美国、英国、新西兰目前已超过国际金融危机前高点，其他五国尚未达到。这些国家看来受国际金融危机影响较大，同频共振。

美国、英国、新西兰目前房价是历史最高点。新西兰这 40 年房价涨幅最大，国际金融危机影响房价也只是个小插曲，1980 年房价指数为 24.5，2007 年为 87.0，2011 年为国际金融危机后的最低点 75.8，2019 年达 123.4。美国国际金融危机前高点是 2006 年的 118.6，2019 年为 117.8，2020 年为 125.4。英国国际金融危机前高点是 2007 年的 108.3，2018 年为 109.0，2019 年为 108.6（见图 7）。

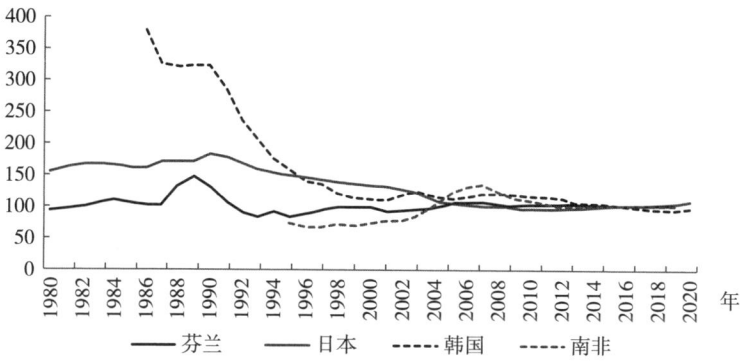

图 6　日本、韩国、南非、芬兰房价收入比

（数据来源：OECD）

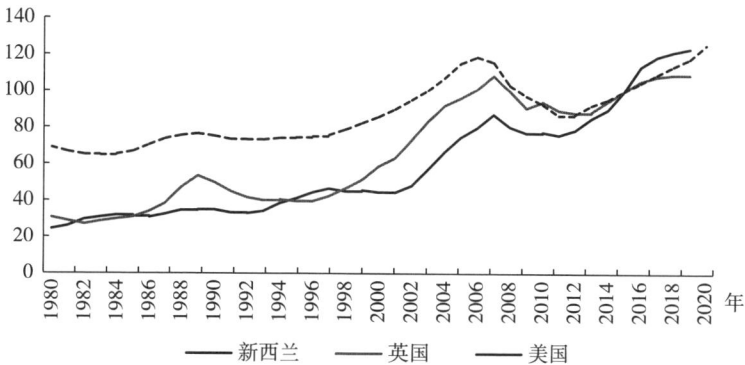

图 7　美国、英国、新西兰实际房价指数

（数据来源：OECD）

意大利、丹麦、荷兰、西班牙、爱尔兰房价至今未达到国际金融危机前的水平。

丹麦 2007 年房价指数达到最高点 120.4，2020 年是 119.6，荷兰 2008年达到最高点 126.8，2019 年是 124.4，已经基本恢复了。

意大利 2007 年房价指数达到最高点 135.4，2020 年是 98.1；西班牙 2007 年达到最高点 164.2，2019 年是 119.6；爱尔兰 2007 年达到最高点 158.8，2020 年是 126.9，距历史高点都还比较远，差距最大的是西班牙（见图 8）。

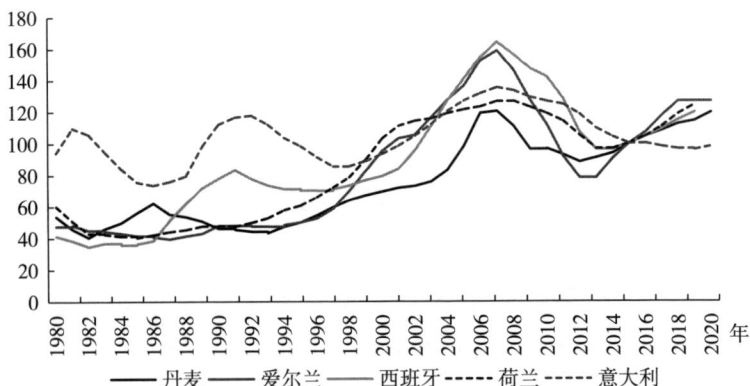

图 8　意大利、西班牙等五国实际房价指数

（数据来源：OECD）

西班牙被媒体形容为美国 2007 年次贷危机在欧洲的翻版，而且比美国更为严重，债务危机、经济危机、地方政府财政危机、银行危机相互交织。1997—2007 年是西班牙房地产市场的"疯狂 10 年"，在 2007 年的高峰期，房地产业占 GDP 比重达 16%，建筑业占 GDP 的 15.7%，远高于其他国家，经济发展严重依赖房地产。银行提供长达 50 年的房产按揭贷款（中国为 30年），宽松的房贷标准更刺激了房地产泡沫。[①]

八国的房价收入比也经历过国际金融危机前的上升、危机之后的下降和再次提升。美国在 20 世纪 80 年代虽然房价指数较低，但房价收入比高，

---

① 刘鹏. 西班牙房地产泡沫的再思考［EB/OL］. (2015 – 09 – 18). http：//www.sic.gov.cn/News/458/5244.htm.

1980 年房价收入比为 133.4，此后虽然房价上升，但房价收入比直到 1998 年还是下降的，达到 103.8 的低点，表明收入增长快于房价，房地产市场发展较为健康，2006 年房价收入比达到 131.4 的高点，国际金融危机后房价、房价收入比同时下降，目前房价虽创历史新高，房价收入比还未创新高（见图 9、图 10）。

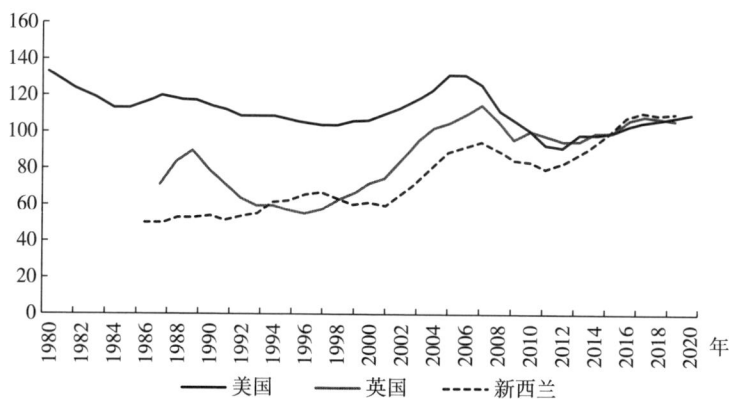

图 9　美国、英国、新西兰房价收入比

（数据来源：OECD）

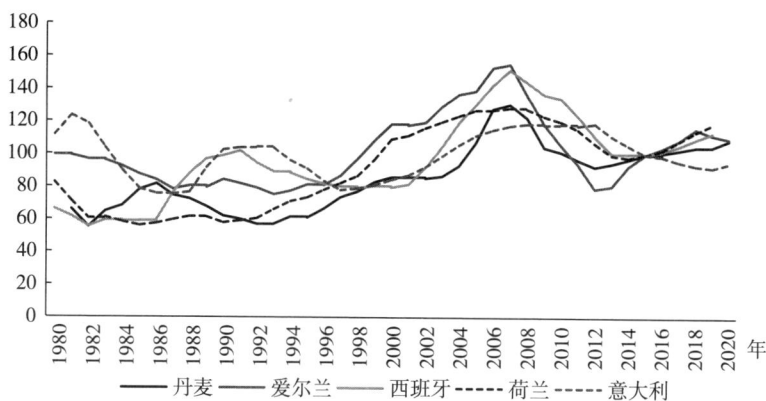

图 10　意大利、西班牙等五国房价收入比

（数据来源：OECD）

（三）第三类是澳大利亚、加拿大、法国、比利时、挪威、瑞典六国房价总体相对平稳持续上升。

挪威在 1987 年、瑞典在 1991 年也经历过房价的下降和恢复性上升，后来就远超历史高点。

澳大利亚等六国的房价收入比和房价趋势一致，逐渐上升（见图 11、图 12）。

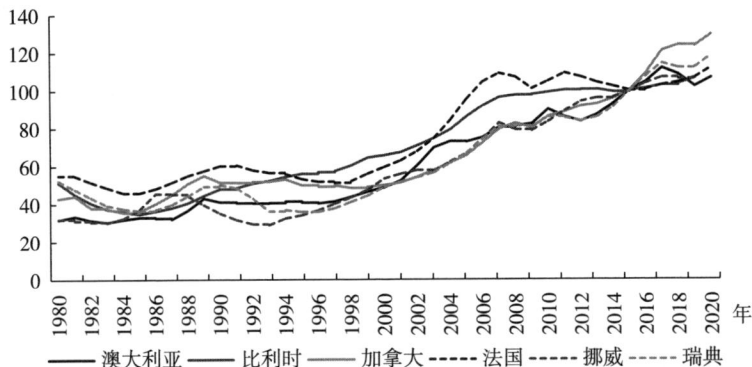

图 11　澳大利亚、加拿大、法国等六国实际房价指数

（数据来源：OECD）

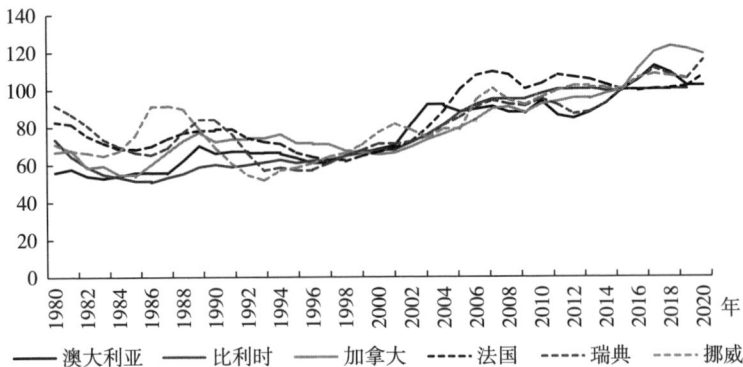

图 12　澳大利亚、加拿大、法国等六国房价收入比

（数据来源：OECD）

（四）第四类是德国和瑞士

房价经历过很长时间的缓慢下降，近年上升，创历史新高。

第二次世界大战后到 80 年代初，由于战争破坏、人口和经济增长，德国房价经历了较长时间上涨，政府也因此采取各种措施加大供给、平抑房价，80 年代后进入平稳期。德国房价指数从 1980 年到 2008 年的近 30 年间基本波动下行。1980 年为 114.0，1981 年为 114.9，2008 年达到最低点 88.9。此后德国房价上涨，2019 年为 122.4，2020 年为 130.5（见图 13）。

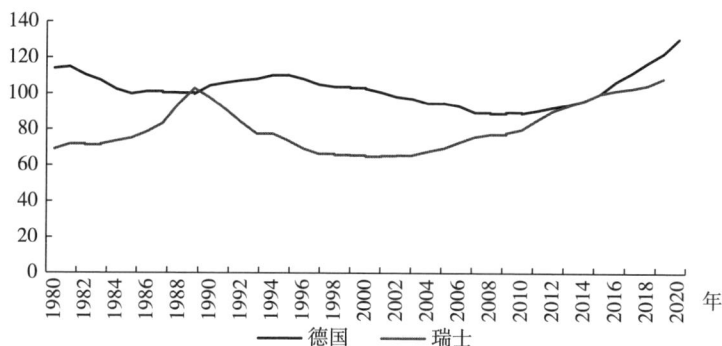

图 13　德国和瑞士实际房价指数

（数据来源：OECD）

德国在 1981 年房价收入比达 172.9，此后一路下行，2010 年达到最低点 93.2，此后逐渐提高，2020 年为 122.3（见图 14）。

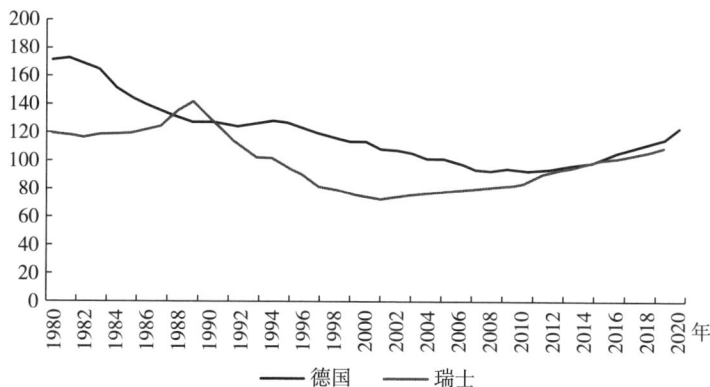

图 14　德国和瑞士房价收入比

（数据来源：OECD）

瑞士房价指数 1989 年达到 102.9 的高点，2000 年达到 64.9 的低点，此后平稳上涨，2019 年是 108.5（见图 13）。

虽然德国和瑞士房价都创历史新高，但由于收入增长更快，房价收入比并未创历史新高，增幅低于房价指数（见图14）。

各种房价指数可能会有一些差异。比如按美国联邦住房企业管理办公室（OFHEO）编制的美国房屋价格指数，2020 年的美国房价是 2015 年的 1.30 倍，OECD 这个指数是 1.25 倍。OECD 数据库中的中国数据不清楚其取自中国哪个房价指标。国家统计局公布的全国商品房住宅平均销售价格 2010 年是 4725 元，2015 年是 6473 元，2019 年是 9287 元，按名义值，2010 年是 2015 年的 73%，2019 年比 2015 年上升 43%，和 OECD 数据（2019 年比 2015 年上升 28%）也相差较大。统一采用 OECD 口径便于各国比较。

而且，房价走势在一国内各城市间也会差异很大。人口和资源向大城市聚集，一般大城市价格上涨更快。如图 15 所示，2022 年初全美平均房价是 1980 年的 5.78 倍，而纽约房价是 1980 年的 8.78 倍。中国百城住宅平均价格，一线城市房价上涨也高于二线、三线城市。2022 年 6 月一线、二线、三线城市房价（名义价格）分别是 2010 年 6 月的 2.10 倍、1.73 倍和 1.57倍。但 2016 年以来，一线城市房价涨幅较慢。2022 年 6 月一线、二线、三线城市房价（名义价格）分别是 2016 年 6 月的 1.30 倍、1.50 倍和 1.49 倍（见图 16）。

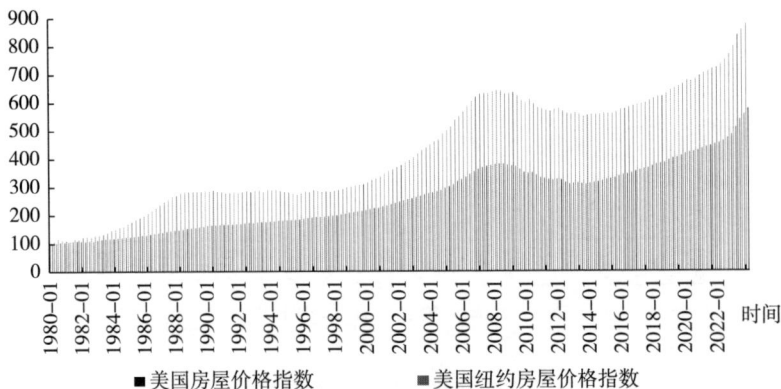

图 15　美国房屋价格指数和纽约房屋价格指数

（数据来源：Wind）

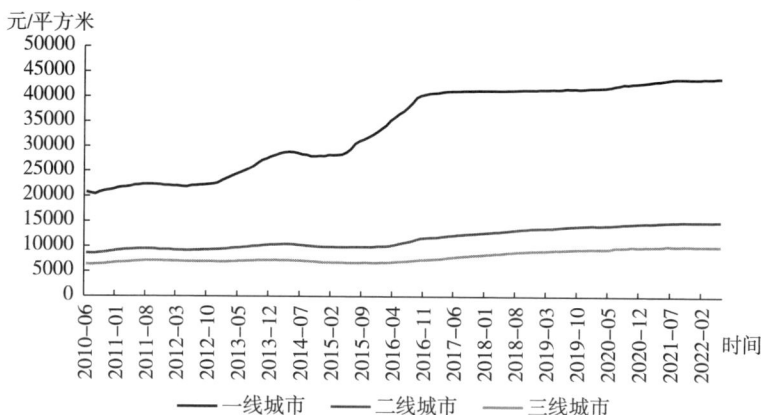

图16　中国百城住宅平均价格

（数据来源：Wind）

二、20 国 40 年房价史比较

从这 20 个国家的情况来看，第一类以日本、韩国为代表，20 世纪 90 年代就经历过房价的快速上升和大跌，改变了人们房价只升不降的心理预期，此后房价虽有所恢复，但至今没超过历史高点。

第二类以美国、英国为代表，国际金融危机前经历了较长时间的房价上涨，上一次房价大跌还是大萧条的时候，经历几代人，历史记忆都已被忘却，以为房价不会大跌。不过国际金融危机后，经过五六年的房价下跌，经济复苏，房价也开始回升。

罗伯特·希勒在《金融与好的社会》中指出，政府如果过度强调居民的住房所有权，就会尝试通过政策手段使国民中的绝大多数人都拥有自己的住房，这种行为将导致住房市场出现泡沫。如西班牙在国际金融危机爆发前，90％的家庭有属于自己的住房，美国 2000 年此数据是 65％。所以西班牙也是国际金融危机后房地产市场和经济复苏最困难的国家之一。

第三类以澳大利亚、加拿大为代表，40 年来总体房价、房价收入比波动上升。这种比较理想，不知未来是否会出现下跌波动。

第四类是德国、瑞士，在长时期内较好地控制了房价，但近几年房价也有所上升。

这 20 个国家里，2020 年房价还没恢复到历史最高点的有 9 个国家（第一类里的日本、韩国、南非、芬兰，第二类里的意大利、丹麦、荷兰、西班牙、爱尔兰）。

另外，2008 年国际金融危机时，各国 GDP 增速下降或负增长，多国房价下跌。而 2020 年新冠肺炎疫情，虽然导致多数主要经济体 GDP 负增长，但由于各国采取了宽松的财政货币政策，多数国家房价指数都是上涨的。上升幅度较大的德国、美国、加拿大 2020 年房价指数分别比 2019 年上升 8.08 个百分点、7.61 个百分点、6.01 个百分点。

三、房地产投资

虽然我国希望按照"房住不炒"的原则减少对房地产的投资和投机需求，以稳定房价，但房地产本身同时具有居住属性和投资品属性，这是房地产调控的难点。

本文分析了 40 年的数据。奥斯卡·乔丹（Oscar Jorda）等（2017）分析了 1870—2015 年这 147 年间 16 个发达国家的货币市场、国债、股票和房产回报。结论是各国平均收益率，房产 > 股票 > 国债 > 货币市场。风险资产（房产、股票）的收益率显著高于安全资产（国债、货币市场）。1870—2015 年这 147 年间澳大利亚、意大利、西班牙、瑞士、英国、美国等 7 个国家股票收益率高于房产，另外 9 个国家房产比股票收益率高。但 1980—2015 年，16 国股票平均收益率高于房产，只有澳大利亚和挪威两个国家房产是高于股票，所以这两者谁收益率更高在不同国家、不同时间真不一定。也就是 147 年平均下来房产高于股票，但近 35 年是股票高于房产。第一次世界大战前房产收益率平均而言高于股票，第二次世界大战后股票收益率略高于房产，总体来看，房产的收益率和股票接近（约年化 7.5%），且波动性还远小于股票。[1]

---

[1] Òscar Jordà, Katharina Knoll, Dmitry Kuvshinov, Moritz Schularick, Alan M Taylor. The Rate of Return on Everything, 1870 – 2015 [J]. The Quarterly Journal of Economics, Oxford University Press, 2017, 134 (3).

从股指情况来看，仅就期初期末值简单相比，美国标准普尔 500 指数 1980 年初为 106 点，2020 年末为 3756 点，36 倍；中国上证综指 1990 年 100 点，2020 年末 3473 点，34 倍；法兰克福 DAX 指数 1980 年初为 494 点，2020 年末 13719 点，28 倍；伦敦金融时报 100 指数 1984 年初为 998 点，2020 年末 6737 点，6.5 倍；巴黎 CAC40 指数 1987 年 7 月是 1483 点，2020 年末 5551 点，3.7 倍。涨幅都远高于房价。但各国股价波动一般比房价更剧烈（见图 17）。

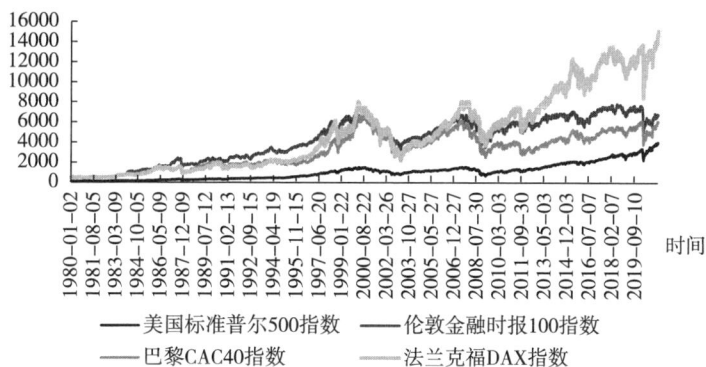

图 17　美国、英国、德国、法国股票指数

（数据来源：Wind）

政府不希望房价过快上涨，但如果经济向好、人口流入，加之货币信贷宽松，很难避免房价上涨。德国多年来被视为控制房价的楷模，但国际金融危机后，特别是近年，由于低利率环境使人们寻找投资渠道、更易负担得起抵押贷款，德国成为欧洲房价洼地投资价值显现，移民和外来投资者涌入，英国脱欧后法兰克福作为欧洲金融中心地位上升等原因，德国也经历了房价上涨。2019 年我去加拿大学习了解到，加拿大金融监管部门也在严查银行房地产贷款的合规性，就是因为担心房价过快上涨。

中国自 20 世纪 80 年代住房制度改革以来，虽然有少数城市房价下跌，总体上房价并没有经历过大范围严重的下跌。按国家统计局公布的房屋平均销售价格，以 1999 年作为 100，2020 年住宅价格是 537，别墅高档公寓是 397（为 2019 年数据），商业营业用房是 319，办公楼是 287。住房上涨幅度最大（见图 18）。

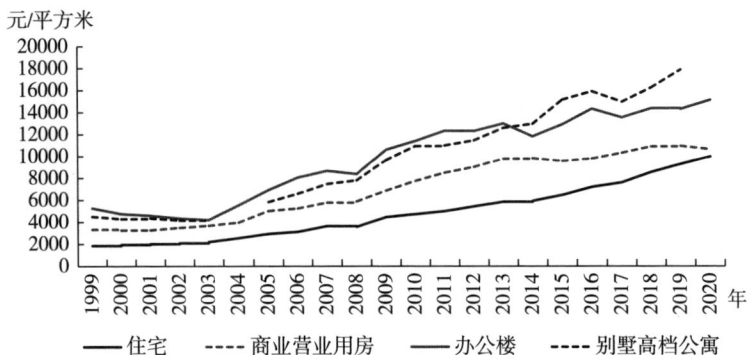

图18 房屋平均销售价格

（数据来源：Wind、国家统计局）

为了避免出现房地产过热和房价过快上涨，2007年后国家采取了多轮房地产管控政策，但调控稍有放松又继续膨胀，直到2020年后半期的"三道红线"、房地产贷款集中度限制，叠加疫情影响，使房地产行业在2022年出现前所未有的困难。房地产销售下滑，多家房企爆雷，房地产价格出现下跌苗头。有人从城镇化率、老龄化、人均居住面积等多个指标分析认为中国房地产发展已到拐点。不过从上述国家来看，1980年发达国家基本都完成了城镇化，老龄化是各国普遍面临的问题，只是进度有差异，但房价还是有很大的波动。因为房地产的金融化，房价和经济金融周期互相影响，也并非到了拐点后房价就不会上涨或能保持平稳了，只是过去易涨难跌的局面会改变，各地房价走势分化会进一步加大。

第六篇

金融历史和文化

从 4000 年利率史看利率高低和走势

一、《利率史》①（第四版）简介

《利率史》的封面上写着"这是一本没有对手的金融权威著述"。虽然广告总有夸张成分，但也不无道理。

作者悉尼·霍默是债券顶级牛人，开创了固定收益分析的先河。1971年他从所罗门兄弟公司作为合伙人退休时，建立起了领先到没对手的固定收益研究部门。如果说固收只要关心一个问题，那无疑是利率。他于1962年出版了《利率史》第一版，第四版由理查德·西勒教授补充了1990—2005年的内容。

此书是一本跨度宏大的巨著。作者以严谨的研究态度，参考大量资料，史海钩沉，描述了4000多年的利率史，全书厚达700多页，给人以多方面的启示。

略有不足之处是本书主要是对历史的描述，对利率高低的原因虽有一些分析，但更多是展现数据和总结趋势，欠缺深层次的剖析和理论总结。作者也承认"我们没有进行这种解读的企图，只是提供和分析原始数据"。

二、利率高低利弊之争

什么情况下利率会走高或走低，利率高低有什么利弊，争论贯穿千年。作者说，"美国的各个政党和欧洲的各个政党在利率问题上各执己见，正如

① 悉尼·霍默，理查德·西勒［M］. 肖新明，曹建海，译 . 4 版 . 北京：中信出版社，2010.

罗马共和国时期的贵族阶段和平民阶层。有人希望利率高，有人希望利率低。现代时期的经济学家们，如果说有什么区别的话，各自拥有的观点范围更广、内容也更复杂，所争论的主题并不新鲜"。

霍默认为利率研究有重大的意义，"研究历史的人们也许会看到相应的国家和文明的兴衰、战争的发动和它带来的灾难，以及和平的享用和滥用。人们也许能够从利率的波动中追寻到知识和科技的发展轨迹、政治改革的成败，以及民主与独裁专制统治之间漫长、艰苦、永无休止的斗争。研究经济学的人们也许能从利率的潮汐变化中看到，在制定有效的商业伦理和法规、合适的货币和财政手段与政策中，有些社会取得了成功，有些社会则遭遇了失败。他们也许会意识到在广袤的时间和空间中经济增长和经济衰退这两股轮流坐庄的力量所产生的影响"。这本书可以说是以利率角度切入的经济史甚至国家兴衰史。

霍默引用了奥地利经济学家庞巴维克的一句话，"利率是一个国家文化水平的反映：一个民族的智力和道德力量越强大，其利率水平越低下"。说利率是"文化水平"而非"经济水平"的反映，把利率和智力、道德都贴上强相关性，挺有意思。作者认为庞巴维克"想表达的正是他所用的那些词的意思"。他大概看到当时更发达先进的国家利率更低的现象。利率的波动和国家政治经济发展的大背景有关，从书中来看，古巴比伦、古希腊、古罗马这三大古国都表现出从最早历史时期利率较高，随着民族发展和经济兴旺，利率开始下降，又在政治崩溃的最后几个世纪里利率上升。17～18世纪荷兰的长期利率总体上低于英国，而19世纪则是英国低于荷兰，这和两个国家相对经济地位、对欧洲金融的主导权的变化有关。19世纪英国国债利率低于美国、法国、德国、荷兰等国，也反映出那时"日不落帝国"的强大。但庞巴维克观点的时代局限性也是明显的，他那时还没有强有力的央行，利率成为央行货币政策调节的工具或结果，而不只是市场自发形成的；他没看到国家通过低利率进行金融抑制或刺激经济增长，也没见过流动性陷阱，不知道合适的利率是经济繁荣的体现，利率太低反而是衰退的表现。

现在经济学家当然不再认为利率越低越好，而经常忧心于利率太低带来的问题，特别是中央银行家。而政府常常倾向于降低利率刺激经济。当然在经济过热、资产价格泡沫大，酝酿潜在风险的时期，政府也能支持央行加息。

奥地利学派商业周期理论认为，扩张性货币政策使得利率低于正常水平，误导了企业家决策，使得企业家过度投资，消费者过度消费，人为地扭曲了生产结构，导致股票市场和房地产的泡沫，由于这种扩张性政策不可持续，最后一定会出现危机。

央行行长们都能看到这一点，大多都不愿背上"货币超发""放水"的名声，也担心通胀和资产价格泡沫，对长期低利率忧心忡忡。美联储前主席伯南克在《行动的勇气》中解释量化宽松的必要性，"由于财政方面不大可能再次出手采取刺激举措"，只能"从货币政策着手为美国经济提供进一步的支撑"，对当时"在华盛顿，只有美联储一家在孤军奋战"不无抱怨。伯南克认同 2012 年任命的美联储理事、哈佛大学经济学教授杰里米·斯坦恩的观点，"金融风险可能很难探测到，只有更高的利率可以'填补金融体系的所有裂缝'，并减少刺激过度冒险行为的因素"。盖特纳在《压力测试》中写道，"我初入美联储时，联邦基金利率仅为 1%。美联储的利率如此之低，风险证券和美国国债之间的风险溢价变得更小，投资者必然会加大杠杆来'追求高收益'"。

曾在 20 世纪 80 年代初以大力提高利率的"猛药"治理通胀的美联储前主席沃尔克承认，"提高利率几乎总被认为大于降低利率的风险。毕竟，没有人愿意冒经济衰退的风险"。"铁腕式的中央银行家"（伯南克评价）沃尔克只连任了一届，一共当了 8 年美联储主席。接任的格林斯潘当了 19 年美联储主席。伯南克说，"为了国家的长远利益而作出政治上不受欢迎的决策，是美联储存在的一个理由"。受人敬仰的美联储主席都秉持了这个原则。

三、历史上的利率管制

对利率的控制从古至今都存在，古代主要是利率上限管制，近现代央行出现后利率则成为货币政策工具的核心变量。

书中"高利贷信条及其对欧洲信贷形式和利息的影响"一节介绍了围

绕高利贷的争议历史，最严苛的高利贷被定义为"索取超过给予"（如公元800 年的《查理曼法典》），即只要收取利息就算高利贷。16 世纪之后高利贷逐渐有了今天的含义——超出正常合理的贷款利率。很多国家限制利率上限，不光是为民间商业活动的正常开展、社会的稳定，也是为了王室、政府能以低利率贷款。对利率上限的管制，有时可能脱离市场实际，有时可能也基本符合当时认为合理的利率范围。如公元前 1800 年的《汉谟拉比法典》，法定利率上限是谷物贷款年利率33%，银子贷款年利率20%。1547年，加尔文在日内瓦将法定利率上限确定为5%。英国的高利贷法将 6% 确定为上限，这个"斯图亚特王朝的 6% 传统利率"还传到美国。美国各个州也不一致，1661 年马萨诸塞州将法定利率上限（商业借贷）定为 8%，1692 年马里兰州定为 6%，弗吉尼亚州是 5%。20 世纪 50 年代中期，美国有 40 个州法定利率是 6%，其他州 4% ~7% 不等。公司发债人一般并不受高利贷法规的保护。此后几十年利率上升，许多州都大幅提高了法定利率上限，有的州则没有限制。几个州在自己的法律中加上了一句话，年利率超过 45% 被认为是过分的。美国实际的利率，因为缺乏有组织的金融市场，利率差异曾非常大，19 世纪初良好商业票据的利率在 3.5% ~36%，活期贷款的利率在 0.5% ~186%；1848—1868 年，加利福尼亚州的商业利率高达每年 120%。英国 1833 年将短期票据免予《高利贷法》管辖，1854 年废除了《高利贷法》，不再限制任何形式的信贷。《高利贷法》被废除后，法庭逐步认为 48% 是上限，高于该利率他们不会强制收兑。个人消费信贷的利率上限则要高得多，1960 年，最小个人融资贷款（通常是 300 美元或以下）的法定利率上限在美国的大部分州为 30% ~48%。

中国利率上限的演变，1991 年《关于人民法院审理借贷案件的若干意见》规定，民间借贷的利率最高不得超过银行同类贷款利率的四倍。2015年《最高人民法院关于审理民间借贷案件适用法律若干问题的规定》规定，"借贷双方约定的利率未超过年利率24%，出借人请求借款人按照约定的利率支付利息的，人民法院应予支持。借贷双方约定的利率超过年利率36%，超过部分的利息约定无效。借款人请求出借人返还已支付的超过年利率36%部分的利息的，人民法院应予支持"。这参考了历史上民间借贷月息2~3 分被认为是合理的区间值。2020 年新修订的《最高人民法院关于审理民间借贷案件适用法律若干问题的规定》规定，"出借人请求借款人按照合同约定利率支付利息的，人民法院应予支持，但是双方约定的利率超过合同成立时一年期贷款市场报价利率四倍的除外"。当时一年期贷款市场报价利率（LPR）为 3.85%，4 倍是 15.4%，较过去的以 24% 和 36% 为基准的"两线三区"大幅下降。

"利率市场化"是现代政府造出的一个概念。在历史上，虽然有利率上限管制，但国家没有货币调控手段，利率总体上还是挺市场化的。之后有了央行及其对商业银行利率的管制，然后再到放松管制、利率市场化。17世纪，荷兰阿姆斯特丹成为欧洲金融中心。"高利贷法在荷兰无人知晓，但那里的利率是欧洲最低的"。经济稳定、金融业繁荣，自然利率就降下来了。利率管制脱离市场实际时，和今天一样大家会用其他形式绕开。例如，在拿破仑战争期间，通胀率最高达 30% 以上，英国银行为市场大量贴现票据，它那保持不变的 5% 利率由于受到高利贷法的限制，低于市场水平，货币经纪商们以佣金的形式实现高于法律限制的利率。

四、从历史看利率趋势之争

（一）利率的长期趋势

对利率的长期趋势有两种观点，一种认为从长期看利率是下行，甚至零利率是长期趋势。另一种认为利率没有明显的长期趋势，只是随经济周期而波动。

认为利率长期下行的观点：凯恩斯在 1936 年的《就业、利息和货币通论》中认为，若用借来款项从事新投资，则资本的边际效率表示借款者愿付的代价，利率表示贷款者所要求的代价。资本拥有者之所以会获取利息是因为资本稀缺，但土地稀缺还有真正理由，而资本稀缺却没有。资本主义体系中的食利资本家（坐收利息阶层）是一种过渡时期现象，一定会在未来消失，资本主义便将大为改观。降低利率，能鼓励投资，有助于充分就业。充分就业的均衡状态下，资本的边际效率为零，利率也为零。姜超在 2014 年的研究报告中提出，零利率是未来长期趋势的观点，多份研报从全球与各国人口周期、要素报酬、债务杠杆、地产周期变化等角度阐述了这一观点。高善文在《中国长期利率向何处去?》一文中以资本边际报酬递减这一规律为基础,参照日本、韩国等东亚经济体在转型过程中资本报酬率普遍出现下降,相应的利率中枢也同步下行的情况,判断中国长期国债名义利率在 2030 年可能将逐步下降至 2% 左右的平台。

认为利率波动中稳定的观点:美联储前主席格林斯潘在其 2013 年出版的《动荡的世界:风险、人性与未来的前景》中分析,利率是对未来收益的折现程度,即时间偏好的反映。"时间偏好在代与代之间保持的稳定性有据可依,早在公元前 5 世纪的希腊,利率水平的表现就已非常接近我们今天的市场。英格兰银行在 1694—1972 年执行的官方政策利率一直在 2%~10% 波动,在 20 世纪 70 年代后期的高通货膨胀中提升至 17%,此后又回到个位数的历史区间。我们有充分的理由推断,时间偏好没有明显的长期变动趋势。""我推测,虽然时间偏好很少能直接观察到,但根据通货膨胀预期进行调整后的实际市场利率可能正在不断地向稳定的时间偏好水平趋近。""时间偏好加上风险厌恶与从众行为,主宰着所有收益资产的定价,也从 19 世纪开始一直决定着家庭收入用于长期储蓄的比例。经过通货膨胀调整后的实际利率基准点由时间偏好确定,然后根据经济体中储蓄与投资的消长以及金融中介化的程度形成波动。"认为利率定价背后是人的时间偏好,千年来变化不大,所以利率没有明显的长期变动趋势,就是在"波动"。英国央行前行长默文·金在其 2016 年出版的《金融炼金术的终结》中写道"放眼整个人类历史,长期实际利率的年化平均值维持在 3%~4%"。皮凯蒂在其 2014 年出版的《21 世纪资本论》中用实证数据反驳了凯恩斯的观点,在可以观察到的 300 多年(1700—2012 年)的数据中,投资回报平均维持在每年 4%~5%,而全球产出年均增长率为 1.6%,资本回报率总是高于经济增长率,贫富差距扩大,而不是如凯恩斯预想的食利层消失。

那从《利率史》这本书中能给谁的观点找到支撑证据呢?可能双方皆有。

从书中 13 世纪以来的长期利率图来看,利率总体上是呈下降趋势(如果把 21 世纪迄今数据放进去,利率下降的趋势就会更明显了),但波动也是相当大的。20 世纪的低点低于早先的低点,高点则超过了此前几百年的高点。

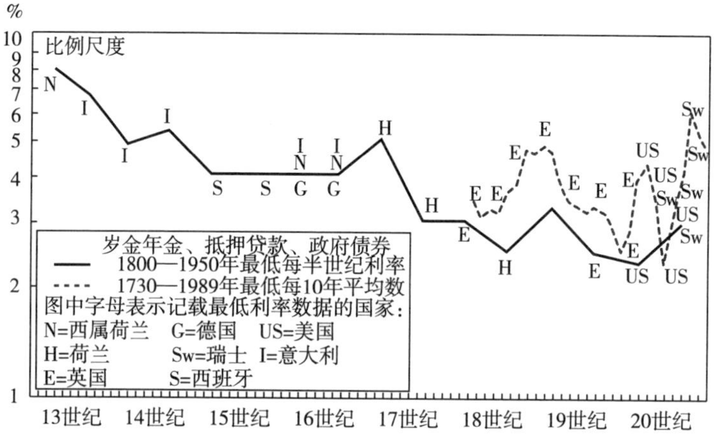

图1　西欧和美国最低长期利率每半世纪和每 10 年平均数

（资料来源：悉尼·霍默，理查德·西勒. 利率史［M］. 肖新明，

曹建海，译.4 版. 北京：中信出版社，2010：78）

　　不过图 1 只是个极其粗略的描述（13 世纪最低长期利率的平均数相对较高，也不过在 8% 以下），13 世纪以前的利率也不太好归纳。作者在书中举了很多利率高到或低到离奇的例子，强调不同贷款类型之间（如抵押类的大额贷款和小额消费贷款）可以表现出在同一个时期、同一个国家情况下的巨大利率差异，但书中大部分篇幅叙述的是良好信用的标准型、重复型贷款利率。从书中我们看到：

　　一是古代的利率有时出乎意料的低。例如，希腊在公元前 1 ~ 2 世纪，正常贷款利率为 6% ~ 12%，罗马在公元前 1 世纪和公元 1 世纪出现了低至 4% 的利率，土地作为抵押的贷款利率为 5%，是当时适中的利率。作者说这是古代时期唯一出现低至 4% 利率的阶段。中世纪，特别是合伙制下，负责运营的合伙人向特别合伙人承诺固定回报率通常是 5%。16 ~ 17 世纪，5% 的利率成为欧洲普遍认为公平合理的利率数，它是以土地或城邦财政收入作为抵押的长期年金的常见利率，也是以匿名合伙制或存款形式出现的商业贷款的常见利率。18 世纪初，阿姆斯特丹交易所交易的商业贷款利率低至 1.75% ~ 2%（1775 年上升至 3% ~ 4%），长期贷款的范围是 2% ~ 3%。18 世纪大部分时间里，法国在和平时期良好私人信贷的通常利率范围为 4% ~5% , 发放给城邦的贷款利率为 5% ~6% 。19 世纪, 法国的长期利率从 5% 逐渐降至 4% 、3% 。19 世纪 40 年代, 英国的银行利率平均为 3.97% , 瑞士为 4.11% 。19 世纪的最后 10 年, 法国和英国公开市场平均贴现率为 2.09% , 有时甚至低到 1% 以下 (这是短期货币市场利率, 19 世纪法国的银行给小企业贷款的利率在 7% ~10% , 当铺和个人放贷机构的小规模消费信贷利率为 20% ~30%)。众多记载都表明, 历史上很多时候正常的利率和现代正常的利率也差不太多。格林斯潘、默文·金都了解这些历史。

二是近现代的利率波动很大。虽然除荷兰外, 在霍默等人研究过的国家中, 19 世纪或 20 世纪的低利率都大大低于早期的低点, 但高利率也超过历史高点。德国在 20 世纪的平均利率超过 19 世纪, 还发生了 20 世纪 20 年代著名的极端通货膨胀; 在 20 世纪 70—80 年代, 石油危机等原因导致滞胀, 美国、英国、法国、荷兰等多个西方国家的国债利率都达到了一两百年来未曾有过的最高点。

书中写道, 有人会认为 20 世纪规模更大、效率更高、技术更先进、创新更多的金融市场 "会导致一种更加稳定的利率范围, 事实恰恰相反" 。过去是因为市场的分割、不发达导致一些极端的利率, 现在则由于通货膨胀、战争和社会变革、金融危机等情况, 以及金融市场的波动, 会导致一些更极端的利率。从美国债市大周期来看, 1899—1920 年债券熊市, 1920—1946 年债券牛市, 1946—1981 年历史上最大的债券熊市, 1981 年之后又进入债券牛市。1938 年美国国库券的收益率有时达 0.001% , 偶尔还有以负收益率的价格出售, 因为它可以享受某些州的个人财产税的豁免权 (背景是 "1937—1938 年的深度衰退粉碎了有些最坚定不移的乐观主义者的最后希望")。

上面两种观点都有其道理, 可以结合起来看。人的时间偏好虽然变化不大, 但人类社会可能发展到了一个新的阶段, 影响了利率中枢。

一方面, 利率反映的是相对稳定的时间偏好, 不会趋近于零。资金出借者的资金成本、风险成本不会趋近于零。长期的低利率会导致资产泡沫化、无法靠利率排除低效投资、投资者提高风险偏好、鼓励了加杠杆等问题。实体经济回报率低、缺乏投资动力时, 只靠货币放水也难刺激实体经济复苏。

另一方面，由于全球经济趋于成熟（未开发的市场越来越少）、人口老龄化、社会债务负担率普遍提高、资源环境承载力制约，以及出现对经济有极大推动作用的科技突破越来越难，经济增速放缓，利率中枢可能总体下移。

对长期利率的看法很大程度上取决于对未来经济增长的判断。凯文·凯利认为，在工业时代，经济规则的核心是提高生产力，在网络经济中，经济规则的核心是增进联系，即"互联网＋"对提高生产力的作用有限。董洁林在《创新与未来：大繁荣还是大停滞》一文中将科技创新分为对推动 GDP 作用较大的生存类创新和安全/健康类科技创新，更大部分是满足人类情感和自我实现需求的交流/娱乐类创新和机动/可控类科技创新。现在的创新更多是后几类。在一个增长停滞或放缓的世界中，存在通缩和滞胀的风险。

社会利率水平最重要的决定因素还是资本回报率，其次是经济周期的波动。美国的利率水平在发达国家中较高，高于西欧国家、日本，关键在于美国由于科技创新和掌握全球价值链高端部分，资本能获得较高的回报（见表1）。中国未来利率会更类似日本还是美国，也取决于中国的科技创新能力和在全球价值链中所处的地位。经济周期波动也会持续存在，利率不会只有下行一个趋势。例如，在新冠肺炎疫情时各国采取了宽松货币政策刺激经济，在疫情影响逐渐减轻后，通胀上升，宽松政策退出，利率上升。

表1　国际金融危机以来中国与美国、德国、法国、日本的资本回报率

单位：%

年份	2008	2009	2010	2011	2012	2013	2014	2015	2016	2017	2018	2019
税前资本回报率（不考虑存货）												
中国	21.30	13.80	14.60	16.30	13.90	12.20	12.80	9.90	10.50	14.60	13.00	12.80
美国	6.30	3.90	7.10	7.70	7.50	9.00	8.00	7.50	8.80	8.30	8.50	9.00
德国	12.50	9.70	11.00	11.90	11.50	10.60	10.60	10.90	11.10	12.10	11.20	10.00
法国	12.60	10.50	10.00	11.40	9.80	9.10	9.30	8.30	9.50	10.20	9.60	9.60
日本	6.40	1.50	5.50	5.20	4.80	5.90	5.00	4.30	4.40	6.80	6.10	5.00
税后资本回报率（不考虑存货）												
中国	11.40	4.20	5.20	7.00	4.70	3.30	4.20	1.70	2.80	7.20	6.00	8.00
美国	3.70	1.40	4.50	5.00	4.80	6.20	5.20	4.80	6.10	5.80	6.10	6.70

续表

年份	2008	2009	2010	2011	2012	2013	2014	2015	2016	2017	2018	2019
税后资本回报率（不考虑存货）												
德国	8.10	5.70	6.90	7.50	7.00	6.20	6.20	6.30	6.40	7.40	6.40	5.10
法国	6.90	5.60	4.90	6.10	4.50	3.60	4.00	3.00	4.10	4.60	4.00	3.90
日本	5.00	0.30	4.70	4.20	3.80	4.80	3.80	2.90	3.10	5.50	4.70	3.60
税前资本回报率（考虑存货）												
中国	17.70	11.60	12.40	13.90	12.00	10.60	11.20	8.60	9.30	12.90	11.50	11.40
美国	6.00	3.70	6.80	7.40	7.20	8.60	7.70	7.20	8.40	8.00	8.20	8.70
德国	12.00	9.30	10.60	11.40	11.00	10.20	10.20	10.40	10.70	11.60	10.70	9.50
法国	11.80	9.90	9.70	10.70	9.30	8.60	8.80	7.80	8.90	9.60	9.00	9.00
日本	6.40	1.50	5.40	5.10	4.80	5.90	5.00	4.20	4.40	6.70	6.10	5.00
税后资本回报率（考虑存货）												
中国	9.50	3.50	4.40	5.90	4.10	2.80	3.70	1.50	2.40	6.40	5.30	7.10
美国	3.60	1.30	4.30	4.80	4.60	6.00	5.00	4.60	5.90	5.50	5.90	6.40
德国	7.80	5.50	6.60	7.10	6.70	5.90	6.00	6.10	6.10		6.10	4.90
法国	6.50	5.30	4.60	5.70	4.20	3.40	3.70	2.80	3.80	4.30	3.70	3.60
日本	4.90	0.30	4.20	4.20	3.80	4.70	3.80	2.90	3.00	5.50	6.10	3.50

资料来源：李宏瑾、唐黎阳．全球金融危机以来的资本回报率：中国与主要发达国家比较 [J]．经济评论，2021（7）。

（二）利率的短期趋势

"长期"太长，大家更关心的还是短期内的利率变化。利率无疑随经济周期波动，反者道之动，升久必降，降久必升。

任期：沃尔克（1979—1987）、格林斯潘（1987—2006）、伯南克（2006—2014）、耶伦（2014—2018）、鲍威尔（2018 年至今）。

沃尔克时期刚好是因为滞胀利率最高的时期。1981 年是美国历史上国债利率的最高点，3 个月期国库券最高收益率达 16.3%，20 年期、10 年期国债利率分别达 15.75%、15.84%。英国也类似，在 20 世纪 70 年代国债利率突破了 1750 年以来的高点 6%，1974 年达到最高点 18%。国际金融危机之后全球货币的宽松导致利率创历史新低，负利率的国家范围也不断扩大。耶伦时期为利率历史低点。2015 年 12 月耶伦任上就开始加息（2006 年 6 月后首次加息）。2018 年初，鲍威尔上任，2018 年加息 4 次，2019 年降息 3次，2020 年因为新冠肺炎疫情降息 2 次，2022 年因为通胀率高企，美国再次进入加息周期（见图 2）。

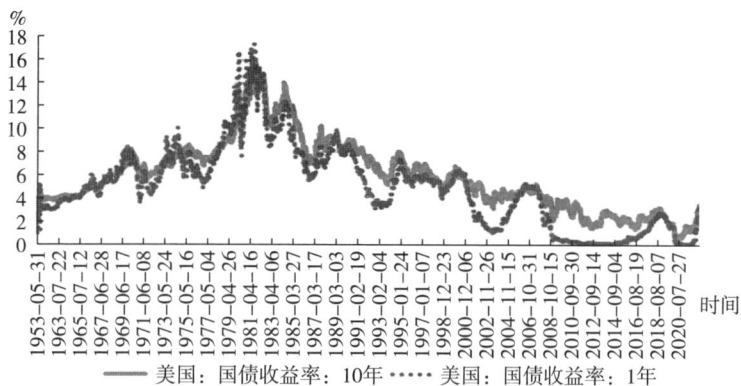

图 2　美国国债收益率（1953 年 5 月至 2022 年 6 月）

（数据来源：Wind、美联储）

各种因素使得金融市场利率波动很大。例如，美国 10 年期国债收益率在 1981 年滞胀时期达到 15.84% 的历史高点，此后波动下行。因为新冠肺炎疫情影响，2020 年 3 月历史上首次跌破 1%，8 月达到 0.52% 的历史低点，2022 年 6 月，反弹至 3% 以上。中国 10 年期国债到期收益率，2013 年 11 月达到 4.72% 的近 10 年高点，2020 年 4 月降至近 10 年低点 2.48%，2022 年 6 月回升至 2.7% 以上（见图 3）。

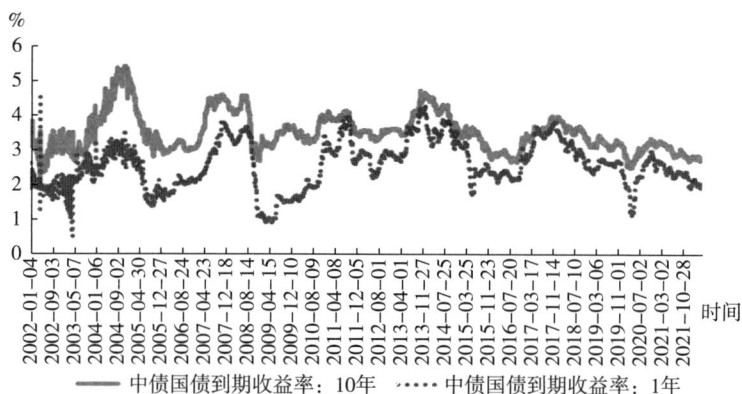

图 3　中债国债到期收益率（2002 年 1 月至 2022 年 6 月）

（数据来源：中债估值中心、Wind）

五、利率预测的风险

预测利率并不容易，特别是长期。《利率史》中有个例子，1945 年第二次世界大战结束的时候，"有些人觉得财政部不会总是发行利率高达 2.5% 的债券，也许像 2.5% 这样的高利率会永远不再出现"。因此，1945 年美国财政部发行的最后一批利率为 2.5% 的国债，买入资金接近 200 亿美元。从古至今多数时候战争都伴随着高利率（第二次世界大战时美国和英国是例外，英国是因为严格控制利率来为战争筹资，美国是因为战争带来繁荣，所以历史有时有相似性，有时又有差异，无法简单判断），和平时期利率较低。所以当时人们的这种判断也不能说没有依据，谁又能想得到以后的滞胀在美国带来比两次世界大战更高的利率呢！2011 年欧元区出现负利率国债，2014 年日本出现负利率国债。全球负收益率债券在 2020 年末达到了 18.4 万亿美元的高点。2020 年之前几年，负利率成为热点问题。谁又能想到新冠肺炎疫情和俄乌冲突等带来的供给冲击，加上主要央行的大规模货币宽松，使得 2022 年全球通胀率高企，全球再次转向利率走高的时期呢。

霍默说，"历史记录本身并不具有预测性"，的确，我们不能简单套用相似的历史情况，以为相似的历史情况下必然有同样的利率走势，但了解历史有助于我们以敬畏之心谨慎作出涉及利率判断的投融资决策。"几乎每一代人最终都会惊愕利率的表现，因为事实上现代时期的市场利率很少能够长期稳定。它常常会上升或者下降到意料之外的极端水平"。确实，我们看到了一些国家的负利率，"钱荒"时高到让人惊讶的金融市场利率。作为金融市场的参与者，需要记住的是不要高估自己判断利率走势的能力，不能把赌注压在利率一定会向哪个趋势变化上。如果根据自己对利率趋势性的判断作出资产配置和交易策略决策，也要考虑万一利率和自己的判断相悖，是否可以承受、应对这一风险。特别是在低利率环境下，利率绝对值的一点变动就是百分比的很大变动，利率风险更大。

面对历史，大家的归纳判断都不尽相同，对未来，分歧就更大了。利率研究的迷人之处和难度之大，也许就在于其既有一定规律可循，又充满着随机扰动，是无数因素（现实的、预期的，心理的、央行政策引导、市场主体博弈）相互作用的结果。

经济金融专业还是一个好选择吗？

——对经管金融类专业态度的历史变化

经济、管理、金融类专业，过去在大家的印象中似乎一直是大学中最炙手可热的专业，高分考生趋之若鹜。这种现象也引起了很多关注和批评。

2016 年，时任清华大学副校长施一公在《不应该鼓励科学家创业》的演讲中，痛心疾首地说："清华 70%～80% 的高考状元去哪儿了？去了经济管理学院。连我最好的学生，我最想培养的学生都告诉我说，老板我想去金融公司。不是说金融不能创新，但当这个国家所有的精英都想往金融上转的时候，我认为这个国家出了大问题。"2018 年，高西庆教授在一次演讲中说："今天世界上的金融机构吸引了整个社会上最聪明的、最能干的、最勤奋的、最有学习能力的人，这个事情是有问题的。"

其实，英美国家早就有同样的忧虑和呼声。1984 年，诺贝尔经济学奖得主詹姆斯·托宾在演讲中指出，"我们把越来越多的资源，包括年轻一代最有能力的人才，都投入了金融活动中，这些和生产商品、提供服务完全无关。这些活动提供了和它们的社会生产力完全不成比例的高回报"。曾在耶鲁教书 10 年的威廉·德雷谢维奇在 2015 年出版的《优秀的绵羊》中写道，"有统计发现，2014 年 70% 的哈佛学生把简历投到了华尔街的金融公司和麦肯锡等咨询公司，而在国际金融危机之前的 2007 年，更有 50% 的哈佛学生直接去了华尔街工作。对比之下，选择政府和政治相关工作的只有3.5%"。拉娜·弗洛哈尔在 2016 年出版的《制造者与索取者——金融的崛起与美国实体经济的衰落》中写道："金融化还酝酿出了围绕 MBA，而不是工程师和创业者的商业文化。因为华尔街的工资比其他任何行业的平均工资高出 70%，许多最聪明的人都进入了这个领域，而远离了其他对于社会更加有用的行业。"曾任英国央行行长的默文·金在其 2016 年出版的《金融炼金术的终结》中沉痛地写道："我们这一代人当中最聪明、最有前途的人都经不起诱惑而从事了银行业的工作，尤其是交易类的工作，他们都希望通过接受智力上的高度挑战而创造巨额财富，同时也获得巨额经济回报，但他们真的受到了严重的误导。此次危机的根源是一种制度的整体失败，是这种制度背后的意识形态的失败，就算政策制定者或者银行家当中有极少数人无能且贪婪，但是我们仍然无法把危机归责于某个人。"

从社会层面看，学经济、管理类专业太热门这个问题严重吗？怎么解决？从个人层面看，怎么选择孩子的专业，还要选择经管类专业吗？

前一个问题，经管类专业成为热门可能只是特定历史阶段的现象，中外皆然。后一个问题，既要看现在什么专业毕业生抢手、薪酬高，也要想想未来更长时间内，社会需要什么专业的人才。

一、美国的情况

（一）历史回顾

从各种书籍的描述中回顾历史的情况。

1. 19世纪

在高等学府中，教授金融学和商学历来就存在争议。学术界有一部分人总觉得这两个学科低人一等，比不上传统高等教育领域的其他学科。这种态度由来已久，已经存在了数百年，人们对它们的态度和人们对金融界所持的负面态度具有很大的关系，第一家高等学府的商学院——沃顿商学院于1881年在宾夕法尼亚大学成立，第一家商学研究生院于1900年在达特茅斯学院成立。其他国家没有效仿，直到半个世纪之后的1951年，加拿大西安大略大学才出现了新的商学院。

1890年，沃顿商学院的创立者约瑟夫·沃顿发表演说，他认为一所高等学府成功与否的标尺之一就是其学生所受的教育未来在市场上是否有用。这场演说遭到当时高等学府校长们的一致批评。麻省理工学院院长沃克宣称："我极度厌恶看到高等教育被降低到如此水平。如果一个年轻人上大学与不上大学的前提仅仅或者主要是未来可能得到的金钱回报，那么这种人根本就配不上我们的文化教育。"（因为那时能上大学的大多是有钱人，也并不在乎毕业后的就业问题。而现在大家选择学校重要的参考指标是毕业后薪酬，100 多年来世界发生了多大的变化！）耶鲁大学管理学院直到 1976 年才成立，原因就是许多校友都认为这个新设置的学院过于职业教育化（罗伯特·希勒，《金融与好的社会》）。

2. 20 世纪 50 年代

1954 年，巴菲特来到华尔街时，正值股市的低迷时期。老一代股民都害怕会出现下一次经济大萧条，而新一代股市投资人才尚未崛起。当时哈佛商学院只有 2.9% 的毕业生到华尔街工作，年轻人觉得在华尔街工作没有诱惑力。华尔街完全是一个男性主导的、陈旧的、不随技术因时而变的社会（罗杰·洛温斯坦，《巴菲特传》）。

50 年代中期，华尔街的气氛开始出现转变。很多曾在大萧条时期经历过种种困难的人都到了退休年龄，开始大批地离开华尔街，也把遭遇另一个大萧条的恐惧和担忧远远地抛在了脑后。年轻人怀着美好愿望和对未来的憧憬大量涌入这个商业圈（查尔斯·埃利斯，《高盛帝国》）。

3. 20 世纪 60—80 年代

直到 60 年代，美国奉行精英教育的大学里，大家觉得最聪明的学生应该读博士，从事学术研究；次一等的学生读医学或法学，做专业人士；读书天赋不行，更擅长人际交往或运动的学生才读商科。

对管理学和经济学的态度从 70 年代开始改变。1972 年，美国有 3.2 万名 MBA 从 400 个学校或培训项目毕业，是 1964 年的大概 2 倍。而且有 MBA 学位的人基本都能找到薪水还不错的工作。1980 年，有 5.7 万名 MBA 毕业。2006 年，有 14.6 万名 MBA 毕业。最近的《金融时报》估计现在全球一年有 50 万名 MBA 毕业生，其中中国 3 万名（此书出版于 2010 年）。70 年代后期开始，申请顶尖商学院学生的水平（以标准化考试的成绩衡量）和申请顶尖法学院或博士学位的也拉平了，此前 80 多年都是不如的（Walter Kiechel Ⅲ，*The Lords of Strategy*，以上内容为我的翻译）。

杰米·戴蒙在 1980 年进入哈佛商学院。那时的华尔街是一片残骸，美国企业界在 20 世纪 70 年代后期的滞胀之后显得步履蹒跚。"那时并没有多少人选择金融行业"哈佛商学院老师杰伊·莱特回忆说，"在这个意义上说，那是一个特殊班级，班里的人都真正地对金融感兴趣而不是盲目从众而来"（达夫·麦克唐纳，《最后的胜者：杰米·戴蒙与摩根大通的兴起》）。

在那个时候，我对证券交易几乎一无所知。像我这样的人并不是特例。如果说大四学生们曾听说过交易厅，他们也只是想当然地以为那只不过是拘束困兽的牢笼。在 20 世纪 80 年代，社会上出现的最大变化就是饱学之士放下自己的架子，改变了以往对待这类工作的傲慢态度，这一变化不仅发生在美国，也同样出现在英国。在耶鲁大学 1986 年的 1300 名毕业生中，有 40% 的人向第一波士顿银行递交了求职申请。1987 年，在哈佛大学选修经济学原理这门课的人多达 1000 人，10 年来，注册人数增加了 3 倍。1981 年，在普林斯顿大学，经济学破天荒地成了最受欢迎的科目。学经济学的人越多，经济学学位对于在华尔街找到工作的重要性也就越大（迈克尔·刘易斯，《说谎者的扑克牌》）。

迈克尔·刘易斯 1979 年进普林斯顿大学读本科时"有意不选经济学"，而选了艺术史专业，他认为"如果不抓住这段难得的时间让那些真正令你激动的东西开阔自己的眼界，那就太可惜了"。但此后他去了伦敦经济学院学习，1985 年获得经济学硕士学位。然后加入所罗门兄弟公司，从那里辞职后，1989 年他出版了以自身经历为基础的《说谎者的扑克牌》一书，成为一名畅销的财经作家，他的作品包括《大空头》等。

（二）原因分析

这和美国高等教育的发展史、指导思想有关，也和经济、金融的发展周期、阶段相关。

第一，美国高等教育一直有以博雅教育为特征的古典主义传统和以专业教育为主旨的实用主义传统之争。

早期的古典主义，起源于 1636 年创建的哈佛学院，高校的课程设置与办学方针完全移植英国古典大学，标榜博雅教育，目的是培养牧师和律师，学生人数很少，没有专业之分，课程以修习文法、逻辑、修辞、几何、天文、算术和音乐等。1828 年耶鲁大学发表了著名的《1828 年耶鲁报告》，认为大学教育的目的，一是开发智力，二是传授知识，而开发智力比传授知识更重要，而职业的专门科目根本不应该在大学中存在（施一公教授认为"研究型大学从来不以就业为导向，从来不该在大学里谈就业"。"大学，尤其是研究型大学，就是培养人才的地方，是培养国家栋梁和国家领袖的地方"。"专科学校办学的理念，是培养专业人才，为行业输送螺丝钉"。这也许是古典主义、精英教育传统的体现，放在今天可能太过理想主义）。

后来高等教育逐步转向实用主义。南北战争后，美国的重建和西部的开发需要大量的技术型人才，创立于 1866 年的康奈尔大学声明，其教学"目的就在于造就工业社会中有用的人，而不是培养绅士"。利兰·斯坦福先生在斯坦福大学首次开学典礼上（1891 年）上说，"请记住，生活归根到底是指向实用的，你们到此应该是为了给自己谋求一个有用的职业。但也应明白，这必须包含着创新、进取的愿望、良好的设计和最终使之实现的努力"。

20 世纪 70 年代后高等教育逐步转向二者协调发展。以 1978 年的《哈佛核心课程报告》为代表，大学教育中"人的培养"和专业知识的教育相结合（以上主要参考项锷《美国大学通才教育的历史演进》）。

第二，经济周期的变化影响经管专业的热度，但经济金融化的加深、从业者收入的提高使得热度持续不减。

1929 年大危机的深重影响，使此后 20 多年内与股市相关的工作都不被人们所追捧。随着 50 年代中后期美国股市的复苏、经济金融的繁荣，投行等工作越来越受追捧，经管类专业也更有吸引力。

70 年代滞胀又使企业界受打击，80 年代后经管类专业再次成为热门。并且由于经济的金融化程度日益加深，大企业的出现使管理复杂化，管理成为一门专业，由于金融业撮合交易、掌握资源分配，金融从业者薪酬较高，企业高管的薪酬也远高于员工，因此经济金融管理专业的热度持续至今。国际金融危机也许产生了一些影响，但随后经济复苏、股市持续向好，可能对人们的择业偏好也没有产生根本性影响。

罗伯特·希勒在《金融与好的社会》中写道，我们到现在也不理解，为什么与金融发生关联的人富有得如此令人羡慕，而其他人就被排除在外呢？难道就连科学家都没能提出可以申请专利的技术超越他们的成就吗？

以上问题的答案之一就是，最近几十年金融业的发展呈现了异常的状态。或许现在金融从业者获得的高薪酬是一个泡沫，或者正处于对新技术的出现作出适应性调整的过程，而且这个现象在未来可能会被纠正过来。2008 年托马斯·菲利蓬和阿里耶勒·雷谢夫共同进行的一项研究表明，最近几十年金融从业者的薪酬出现了巨额增长。这些研究者发现，1930年前后，金融从业者的薪酬也处在异常的高位，与1929年股市达到巅峰的时间基本一致，而在后来半个世纪中他们的薪酬也出现了大幅下跌。"大萧条"后的过渡期内，金融业有的职位薪酬非常低。菲利蓬和雷谢夫也指出，1930年前后，金融从业者的平均受教育水平相对较高，而随后也相应降低；最近几年，这个数值又回到了比较高的水平。他们的发现暗示着金融从业者的薪酬不是一种泡沫，它折射了金融业劳动力组成的变化情况。在任何情况下，他们的发现都提醒我们，不能简单地认为现在金融从业者的薪酬高就意味着这个水平在未来会更高。但是菲利蓬和雷谢夫的研究对象是金融行业的普通员工，不是其中最富有的那部分人。看上去，除非公共政策发生重大变化，否则金融业还是会制造出小部分超级富有的人。

在讨论超级富翁时，我们要回头看看撮合金融交易的基础本质，这种行为使得撮合交易的人通过掌控众多普通人而将自己手中的权力扩大数倍。

《制造者与索取者》中写道，收入分配前1%的人中金融从业者所占比例在1979—2005年几乎翻了1倍，美国前25名对冲基金经理挣的钱超过全美幼儿园教师工资的总和。

二、中国的情况

（一）新中国成立之初

1958年，中华人民共和国高等教育部编订的《高等学校招生升学指导（专业介绍部分）》里对经济系的专业介绍中写道，"过去有些人对财经教育的重要性与发展前途认识不足，甚至有的认为财经教育是'冷门'，有的学生也不愿学财经，认为学财经'不吃香''没出息'。这些看法，主要是由于他们对财经教育在国家建设中的地位和作用缺乏明确的了解，对财经干部是掌握国家经济命脉工作的意义没有认识或认识不够。同时，也由于他们没有把国家的建设看成有机的整体，不了解国家建设需要各种专业人才明确分工而又密切配合，他们只看见了国家需要某一方面的人才，而忽视了国家也同样需要财经管理人才。社会主义是集体的事业，需要千千万万的各种建设人才参加各种建设工作；特别是国家的社会主义建设正在飞快发展，国家经济各部门的工作都在突飞猛进的今天，更需要有相应的财经管理人才来负担国家的各种经济工作。因此，那种认为财经教育是'冷门'的看法，以及认为学财经'没出息'等思想显然是错误的。至于那种根本不顾国家需要，只从个人得失出发，厌弃或轻视学财经的思想是更应该深切认识并加以批判的。即将进入财经院系学习的同学们，你们未来的任务是光荣的，愿你们努力掌握经济科学知识，为争取祖国真正合格的经济建设人才而努力"。

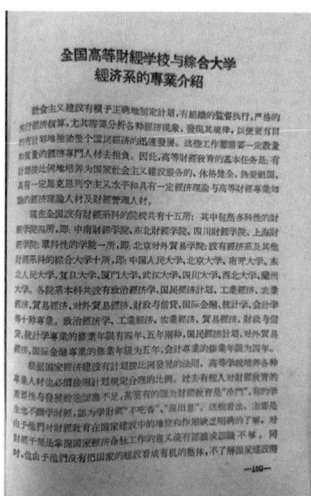

这个材料反映了当时人们的看法，并批判错误认识，力图引导大家树立正确的认识，和今天的情况真是相映成趣。那时人们的收入都比较低且平均，财经专业也不可能有特别的高工资，还因为不像理工科那样具体有用而被认为学这个"没出息"。

(二) 1977 年恢复高考后

证监会前主席肖钢是 1978 年考上大学的，他曾自述志愿是学中文，因为那个时候中文比较吃香，自己也比较喜欢中文。但因为成绩不够好，当时高分是哲学、历史、中文的，财经学校是最后一批进去拿档案的，因此档案就进了湖南财大了。这其实不公平，实际上，1977—1979 级可是史上录取率最低的高考年份（录取率分别为 5%、7%、6%，而 2011 年后录取率都是 70% 以上了），能被录取已经很优秀了。

其实 1977 年恢复高考后上大学的很多经济学者都有类似经历。现任人大校长的刘伟教授说："我高考报志愿时，报的是北大图书馆学系。因为我不知大学里还设有经济学系，不知道还有所谓经济学这样的学科。那个年代不重视经济，更不重视经济学，再加上我中学读书支离破碎，多有无知。也可能是由于高考考得不是很好，所以被调剂到北大经济系，如果那时经济学像现在这样吸引人，或许就轮不到我来学经济学了。"为什么图书馆系都比经济学系难考？估计是那时大家都觉得图书馆系既安稳又能读书，挺好；多数人都不知道经济学是什么。

张维迎教授说，我当初并没有想当经济学家。我报过中文、历史、广播、电视编辑，但是，都没有被录取。后来，我是怎么上大学的呢？当年有几百万考生，只录取了 28 万大学生，有很多老三届成绩考得很好，但由于年龄大了上不了，他们就给邓小平写信。后来邓小平批示，扩大招生，于是我就被裹挟进去了。本来扩大招生主要是针对那些年龄大、成绩好而没上大学的人，而西北大学的贺连成教授就决定利用这个机会在西北大学申请设立一个新的专业，这个新的专业就是政治经济学。因为本来没有这个专业，自然也就没有人报，当时八个老师去招生办把所有剩下的文科生档案摊了一地，一个一个挑，最后我也被挑了进去。念了经济学以后，我发现自己还是蛮喜欢这门学科的，从此之后就再也没有偏离这个领域。

工商银行前副行长张衢先生在其《货币商人》一书中回忆了自己知青

返乡后找工作，参加钳工招工考试获得第四名，很想去，不料招工被叫停，偶然、不情愿地进了银行的经历。"人穷不见钱，没有银行梦，说实话，那时哪有百元票子，银行的概念更是一片空白。1979 年国庆节，我接到市人民银行的招干录用通知书，既高兴，又意外，也茫然。高兴的是工作有了着落，意外茫然的是对银行的生疏。银行是什么？银行在做什么？一无所知。记不起十年下乡期间有没有去过银行，只有少年时跟母亲去储蓄所买贴花，张望柜员的点钞、记账和打算盘的一点印象，到银行上班最初一段时间，我仍有点不屑，总说当技工的事。一次，父亲十分严厉地批评了我，他以过去从商的经历，告诉我银行的分量，成为我入门的重要一课。那时，银行职业不起眼，直到 20 世纪 90 年代中期金融都不热门，读经济专业的人很少，远不如理工科吃香。"

1978 年全国科学大会，邓小平提出科学技术是生产力，四个现代化，关键是科学技术的现代化。20 世纪 80 年代流行的思想，是"学好数理化，走遍天下都不怕"。

（三）20 世纪 90 年代至今

随着市场经济的发展，财经专业吸引力增强。

2016 年北大周黎安和梁淑淑的文章《中国大学的"高分诅咒"现象》提到，"2000—2016 年高考状元的专业选择当中，超过 45% 集中于经济学和工商管理。曾经被理科状元青睐的计算机、生命科学、电子工程逐渐被金融、工商管理和经济学所取代。近年来光华和清华经管俨然已是高考状元的集中营。这反映了市场化和劳动力市场预期逐渐形成所产生的影响"。

中国 MBA 教育的发展也说明管理类专业受到追捧。据 2016 年《数据背后：持续火热后，中国 MBA 教育怎么了》一文和其他网上资料，中国的MBA 教育从 1991 年具有 MBA 招生资格的 9 所院校，到 2022 年有 278 所大学招收 MBA。2020 年，MBA 报考人数约 22 万人，录取人数为 4.2 万人。

三、未来会如何变化

比较中美两国，美国 1929 年大萧条以来经济周期的变化曾影响经管专业的热度，20 世纪 80 年代后至今基本上热度持续较高。中国则是 20 世纪

90 年代以来经管专业热度开始升温。人们对专业、职业选择的变化，体现了时代的变化。随着改革开放，市场化改革，经济学才能成为显学。而随着全球的金融深化，经济日益金融化，社会越来越商业化，经管类专业持续热度不减。但可能处于过热状态，有"泡沫"，对社会发展并非是人力资源的最优配置状态。

彼得·蒂尔在《从 0 到 1》中写道："在一个明确乐观的未来中，会有工程师设计水下城市和太空定居地，而在一个不明确的乐观未来中，会有更多的银行家和律师。金融其实是不明确思想的集中体现，因为只有人们不知如何赚钱时，才会想到去搞金融。金融界每件事都不明确。市场具有随机性。你无法明确地或实质地了解任何事情，而且多样化变得极其重要。""在科学、医药、工程及各种技术方面还有很多事情要做。我们可以治疗癌症、痴呆、所有老年病和代谢衰变；我们可以开发新能源来避免化石燃料引起的冲突；……但是如果我们不想了解，并迫使自己去探索这些奥秘，我们将永远也不会了解这些秘密。"如何将最有聪明才智的学生引导到这些行业，增加全社会的生产力，而不是过多集中于金融，仍然是一个有待解决的问题。

不过，可能也不必过于焦虑，美国和中国经管专业的热门从 20 世纪 80 年代和 90 年代算起不过几十年，未来也不会永远如此。

现在金融业虽然仍然是平均薪酬较高的行业，但也在发生变化。有文章分析金融业产能过剩，半调侃半属实地指导"去产能""金融供给侧结构性改革"首先要去金融从业人员产能。而且，计算机系统、人工智能（AI）正在逐渐取代金融业的众多岗位。"股票交易员集体失业　高盛将全面用机器代替""外汇交易员失业　都是自动交易惹的祸""AI 交易员是否会让分析师失业""裁员潮真的来了！百万银行员工或失业！""德勤财务机器人正式上岗"等报道充斥媒体平台。高盛等金融机构纷纷表示自己是科技公司，据报道高盛 33000 名全职员工中有 9000 名是工程师和技术员，46% 的招聘信息都在技术领域。虽然经济金融业不同的岗位被取代的难易程度也不同，但未来已来的大趋势没错。不仅柜员越来越多被自助交易取代，越是高薪的金融岗位，AI 取代的成本节约更大。也许今后哪种工作越难被 AI 完全替代，哪种工作的薪酬也就会越高。对选择未来的专业，可能下一代要考虑的重要问题是，被 AI 取代的难易程度如何。

据说美国第二任总统约翰·亚当斯有句名言："我们必须去钻研政治和军事，这样我们的孩子们就能够获得自由去钻研工业和商业。我们的孩子们必须去钻研工业和商业，这样他们的孩子就可能去钻研艺术和文学。"

这话有部分的道理。我们这一代经历了工业化和开始走向后工业化时代，所以我们大多数人在研究"工业和商业"（经济管理类专业都是商业的一部分）。未来会有越来越多的孩子能够更自由地从兴趣和特长出发选择职业，而不仅从收入高低出发。但是这话也不全对，需要有人研究科学技术、工业和商业，这是一部分人能研究艺术和文学的基础。

如果孩子们能按个人爱好选择多样化的专业，从人的个性解放、自由发展来看有好处，但也会存在一些问题，主要是一些社会需要的专业报考人数不足。

网上有篇题为《一个海归学者的独白》文章，说西方学术界面临的问题之一是"生源下降。对大部分理工科（计算机科学例外）来讲，生源下降是个全球性问题。理工科专业枯燥无味、待遇较低，往往需要苦熬多年。发达国家读理工科的学生已经很少，20 年来主要靠亚洲往欧美输送生源，成为支撑欧美理工科的主力。然而，目前的 90 后一代已经开始逃离理工科，这方面的后备力量将会越来越少"。其实，不光发达国家学生读理工的减少，中国也是如此。通过中美经贸摩擦、华为事件等，中国已经越发感受到基础科学研究、技术研发投入的不足和人才的缺乏。

这个问题的解决，一方面要通过市场调节，另一方面也要通过社会导向和精神激励。比如学医的少，是因为辛苦而又收入不高，这种状态不应该持续，需要通过医疗体制改革提高医生的收入，在合理的市场化机制下，医生的稀缺性应该使学医容易就业、收入更高，提高学医的回报，促使更多人学医。学理工的少，需要培养孩子们对科学家的敬仰尊崇，激发他们对科学研究的兴趣爱好。

就像企业永远面临着有的产品供不应求、有的产品产能过剩，各专业的学生也会面临就业的难易、收入的高低波动。个人能做到的，是在自己所学专业领域内以热爱和毅力做到最好，而且有持续学习甚至进入新领域的能力。

不确定的世界：不准的预测和充满可能的人生

为什么多数经济学家没有预测到 2008 年国际金融危机？为什么有些经济学家对经济（房市、股市）的预测错得离谱？世界是不确定的，很难准确预测。英国央行前行长默文·金说："经济学家们假装能够预测未来的做法简直就是庸人自扰。没有人能够轻易预测不可获知的未来，经济学家们也不例外。"桥水达利奥在《原则》中引用的一句话很有意思，"靠水晶球谋生的人注定要吃碎在地上的玻璃"。预测对了"大放光芒"和错了"吃碎玻璃"的灰头土脸都是概率事件。

一、自然科学和社会科学的预测完全不同

先说我听到的两个事例：

一是在法庭科学领域工作的朋友讲的一个案例：一名纵火案的犯罪嫌疑人开头拒不认罪，但在显微镜下看犯罪嫌疑人当天穿的衣服纤维很明显是高温灼烧后的形态。在这个证据面前，犯罪嫌疑人只能认罪伏法。

听了这个故事，我深感研究自然科学是"行家一伸手，就知有没有"。事物之间的因果关系比较确定（虽然也有海森堡不确定性原理，但比社会科学确定性强太多），专家有理论、有经验，就能很好地判断、解决问题。而社会科学，特别是经济金融，没有什么事能确定，别说预测现在在周期哪个阶段、未来经济增长率是多少，连第二天的事都预测不了（比如降准降息是对股市利好，但降准降息表明央行判断经济不行，所以降息后股市会走高还是走低呢？不确定），而且已经过去的事解释起来众说纷纭。塔勒布在《黑天鹅》中认为，"有的领域专家是起作用的，有的领域则无法证明存在特定技能"。物理学家等被归为前者，经济学家、金融预测者、政治科

学家都被归为后者。他总结为"因变化而需要知识的事物，通常是没有专家的，而不变的事物似乎会有专家。也就是说，与未来有关，并且其研究是基于不可重复的过去的行业则通常没有专家"。但他说"因变化而需要知识的事物"就没有专家，我不赞成。

二是去某民营企业调研，老板 50 岁了，自己办工厂多年，请了一批技术人员，花了两年时间研发出一项很有市场前景、国内领先的技术，说当时为了研发投入，把自己一个厂的土地厂房卖了 1000 万元，还把自己一辆高级轿车也卖了，幸亏研发成功了，否则会很惨。我问他为什么要赌一把呢，他说否则和大家都做同质性的东西利润很低，前景暗淡。

虽然在自然科学界、工程技术界已知因果关系比较确定可重复，但是要创新要探索，也还是会面临巨大的不确定性。

二、预测有没有作用

网上有几篇文章：索罗斯基《宏观预测对投资到底有没有用》、紫荆十三《研报发布与股票回报：我终于明白自己为啥赚不到钱了》（以下简称《研报发布》）、徐杨《146 年的全球市场回报水平（货币、国债、股票、房产）》（以下简称《全球市场回报水平》）、董德志《债熊周年祭》，联系起来看，它们分别围绕着宏观预测对投资有没有用？分析师对个股的预测对投资有没有用？谁预测准了？历史数据对未来投资有没有参考作用？未来的大势是什么？我们应该乐观还是悲观？我们应该投资什么？核心还是落在最后一问，一切都是为这个找依据。也就是落在对未来的预测和判断上。

万科在其 2011 年年报中写道："对于市场，也许变化是唯一的不变，不确定性是唯一的确定。因此一直以来，我们主张'应变重于预测'，反对高估和迷信自身的预测能力，即使我们在这种能力上相对具有优势。而比'应变'更重要的，可能是'不变'——不变的信念和理想，对永恒商业逻辑的理解，以及尽可能稳定的经营策略。"

如果能不用靠预测，以不变应万变那太理想了，痛苦的是，作为金融从业者，必须研究预测。

格林斯潘在《动荡的世界：风险、人性与未来的前景》一书中写道：

"预测虽然时有失败，却从未被人们放弃，它是人性中根深蒂固的东西。我们对自己所处世界的事件进程预见得越多，就越有能力为应对这些事件做好准备，从而改善生活品质。"而且金融业和其他行业不一样，"承担风险与规避风险几乎是所有金融决策的根本，相比之下，非金融部门则更多取决于工程、技术和组织管理等因素"。

金融业，投融资每一项决策都涉及对未来宏观经济、利率走势、信用风险、流动性风险的判断，都需要预测。张衢先生的《银行与未来》一书中写道："国家、社会、政府、公司、人民都关心未来，无数个领袖、各样的研究与论坛都在预测未来，只有它才能调动起力量。假如谁不谈论明天、不再预测了，人们很快离他而去，他便失去了吸引力。"

但谁的预测准、可信呢？《研报发布》一文研究了 2016 年 11 月 26 日至 2017 年 9 月 30 日 4 万多份 A 股公司研报，发现"无论是绝对回报还是相比沪深 300 的相对回报，'研报发布'都是反向指标"。而且新财富得没得奖，差别并不明显，新财富第一名的分析师推荐的股票，平均而言比其他分析师在推后的下跌幅度小一点，但似乎也没有别的 alpha 了。那到底是分析师预测能力问题，还是有其他利益影响呢？作者说，隐约可以发现，平均而言在研报发布后表现较差的行业，往往有以下两个特点：（1）"好运作"：只需少量资金即可拉动——总市值相对较小；（2）"有故事"：是最近的热门股——换手率应该较大。

这篇文章发现的情况和一篇发表在 2016 年 1 月《经济学（季刊）》上的论文《信息质量、市场评价与激励有效性——基于〈新财富〉最佳分析师评选的证据》接近。此文研究发现，在评选前，获奖分析师发布信息的质量与未获奖分析师无显著差异；分析师获奖概率与分析师的曝光率及所属机构的市场地位正相关，但与分析师发布信息的质量无关。

这是否说明 A 股分析师水平不够，国外会更好呢？塔勒布在《黑天鹅》中提到有篇论文"仔细研究了证券分析师的 2000 项预测。研究结果是这些证券公司的分析师什么也没预测，一个随便把某一期的数字当作对下一期的预测的人也不会比他们做得更糟糕"。还引用了泰洛克做的一个关于预测的实证研究，这个研究发现，"一个人拥有博士学位或学士学位是没有区别的。发表文章众多的教授相对于记者没有任何优势。泰洛克发现的唯一正常的事实就是名望对预测的消极影响：拥有高度名望的人比没有名望的人预测得更糟糕"。不过，我想这也是平均的结果，有些有名望的人还是有水平的，其分析问题的框架和深度确实超过一般人，但这是否就能预测得更准确就不好说了，有些有名望的人本来就是浪得大名，或者在有了名声之后膨胀或为某种利益而发声。

塔勒布还说，不要浪费时间与预测者、证券分析师、经济学家和社会学家争论，除非是拿他取笑。你很容易拿他们开玩笑，而且许多人很容易发怒。哀叹事物的不可预测性是没用的：人们会继续愚蠢地预测，尤其当他们靠这个赚钱的时候，你也不可能结束这种制度化的骗局。因为这根植于人性的需要。

霍华德·马克斯在《投资最重要的事》中非常深刻地分析了预测的局限性。未来在多大程度上能预测是个哲学问题。别说不可能准确预测未来了，分析清楚过去都不容易。塔勒布指出，已发生事件只是可发生事件中的一小部分。因此，计划或者行动已经奏效的事实，并不一定证明其背后的决策是明智的。

达利奥在 1987 年发表的一篇《赚钱还是做预测》的文章中就说，"预测的价值并不是很高，而且大多数做预测的人并没有在市场上赚钱……原因是没有什么是确定的"。马克斯说对未来的判断有两种学派，讽刺"我知道"学派："他们乐于和别人分享自己的观点，尽管准确预测的价值本应重大到不可能有人愿意无偿赠送的地步。作为预测者，他们很少回过头去严格评估自己的预测记录。"而加入"我不知道"学派虽有很多不利之处，但"你也能避免所有的预测失误以及对未来估计过高所带来的损失"。不过经济学家（特别是证券分析师）的职业就是预测，不能说"我不知道"。

米歇尔·渥克在《灰犀牛》中写了现任黑石副董事长的拜伦·韦恩连续 34 年（1985—2019 年）每年 1 月发表年度惊险事件列表（Ten Surprises List）的事情。作者说："他的预测列表是我每年最愿意读到的信息之一，因为他给我们一种全新的理念——挑战传统智慧。拜伦·韦恩预测十大惊险事件列表的价值在于他能找出人们的共识并且改变它。通过对流行观点的质疑，他让我们看到了那些就摆在我们面前却未被发现的可能性，多数时候这种情况的发生是因为我们不愿意睁开眼睛或是与大众背道而驰。拜伦·韦恩是一个灰犀牛式的思想者，他愿意挑战传统智慧，彻底分析一个事件是否会发生，何时会发生，以及意味着什么。"我查了一下韦恩2019年1月发布的2019年预言，第一条说因为世界经济走弱，美联储停止加息。这对了。第六条说英国3月29日达不成脱欧协议，首相特蕾莎·梅认为换领导也不能更有帮助，因此还继续留任；第二次公投决定英国不"脱欧"。第一句预测对了，第二、第三句错了。从预测帮助我们思考的角度，专家的预测还是有价值的，只是不能全然相信预测。

三、从历史看投资

《全球市场回报水平》引述了一篇论文"*The Rate of Return on Everything*1870－2015"中的数据并做了些评论分析。这篇外文文献主要是分析1870—2015年这147年间16个发达国家的货币市场、国债、股票和房产回报。徐杨引用了这张1870—2015年四类资产年化回报表（见表1）。

表1　　　　　　　　　　　以美元计价的实际年化回报

单位：%

国家	货币市场	国债	股票	房产
澳大利亚	1.68	2.48	8.26	7.62
比利时	1.02	3.11	6.93	11.61
丹麦	3.41	4.00	7.87	9.93
芬兰	1.83	6.39	11.93	12.77
法国	0.99	3.04	4.77	8.81
德国	4.25	5.74	8.41	9.64
意大利	2.74	4.70	8.64	6.26
日本	2.25	4.03	7.84	10.45
荷兰	1.79	2.43	7.94	8.60
挪威	0.91	2.59	8.22	11.75
葡萄牙	0.67	3.68	8.54	9.28
西班牙	0.92	1.58	6.91	6.13
瑞典	2.02	3.58	8.56	8.81
瑞士	1.97	3.16	7.49	7.06
英国	2.24	3.42	8.15	6.40
美国	1.45	2.26	8.39	8.18
平均	**1.88**	**3.51**	**8.05**	**8.96**

　　这篇论文是德国联邦教研部（BMBF）和美国 INET 智库资助的一个研究的部分成果，作者有 5 位，分别来自旧金山联储、德国央行、波恩大学、加州大学。文章的创新之处包括第一次系统性地计算了这么多国家这么长时间房产的回报，以前对风险资产的收益主要集中于股票。结论是各国平均资产收益率排序为：房产 > 股票 > 国债 > 货币市场。风险资产（房产、股票）的收益率显著高于安全资产（国债、货币市场）。

　　1870—2015 年这 147 年间，澳大利亚、意大利、西班牙、瑞士、英国、美国等 7 个国家是股票收益率高于房产收益率，另外 9 个国家房产收益率比股票收益率高。但 1980—2015 年，16 国平均收益率是股票高于房产，只有澳大利亚和挪威两个国家的收益率是房产高于股票，所以这两者谁收益率更高在不同国家、不同时间真不一定。也就是 147 年平均下来房产收益率高于股票收益率，但近 35 年平均是股票收益率高于房产收益率。第一次世界大战前房产收益率平均而言高于股票收益率，第二次世界大战后股票收益率略高于房产收益率，总体来看房产收益率和股票收益率接近（年化收益率约为 7.5%），且波动性还远小于股票。

　　论文作者有很多有意思的发现，比如，第二次世界大战前房产收益率和股票收益率相关性更高，第二次世界大战后二者相关性减弱，所以持有这两者的组合收益会更好。而且第二次世界大战后全球股市的相关性增大，而房地产的相关性还不那么大，因此，如果要分散投资风险，理想上应该是持有不同国家的房产。另外，安全资产（债券和货币市场）的波动性大得超乎想象，既有负利率也有高利率。1870 年到第一次世界大战利率大体趋势下行，和 20 世纪 80 年代至今几十年的下行趋势类似。论文中有很多政策思考，比如近几十年的利率下行，进入了"大停滞"，央行的货币政策目标是否还应是过去建立在通胀环境下的通胀目标制；此研究基本验证了皮凯蒂（2014）提出的资本回报率高于经济增长率，因此财富分配更不平等的问题（加权平均资本回报率约为经济增长率的 2 倍），那政策应该如何应对。

　　对普通人来说，这个研究也很有启示：没有投资/资本性收入会相对而言越来越穷，而且风险资产的收益显著高于安全资产，所以若有余力，还是应该投资于风险资产。但需要注意的是，伴随风险资产高收益的是高风险。

　　霍华德·马克斯指出，对"高风险高收益"不能简单理解为高风险必然有高收益，"正确的表述是：为了吸引资本，风险更高的投资必须提供更好的收益前景、更高的承诺收益或预期收益，但绝不表示这些更高的预期收益必须实现。更高的投资风险导致更加不确定的结果。也就是说，收益的概率分布更广"。如果对投资没研究清楚，可能承担了高风险，最后带来的却是损失而非高收益。

四、最困难的是识别拐点

对于很多投资来说，重要的问题是，你是何时入场和离场，现在在牛熊拐点的哪一侧。

首先看股票，股市大跌后股指用多长时间回到原来最高点。

美国：

（1）1929 年股灾后，1932 年最低点比 1929 年最高点下跌近 90%，直到 1959 年，标普 500 指数才到达其 30 年前的高峰（历时 30 年）。

（2）1987 年股灾后仅用 2 年时间标普指数就恢复历史高点并再创新高（历时 2 年）。

（3）纳斯达克指数 2000 年创造 5048 点的最高纪录，2002 年最低为 1108 点，下跌近 80%，2015 年才重达 2000 年的峰值（历时 15 年）。

（4）2013 年 3 月，标普指数超过国际金融危机前 2007 年 10 月的历史最高点位（历时 5 年多）。

日本：

日经指数 1989 年 12 月达到最高峰 38957 点，最低是 2008 年的 6995 点。2022 年 6 月为 25000 多点，仍没达到 33 年前的高点。

中国：

上证指数的历史最高点是 2007 年 10 月 16 日的 6124 点，2015 年上证指数最高点是 5178 点，最低点是 2850 点。2022 年 6 月为 3300 多点，也没达到 15 年前的高点[1]。

---

① 股指不能完全反映股市投资价值变化，中国股市市值 2007 年末为 33 万亿元，2021 年末为 92 万亿元。

也就是说，日本和中国，如果是在最高点前入场的，那到今天可能还在亏损，但如果是在跌到底部之后入场的，可能现在的收益率很不错。当然，还有个股选择和操作时机的问题。例如，巴菲特看准了富国银行，持有富国银行20多年，中间也是市盈率高的时候卖出、低的时候买入，通过波段操作获取更大收益。

尼克拉斯·萨尔克斯《恐惧与贪婪：动荡世界中的投资风险和机遇》一书中的研究发现，"1900—2000年，股票是全球收益最好的资产类别"（刚好截止到2000年，纳斯达克泡沫破裂可能是个重要原因），"21世纪的第一个十年，股票投资收益远不如其他投资类别"（这是因为刚好经历了国际金融危机的大跌，还没有恢复。书里也说大家都认为股市应该很快就会复苏了）。

然后看房地产。据某机构研究材料，2007—2016年，美国REITS的平均年化收益率是5%，在所列十项大类资产中排第4位，但年化波幅高达26.1%，排第2位（2008—2017年，美国REITS的平均年化收益率为7.4%，年化波幅仍为26.5%）。因为次贷危机，美国REITS投资收益率简直像过山车一样大起大落，2007年为−16.8%，2008年为−38%，2009年和2010年恢复性上涨，分别是28.6%和28.5%，2011年为8.7%，2016年是8.6%。如果用国际金融危机前10年的数据计算，可能平均收益率更高、年化波幅更小。如果2006年之前投资REITS、2008年处置的话，亏惨了，但如果2008年抄底，那收益率就高了。1929年之后的大萧条期间，美国房价最低时比高峰下跌了90%，约一半的房贷违约。但之后大家有意无意忘了这事，房贷模型中都依据美国过去60多年的历史数据，假设未来美国房价也不会大幅度下跌，次贷危机发生后，房价又一次大幅下跌，但这次恢复得比大萧条快得多。

债券收益率看似较低且稳定，其实投资时的利率走势更加关键，比个股选择更受宏观经济、利率周期影响。降息周期基本是债券牛市，加息周期基本是债券熊市。

投资还是得判断大势，也就是研究宏观。《宏观预测对投资到底有没有用》一文引述巴菲特的话："我实在想不起来，我曾经基于宏观经济因素而决定做过任何一桩买卖，我从来不会仅凭宏观因素收购或关闭一家公司"，

"形成宏观的看法，或者听别人的宏观或市场预测，纯属浪费时间。"巴菲特的确经常说这种话，比如他说："能够预测市场走势的人，我一个也没见到过。"

霍华德·马克斯在《投资最重要的事》中说："最伟大的投资者的必备心理之一，是认识到我们无法预知宏观未来。很少有人（如果有的话）对未来经济、利率、市场总量有超越群体共识的看法。因此，投资者的时间最好用在获取'可知'的知识优势上：行业、公司、证券的相关信息。你对微观越关注，你越有可能比别人了解得更多。"

巴菲特和马克斯的投资理念有颇多相似之处，二人互相欣赏。他们的话在不要轻信别人判断这一点上有道理，但也不可尽信。巴菲特传记里说，他每天都看《华尔街日报》、《纽约时报》、英国《金融时报》等报刊。那这些报刊上也都有很多宏观判断的文章。巴菲特特别喜欢读公司财务报告，几乎对所有上市公司财务数据都如数家珍。他虽然声称不研究宏观，但把上市公司这个微观研究到极致了，综合起来足以形成宏观判断。巴菲特1957 年为几个亲戚朋友打理30 万美元时，美国标普500 指数才40 多点，现在是2500 多点。巴菲特的成功，离不开美国经济的大势。[①]

对很多决策来说，一个重要的问题是判断宏观经济的拐点在哪儿，马克斯说的"投资者应尽量弄清自己在周期和钟摆中所处的阶段"，可惜拐点的位置只能事后才能准确判断。《债熊周年祭》所说"市场对于牛熊的感受是滞后的，但是数据验证只能在事后作出，这其实也说明了一点，面对未来，你始终不知道什么是左侧、什么是右侧，只有走过后，你才能恍然明白"。少数人即使判断对了，也只能事后验证，同时肯定有各种不同的判断，判断对的人只是其中很小的比例。

马克斯认为预测的平均有效率在5% 以内，还称有调查发现，有一次重要的预测胜利的人，除了取胜的那一次外，他的错误预测有一半比共识预测错得还要离谱，所以，我们几乎不可能指望听某一个人的。

《宏观预测对投资到底有没有用》提出，可能有两个原因导致宏观经济

---

① 薛洪言. 这本投资书凭什么让巴菲特读两遍？ ［EB/OL］. （2020 - 10 - 16）. https：//mp. weixin. qq. com/s/iRHddxg07nQSd2QejQehPw.

的预测困难：（1）经济体系是受多重因素影响同时包含正负反馈的复杂系统，变量之间的相互关系和影响程度都很不确定，因此可预测性较低。（2）经济是动态的，预测本身可能影响结果。比如，如果一致预期经济较差，政府政策干预，经济就会好转。这概括得比较好。负反馈效应，比如石油高价促使需求减少，替代性供给增加，石油价格就会下跌，市场自发使供需趋于均衡。正反馈效应，比如大工厂破产、工人被解雇，引发对生产和生活资料的需求下降从而使更多工厂破产，又如房价、股市上涨，会吸引更多的人投资而价格继续疯涨。预测本身可能影响结果，说的是社会科学中普遍存在的自证性预测（比如，有影响力的人写篇文章说认为牛市要来了，那大家都去买股票，短期内会推高股价）和自杀性预测（上例所举，预期经济较差，政策就会出台宽松、刺激性政策，就是一种自杀性预测，还有人认为马克思主义预测资本主义要灭亡也是一种自杀性预测，资本家和政治家会改进马克思说的这些问题）。因为社会科学研究的是人，人的反应是不确定的。自杀性和自证性预测更简单的例子，比如有人预言说这孩子以后没出息，他可能不服气，奋发图强（自杀性预测），也可能信了这话，自暴自弃（自证性预测）。

学习过去的历史能给我们很多启示，比如经济的周期性。马克斯说："牢记万物皆有周期是至关重要的。任何事物都不可能朝同一个方向永远发展下去。"老子云："飘风不终朝，骤雨不终日。孰为此者？天地。天地尚不能久，而况於人乎?"① 市场总在萧条和繁荣、牛市和熊市之间钟摆式摆动。"重大底部出现在人人都忘记潮水仍会上涨的时候。""在钟摆的一个极端——最黑暗的极端——人们需要强大的分析力、客观性、决断力乃至想象力，才能相信一切将会更好。"

有的大趋势是能够看到和判断的，比如经济发展带来生育意愿下降，数字化、自动化技术发展下人工智能替代人力等。有的趋势则可能会因意外事件出现逆转，比如新冠肺炎疫情前的几年都是讲"消费升级"是大势，虽然有货币超发的因素，但毕竟随着劳动生产率提高，生活水平上升，但新冠肺炎疫情带来了"消费降级"，甚至全球化的趋势都意想不到地出现某

---

① 《道德经》第 23 章。

种逆转。

有的理论在重大事件后再度引起关注，是因为其强大的预见性和解释性。比如"9·11"事件后再读亨廷顿《文明的冲突》，2008年国际金融危机后再读明斯基《稳定不稳定的经济》，就更会发现大师的洞察力确实令人佩服。

五、世界和人生因不确定才有趣

预测不准，对作出预测的人来说比较悲催。经常有人汇总经济学者历年各种预测，预测的不断变化以及和现实的偏差有时形成了反讽。可以宽慰他们的是约翰·肯尼斯·加尔布雷斯1982年写的《没有经济学家能够不犯错》。曾任美联储主席的保罗·沃尔克更幽默地说，经济预言家职业里有一条经常被忽视的审慎准则：选一个数字或者选一个日期，但不要两者都选。

但我们的社会、人生，正是因为这样的不确定性、不可完全预测才有趣，未来是概率分布的，不是决定论的，不是"命中注定"的，一切皆有可能，一切都是偶然性和必然性的辩证统一。必然性决定事物发展的基本方向，偶然性则使事物发展过程变得丰富多彩。所以控制、计划好一切的计划经济即使有"大数据"也不可能成功。

达利奥在《原则》中说："我在1981年12月发表的一篇文章中写道，我相信（我至今依然相信）理论上……假如有这么一台计算机，能存储世界上所有的事实，同时拥有完美的程序，能以数学方式表达世界所有不同部分之间的所有关系，我们就能完美地预见未来。"这个观点我完全不能同意。我赞同默文·金说的"不论统计做得多么准确精妙，人类永远战胜不了'不确定性'。当代宏观经济学最可怕的一个错觉，就是认为人类社会的不确定性可以通过对已知可能性的数学推演得到有效界定"。

未来都是看不清楚的，就像笼罩在迷雾中。研究就好像我们手中的一束光，能帮我们发现一些规律，也许能帮我们看清一段路程。研究了，不一定能判断对。不研究，"盲人骑瞎马"，更危险。

我们对未来的预测、判断，一定要保持谦逊和开放的心态。如果是说话、写文章，不能说得太满、太绝对，如果是投资、做事，更要留有余地，考虑如果预测错误的损失是否可以承受。幸亏达利奥觉得距离能像上文说的那样还很远，他说的这句话我非常赞同，"无论我知道多少东西，无论我多么勤奋，我都不能自信地作出绝对的断言"，"你能做的最重要的事情是总结这些失败提供的教训，学会谦逊和极度开明的心态，从而增加你成功的概率，然后继续挑战自己的极限"。达利奥称，"我们并不是预测经济环境中发生的变化，然后根据这些预测调整投资组合，而是在变化发生时捕捉它们，不断调整我们的投资对象，以使投资始终集中在当时表现最好的市场上"。其实还是根据现实不断修正预测，就是默文·金所说的"如果我们不知道世界的运行方法，那么我们就不可能给出唯一的正确答案，能做的只是面对未知的将来采取因应的行为"。

银行的道德操守与情怀*

《中国金融》2017 年第 1 期时任社长魏革军的卷首语《金融的情怀》和《中国银行业》2016 年第 12 期香港金管局时任总裁陈德霖的文章《银行业如何重建昔日的道德操守》，我读后有颇多感慨，认同文中很多观点，还想探讨下这个话题。

一、为何银行家的声誉下降

陈德霖分析全球"银行家声誉缘何一落千丈"，第一条原因就是银行运作模式和管治架构的转变导致银行股东、管理层与客户之间的信任缺失。银行从早期的家族或私人合伙方式，变为有限责任的公众股份制银行。这是一个深层次原因。

《摩根财团》中有段英国经济学家巴杰特关于早期银行的描述："银行家的事业是代代相传的；银行的信誉以父传子；代代相传的财富产生了代代相传的高雅风格。""既然银行家的票据在遥远的地区也必须一见即能承兑，所以一提起银行家的名字，就必须给人以信赖感。"但由于银行规模的扩大，对资本要求的提高，银行不可避免地走向资本市场。银行的资本募集势必社会化，家族、合伙制的银行被上市银行所取代，银行信誉"以父传子"的时代已成历史。

陈德霖还总结了四条原因：银行与职员之间的往日忠诚已不复见；急功近利的冒险心态彻底改变了银行以客为本的文化；客户关系的"商品化"使得通过关系的积聚建立信任再难实现；股东的短视迫使银行偏重短期回

---

* 本文发表于《中国金融》2017 年第 5 期，发表时有删节，此为完整版并略有修改。

报。这四条原因都没错，是银行与利益相关者之间关系的现状和问题。

不过中外银行家声誉下降这一现象，可能是对历史上银行家声誉的主观美化。一般人大概只记得 2008 年国际金融危机后的"占领华尔街"运动。其实，西方社会对银行的指责由来已久。尼尔·弗格森在《货币崛起》中写道："在西方文明发展的整个历史进程中，对金融和金融家经常性的敌意始终存在。这种敌意源于一种根深蒂固的观念：金融家借助放贷维持生计，是千方百计依附于农业与制造业这两种'真实'经济活动的寄生虫。这种敌意源于三个原因：一是债务人的数量往往超过债权人，而且前者对后者很少抱有好感；二是频繁发生的金融危机和金融丑闻，足以使人们把金融视为造成贫穷而非繁荣的非稳定原因之一；三是全世界各国的金融服务几百年来往往被少数族群所掌控，即使他们不再拥有土地和公职，但他们在血缘、信任基础上建立起严密的网络组织，享受着来自金融方面的成功喜悦。"罗恩·彻诺在《摩根财团》中写道："（1873 年北太平洋铁路股票大跌的）惨败之后，大家普遍认为华尔街是一条罪恶之街，是它腐蚀了一个质朴的拓荒民族的道义和礼节。美国大众在后来不止一次地像现在这样充满着义愤，感到自己的心灵受到创伤，群起反对华尔街。""（1929 年开始的）经济大萧条终于使公众发泄出对银行家的愤恨，且持续多年而不减。""佩科拉听证会提供了一部股票市场崩溃的秘史，并使一代银行家因此名声扫地。从那时起，银行家们就被称为'银行强盗'。佩科拉的发现掀起了'反对华尔街'的怒潮。"经济向好的时候，如美国 20 世纪 90 年代末，"华尔街的巨头们被奉为创新天才"，"甚至整个华尔街也暂时深得民心"（出自达夫·麦克唐纳《最后的胜者：杰米·戴蒙与摩根大通的兴起》）。可以看出，历史上银行家的声誉也未必好，而金融危机、经济不好的时候，银行家的声誉更差。

我认为，近十几年来，银行家声誉下降首要原因是经济的日益金融化和全球经济增长放缓。经济发展对金融的依赖程度在历史上前所未有地加深，几乎所有人都被金融深度影响，使金融成为社会的焦点，因此中央银行和商业银行（还有投资银行）的行为备受关注。在经济出现问题时，社会公众普遍责怪银行，认为是银行没有"恪守较高的专业水平和道德规范"、银行逐利引发危机、银行支持实体经济不力。

　　美国社会学家克里普纳（Krippner）放眼更广阔的社会视角，在《利用危机：金融兴起的政治根源》（*Capitalizing on Crisis：The Political Origins of the Rise of Finance*）一书中指出，20世纪60年代末至70年代，当第二次世界大战后繁荣逐渐消退，美国政策制定者以临时性的措施来应对更深层次、难以解决的一系列经济、社会和政治困境问题时，无意间创造条件导致了经济的金融化。国家通过金融发展来解决财政和流动性的问题，把社会分配的矛盾推向市场，从而避免了艰难的政治选择。拉詹在《断层线》中认为，国际金融危机不是某一单方面的责任，政府、监管机构、经济学家、金融机构和大众，都有责任。"我们的行为'齐心协力'地把世界经济逼到了灾难的边缘。"主要是政府出于政治目标，积极用金融手段刺激经济与金融业在利益驱动下追求扩张相互作用，即"政治道德风险与金融业的道德风险一拍即合"。美国面对收入差距的拉大和社会保障的落伍，没有采取改革教育体制、提高劳动者的收入、减少收入差距等困难大、见效慢的改革措施，而是打开贷款的水龙头。"宽松信贷真是好处多多，它收益大、见效快、受益面广，而且成本到未来才需要支付。它的收益结构正中政客们的下怀。"

　　巴斯等在《金融守护人》一书中指出，在任何泡沫中，信贷资金都是支持价格迅速上涨或者规模快速扩张不可或缺的动力，无论这种信贷资金是来自银行的传统贷款业务或者其他什么途径。社会各界一度被信贷带来的繁荣遮蔽了双眼。泡沫破裂后，则把问题归罪于银行家的贪婪。银行经常成为经济问题的"替罪羊"。有时被批评支持实体经济不力，没有投放足够的有效信贷；有时又被批评过度放贷，没有坚守信贷原则，导致杠杆率过高。

　　其次，银行家声誉下降是和银行经营压力加大相伴相生的。经济的发展积累了更多的资本，政府对经济的刺激逐渐导致货币泛滥，使银行家再也不是手握稀缺资源的贵族大亨，竞争的加剧、监管的趋严、股东的压力，使银行家绞尽脑汁寻求盈利，甚至在不恰当的薪酬激励和缺乏有效的风险合规约束下作出违规之事。

　　对于银行的违规套利，需要区分"违规"和"监管套利"，即违反明确的监管规定和寻找监管的漏洞或模糊地带，但二者之间有时也存在交叉。

金融创新的原因本来就有凯恩的规避型金融创新理论。陈德霖身为监管者，提了个好问题，"乱世重典真的可以重建银行业的道德操守吗？"很多研究都表明，对银行更严格的监管、限制业务范围、引入更多竞争未必能使银行更好地控制风险、提供更好的服务，甚至可能有反作用。比如《格拉斯—斯蒂格尔法案》本意是为了保持商业银行的稳定，避免投行业务带来的风险和利益冲突，但分业限制使美国的商业银行无法开展投行业务，"把银行束缚在日薄西山的业务中去，剥夺了本来可使它们保持明智和健康的利润"（出自《摩根财团》），利率市场化又使得利差下降，银行为获得更高利差，加大对拉丁美洲等高风险地区和高风险行业的贷款，造成不良贷款的攀升。1984 年，商业银行倒闭达到了大萧条之后的最高峰，同期的投资银行则获得了创纪录的利润。《金融守护人》一书指出："监管部门应该能够预期到，一旦某项监管政策对银行造成了影响，限制了其利润空间，那么金融机构就会想尽一切办法来规避这项政策。"阿查里亚等所写的《监管华尔街——〈多德—弗兰克法案〉与全球金融新架构》中有一个妙喻，"就像水最终流入大海一样，资金流寻找花费最小、监管最少的捷径，而这些捷径大部分来源于影子银行"。我国各类金融机构"通道"之竞争正是如此。银行的违规或套利主要源于经营压力和逐利动机。

最后，银行家声誉下降也和众多案件甚至大案有关。由于银行经营的是货币，是人人都想拥有的一般等价物，同时，银行经营的是风险，从发放贷款到收回有时间差，所以银行面临的内部人员道德风险可能是各类企业中最高的。银行不时被曝出从高管到工作人员贪污受贿、内外勾结作案，进一步降低了社会公众对银行的评价。

二、解决之道

这个问题没有容易的解决之道。

陈德霖提出，只有当公众与银行股东、董事和管理层目标一致，改革才会见效，效果才能持续。银行要推动形成正确的文化、价值观和经营手法，就得如老派的银行家一样，凡事以银行的稳健营运以及存户和客户的利益为先，银行自身的商业利益为次。这样银行家才能重拾他们前辈所享有的信任与尊重。魏革军倡导金融情怀，希望金融参与主体把家国情怀、实业情怀、绿色情怀和人文情怀有机融入自身发展，充分体现金融业存在的社会价值。

这个愿望是非常美好的。公司治理理念有"股东中心主义"和"利益相关者利益平衡主义"之争。国家、公众、监管机构与银行股东、董事和管理层，各利益相关者的目标既有一致性也有矛盾性，银行的经营就是在各利益相关者的诉求中找到平衡，这是永远的难题。

"金融情怀"可看作让银行家重拾尊重的解决之道。我个人理解，"情怀"和商业伦理（或称企业伦理）及企业社会责任的概念有相通之处，只是"情怀"一词更带有温度和感情色彩。由于银行外部性太强，银行的利益相关者的优先级排序既是一个法律和商业问题，又是一个复杂的社会问题。《关于加强银行业金融机构社会责任的意见》《中国银行业金融机构企业社会责任指引》等，是中国银行业的社会责任指南。

《基业长青》里有个名句："高瞻远瞩公司不光是在理想主义和获利能力之间追求平衡，还追求高度的理想主义和高度的利润。""理想主义"即企业的核心价值和超越利润的目的感。1950 年，默克制药的乔治·默克二世说："我们要始终不忘药品旨在救人，不在求利，但利润会随之而来。"银行业旨在什么呢？

一方面，我赞成银行机构和从业者需要有"情怀"，不能将逐利作为唯一目标。金融业是强顺周期行业，和社会生活的方方面面息息相关，支持实体经济健康发展，银行业才能健康发展。银行业不仅要将商业伦理和企业社会责任作为口号和理念，而且要融入战略，成为实践。

另一方面，也要防止将一些对银行业不合理的要求披上要求银行讲"情怀"的外衣。因为金融的跨期交易特点，风险的暴露有滞后性，有时银行在初期似乎获得暴利，在风险暴露后，则赔掉了此前多年的利润。货币信贷的威力巨大，防范风险、坚守经营原则、尊重金融规律是讲情怀的前提。情怀不能凌驾于经营原则、金融规律之上。

有句讽刺银行的话，说银行家是"晴天送伞、雨天收伞"的人，但对"僵尸企业"，银行如果满腔"情怀"，扶危济困，仍不收伞，那损失的不是投资人、储户的钱吗？服务小微企业，可以说是银行实业情怀的体现，但也需要各行结合自身特点、战略定位作出选择。

银行不是所有问题的根源，更不是所有问题的解决之道。要求银行解决太多不是银行能解决的问题，恰恰导致了更严重的问题。摩根大通的杰米·戴蒙在 2008 年就说过："我建议其他公司的 CEO 们，不要陷入何去何从这一问题的束缚，'增长点在哪里？'他们会感到巨大的增长压力。其实，有的时候是无法进行增长的。有的时候你不想去增长。在某些业务中，增长就意味着你要接受不良客户，要么承担过度风险，要么运用太多的杠杆。"欧美大银行在国际金融危机后为了资本充足率达标、为了风险控制的需要，很多经历了"缩表"，寻求更健康的内涵式增长。中国的一些银行可能会经历同样的阶段。

总之，强调银行机构和银行从业人员要讲情怀、坚守道德操守、承担企业社会责任都没错，银行人讲职业操守是底线，讲情怀是更高要求。但需要避免"道德绑架"，以情怀为名要求银行承担超出企业社会责任、违背银行经营规律的任务。理想状态是认真做到位的银行借此提高企业形象和竞争优势，促进社会、经济的良性发展，达到全社会、利益相关方的共赢。但这条路上还有很多问题，一些看似解决方案的政策做法可能是误区、陷阱，需要各方以科学的态度研究讨论，有更完善的决策流程和及时纠错纠偏的能力。

金融的善、恶与度[*]

金融既可为善，也能为恶。典型如金融杠杆，关键在合适的度。

对金融的双面性，英国央行前行长默文·金指出，"货币和银行是人造的制度，是创新、繁荣和物质进步的重要来源，同时也是滋生贪婪、腐败和危机的温床。无论是好是坏，它们都必然对人类的福祉造成实质性影响"。

金融源于以金融工具满足人们生产生活的需求，是为善。罗伯特·希勒在《金融与好的社会》中指出，金融（Finance）源自拉丁语中一个词，其意义就是"目标"。"金融所要服务的目标都源自民众，这些目标反映了我们每一个职业上的抱负、家庭生活中的希望、生意当中的雄心、文化发展中的诉求以及社会发展的终极理想。金融本身并不包含一个特定的目标。金融并非'为了赚钱而赚钱'，金融的存在是为了帮助实现其他的目标，即社会的目标"。"金融机构与民众之间的联系是维系社会运转的最基础的关系"。

默文·金肯定货币和银行的作用，"将人类从迟滞的封建社会中解放出来，并且促使充满活力的市场开始运作，使得人们可以进行长期投资，也就为经济的长期发展提供了必要支持"。银行存款、结算服务，人人都需要，贷款服务也是满足人们美好生活需要或扩大生产之不可少的工具。

迈恩和苏非在《房债》中提到，美国堪萨斯城常有龙卷风，房主大多会买房屋保险，尽管保险的赔付"不足以完全弥补房屋损失，但可以确保一个家庭在绝望时刻能够重建生活。保险可以保护人民——这是金融体系存在的主要功能之一"。

---

[*] 本文发表于 2018 年 6 月 15 日《金融时报》。

达利奥在《原则》中写他帮助鸡肉生产商利用谷物期货和豆粕期货的组合锁定成本，向麦当劳提出鸡肉的固定报价，使麦当劳和鸡肉生产商都降低自身价格的风险，这是借助衍生金融产品为实体经济服务的好例子。

不过，金融这一工具，是为了满足人们的目标而生，换个词也就是欲望。金融的善恶很大程度上取决于人运用金融工具满足欲望的合理性。金融业本身不可避免的现实目标则是在帮助客户实现目标的时候自己也赚钱。例如，居民都希望有良好的居住条件，贷款买房。银行满足这一合理需求是为善，但有人希望超出自己未来收入的能力买太大太好的房子，这一目标就是有问题的，而银行如果因为可收取更高的利率、更多的利息而放纵这一行为，那就接近于"作恶"了。给企业贷款类似，支持实体企业融资需求的"善"在授信过度时可能造成产能过剩、企业脆弱性提高，或者盲目投资而导致失败等问题。金融机构"为了赚钱而赚钱"，不仅偏离初心，而且还妨碍民众、社会目标的实现，损害民众利益，金融危机可能将社会拖入苦难，金融机构也会自尝苦果。但盈利能力又是社会对金融机构经营效率的重要评判指标。金融机构若在同业激进扩张时相对保守、独善其身，又会影响短期业绩，存在不得不从众的"囚徒困境"。社会已经高度金融化了，借助金融投资、资本运作等金融手段"为了赚钱而赚钱"的，并不限于金融机构，个人、非金融企业都有可能，引起的问题和争议也相当多。

美国拉娜·弗洛哈尔所著的《制造者与索取者——金融的崛起与美国实体经济的衰落》，批判了美国的过度金融化。不仅金融业有时为了赚钱造成对实体经济的伤害，而且连实体企业都金融化了。大宗商品和衍生品市场都突出表现出脱离实体经济自我循环的特点。虽然达利奥讲的金融衍生工具的积极作用很好，这也是衍生工具被创设出来的本意——提供对冲风险的工具，但它越来越变成对赌未来基础性金融工具价格变动的工具。2000年，实体套期者占石油期货市场的63%，其余为投机者；到了2008年4月，两者的百分比分别变成了29%和71%。虽然投机者是润滑市场的必需，完全没有投机者，想对冲风险者可能找不到对手方，但绝大多数交易都发生在投机者之间，这就是过度。金融机构不再止步于代客交易，而是开始越来越多地自己下场交易了。彭博社2010年的调查发现：虽然银行常常在代客大宗商品交易中损失客户的钱，但同期银行为自己的交易却在获利。

完全不需要拥有大宗商品的投行为了控制市场，囤积掌控大宗商品，让确实需要它们的公司无法得到它。这抬高了价格，制造了市场波动，最终意味着消费者要支付更多。

很多以金融为出发点、拥有 MBA 学位的经理在与工程师的博弈中胜出成为 CEO，造成企业文化中财务指标比产品质量更加重要，他们对制造最好的产品、为客户提供最好的服务以及如何激发制造产品的人的潜能并不真正感兴趣，把雇员、产品生产过程都视作成本，尽一切可能削减成本、合法避税、进行金融交易、提升股价。例如，某大汽车厂商发生致人死亡的严重质量事故，就是将成本控制"渗透进了整个企业文化里"，在成本要求下按时完成项目成了首要问题，质量和安全成了次要考量的背景下发生的。

控制成本、讲求效益本身没错，比不讲效益、浪费资源强，但丧失了对好产品的热爱，只执着于财务数据，又走向了另一个极端。哈鲁比和切凯提指出，金融业更倾向于向房地产和建筑一类的领域投资。这些领域虽然生产力很低，但能提供更快、更可靠的短期收益（还有经济危机时可以出售、经济快速增长期可以证券化的抵押品），所以金融和房地产业的繁荣总是相伴而生。很多大企业走向产融结合，本来金融是为产业服务、助力产业的，但金融往往喧宾夺主。通用电气首席财务官在 2014 年说："我们需要决定自己到底是想成为一家解决世界上最大问题的技术公司，还是一家顺便制造东西的金融公司。"2015 年，通用电气宣布剥离大部分金融业务。

美国这些问题，有些中国已经存在，有些中国需要防止，从 2017 年"严监管"以来，密集出台的监管政策正是针对相关问题。

亚当·斯密在《国富论》中认为，市场主体在追求自身利益最大化的同时，也促进了社会利益。但市场主体的自利有时过度，还以为这是正确的。正如电影《华尔街》中那句著名台词："贪婪是好的。"德国财政部前部长、现联邦议院议长朔伊布勒在《未来必须节制》中指出，利己是一种强大的动力。我们有着很好的理由，可以将这塑成一种经济制度抑或社会制度的基石。然而，利己一旦过度，便是贪婪，这就十分危险：贪欲会损害乃至摧毁一个合理的制度。

弗洛哈尔认为，"金融系统简直就是在玩炼金术"，指的是金融系统将资金传送到金融系统的各个部分，自我循环从中获利，而不是投资到实体企业上。索罗斯有本书《金融炼金术》，阐述他的反身性理论，讲的是成功的投资是一种炼金术，而默文·金在国际金融危机后写了本书叫《金融炼金术的终结》，说的是货币和银行业被称为金融炼金术，将短期安全的存款转化为长期有风险的投资，把不可流动的实体资产转变成可流动的金融资产，人们常把它们看作一种力量的来源，实际上它们是体制中的薄弱环节，一旦转化出了问题、人们对其丧失信心，危机就会出现。他反思"危机的根源是一种制度的整体失败，就算政策制定者或者银行家当中有极少数人无能且贪婪，但是我们仍然无法把危机归责于某个人"。

金融的问题成因复杂，不仅来源于人性的贪婪和短视，更来自经济内在的矛盾和失衡，以及以金融这一最方便快捷的手段来解决本不应该由其解决的深层次问题，使得金融的发展在某些方面超过了适当的度。

怎么解决金融之恶，使其弃恶扬善，脱虚向实？希勒认为，"如果其运行脱轨，那么金融的力量将颠覆任何试图实现目标的努力，正如过去10年间我们在次贷危机中看到的那样。但是如果它能正常运转，金融就能帮助我们走向前所未有的繁荣"。此观点有道理，但可能还是对金融带来的经济增长希望过高。在德国"社会市场经济之父"艾哈德看来，人们不能为了增长而去追求增长，增长应是一种良好运行的经济秩序的结果。朔伊布勒强调，"我们不应将增长本身作为目标去追求，不应人为地制造增长，进而危险地吹大泡沫"，"节制与适度就是这个社会的核心价值"。国家、社会、组织、个人都需要负责任，其中遵守财务纪律，不过度负债是重要的一条。

弗洛哈尔认为改革的关键包括改革经济学教育、摆脱金融导向的思维、改革税制。比如，要鼓励长期资本投资；不要鼓励负债，从税前扣除债务利息，而要鼓励储蓄。政府需要在金融等方面加强审慎监管而非放任自流等。

默文·金则提出，要对整个金融体系进行改革和处置根源性的经济失衡，包括制定落实以提高生产效率（而非刺激需求）为目的的措施、推动服务贸易的进一步自由化、恢复浮动汇率制（以改善各国国际贸易的失衡）等。

解决金融的问题不仅需要正确的经济金融理论、伦理价值观的指导，金融监管的完善，更需要各项社会、政治、经济改革的配套。例如，解决地方政府过度举债问题，需要的是合理划分央地事权财权、改变对地方官员的考核。阿查里亚等在《监管华尔街》中研究应如何监管，也慨叹"最适度的监管是一门平衡不可估量的事物对抗不可知的事物的艺术"。如何使金融多为善少为恶、把握合适的度，没有简单的答案，是极为考验各方智慧的难题。

稳健与激进

——读《变革与稳健》和《断层线》[*]

  稳健，是公众、监管者对商业银行的期望，也应该是银行自身追求的目标。但是，银行在实际经营中，很容易滑向稳健的反面——激进，以过度承担风险为代价追求短期的利益。为何会这样，怎么才能防止或减轻这个问题，《变革与稳健——银行监管和银行转型的思考》（以下简称《变革》）和《断层线》这两本书都作出了自己的回答。《断层线》的作者拉古拉迈·拉詹曾任国际货币基金组织首席经济学家，2013 年出任印度央行行长，此书对美国次贷危机的原因及对策进行了深入浅出的分析。《变革》是银监会研究局原副局长张晓朴博士的论文集，其中有多篇文章分析了次贷危机及之后的金融监管变革。两本书的共同特点是视野开阔、思考深入，对银行经营和金融监管的实践都进行了剖析，对今天中国的银行业有很大的启示意义。

一、银行业的特性使得稳健经营并不容易

  银行业（一些特征也适用于非银行金融业）是一个独特、复杂、充满矛盾的行业。

  银行业的独特性源自其经营对象的独特。它是唯一一个以货币（一般等价物）为经营对象的行业（表面是经营货币，实质是经营风险），因此造成银行业在很多特性上和其他行业都非常不同。例如，其他行业生产的商品（包括服务），通常都有使用价值（自然属性）和价值（社会属性）两

---

* 本文发表于《中国金融》2016 年第 10 期，略有删改。

种属性，有所谓"性价比"（性能/价格，抽象来说是使用价值/价值），而银行的核心产品——存、贷（可推广到投融资活动，银行通过资管、投行业务也在参与）、汇，虽有快捷、可获得性等服务质量指标，但多数客户最关心的是价格（投资者希望利率越高越好，融资者希望利率越低越好、手续费率越低越好），价格就是最重要的"性能"。风险定价是银行的核心竞争力，但这种核心竞争力又很容易伪装，在约束机制不健全的时候，打价格战似乎是最容易的竞争手段，极端情况就成为庞氏骗局。因此，在其他多数商品基本都实现了市场化定价时，利率市场化的推进则慎之又慎。

关于"互联网思维"的争论颇多，信息时代的基本经济规则、商业模式和工业时代相比发生了诸多深刻的变化，需要思维方式的转变。笔者认为，由于银行业的独特性，哪些"互联网思维"适用于银行业还需要思考。比如"免费策略"对银行业是否适用？"免费"有三种来源：一是边际成本趋近于零（如文档、影像资料的复制），二是双边市场对不同客户的交叉补贴（如以广告客户补贴媒体受众客户），三是不同产品间的交叉补贴（对同一客户，有的产品收费有的产品免费）。如果都不是，"免费"可能是出自市场占领目的的"烧钱"，不可持续。存款、贷款的边际成本都不可能趋近于零，也就很难产生"赢家通吃"的效应。

银行业的复杂性在于，金融活动是一种跨期交易安排，银行是一个配置社会资金资源的行业，对社会经济生活的影响（外部性）巨大，而这种影响作用短期又难以看清。货币政策和金融监管效果好坏、银行经营的好坏、对社会影响如何，都难以立刻甄别，风险有隐蔽性、滞后性。个体效率的最优不等于整体、系统性的最优。银行应该支持实体经济，但如果太多信贷资金进入一个本应获得适度信贷支持的企业、行业，就可能造成此企业、行业的过度负债或扩张太快、产能过剩，出现"合成谬误"。银行信贷既能促进经济增长，也能带来金融危机。

银行业的矛盾性集中体现在"三性"的对立统一上。《中华人民共和国商业银行法》规定，商业银行以安全性、流动性、效益性为经营原则。可以理解为，稳健的银行就是较好地平衡、兼顾了"三性"，而激进的银行为了短期的"效益性"，则会以牺牲"安全性"和"流动性"为代价，从而损失长期的"效益性"。

所有企业都会追求盈利，而银行业的特殊性在于它的"产品"是和货币有关的服务，衡量业绩的标准（"赚钱"）和经营的对象（"钱"）有同一性。股票市场的压力更刺激了上市银行的短期行为。《变革》中写道，国有金融机构刚通过改革解决了长期被诟病的"不以盈利最大化为目标"，又走向过于追求短期利益的另一极。金融机构上市后要持续面对投资者、分析师的排名、比较和褒贬，在强化市场监督的同时，一定程度上也鼓励了短期行为。拉詹指出，"如果激进的银行确实清晰可辨，那么为什么危机前市场不对它们进行惩罚呢？在危机的前一年，即 2006 年，在危机中表现最差的四分之一的银行的股票收益比表现最好的四分之一的银行高得多。因此，市场似乎是鼓励风险偏好行为的，在危机前其股价一路飙升"。股市的资源优化配置功能是有局限性的，经常也是短视的。经营激进的银行比稳健的银行，在风险暴露之前，会表现出更好的盈利，带来更好的股价和更高的薪酬。激进经常是在外部竞争、股价压力下，以及薪酬激励的内在动力下难以避免的选择。2007 年 7 月花旗集团 CEO 普林斯对银行业的囚徒困境有过形象的比喻"只要音乐还在继续，你就不得不继续跳舞"。

正是银行业的这些特性，使得稳健经营对银行来说并非易事。而能够坚持稳健的银行，如富国银行、摩根大通银行，因其在国际金融危机前能坚守原则、经受住诱惑，而在危机中获得了"奖赏"。

二、银行业的尾部风险

拉詹认为，美国银行激进的重要原因是存在赌徒心理，认为"尾部风险"不会发生（即发生概率很小，一旦发生影响很大的风险，可以认为是系统性风险。美国次贷危机前的尾部风险主要是大规模住房抵押贷款证券违约、市场融资枯竭的风险），即使发生政府也会采取措施救助（美联储会释放流动性的"格林斯潘期权"，正如《断层线》中嘲讽的"有政府做后台还有什么好担心的"），因此激进地承担"尾部风险"，在风险暴露前，将承担这些风险获得的收益认为是自己经营能力所得。"内生于现代金融系统的对于出色业绩的追求和政府不愿意坐视（由于）金融部门的崩溃造成普通公民陷入困境，二者结合起来造成了潜在尾部风险的产生和周期性的代价高昂的后果。"

拉詹对美国银行业承担尾部风险问题的分析，也许颇具普适性，银行通常会将系统性风险不会发生作为一个经营前提，认为如果会发生系统性风险则政府会介入。政府的介入"扭曲市场规律，从而在事实上促使市场支持风险行为"，也就是说，银行的"激进"很大程度上是政府的潜在担保造成的。

三、稳健经营是银行不变的追求

银行业的稳健经营对中国经济稳定举足轻重。《变革》指出，虽然资本市场在存量资源配置、跨区域风险分散和促进创新等方面具有银行主导型金融体系无可比拟的优势，但也不能有效解决信息不对称等问题。2015 年股市的动荡和中国 P2P 的发展乱象都表明，在中国目前的法治和信用环境下，直接融资尚难以成为打通投融资、发展财富管理和普惠金融的主要力量，银行业仍然具有举足轻重的影响。银行业改革和监管的重要目标仍是稳健经营，避免激进的银行行为造成潜在风险，更好地服务实体经济。

银行要做到稳健，需要坚守原则和底线，对各种政策和市场风潮，作出独立的判断。很多政策理念的提出有其道理，但政府鼓吹、政策鼓励、大众狂热交织在一起就容易形成泡沫。比如过于强调"居者有其屋"理念、住房自有率高的美国和西班牙都出现了住房市场泡沫以及由此引发金融危机，而并不强调住房所有权、住房自有率较低的瑞士和德国则没有这一问题（加拿大没有像美国那样出台众多鼓励住房贷款的措施，但住房自有率和美国接近，也没有发生住房市场泡沫）。各种科技进步造福了全社会，但每种技术的兴起经常都伴随着投资泡沫，科技公司更迭快，银行贷款给新兴科技公司需要谨慎，投资更要慎重，视资金来源性质，以不同的体制机制保证投资决策。银行作出跨期的金融决策，需要"瞻前顾后"，以历史经验为基础，前瞻性地判断未来趋势。过度乐观就容易犯激进的错误；过度悲观就会丧失新的机会。"病树前头万木春"，永远会有丧失竞争力的企业和新兴有生命力的行业，需要银行去识别、退出或进入。银行需要有"保守主义"精神，警惕颠覆常理的东西。例如对没有足够的盈利能力、还款能力的个人和企业的贷款（如美国次贷危机前给无工作、无收入、无固定资产的"三无人员"发放的"忍者贷款"），不符合信贷原则，任何创新也不可能使它成为正确的。对于近年的融资方式创新，银行需要判断哪些是真正的创新，哪些只是障眼法，名为去杠杆，实为加杠杆，并没有实质性地降低债务风险。风险经理们"常常被视为不理解新范式的老朽"，但真正高收益、低风险，或者说为参与各方都创造价值的"新范式"也许并没有那么多。

银行要做到稳健，风险文化和风险管理架构至关重要。富国银行的理念是，"当我们理解风险时，我们才愿意承担风险，如果我们没有竞争优势或经验有限，我们就避免风险或将风险承担最小化"。而雷曼兄弟将"不想承担风险"当作对人员的批评甚至"极大的侮辱"，最终的结果是自身的破产。要做基业长青的银行，需要以风险管理架构为保障，建立起审慎的风险文化，在创新产品和服务形式以适应时代的发展变迁时，真正以背后的风险管理能力提升作为核心竞争力。《断层线》讽刺了让风险经理向业务部门管理人员报告的风险管理架构，但如何让风险管理人员既具有独立性，不完全听命于前台，又能考虑业务发展的实际，不过于风险规避以至丧失盈利机会，是个困难的平衡问题，各银行对于风险管理人员的汇报路径和薪酬构成仍在进行不懈的探索。

中国银行业的稳健经营也需要外部政策和环境的支持。

一是通过国企改革、财税制度改革，解决国企、地方政府等一定程度上的预算软约束问题，避免银行对风险的低估和过度信贷。

二是优化监管。《变革》中写道：金融监管者面对的多是移动的靶位，始终要在创新与风险之间、发展与安全之间寻求动态平衡。金融监管并非越严越好，过度的管制或监管反而会加剧金融机构的脆弱性；而宽松的监管，如2007年国际金融危机前发达国家盛行的"轻触式监管"，也被证明是不可行的。《断层线》也强调，"由于被监管者会跟随监管者犯错误，因此监管错误的伤害性很大"，监管部门应该实行"非随意决断的、透明的监管"。并非所有意在促使银行稳健经营的政策都能实现政策的本来意图。例如，提高资本充足率的要求，确实能限制银行信贷扩张的速度，但银行一个自然的应对措施是加大不占用资本的表外业务的力度。在一些业务领域仅对银行有严格的监管要求，使得非银行金融机构做这些业务更有利可图，但银行本来有客户、项目优势，就通过这些非银行金融机构为"通道"来开展业务，实际上也没有降低风险。拉詹批评了通过限制银行从事某种业务（如沃尔克规则限制自营交易）来降低风险的办法，认为银行在每种业务中都可能选择风险高的（例如在信贷业务中向高风险客户贷款），关注点不应该是禁止某一特定的业务，而应该是如何降低银行的风险动机。政策的效果还需要全方位的评估。

三是深化国有银行改革。有真正从长远、跨期角度考虑银行经营发展的银行家才能保证银行的稳健经营。人才流失是银行面临的严峻挑战。国际金融危机前美国银行家们过高的薪酬激起了公愤，中国对国企高管的限薪走向了另一极。在限薪前的 2013 年，工商银行董事长姜建清的年薪只是摩根大通银行董事长戴蒙年薪的 1.6%，2015 年限薪后，仅为戴蒙的 0.3%。实际上摩根大通银行在美国被认为是"保守薪酬计划执行者"，贝尔斯登、雷曼兄弟、花旗集团、美国国际集团才是"激进薪酬计划执行者"。尽管"激进的薪酬政策与激进的风险原则以及在危机中糟糕的表现似乎是相关的"，拉詹并不赞同"以向政府官员支付薪酬的方式向银行家们支付薪酬"，因为这样做的话，"银行家们会丧失努力工作或者承担适度风险的动力。在今天的竞争激烈、快速发展的经济中，官僚化的银行家们不会是现状的改善力量。我们从银行家那里需要的是称职的风险管理，而不是完全的风险规避"。关键还是需要设计合理的、激励相容的薪酬制度。

海外贷款的风险

——美国大银行海外贷款的惨痛经历

据人民银行统计，截至 2021 年末，我国金融机构对境外贷款达 4.26 万亿元（折合人民币），较 2013 年末（1.59 万亿元）增长了 168%。

银行给其他国家贷款是否安全？国内和海外贷款违约时的处理差别很大。我国银行海外贷款历史尚短，可以看看他国的经验教训。美国的银行曾经在海外贷款中赚得盆满钵满，但也有惨痛的经历。

一、20 世纪 30 年代的拉美债务违约

《摩根财团》中写道，在 1921 年 5 月的一次白宫会议上，哈丁总统告诉摩根公司的汤姆·拉蒙特和其他华尔街银行家，为了国家的利益，今后所有外国贷款都必须经国务院、财政部和商务部批准。当时美国人认为这是一次令人吃惊的政府权力的扩展，弗吉尼亚州参议员卡特·格拉斯谴责这种侵犯银行家权利的行为。但银行家觉得也有好处。

随着美国成为债权国，华尔街便面临如何迫使主权国家偿还债务这个永恒的问题。华盛顿似乎就是答案。哈丁的审查过程形成了一个概念，即政府布下了一张安全网，从很高的钢丝上掉下来的投资者都会得到保护。这一概念从未明确阐述过，但却始终存在。这种安排鼓励许多银行家打起了如意算盘，使他们不去考虑一旦发生违约怎么办。这等于是不言而喻地让人们放弃对债务国的严格审查。在 20 世纪 20 年代，华尔街设想在政府的保护下进行经营，后来证明这种想法只是异想天开。但在这种想法存在的时候，它使人们都怀有一种华尔街以前从来不知道的欣喜若狂的情绪，并帮助人们编织了十年的梦想。这一梦想在 1929 年的崩溃

中破灭了。

自 19 世纪初以来，拉丁美洲国家经历了一次又一次的债务危机。大量借款之后，拖欠总是接踵而来。在 1931 年玻利维亚成为第一个违约的拉丁美洲债务国之后，几乎每一个拉美政府都纷纷效法。在大萧条时期，除了阿根廷以外，所有的拉丁美洲国家都有外债违约行为。银行家们声称今后这些国家将永远不可能得到贷款。然而，年轻银行家们很容易就把这段历史忘得一干二净，一代人之后又重蹈覆辙。

二、20 世纪 80 年代的拉美债务危机

20 世纪 70 年代，产油国的石油美元存入欧美国家的银行，欧美国家的银行把它贷给第三世界国家，形成了国际间的资金循环。拉美国家举债过多，加上 80 年代初，美联储时任主席保罗·沃尔克为抑制通货膨胀大幅提高利率，美元坚挺，美国经济衰退导致其从这些国家进口减少等不利因素，使得拉美国家徘徊在违约的边缘。如果它们大规模违约，贷款损失将压垮美国众多大型银行，是美国银行业不可承受之重，美国财政部、美联储、商业银行、债务国和 IMF 等密切合作，力图解决这一问题。

（一）石油美元与拉美贷款的开始

20 世纪 70 年代石油景气的时候，伦敦脱颖而出，以暴风雨般的速度把欧佩克（OPEC）的剩余资金输入债务国家。霎时间，伦敦金融城的美国银行比华尔街还多。它们一头扎进欧洲美元银团贷款，从而形成了拉丁美洲债务危机的滥觞。

乔治·舒尔茨在担任尼克松政府财政部长期间的最后举措之一就向第三世界贷款提供了推动力。在花旗银行总裁沃尔特·瑞斯顿的鼓动下，舒尔茨于 1974 年 1 月取消了对海外贷款长达 10 年的禁令。人们期待最终废除资本控制，但这一声明还是出乎意料。这个行动的目的在于缓解石油价格飞涨对石油进口国造成的影响，它们正需要吸引外资。而美国的银行因为脱媒（大企业通过发行商业票据的方式在资本市场上融资）和不动产业务的损失，正需要寻找新的贷款发放途径。美国商业银行的海外贷款迅速增

长。大额国际贷款为发起银行带来了高额的收入，放贷官员也获得了可观的奖励（以及晋升）。沃尔克写道："比起传统贸易贷款那种为棉花运输劳神费心，或者分析一个国内制造商的资产负债表，这可容易多了，也更令人血脉偾张。"

1974 年开始的 7 年中跨国贷款急剧增长，银行资本金比率直线下滑，引起了银行主管部门的激烈争论：对国内资产和国外资产究竟应不应该采取不同的政策？美国《国家银行法案》规定对一个借款人的贷款不得超过银行资本的 10%，外国政府是否算一个借款人？在要求更低的资本标准方面瑞斯顿比谁都强烈，他特别声明，国家与公司不一样，不会"破产"和消失，不需要那样多的资本来支持其资产。美联储主席阿瑟·伯恩斯 1976 年曾召集重要的银行家，警告他们在国外有可能重蹈这些银行最近对国内房地产过度放贷的覆辙。银行家的答复是，他们更了解银行业务。70 年代末，眼看就要触及 10% 的集中度上限，1977—1981 年担任货币监理署署长的约翰·海曼牵头制定了规则：如果一个政府性组织，比如墨西哥的国有石油公司，在国内有独立的融资渠道，美国的银行可将之视为 10% 的墨西哥贷款限额以外的独立借款者，即便这家公司的借款也是由中央政府担保的。这种做法缓解了压力，墨西哥和巴西可以将来自美国的银行的借款分摊到多个实体上以规避限制。

虽然一直声称"国家无破产"观点，但实际上花旗很清楚地知道国别贷款风险是不同的。1974 年 5 月，花旗聘请 IMF 前专家欧文·弗里德曼博士组建并负责国家风险评估部，最基本的一条就是他在 IMF 和世界银行怎么做，在花旗就怎么做。国家风险分析实质上由三部分组成：主权国风险研究，亦即国家履行责任的能力；转账风险研究，亦即一国用美元还债能力的研究；政治风险研究，亦即危及还债的政治动荡可能性的研究。弗里德曼负责的部门试图寻找一个国家经济条件恶化的主要警戒信号：该国的外部经济形势；长期的经常项目赤字尤其标志着该国将资金枯竭。他们认识到没有什么比货币定值过高更易于导致一国资金的外流，于是重新考察了各国的汇率政策，发展中国家通常保持固定汇率，这种汇率既不反映国家的真实经济状况，也不反映货币的真正价值。

在上几代人中，罗斯柴尔德、巴林和摩根向拉丁美洲提供贷款都是通过发行大量债券进行的,风险由成千上万的小额投资者分担(据估计,在20世纪30年代约有50万美国人持有分文不值的外国债券,且无法脱手)。相比之下,现代的拉丁美洲贷款都采用银行债务的形式,风险集中在银行系统。像摩根担保公司和花旗银行等大银团管理者,为组织一笔贷款所必须联合的银行可达200家之多。如果这样做分散了风险,那么参与者的数量则制造了一种虚假的安全感。

由于银团贷款由美国大银行牵头,所以几千家美国和外国小银行相信它们的钱很安全,在联合贷款中所占比例很小的小银行因此觉得它们不可能遇到麻烦。而且,参加的银行只需要签个名就行了。

尽管国家风险评估部勤勉工作,试图科学地控制花旗银行的贷款额,但至少有一个变量在本质上不受控制:其他美国银行具有追随花旗银行扩展的爱好。花旗银行可能确定了一国外债不应超过,比如说5亿美元,并在此基础上联合摩根银行开展了2亿美元的联合贷款业务。然后其他银行也突然宣布加入联合贷款行列。债务国自身则很高兴利用银行界这种业务集中的天性。一旦花旗银行首先把某国或某公司带进市场,在一笔联合贷款业务中获取了丰厚的利润,全世界的银行就都会带着更多的资金加入进来,刺激对该国或该公司的总贷款额的大幅度上升,大大超出花旗银行当初确定的健康运行标准。

随着主权借贷与国内借贷的分开和一味地追求利润,许多在本行业的禁忌和从失败的贷款业务中所吸取的教训都被遗忘得一干二净了。在贷款给政府时,各银行放松了它们在贷款给私营机构时所拥有的控制权。在对私营机构发放贷款时,银行可以制定苛刻的契约,比如限制资产负债率,或合理测定是否有足够现金流入以偿付债务。然而,银行加入主权国贷款的行列时,这样做就不可能了。向政府或向政府主办的工程贷款时,银行就不可能指定款项用途或决定款项使用方式了。

美国大银行很信赖政府的担保。只要政府同意担保,银行就不再做贷款可行性研究了。一位银行律师说:"银行以为有了政府担保,就万事大吉了。"这种政府担保可能只有对像世界银行那样的机构管用,因为世界银行最终肯定会得到偿还的,而其他商业银行却不一定。

（二）危机的爆发

墨西哥、巴西、阿根廷及其他发展中国家未偿还外债激增，从 1972 年的 1250 亿美元飙升至 1982 年的 8000 亿美元。1980 年时美国的银行就持有这些银行贷款的 40%。美国对不发达国家的贷款高度集中在几家为数不多的大型银行手中，24 家银行就掌握其中超过 4/5 的贷款，发展中国家贷款构成其海外贷款的 1/10，累积起来共占其资本基础的 180%。截至 1980 年末，9 家最大的银行在不发达国家进行的风险性投资已经占其资本的 204%。

1982 年 4 月 2 日，阿根廷为夺回南美大陆南端的马尔维纳斯群岛（福克兰群岛）主权对英国进行突袭，史称英阿马岛战争。进攻之日，阿根廷已是第三世界债务国中借款最多的国家之一了，其外债总额达 400 亿美元，包括欠美国银行 90 亿美元的贷款债务。除了纽约制造商汉诺威信托公司、花旗银行和摩根担保银行之外，阿根廷的主要债权人包括英国的威斯敏斯特国民银行和劳埃德银行。阿根廷海军进攻了英国领地的消息是银行家们，尤其是英国银行家们最不想听到的。英国政府冻结了阿根廷在英国约 10 亿美元的财产，令阿根廷堪堪避免了债务违约。欧洲银行作为一个整体不久就停止向阿根廷贷款了。阿根廷作为国家利用全球债务市场筹资的能力一下子被消减为零。也许是第一次，阿根廷信贷风险较高的坏名声开始超过其他拉美债务国了。

对于早已困难重重的墨西哥来讲，马岛之战犹如在一桶汽油中投入了一根火柴。1982 年 5—6 月，墨西哥经济衰退的其他征兆已显露出来了。对于敏锐的观察者来讲，这些征兆可一眼看出。墨西哥人正试图在全世界任何可以找到钱的地方借钱。美林银行的投资银行家们克服重重困难，发行了 1 亿美元的墨西哥债券，其票息达到了创历史纪录的 18.5%。1982 年 4 月，墨西哥最大公司阿尔法工业集团公司宣布其无力按时偿还 230 亿美元的银行贷款，美国的银行只好同意继续出资帮助这家公司重组（花旗银行和伊利诺伊大陆银行再次向其抛出 1 亿美元贷款）。1982 年 8 月，墨西哥宣布不能履行 870 亿美元外债的还本付息，此举使所有拉丁美洲国家的形象黯然失色。1982 年 8 月至 1984 年 2 月，美国的银行贷给墨西哥的 200 亿美元即将到期。从 8 月 23 日开始，仅 3 个月左右的时间，墨西哥得偿还 80 多亿美元的债务。尽管墨西哥一直努力支付利息，但仅利息已超出了其流动储备额，因此墨西哥根本没有能力再去偿付本金。更糟糕的是，墨西哥和其他不发达国家一样，甚至都不知道自己究竟借了多少钱。

美国财政部部长唐纳德·里甘、副部长蒂姆·麦克纳马尔和日本、英国、瑞士中央银行的行长们筹集起一笔总额为 40 亿美元的一揽子救助资金，其中包括美国购买墨西哥石油的预付款 10 亿美元，中央银行各种信贷 15 亿美元，美国用于食品进口的 10 亿美元信贷。美国政府还要求 IMF 提供 10 亿美元的新贷款，并对 10 亿美元的到期债务进行展期。

美国财政部部长唐纳德·里甘想让商业银行和官方机构去解决这个问题，里甘反对为解决这次危机增加 IMF 资本总额的建议。美国财政部官员想确保借给墨西哥的资金只被用于基本建设，而不是用于偿还商业银行的借款。如果那样的话，墨西哥援救看上去就像一次纳税人救助不谨慎的大商业银行的行动了，很显然，财政部官员对这一点十分害怕。

1982 年 9 月 14 日，花旗银行时任 CEO 瑞斯顿在《纽约时报》上发表了《与灾难奋争的银行业》一文，其中写道"如果一个国家采取旨在长期解决其国际收支平衡问题的政策的话，它就会发现几乎总可以找到为其投资的项目及任何暂时收支差距融资的渠道。然后，如果调整政策时不显示任何可以预见的长期解决办法，就不会有人愿意为其融资，但国家是不会破产的"。其他的银行家，包括花旗银行内部一些人都觉得"国家无破产"这种观点是一种听上去很合理的口号。但国际金融界的那些学究和天才们却抓住这个机会奚落瑞斯顿。他们调侃说："国家不会破产，但给这些国家贷款的银行会破产。"9 月 28 日，瑞斯顿的朋友们在《华尔街日报》的社论版上，对他的观点又作出了新的解释："主权国家永远不会消亡，有的只是政权更迭。"瑞斯顿向里根总统保证："尽管问题严重，但是是可以扭转的。金融体系不会垮的，有人会受到伤害，但此时非世界的末日。"瑞斯顿还讲到，没有一家银行会因此（拉美债务危机）而破产，但许多银行却会因为被人们看好的美国房地产业而破产。沃尔克在总结拉美金融危机时认为，国家偿付能力这个概念是非常微妙的。瑞斯顿"国家无破产"的观点与实际不符，因为多年来已出现了多起主权债务违约。但也没错，"国家没有有效的资产负债表，而且除了最极端的情况，重要的是一个政府偿付的意愿，而不在于它的偿付能力。但即使抛开政治考虑，破产与缺乏流动性之间的差别，在教科书中要比现实世界中更容易分得清。做了一段时间的中央银行行长之后，我无法确定我是否曾见过一个纯粹的流动性问题。通常，重大的流动性问题因某种偿付能力问题引起，否则就不会缺少有意愿的放贷人。如果你的信用无懈可击，你几乎总能筹集到资金并顺利运营。"

大通银行的董事长布切尔说，他希望那些债务国破产。他说，那时债权人就可以让法庭去依法查封一个国家的资产了。此时，联邦储备委员会得出结论认为，银行通过法律手段收回其海外债务的希望几乎是不存在的。事实上，在各银行争相要求兑现利息，无限期推迟债务回收问题的时候，这种回收债务或依法扣压抵押的想法已经被人们抛弃了。

对外贷款和对内贷款的一个主要区别：当外国借款人（无论是一家政府机构还是一家私营公司）拖欠债款时，放贷者几乎不可能在那个国家领土上强制执行贷款契约和担保协定。放贷者只能在那个国家以外的地方冻结该国所有的资产。

美国前国务卿亚历山大·黑格说："最初联邦政府鼓励循环贷款给发展中国家。后来，情况变糟时，美国政府告诉金融界，那些不谨慎的银行家们放出了所有这些不良债务，现在你们必须自己承担处理它的重任。我认为这是一个可悲的讽刺。"

在向拉美国家贷款时，花旗银行一直鼓励向那些大的私营公司贷款。在花旗银行超过 500 亿美元的跨国借贷中只有一小部分是借给主权国家的；大部分资金都借给了那些从事商业活动的政府或私营借贷者，其中超过 1/3 的贷款给了像美国跨国公司在国外的子公司那样信誉好的私营部门。相反，欧洲和日本的银行以及像曼尼汉尼这样的美国银行，则相信通过向政府贷款或收取担保费，它们将不会有什么风险。但现在这些似乎很不错的种种做法都是大同小异了，每家银行，无论它们的资金是贷给腐败的国有公司，还是贷给私营商社，都被捆在同一条船上了。

墨西哥、巴西、阿根廷三个国家的外债总额已接近 2000 亿美元，称作"墨巴阿"问题。假如这三个国家是一个具有不良债务记录的大公司的话，花旗银行及美国金融体系就会全军覆没。美国金融当局担心墨西哥、巴西、阿根廷可能同时宣布违约，这样就会迫使债权人把其贷款都归入不良贷款类。让这样的事同时发生在十几家主要的国际银行身上，将会引发一种极度的信贷收缩，进而导致严重的经济衰退以及一切可以想象得出的全球性经济萧条。比无法偿债更令人感到可耻的是，拉美有的财政部部长大言不惭地威胁美国，要对其债务违约，尽管他们明知那样做等于经济自杀。

在时任美联储主席沃尔克和 IMF 总裁雅克·德拉罗西埃的压力下，墨西哥在 1982 年 11 月宣布它和 IMF 已达成协议，削减其赤字及国外债务。唯一的好消息是墨西哥实施了廉政的具体方案，10 月在纽约联邦储备银行召开的会议上，德拉罗西埃又给银行家们带来了坏消息：在 IMF 出资之前，商业银行仍须拿出 50 亿美元的新资金，这等于现在风险总额的 7%，并且资金要在 12 月 15 日前到位。作为这项总额为 83 亿美元的一揽子计划的一部分，商业银行还得延期 13 亿美元的债务，美国和其他政府将拿出 20 亿美元的资金。沃尔克还向美国银行家承诺新的贷款将一视同仁。实际上，商业银行是在再次以新贷款来换取旧贷款的利息。德拉罗西埃讲得很清楚，除非商业银行参加，否则它们将什么都得不到。在这次与商业银行的争执中，沃尔克站在了德拉罗西埃一边。他后来把德拉罗西埃比作他的"同一战壕里的战友"。

在借债给墨西哥的 500 多家商业银行中，有 170 家是美国银行。其中花旗银行的债务额为 32.7 亿美元。在出资协议签署之后，花旗银行不得不拿出最多的资金。花旗银行知道，它必须加入这一行列，而且不得不劝说其他银行也这样做。然而，这毕竟不是什么慈善活动，花旗银行愿意提供新的资金，但它坚持以向墨西哥收取更高的手续费用作为交换条件。在联邦储备委员会召开的那次会议上，IMF 新的能动性开始显露出来。与以往做法截然不同，德拉罗西埃这一次来了个先斩后奏，他向人们放出话，他不会参与银行及债务国之间谈判的细节，并且让人们知道，只有在大部分融资到位之后 IMF 才会出资。这一要求的结果促成了银行间高度的团结，它们就新贷款如何在彼此间公平分配进行了冗长的谈判。

据一位银行家讲，摩根银行曾打算注销其拉美债务，把这事一笔了结。但它担心这样做会迫使曼尼汉尼和化学银行也不得不采取同样的措施。一位银行家说："于是，注销债务的做法就被推迟了，为的是使曼尼汉尼和化学银行不至于破产。"其他银行，尤其是那些美国地区性银行和较小的欧洲银行，都想从整个混乱中撤出来。它们当中的许多家银行已做好准备，即便是以更大的折扣，也要甩掉欠发达国家债务这个包袱。于是便导致了不发达国家债务交易市场的形成。对于花旗银行和其他一些甚至更脆弱的金融机构来说，这种形势的出现会导致更大的困境和惊慌。这样做的后果将是灾难性的。如果交易商们每天都对巴西、墨西哥的贷款进行调整的话，银行家们就很难再维持这些贷款的账面价值了。据交易商们讲，当花旗银行开始打折出售其不发达国家债务时，一些高级经理曾试图停止这项业务。据库金斯基讲，1983—1986 年，出售的不发达国家债务达 200 亿美元。

后来，花旗银行又强硬地提出在债务重组协议中加入债务股本互换（债转股）的条件。通过债务股本互换，银行可以打折出售其债务，以换取在政府实体或当地企业的股本。各银行都喜欢采用这种做法，这不是因为它会给银行带来投资机会，而是因为它能提供一条撤出的途径。在越来越多的国家对其国有公司进行私有化时，债务股本互换的方式变得越来越受人欢迎了。但是，根据一位美国政府前官员指出，对于一家地区性银行，获得一家阿根廷公司的股权是"不得已的办法"。

截至 1983 年 3 月 23 日，墨西哥得到了它要求的 50 亿美元新资金。还需要签署的是 200 亿美元债务重组的交易，但随着马德里·赫塔多的上台和IMF 计划的实施，墨西哥的形势开始好转了。汇率开始上升，国际收支出乎意料的好，政治上的反应也非常小。

委内瑞拉的问题没有像其他拉美国家的问题那样被外界大肆宣传，但以百分比计算，其债务是花旗银行风险率最高的贷款。从 1983 年 1 月开始，花旗银行注销了委内瑞拉将近一半的债务。但花旗银行在委内瑞拉碰到的最大挫折也许是它在那儿遇到的美国通用电气公司的强硬态度。这件事戏剧性地说明了花旗银行对第三世界的不良贷款实际上是贷给了美国跨国公司的子公司。花旗银行曾给那里的一家美国通用电气公司的全资子公司贷过一笔款。由于通用电气公司忘记了为其债务套期保值，在委内瑞拉货币贬值之后，它欠花旗银行的钱就更多了。尽管瑞斯顿也是通用电气公司的董事会成员，这家巨型制造商还是拒绝偿还花旗银行的贷款。花旗银行在给诸如通用电气、通用汽车这样的美国公司的子公司贷出美元贷款时，没有同这些公司就其母公司偿还贷款责任一事达成一致看法。这些母公司想避免担保，因为这会影响到它们的资产负债表。在某些情况下，花旗银行收到的只是一封安慰信，而不是美国母公司的担保函。据汉斯·安格缪勒回忆，这封信上只说："这是我们的子公司，我们不会让我们的子公司破产，但这不是正式担保。"银行从这些信笺上得不到任何"安慰"。这只不过是债权人在那些自己不准备还债或甚至允许其当地公司不偿还债务的国家面前无可奈何的另一个例子。

瑞斯顿呼吁美国通过"IMF 配额法案"。这个法案的结果实际上是援救了像花旗银行这样的大银行。在这项方案中，IMF 的贷款权力将从 660 亿美元增加至 1000 亿美元，其中美国须增资 84 亿美元。当里根政府要求通过这项增资法案时，自由派和保守派都表示了同样的愤怒，他们称其为一次对大银行们的援救。有些批评家甚至指责，大银行们之所以敢于这样贷款，是因为知道政府永远不会让一家大银行破产的。瑞斯顿说："指责我们因为知道政府会救助我们而在贷款时不谨慎是毫无道理的。人类的基本动机是追求卓越与完美，而不是把事情做坏以期别人救助。"

不过，拉丁美洲债务危机还是毁掉了很多参与贷款的银行人员的前途。据一位国际银行家估计，至少有 50 名高级国际银行家因此而前途毁灭，而为此患心脏病、精神分裂及婚姻破裂的人就更多了。

1984 年 6 月，在 IMF 组织会议上的发言中，瑞斯顿近乎承认他犯了一个根本性的错误。"发生在许多不发达国家的贷款技术问题是缺乏股本"他说，"以债务融资的比例太大，股本投资的比例太小。在许多国家决定这类事情既要考虑经济又要考虑政治，这是由国家政策决定的。认识到这些国家把外国资本等同于剥削，这就是马后炮了。我们的银行家们和许多其他人一起，犯了一个错误，没有认识到这种结构的严重缺陷。当世界范围内发生经济衰退时，这种债务结构的严重缺陷就会显而易见了"。

（三）拉美债务危机的解决

1984 年瑞斯顿宣布由里德接任花旗银行后，里德请教曾任花旗银行主席的乔治·摩尔如何处理第三世界国家债务问题，摩尔回答说，这是在玩轮盘赌游戏，花旗银行承受不了这种做法。它应该增加资本金的数额。尽管有债务危机，摩尔仍坚信，下一年，巴西的增长速度会是日本和美国的两倍，通过通货膨胀、经济增长、债务转成股本以及 IMF 和世界银行的干预措施，这个问题最终是会解决的。事实也差不多是如此。沃尔克则认为，如果要做大规模的国际贷款，就应该由银团来做，如果糟到不能再糟，银行还能够在共同利益的前提下合作进行债务重组，比 20 世纪 20—30 年代大量分散的外国债券持有者无法协调要好。

在债务问题的处理上，拉美国家和发达国家开展了一场控制权的拉锯战。

时任美国总统里根为了缓解美国与拉美债务国家之间的关系，特地出访拉美国家进行协商。里根总统不但同意继续为拉美国家进行贷款援助，而且还同意与拉美国家一起同心协力解决债务危机，继续保持美国在拉美国家的政治和经济战略利益。

1985 年，美国财政部部长詹姆斯·贝克提出"美国关于发展中国家持续增长的计划"，称为贝克计划。其主要内容是债务国应在国际金融机构的监督与支持下，采取综合的宏观管理和结构调整政策，促进经济增长，平衡国际收支，降低通货膨胀率；IMF 继续发挥中心作用，与多边开发银行协力增长并提供更有效的结构性和部门调整贷款，对采取"以市场为导向"的债务国给予金融上的支持；以美国商业银行为主，联合其他发达国家的商业银行，在 1986—1988 年向 15 个重债国提供 200 亿美元贷款，由官方机构提供 90 亿美元的贷款。但因为资金不到位及具体实施中存在很多问题，贝克计划未取得成功。

1989 年，美国又提出了布雷迪计划用于解决债务危机。布雷迪计划的核心是通过有序的债务减免计划来最终解决拉美债务危机，该计划在一定程度上接受了拉美国家以债务资本化为主要形式的减债要求。具体内容包括：将拉美国家外债减免 700 亿美元，由 IMF 和世界银行建立一个金额为 300 亿美元的特别基金，为拉美国家的剩余外债提供担保。拉美债务危机逐步有所化解。

由于拉美债务危机，20 世纪 80 年代，就经济增长和价格稳定而言，对拉美国家是失去的十年。沃尔克认为，即便考虑了所有的痛苦，影响不完全是消极的。"20 世纪 90 年代伊始，墨西哥、智利、哥伦比亚、委内瑞拉，甚至包括阿根廷，一批曾明显缺乏潜力的重要国家进入了发展阶段。它们的治国理念、经济政策，甚至它们的政治体系，对其固守了数十年的僵化模式来了个彻底地改变"。"整个债务危机过程中，一个有趣的方面是持续趋向更多民主、更多的政治和经济开放的潮流，以及趋向与工业化国家，尤其是与美国建立更好关系的潮流"。"我认为无法证明，但似乎对大多数资深观察人士都显而易见的是，债务危机的痛苦经历，为拉美领导人重新思考其旧模式、确定更有前途的新方向，提供了必要的冲击。当然，成功与否并不确定。有一两个国家曾经在摸索解决债务问题的过程中，出现过成功的假象。巴西是最大的拉丁美洲国家，也是历史上最具活力的国家——他们常说的上帝特别眷顾的国家。十年的债务牵绊后，巴西似乎陷入了迷途的危局，困顿于通货膨胀、停滞以及不自然的悲观情绪"。的确，拉美国家在是否趋向民主、开放、和美国建立更好关系上时有反复。例如，委内瑞拉查韦斯和他的继任者马杜罗奉行拉美民族主义和反美主义，又将委内瑞拉拖入经济崩溃和恶性通胀。

（四）拉美国家此后的债务危机

米歇尔·渥克在《灰犀牛》一书中写道："我是专门报道拉丁美洲金融问题的记者。（2001 年 3 月的）几周前，我报道了一项由著名学者和华尔街人士提出的议案。此项议案建议阿根廷政府和债权人削减 30% 的外债，以避免出现更严重的损失。文章刊登后，几个华尔街的银行家打电话给我，说削减债务是早就应该做的事了，但他们不能公开这样说，否则很难保住自己的职位。虽然经营者们在谈论阿根廷的外债拖欠时，不是在议论拖欠能否发生，而是在议论拖欠何时发生，但是仍然没有任何银行建议它们的股东去主动放弃一些债权。9 个月后，更严重的事情真的发生了：先前那些不愿意削减 30% 债权的人，最终损失了大约 70%。"

拉美债务危机经常导致经济危机。从图 1 可以看到，拉美国家经济增长非常不稳定。例如阿根廷，在 1980—2018 年的 29 年间，有 15 年 GDP 实际同比增长为负，最严重的是 2002 年为 –10.89%，1989 年为 –7.01%，1981 年、1982 年的债务危机期间分别为 –5.74% 和 –3.15%。而美国在 2009 年经历那么严重的国际金融危机，GDP 增长也就 –2.78%。

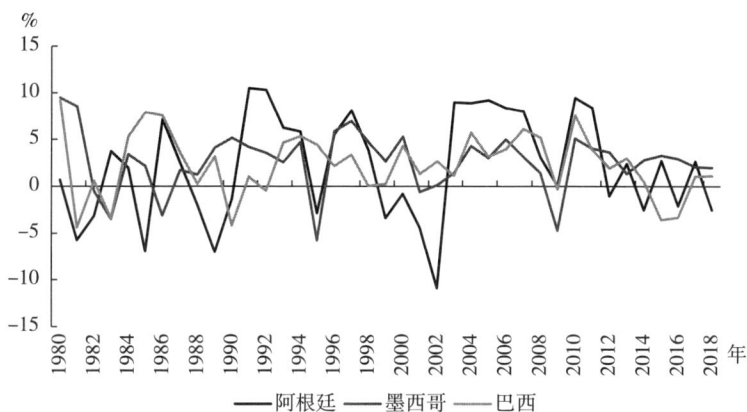

图 1　墨西哥、巴西、阿根廷 GDP 实际同比增长

三、国家信用的历史差异很大

《摩根财团》中写了朱尼厄斯·摩根（皮尔庞特·摩根之父）发家史上一个重要事件，他在 1870 年冒险向法兰西第三共和国临时政府融资（普法战争战败导致法兰西第二帝国倒台），牵头辛迪加发债，当时就以 85 点出售债券，反映人们预期的法国政府的巨大风险，1871 年又发生巴黎公社革命，债券从 80 点降至 55 点，朱尼厄斯不顾一切地购买债券扶稳价格。战败的法国政府不仅没有像俾斯麦预言的那样拒还贷款，而且在 1873 年就按债券面值 100 提前偿还了债券。朱尼厄斯净赚 150 万英镑，也跻身于政府融资的前列，一跃成为伦敦金融界巨子。朱尼厄斯说他研究了自 1789 年以来的十二届法国政府，"没有一届政府曾经否认或怀疑其他任何一届政府所签合同中任何一项金融义务的效力。法国一贯的金融信誉是不会被破坏的"。虽然法国人爱革命，政府换得勤，但居然大都认上届政府的账，契约精神还是比较强的。

当然，也不是现在的发达国家历史上就没有过外债违约，信用好坏（偿债能力强弱）不仅是契约精神的问题，也是因经济实力而变化的。19 世纪早期，欧洲人在美国大量投资，美国也经常出现拖欠。1835 年，美国一些州政府由于在铁路、运河、公路等基础设施上投资太多，对它们在伦敦发行的债券无法按时支付利息。但在美国国力强盛后，成为全球信用最好的国家。一些欧洲国家现在经济衰退，也出现债务违约的危机。

Kenneth Rogoff（2018）研究了 66 个国家和地区长达 8 个世纪债务危机和违约的历史，发现虽然拉丁美洲的违约问题一直是人们研究最多的，但事实上，外部主权违约曾出现在非洲、亚洲、欧洲等所有地区（见表 1）。

表 1　　　　　　　　发达国家早期违约历史

单位：次

国家	1501—1800 年	1801—1900 年
澳大利亚	—	5
法国	8	1
希腊	—	4
德国	1	5
葡萄牙	1	5
西班牙	6	7

资料来源：Kenneth Rogoff（2018）。

《灰犀牛》中写道："为了掩饰 2001 年债务拖欠之后的经济问题，阿根廷政府开始采用强硬手段操纵经济数据。更为惊人的是，政府威胁会罚款或起诉任何敢于公开统计数据的独立经济学家。事情变得越来越糟糕，截至 2012 年 2 月末，《经济学人》（The Economist）宣布，在其经济指数报表中，不再采用曾经受人尊敬的阿根廷政府的统计数据。"

四、决定银行海外贷款供求的其他因素

为何美国的银行给拉美投放大量贷款？不仅是因为地缘接近。《沃尔特·瑞斯顿与花旗银行》里生动地写道，20 世纪 70 年代，银行家们认为，拉丁美洲是个天赐之地，尤其在与花旗银行海外帝国的其他地区相比时更是如此。欧洲一直是个很难做生意的小地方。瑞士"简直把我们都快剁成肉酱了"。在法国，对于一家美国银行来说，想赚钱也很难，因为法国银行为政府所拥有，而且不在乎是否能赚取利润。德国银行与它们的工业界客户的关系是铁板一块，这就减少了外国银行进入共同市场的机会。意大利则是国际货币基金组织紧急援助的主要候选人。银行家对韩国的担心要更

甚于巴西、墨西哥或阿根廷。而日本是个棘手的市场。但是，花旗银行认为它了解拉丁美洲就像了解帕克大街号的楼房平面图一样清楚，尤其是巴西，它现在是一片充满机会、乐观与热情的土地。银行家要贷款给巴西，不需要太多的理由，到里约热内卢旅行要比在隆冬季节跋涉到克利夫兰有更大的吸引力。

从借款人一方看，沃尔克指出，热衷并渴求增长是人类本性。如果获得贷款易如反掌，你多半会用它，有时甚至违背自己更为审慎的既有判断。对一个第三世界国家的总统或财政部部长来说，20世纪70年代的国际银行信贷模式，就像是收到了信封里的一个信用卡——在授信额度的量级上多了三个或四个零。而一个不幸的事实是，军事需要，甚至当地项目推进过程中的小规模贪腐，为获取贷款提供了额外动机。贯穿1982年上半年的问题，并非墨西哥是否正面临危机，而是如何应对危机。一个民粹主义的政府，一再拒绝放缓其经济增长；银行信贷的唾手可得，意味着该政府也看不到放缓增长的必要性。

花旗银行在不发达国家的经历也不都那么惨痛。1971年阿连德将花旗银行分行国有化时，智利政府承诺偿还这笔资金，并于1973年履行了诺言，1974年，曾在1961年将花旗银行赶出国门的埃及，也同意包括花旗银行在内的四家美国银行重新在本国开展业务。后来，智利也效仿了这一做法。实际上，埃及和智利强化了瑞斯顿的信念，即这些误入歧途的国家终将重新加入经济主流。自1967年以来，由于花旗银行参与了巴西经济高速增长并从中获利。花旗银行对巴西的感情更为深厚。据时任化学银行董事长兼首席执行官的麦克吉利卡迪讲，许多人忘记了花旗银行在跨国贷款上的诸多成功，都是因为它在像巴西这类国家按照当地的方式开设了分行。除了大通银行和波士顿第一国民银行之外，还没有别的银行与拉美国家有过这么亲密的关系。花旗银行在不少国家取得了外资银行中独一无二的地位。例如1973年，花旗银行是唯一一家在沙特阿拉伯设有分行的美国银行。

五、从美国历史看银行的海外贷款

过去我国研究拉美债务危机的文章不少，大多把我们摆在拉美国家的位置上，主要研究怎么防范出现外债危机，很少从贷款人的角度考虑如何对待海外贷款债权、违约后如何处理。从美国的情况看，海外贷款不仅没有"国家无破产"的神话，违约频频出现，而且"通过法律手段收回其海外债务的希望几乎是不存在的"，追讨比本国贷款更难。

美国的商业银行更多是出于海外贷款利差更高等商业化因素去发放贷款的，也曾从中获利丰厚。银行到其他发达国家开展业务，面临激烈的市场竞争，而不发达国家可能有更高的经济增长率、更高的贷款利率，超额利润是吸引美国的银行走向海外、愿意承担更高风险的原因，但有时不发达国家政局或经济金融体系动荡形成的系统性风险足以毁灭之前的利润。或者"一个国家的政治形势一夜之间就可能变化，从而改变它的经济前景和偿还借款的信心与能力"，或者是不断攀升的外债在某种内外部环境变化下达到违约的临界点。一旦外国政府出现偿债危机，其化解需要较长的时间。

总体上看，美国政府在解决本国银行面临的大规模的其他国家债务违约时倾向于通过 IMF 和世界银行去协调和提出经济政策要求，组织商业银行更多发挥市场化力量去谈判协商解决问题，但也通过向 IMF 出资等方式来协助解决债务危机。拉美国家总体上还是放眼未来，尽可能与债权人合作，采取了较为配合甚至非常配合的态度。例如，墨西哥 1982 年债务危机出现后搭建由埃尔索格任财政部部长、曼塞拉任墨西哥央行行长的新的财经班子，沃尔克评价他们绝对是一流的，他俩每月一次到华盛顿向 IMF、世界银行、美国财政部和美联储汇报形势、沟通对策。IMF 也发挥了重要的作用，沃尔克称 IMF 总裁德拉罗西埃"在债务国和银行之间扮演的角色，很像一个置身于国际大舞台的破产法官。这是一个没有明确章法或实践可循的领域，所以他不得不摸索着制定新规则"。美国对 IMF、世界银行、债务国有强大的话语权、协调能力，不激起这些债务国的怨恨反而使其能够接受债务重组、经济改革的要求，是其能最后化解债务危机的成功之道。

穆迪、标普和惠誉的主权信用评级，就是对一国中央政府作为债务人履行偿债责任的信用意愿与信用能力的一种判断。按《巴塞尔新资本协议》《商业银行资本管理办法（试行）》，对评级不同的国家采用不同的风险权重。《商业银行资本管理办法（试行）》规定的表内资产风险权重，将对中央政府和中央银行的债权分为 0、20%、50%、100%、150% 五档，最低的对评级 AA － 级（含 AA － 级）以上的国家或地区的中央政府和中央银行的债权风险权重是 0，最高的对评级 B － 级以下的国家或地区的中央政府和中央银行的债权风险权重是 150%。对本国一般企业的债权是 100%。可见对评级低的国家政府，认为其风险大于国内一般企业。

我国银行对"一带一路"国家和地区的贷款及其他投资在增长，需要关注主权债务风险。

参考文献

［1］菲利普·L. 茨威格. 沃尔特·瑞斯顿与花旗银行——美国金融霸权的兴衰［M］. 孙郁根，等，译. 海口：海南出版社，1999.

［2］罗恩·彻诺. 摩根财团：美国一代银行王朝和现代金融业的崛起（1838 ~ 1990）［M］. 金立群校译. 南京：江苏文艺出版社，2014.

［3］保罗·沃尔克，行天丰雄. 时运变迁［M］. 于杰，译. 北京：中信出版社，2016.

［4］威廉·格雷德. 美联储［M］. 耿丹，译. 北京：中国友谊出版公司，2013.

［5］惠争勤. 拉美国家债务危机的经验教训分析及启示［J］. 北京金融评论，2014（3）：87 － 95.

［6］Kenneth Rogoff. 从跨国历史的角度来看债务和金融危机：在诺贝尔货币与银行专题研讨会 2018 年 5 月 16 日的发言［EB/OL］. https：//mp. weixin. 99. com/S/XojG6oweMGHSJENr56 － fyA.

相关历史主要从书中摘录，略有修改。

"揭开公司面纱"与打破刚兑[*]

2018年3月10日，上市公司恒生电子股份有限公司发布《关于控股子公司杭州恒生网络技术服务有限公司所涉行政处罚事宜的进展公告》，披露了控股子公司恒生网络因场外配资违规违法案件被证监会处罚4.4亿元但净资产不足以偿付罚没款的情况。随后的3月23日，招商银行发布《关于设立招银资产管理有限责任公司的公告》，称设立资产管理子公司"可进一步完善本公司资产管理业务的交易主体地位和体制架构，并有效防范化解主体风险"。

有专家认为，恒生电子如果不代子公司支付罚款，恒生网络公司破产，"会带来诚信风险"。但是，母公司设立有限责任的子公司，其意义不正在于隔离风险吗？《关于规范金融机构资产管理业务的指导意见（征求意见稿)》规定"主营业务不包括资产管理业务的金融机构应当设立具有独立法人地位的资产管理子公司"，也是希望借子公司打破理财业务存在的刚性兑付。

恒生网络如果破产，根据最高人民法院《关于审理企业破产案件若干问题的规定》第六十一条，行政、司法机关对破产企业的罚款、罚金以及其他有关费用不属于破产债权，即罚款罚金可以不再支付。而且行政处罚在法律上具有相对性，作出处罚的机关不可能再找它的母公司承担。

不过我们从中引申出要讨论的问题——在子公司不能偿还债务时，母公司是否要代其偿债？

从三个层面分析这个问题。

第一，"有限责任"是公司法的基石。公司是独立的法人，以其法人财

＊ 本文发表于《中国金融》2018年第7期。

产为限承担有限责任，股东以其出资为限承担有限责任，《中华人民共和国公司法》（以下简称《公司法》）第三条也是这么规定的。所以，在一般情况下，除非事先提供担保，母公司作为股东，并没有法律义务替子公司偿债。

第二，"揭开公司面纱"是例外情形。"揭开/刺破公司面纱"（piercing the corporate veil），或称"公司法人人格否认"制度，是指在某一具体法律关系中的特定情形下，为了防止公司独立人格的滥用，保护债权人的利益和社会公共利益，而暂时地否认公司的独立人格，打破股东的有限责任，让股东承担连带责任。国外这一制度最早的判例是1905年美国诉密尔沃基冷藏运输公司案，发展至今立法和司法实践已比较完善。中国在2005年修订《公司法》时首次增加这一条款。《公司法》第二十条规定，公司股东滥用公司法人独立地位和股东有限责任，逃避债务，严重损害公司债权人利益的，应当对公司债务承担连带责任。《民法典》第八十三条第二款同样规定："营利法人的出资人不得滥用法人独立地位和出资人有限责任损害法人债权人的利益；滥用法人独立地位和出资人有限责任，逃避债务，严重损害法人债权人的利益的，应当对法人债务承担连带责任。"十余年的司法实践中是否"揭开公司面纱"的判例均积累了不少，但还是缺乏全国统一的司法解释，目前只有2009年上海市高级人民法院颁布的《关于审理公司法人人格否认案件的若干意见》，明确了公司法人人格否认案件的审理原则、认定标准等。认定标准主要是公司存在资本显著不足，或者股东与公司人格高度混同，或者股东对公司进行不正当支配和控制情形的。

第三，出于道义或声誉承担责任是自主选择。在法律上母公司并无偿债义务时，有时母公司出于"道义"、维护自己声誉等其他考虑，而主动愿意替子公司偿债。向子公司提供融资者总是倾向于认为母公司有"隐性担保"，母公司的实力雄厚有降低子公司融资成本的作用。子公司出现偿债困难时，母公司是任其违约，由此引发声誉风险、未来融资成本上升等风险，还是承担债务，承受当期损失，取决于母公司对代偿利弊的权衡。母公司代偿有利于子公司债权人，不利于母公司股东。

给子公司还债的一个经典例子是美国运通。1963年，美国运通子公司的仓库，为联合食用油公司（以下简称A公司）存放的色拉油开出仓单，A

公司以此质押贷款。A公司因参与食用油期货交易亏损破产，债权人想处置色拉油时发现其中大部分是海水，便要求仓库承担责任，估计总损失高达1.5亿美元，子公司无力偿付。债权人找到美国运通，美国运通的首席执行官克拉克认为，"对于一家名字出现在旅行支票上的公司而言，公众的信任就是立命之基"，决定对"色拉油欺诈"事件负责，发公告称"美国运通感到在道义上应当竭尽全力处理善后事宜，以保证美国运通始终如一的负责形象，确保这次出现的问题能够圆满地得以解决"，打算补偿仓库的债权人6000万美元以求息讼。克拉克因此还遭到美国运通股东们的起诉，他们称克拉克把他们的资产"恣意挥霍"在了一种"华而不实"的道德义务上。美国运通为子公司偿债是个短期利空（影响当期利润）、长期利好（树立公司品牌信誉）的行为，此举宣布之后美国运通股价狂跌，但后来逐步回升。

但"子债母不还"的例子更多，包括很多实力雄厚的大企业。20世纪80年代拉美债务危机中，花旗银行给委内瑞拉的一家美国通用电气公司的全资子公司的贷款，由于没有套期保值，在委内瑞拉货币贬值之后子公司无力偿还债务。贷款之前通用电气只给银行出具了安慰信，法律上并无约束力。花旗银行总裁还是通用电气公司的董事会成员，这都不能阻止通用电气拒绝为子公司偿还花旗银行的贷款。

由于现代经济中企业集团日益增多，存在复杂的控制关系，母公司将资产负债在子公司间腾挪，利用子公司的有限责任损害债权人利益的情况也屡见不鲜，更需要关联交易公允性、揭开公司面纱等法律制度予以规范约束。

2015年国企天威集团债券违约，是我国首例公募债券违约，其全资母公司为央企中国兵器装备集团公司（以下简称兵装集团）。虽然这类事件被认为有利于打破国企债券"刚兑"的观念，但需要分析其具体情况。兵装集团2013年对天威集团进行了资产置换，将尚能盈利的输变电业务置出，置入了大量已经亏损的新能源业务，这是使天威丧失偿债能力的主要原因。这一案例还在处理过程中，债权人似有理由主张适用《公司法》第二十条，要求兵装集团承担债务。

从国外情况来看，工商企业让子公司违约的情况较多，而金融控股公司，特别是银行，让子公司和旗下特殊目的载体（SPV）、结构性投资实体

（SIV）破产的情况似乎较少。因为信用是金融机构赖以生存的根基，金融机构的子公司如果出现问题，母公司不予以支持，可能会引起市场对母公司偿债能力的怀疑。母公司旗下子公司的融资成本会大大提高，甚至会引起对母公司及其子公司的挤提。例如，2008 年国际金融危机中，许多银行的 SIV 无法偿付到期负债，部分发起银行出于声誉考虑，将 SIV 资产和负债全部转入表内。2007 年，汇丰和花旗银行先后分别将 350 亿美元、490 亿美元表外 SIV 资产入表。2007 年 8 月至 2009 年末，由于国际金融危机导致以往少见的货币市场基金跌破 1 美元面值的情形普遍出现，至少有 36 只美国基金和约 26 只欧洲基金接受了发起人或母公司的支持；至少有 2 家基金公司依赖于母公司的资产负债表，从美联储获得流动性以应对赎回，至少有 2 家基金公司把货币市场基金合并到自己的资产负债表上。

　　而且金融机构不能偿债、破产的外部性大，各国监管机构一般会对金融机构的股东增加额外的要求。对银行股东，美国规定，当银行子公司陷入困境时，银行控股公司应当提供注资来维持银行子公司的清偿能力；如果数家存款机构受同一家控股公司控制，被视同于同一家银行的分支机构，处于健康运营状态的存款机构的资产可以被联邦存款保险公司用于抵销为清算另一家倒闭的子公司所支付的成本。我国 2018 年 1 月颁布的《商业银行股权管理暂行办法》也规定，商业银行主要股东应当根据监管规定书面承诺在必要时向商业银行补充资本，并通过商业银行每年向银保监会或其派出机构报告资本补充能力。对基金股东，我国《货币市场基金监督管理办法》第三十二条也规定了和国外类似的发起人或母公司支持条款，"货币市场基金遇到下列极端风险情形之一的，基金管理人及其股东在履行内部程序后，可以使用固有资金从货币市场基金购买金融工具"。

　　银行设立资产管理子公司，将资产管理业务与银行传统的表内存贷业务隔离，有利于更清晰独立核算，起到一定的风险隔离作用。但"打破刚兑"主要依靠的还是产品的净值化管理和投资者适当性管理，做到"卖者尽责、买者自负"。一定程度上能依托银行母公司的品牌、客户、网络等，是银行系资产管理子公司的特色和优势，银行对资产管理子公司负有股东责任。从国外金融控股或银行控股公司来看，有的资产管理子公司实际上相当于银行的资产管理板块/事业部。二者完全的风险隔离可能难以做到。

美国立法中的游说和斗争 *

美国的立法深受利益集团的游说影响。游说是美国宪法赋予选民表达意见权利的体现，但在美国已形成了庞大的产业。游说的功过一贯争议很大。有人认为游说是美国政治的痼疾、"合法腐败"，用财富撬动政治的杠杆，有人认为游说有着积极的作用，有利于立法者了解社会情况，科学制定政策，即美国前总统肯尼迪说的"游说有助于施政"。对游说的态度在政治学上源于对利益集团的不同看法，以托克维尔的利益集团"有益论"和麦迪逊的"有害论"为代表。

一、美国金融立法中的游说

美国金融立法中的游说，对金融监管影响深远。例如《美国金融监管改革概论》一书中《〈格拉斯—斯蒂格尔法案〉的兴废》一文讲述了美国金融界为了废止《格拉斯—斯蒂格尔法案》的游说过程，花费了 3 亿美元、历经 12 次尝试，才让国会通过《金融服务现代化法案》，相当于废除了《格拉斯—斯蒂格尔法案》。花旗银行因为并购旅行者集团，更是不遗余力参与游说。很多理念其实是被游说者所加强的。例如，英国斯凯尔顿在 20 世纪 20 年代提出"以土地所有权为基础的民主社会"概念，被很多国家所接受，美国 70 年代储贷协会的说客们以"居者有其屋"为旗帜在国会争取对住房抵押贷款的有利政策，迈克尔·刘易斯在《说谎者的扑克牌》里讽刺地说，"在他们嘴里，'居者有其屋'就是美国的生活方式。要在国会里

---

* 本文第一部分以《美国金融立法中的游说》为题发表于 2015 年第 15 期《中国金融》，发表时略有删节。

站出来反对'居者有其屋'计划，在政治上所冒的风险几乎就像叛国一样"。但过度强调住房所有权的政策导致了住房市场的泡沫，如美国和西班牙。《多德—弗兰克华尔街改革与消费者保护法案》（以下简称《多弗法案》）也引发激烈争论，游说无数。例如，《多弗法案》中设计的系统重要性非银行金融机构有序破产清算制度，在最初的议案中，金融机构根据以风险为基础的评估事前缴纳资金，但经过游说，最终的法案取消了事先收费，改由联邦存款保险公司向财政部发债支付破产清算的费用，然后以处置破产清算公司的资产和向大型金融公司收费来归还财政部的借款。不少学者认为，事先收取与风险匹配的费用更有利于这些机构内化其系统外部性，游说妨碍了问题的解决。

同为诺贝尔经济学奖得主，经济学家们对游说的看法分歧也很大。约瑟夫·斯蒂格利茨对金融机构的游说非常反感，认为游说只是代表特殊团体利益，并不符合社会大众的利益，他在《不公平的代价》一书中指出，"智识俘获"以及各种游说，导致了美国政府错误地放松了金融监管，并导致了金融危机的发生。而罗伯特·希勒则肯定了游说的正面作用。他在《金融与好的社会》中对金融相关的职业，专门写了"游说者"一章，认为"游说者能够把金融市场的专业知识传递给立法者，而且他们经常能够帮助立法者预防错误政策的诞生"，"金融游说者发挥着核心的作用，前提是他们要受到适当的监管，因为只有金融圈里的人才有专业的知识理解金融市场，才能评估针对金融市场制定律法的可行性"。"一个健康的当代经济体系必须容纳游说者"。他对游说更多表达既得利益集团利益问题开出的药方是资助代表弱势群体的游说活动。

笔者赞同希勒的观点。游说是一个各方表达自己意见、民主决策过程的组成部分，虽然也有一些负面作用，如富人、既得利益集团更有金钱支持游说，对决策影响大，但金融监管本身极其复杂，正如阿查里亚等在《监管华尔街》一书中说的"最适度的监管是一门平衡不可估量的事物对抗不可知的事物的艺术"，监管政策影响又很大。如果没有游说，一些未经深思熟虑的法律直接出台，可能造成更不利的后果，萨尔克斯在《恐惧与贪婪：动荡世界中的投资风险和机遇》一书中写道："心血来潮地实施监管是政府一种本能的做法。在很多情况下，最初的目的都是值得赞许的……然而，这些立法者和监管者试图达到目的的措施和过程是有欠缺的。"所以，美国对游说是规范而非禁止，专门制定了《游说公开法》《诚信领导及政府公开法》等法案来约束游说活动、要求游说信息披露。而且，"游说者也不是所向披靡的"，"没有一个集团在每个问题上永远能够为所欲为"。到底游说能否成功，还是取决于社会各方能否达成共识。1999 年能通过《金融服务现代化法案》，是因为多年的经济繁荣、金融运行相对平稳，而且为和欧洲的全能银行竞争，去监管成为主流思潮。取消《格拉斯—斯蒂格尔法案》和国际金融危机的关系，至今学术界仍有争论。国际金融危机后出台的《多弗法案》，虽经金融业界强烈游说反对，取消了一些限制过严的条款，但因为国际金融危机，加强监管成为压倒性的思路，金融界不可能通过游说完全改变。《多弗法案》的初稿，可能因危机而存在"超调"，游说修改后也许还更合理了。何况对于最后出台的《多弗法案》，是监管过度还是监管不足仍存争议。系统重要性非银行金融机构有序破产清算制度，一些学者认为事前收费效果更佳，作为金融从业人员，笔者倒觉得这种制度设计有其科学性，平常不加重金融机构的经营成本，一旦出了严重问题又有解决手段，一切事前收费和提取准备金的方式在防范风险方面固然好，但都是有成本的，成本和收益的计量非常复杂。到底这种方式好不好，还有待未来实践进一步检验。

二、美国零工经济立法中的斗争

在美国，关于网约车司机、外卖送餐员等零工经济劳动者（gig workers，以下简称零工工人）权益的争论甚至斗争已持续多年。零工经济商业模式的发源地硅谷所在的加州，立法者和零工经济公司（gig economy companies）展开了旷日持久、跌宕起伏的角力。

早在 2013 年，就有多起针对 Uber（优步，美国打车、外卖服务平台）、Lyft（来福车，美国打车服务平台）和其他零工经济公司的诉讼。

加州州长加文·纽森（Gavin Newsom）在 2018 年 9 月签署了女议员洛雷娜·冈萨雷斯（Lorena Gonzalez）发起的《第 5 号议会法案》（*Assembly Bill* 5，AB5），2020 年 1 月生效。根据这一法案，加州企业必须将零工工人作为正式雇员对待，而不是独立承包商（independent contractors），使他们有权获得最低工资、加班费、失业保险、医疗保险、带薪休假等雇员保障，并有权组织工会。

Uber 和 Lyft 表示，AB5 法案将迫使它们将加州的司机基数减少 75% 以上，并使大多数司机无法享受目前的灵活性和收入机会。这两家公司还威胁说，如果 AB5 被强制执行，它们将离开该州。

2019 年末，Uber 与 Lyft、DoorDash、Postmates（美国外卖服务平台）等向洛杉矶联邦地方法院提交诉讼，认为该法案违反了美国宪法，剥夺了工人享有的灵活性，要求阻止该法案生效。

2020 年 2 月，洛杉矶联邦地方法院拒绝了 Uber 等提出的阻止加州零工经济法案生效的要求，称该法案的公共利益超过了这些公司的担忧。洛杉矶联邦地方法院法官表示，虽然这些公司已经证明，他们可能因该法案而遭受一定程度的不可弥补的损害，但这些潜在的风险远不如该法案在设定生活工资和管理就业方面的公共利益重要。

2020 年 5 月，加州总检察长泽维尔·贝塞拉（Xavier Becerra）根据 AB5 法案正式对 Uber 和 Lyft 提出起诉，指控这两家公司将网约车司机归类为独立承包商而非雇员，直接导致了加州数十万工人被剥削。贝塞拉指出，"创新并不是要求你虐待员工。加州有保护工人及其雇主权利的基本法律，我们要确保 Uber 和 Lyft 能够遵守游戏规则"。来自旧金山、洛杉矶和圣地亚哥的市检察官也已经加入了贝塞拉提出的这起诉讼。加州也另案对 Uber 和 Lyft 提出起诉，同样指控其损害工人利益，使工人没有带薪的病假、超时工资补偿和最低工资等雇员应享受的权利。此前劳工专员已接到工人对这两家公司克扣工资的近 5000 件投诉。Uber 则反击说政府应更关注于解决 300 万加州人失业的问题，为他们创造工作，而不是要毁了零工行业。

2020 年 8 月，加州法官下令这些公司在 10 天内将网约车司机归为雇员。但由于两家公司提出上诉并威胁要撤离加州，导致这项裁决暂时搁置。

2020 年 10 月，加州上诉法院裁定 Uber 和 Lyft 败诉，下令它们必须将司机重新归类为雇员。

优步（Uber）、来福乐（Lyft）、DoorDash（外卖平台）、Postmates（外

卖平台）和 Instacart（美国生鲜杂货配送平台）发起 22 号提案（*Proposition 22, App – Based Drivers as Contractors and Labor Policies Initiative*），进行全民公投，以决定是否废止 AB5 法案。它们为此合计投入 2.25 亿美元，开展了电视、邮件、手机 APP 广告宣传。

2020 年 11 月 3 日，加州选民投票通过了 22 号提案，该提案豁免 Uber、Lyft 等公司必须将司机归类为雇员的规定，使得它们可以继续维持其商业模式。996 万人同意 22 号提案，占比为 58.63%，703 万人反对 22 号提案，占比为 41.37%。同意 22 号提案的意思是将零工工人认作独立承包商，对他们适用特殊的工资和劳动政策。反对的意思是零工工人是独立承包商还是雇员，按 AB5 的判断标准（按此标准零工工人就是雇员）。

公投通过后，Uber 和 Lyft 等零工经济公司股价大涨。

一些劳工问题专家对 22 号提案的通过表达了不满，认为妨碍了对零工人员的权益保护。环境保护专家还担心网约车平台将使用电动车比例等环保责任也转嫁给司机个人。

美国其他州在密切观望加州围绕零工经济的这场立法斗争。纽约市 2018 年就立法要求对零工执行最低工资标准，22 号提案通过后，纽约议员表示从加州情况看对零工经济公司做进一步的要求很困难。

2021 年，和加州一样的事情又在马萨诸塞州上演。Uber 等零工经济公司形成"马萨诸塞独立工作联盟"（Massachusetts Coalition for Independent Work）准备发起让零工工人保持作为独立承包商的公投，借鉴加州的教训，劳工组织成立了"保护工人权益联盟"（Coalition to Protect Workers' Rights），二者展开宣传辩论。

2021 年 8 月，旧金山阿拉米达县（Alameda County）高级法院裁定 22 号提案违宪，限制了将零工工人作为雇员享受补偿。支持 AB5 的组织（Gig Workers Rising）欢迎这个裁定，认为 22 号提案是大公司非法攫取权力，不仅损害了零工工人的应有权益，而且终结了民众选举的官员的监管权力。零工经济公司发起的联合组织（Protect App – Based Drivers and Services Coalition）则称马上会对此提出上诉。

在美国零工工人立法的争论中，有人讽刺零工经济公司说他们宣传将零工看作独立承包商是给予他们择业的自由，为什么他们要花钱去保障这种自由呢。但也有人指出，没有零工经济公司提供的就业岗位，这些劳动者能找到更好的工作吗，是从事这样的工作还是领失业救济金好？

为何零工经济公司对零工工人是否为其雇员的身份认定问题如此全力相争？核心在于，其商业模式的优势产生于两个方面，一是算法和数据，使其可以优化任务分配、提高效率，二是松散的零工工人劳动组织方式，使其可以减少成本和责任承担。前者的效率提升和成本节约，现在基本上可能到天花板了。零工工人薪酬占成本比重高。零工经济公司目前的定价方式、盈利水平（大部分还是亏损，个别微利），无法承担将零工工人全纳入正式雇员缴纳社保所产生的成本。

例如，2010年成立的美团，2015—2018年分别亏损105亿元、58亿元、189亿元、1155亿元，2019年首次实现盈利22亿元，2020年净利润达47亿元。2019年、2020年餐饮外卖骑手（2019年末为399万人、2020年末为950万人）成本分别为410亿元、487亿元。按最低社保缴纳比例（20%养老＋10%医疗＋1.8%失业）计，需要增加付出100多亿元人力成本。

美国的Uber、Lyft、DoorDash三家公司只有Uber曾在2018年盈利9.97亿美元，其他年度都一直亏损（见表1）。

表1　　　　美国零工经济公司2019—2021年营业收入及净利润

单位：亿美元

公司	营业收入			净利润		
	2019年	2020年	2021年	2019年	2020年	2021年
Uber	141.47	111.39	174.55	−85.06	−67.68	−4.96
Lyft	36.16	23.65	32.08	−26.02	−17.53	−10.09
DoorDash	8.85	28.86	48.88	−6.67	−4.61	−4.68

资料来源：Wind。

三、思考和建议

2014年《中共中央关于全面推进依法治国若干重大问题的决定》指出，

"良法是善治之前提"。何为良法，评价的标准是动态发展的，人们的认识也是不断深化的，需要有民主的立法过程，才能形成"良法"。民主的立法过程需要各方充分反映意见，或者说进行博弈和争论，最后才能达到一个各方都可接受的相对均衡的状态。该决定也提出，要健全立法机关主导、社会各方有序参与立法的途径和方式，健全法律法规规章草案公开征求意见和公众意见采纳情况反馈机制，广泛凝聚社会共识。

2017 年《中共中央　国务院关于营造企业家健康成长环境　弘扬优秀企业家精神　更好发挥企业家作用的意见》中提出，研究建立因政府规划调整、政策变化造成企业合法权益受损的依法依规补偿救济机制，健全企业家参与涉企政策制定机制。建立政府重大经济决策主动向企业家问计求策的程序性规范，政府部门研究制定涉企政策、规划、法规，要听取企业家的意见建议。保持涉企政策稳定性和连续性，基于公共利益确需调整的，严格调整程序，合理设立过渡期。

近年来，我国在立法方面广泛向社会各界征求意见，但是很多政策的影响，不亚于法律，在政策出台前未必都完全公开征求意见，特别是一些政策对行业影响极大，造成行业内公司面临的经营环境发生巨大变化，上市公司市值蒸发。希望我国能吸收美国游说制度的合理成分，集思广益，在法规、政策出台前充分给予业界发表自己意见的机会，找到社会、企业、从业者、消费者各方利益的平衡点，但又避免美国游说过程的权钱腐败问题，减少反复博弈耗费的社会资源，以公开透明的立法、政策出台流程，促进国家治理能力的提高。

参考文献

［1］新浪财经. 优步等暂停加州零工经济法案的要求被法院拒绝 ［EB/OL］. （2020 - 02 - 11）. https：//finance. sina. com. cn/stock/usstock/c/2020 - 02 - 11/doc - iimxx-stf0524393. shtml.

［2］环球网. 加州总检察长起诉优步和 Lyft，称司机被错误归类 ［EB/OL］. （2020 - 05 - 06）.

［3］Andrew J. Hawkins, California labor commissioner sues Uber and Lyft for alleged wage theft, 2020 − 08 − 05.

［4］Suhauna Hussain, Johana Bhuiyan, Uber, Lyft, DoorDash won fight to keep gig workers independent in California. What happens next? LOS ANGELES TIMES, 2020 − 11 − 05.

［5］Sara Ashley O'Brien, After winning big in California, gig companies take their worker classification fight to Massachusetts, CNN Business, 2021 − 08 − 04.

［6］Kanishka Sing, Court rules California gig worker initiative is unconstitutional, Reuters, 2021 − 08 − 21.